Was wird aus der Arbeit?

Anke Hassel ist Professorin für Public Policy an der Hertie School in Berlin. Von 2016 bis 2019 war sie Wissenschaftliche Direktorin des Wirtschafts- und Sozialwissenschaftlichen Instituts (WSI) bei der Hans-Böckler-Stiftung, dem Mitbestimmungs-, Forschungs- und Studienförderungswerk des Deutschen Gewerkschaftsbundes.

Wolfgang Schroeder ist Professor für das politsche System der Bundesrepublik Deutschland an der Universität Kassel und Fellow am Wissenschaftszentrum Berlin für Sozialforschung (WZB).

Anke Hassel, Wolfgang Schroeder (Hg.)

Was wird aus der Arbeit?

Campus Verlag
Frankfurt/New York

ISBN 978-3-593-52037-7 Print
ISBN 978-3-593-46100-7 E-Book (PDF)
ISBN 978-3-593-46099-4 E-Book (EPUB)

Werderstr. 10, 69469 Weinheim, info@campus.de.
Umschlaggestaltung: Beltz Verlagsgruppe
Satz: le-tex Xerif
Printed in Germany

www.campus.de

Inhalt

Wie weiter in der Gehalts- und Tarifpolitik?

Was sind die nächsten Schritte in der Aus- und Weiterbildung?

Was ist das Besondere der grünen Arbeitsgesellschaft?

Wie gelingt die digitale Transformation?

Was ist der Rahmen und was sind die Bedingungen für die Gestaltung der Arbeit?

Vorwort

Jedes Buch hat seine eigene Geschichte. Diese führt nach Frankreich. Als im März 2023 der französische Präsident Macron die Renten reformierte und insbesondere den Zugang zu einem früheren Renteneintritt erschwerte, entbrannte eine vehemente Diskussion über die Qualität der Arbeit. Viele Expert:innen argumentierten, dass die Arbeit zu belastend sei, um bis zum Renteneintritt arbeiten zu können und dass man vor dem Rentensystem erst die Regulierung von Arbeit reformieren müsse. Unser Kollege Bruno Palier nahm dies zum Anlass, ein Buch mit kurzen Beiträgen von Expert:innen als Bestandsaufnahme der französischen Arbeitsgesellschaft herauszugeben. »Que sait-on du travail? Un projet de médiation scientifique« (»Was wissen wir über Arbeit? Ein wissenschaftliches Vermittlungsprojekt«) erschien im Sommer 2024. Das Buch inspirierte uns, einen präziseren Blick auf die deutsche Arbeitsgesellschaft zu werfen.

Wie weiter mit der Arbeit? Ausgewiesene Expert:innen – 58 an der Zahl – gehen dieser Frage auf den Grund. In prägnanten Beiträgen suchen sie nach neuen Antworten, wie sich die Arbeitswelt und Arbeitsgesellschaft der Gegenwart und Zukunft entwickeln könnte. Die Beiträge stehen für sich und können auch ohne Vorkenntnisse gelesen werden. Sie zeichnen ein Bild einer Arbeitsgesellschaft im Übergang, die von Technologie, Demografie und gesellschaftlicher Modernisierung geprägt ist.

Wir möchten allen Autor:innen für ihre engagierte Kooperation danken, vor allem dann, wenn auch nach der vierten Korrektur noch Sonderwünsche positiv aufgenommen wurden. Wir wünschen der Leserschaft viele neue Erkenntnisse zu den einzelnen Facetten der Erwerbsarbeit und damit auch die Chance, das Bild von der Erwerbsarbeit in unserer Gesellschaft noch einmal neu zu bewerten.

Ein besonders herzlicher Dank gilt Hauke Bruns und Monika Maslany, die uns bei der Zusammenstellung der Beiträge unterstützt haben.

Berlin, 28. April 2025, *Anke Hassel/Wolfgang Schroeder*

Einleitung: Wie weiter mit der Arbeit?

Anke Hassel und Wolfgang Schroeder

Viele von uns verbringen die meiste Zeit ihres Lebens mit Arbeit. Die Arbeit entscheidet über unser Einkommen, den Status in der Gesellschaft und über unsere persönliche Entwicklung. Für die Politik ist der Arbeitsmarkt eine der bedeutendsten Kennziffern für gesellschaftlichen Wohlstand. Hohe Arbeitslosigkeit ist eine große Herausforderung, wenn auch nicht immer zu vermeiden. Zugleich verändert sich Arbeit rapide. Was treibt den Strukturwandel der Arbeit an und wie kann man ihn besser verstehen?

Seit es Menschen gibt, arbeiten sie. Doch wie und was sie arbeiten, wie die Arbeit gesellschaftlich organisiert und strukturiert wird, ist dabei einem ständigen Wandel unterworfen. Das gilt auch für die moderne, arbeitsteilige, postindustrielle und kapitalistische Gesellschaft. Die Potenziale und Probleme der gegenwärtigen Arbeitswelt ergeben ein ambivalentes und zuweilen widersprüchliches Bild. Wir beobachten, dass Unternehmen händeringend nach Arbeitskräften suchen und gleichzeitig Beschäftigte von Entlassungen bedroht sind. New Work und Old Work existieren gleichzeitig; es gibt sowohl mehr Selbstbestimmung und mehr Fremdbestimmung. Das duale Ausbildungsmodell, auf das Deutschland so stolz ist, wird gewürdigt und zugleich als höchst reformbedürftig verstanden. Wir erleben mehr Arbeitskonflikte im öffentlichen Raum und zugleich scheint die befriedende Wirkung des deutschen Sozialmodells in den Kernzonen weiter zu funktionieren.

Die Stabilität der Arbeitswelt der Nachkriegsphase, das wissen wir heute, ist historisch gesehen die Ausnahme, nicht die Regel. Die Trente Glorieuse, die dreißig glorreichen Jahre nach dem zweiten Weltkrieg haben uns eine Phase stabiler Berufe und wachsenden Wohlstand beschert. Diese Zeit ist jetzt bereits seit fünfzig Jahren vorbei. Die Stabilität, die unsere Eltern in ihrer Berufstätigkeit hatten, gibt es heute kaum noch. Die Dienstleistungs- und Wissensgesellschaft, die sich in die Industriegesellschaft hineingeschoben hat und sie in weitem Maße abgelöst hat, ist schnelllebiger und volatiler.

Der amerikanische Arbeitsmarktforscher David Autor hat sich die Veränderung der Berufsbilder im amerikanischen Zensus angeschaut und festgestellt, dass 40 Prozent der heutigen Berufsbilder vor 40 Jahren noch nicht existierten. Die neuen Berufsbilder sind KI-Spezialisten, Windturbinenexperten, aber auch Sommeliers, Kunsttherapeuten und Social Media Manager. Wie hätte man noch vor 10 Jahren erklären können, was ein Social Media Manager macht und wofür er oder sie gut sein soll?

Der Blick auf die neuen Berufe macht eins klar: während viele neue Berufe ein Ergebnis von technologischem Wandel sind, sind genauso viele neue Berufe das Resultat von gesellschaftlichem Wandel. Der Sommelier ist Ausdruck einer wohlhabenden Gesellschaft, genau wie die Kunsttherapeutin. Wohin sich der Arbeitsmarkt bewegt, ist eine Folge des Zusammenwirkens von Technologie und Gesellschaft. Ihr Zusammenspiel entscheidet darüber welche neuen Berufe sich entwickeln und wie sich Berufe im Laufe der Zeit verändern.

Eng verbunden mit dem Wandel von der Industrie- zur Dienstleistungs- und Wissensarbeit ist der technologische Fortschritt und die Digitalisierung. Das dadurch prognostizierte Ende der Arbeit ist jedoch bislang nicht eingetreten. Im Gegenteil: die Arbeit scheint sogar mehr zu werden. Das Arbeitsvolumen steigt, während die Arbeit pro Kopf weniger wird. Dies liegt auch an der zunehmenden und stetig steigenden Erwerbsbeteiligung von Frauen. Gleichzeitig ruft dies die Frage nach der (gerechten) Verteilung der (unbezahlten) Sorgearbeit auf den Plan.

Mit dem Wandel von der Industrie- zur Dienstleistungs- und Wissensarbeit hat sich auch die Beziehung der Menschen zur Arbeit gewandelt. Die Industriearbeit in der sogenannten tayloristischen Arbeitsorganisation war geprägt von Fließbandarbeit; Menschen waren häufig Anhängsel von Maschinen. Kontrolle und Standards prägten eine gewissermaßen wissenschaftliche Arbeitslogik. Diese Form der Arbeitsorganisation strahlte auch in andere Lebensbereiche und nicht-industrielle Branchen aus. Offensichtlich ist, dass die Entstehung der Arbeiterbewegung eng mit der tayloristischen Arbeitsorganisation und dem Großbetrieb verbunden war.

Die Zahl der Beschäftigten, die heute noch in der Industrie und großen Betrieben arbeiten, sinkt stetig. Die Landkarte der Arbeit wird heute stärker denn je von Dienstleistungsarbeit geprägt und ist deutlich individueller, flexibler und kleinteiliger geworden. Neue Geschäftsmodelle und Branchen sind entstanden, während andere verschwanden. Die Arbeit von heute findet viel häufiger in kleineren Betrieben, in Büros, im Handel, Gesundheits- und Erziehungseinrichtungen oder Homeoffice statt und wird autonom organisiert statt zentral geplant, gesteuert und kontrolliert. In diesem Kontext ist auch die Rede von »New Work« angesiedelt. Diese Konstellation hat den Beschäftigten einerseits Selbstbestimmung und Eigenverantwortung gebracht, andererseits sind damit aber auch neue Entgrenzungen zwischen der Erwerbsarbeit und der Privatsphäre, zwischen Büro und Haushalt entstanden, die neue Problemlagen und Erwartungshaltungen produzieren. Weil die entgrenzte Arbeit auf die Tagesordnung rückt, ist zugleich aber auch wieder die Arbeitszeitpolitik im Fokus. So wird über die Vier-Tage-Woche und ein Recht auf Nichterreichbarkeit diskutiert.

Während es einerseits die Forderung nach einer Steigerung der Erwerbsarbeit von Frauen gibt, experimentieren einige wenige Unternehmen bereits jetzt mit der 4-Tage Woche. Sie hilft zum Beispiel im Handwerk, Arbeit wieder attraktiver zu machen. Genau in solchen Bereichen, in denen Automatisierung unwahrscheinlich ist, könnte eine Arbeitszeitreduzierung dazu beitragen, dass die Balance zwischen Arbeit und Familie besser gelingen kann.

Eine ähnliche Entwicklung finden wir auch in der Industrie. Die IG Metall hat vor einigen Jahren Umfragen bei ihren Mitgliedern durchgeführt und nach ihren prioritären Zielen in Tarifverhandlungen gefragt. Dabei stellte sich heraus, dass die meisten sich nicht mehr Geld, sondern mehr Zeit wünschten. Daraus folgte ein Tarifabschluss, in dem es eine Wahlmöglichkeit gab, ob man eine Gehaltserhöhung oder zusätzliche freie Tage möchte. Die freien Tage waren sehr attraktiv, weil sie das Familien- und Freizeitleben von Familien enorm entlasteten.

Und für die Generation Z, von denen die Mehrheit überhaupt keine Familienpflichten hat, sind kurze Arbeitszeiten attraktiv. Aber auch für Berufe, in denen Anwesenheit Pflicht ist, gibt es die Chance auf neue Arbeitszeitmodelle. Es gibt vermehrt flexible Schichtmodelle bis hin zu Schichten in der gig economy, die komplett selbst bestimmt sind. Auch diese sind meistens nicht Vollzeit.

Von diesen Veränderungen und Entwicklungen sind auch die Gewerkschaften betroffen. Sie müssen sich permanent an die neue Welt anpassen, doch scheint ihnen dies bislang nur bedingt zu gelingen. Das »goldene Zeitalter« der starken Industriegewerkschaften, die eine große Masse stolzer Arbeiter hinter sich hatten, wodurch sie wegweisende Errungenschaften wie den Achtstundentag und die Fünftagewoche erkämpfen konnten, ist vorbei. Es ist schwerer geworden, die kleinteilige und ausdifferenzierte Arbeitswelt angemessen zu vertreten und den Dienstleistungssektor haben die Gewerkschaften bis heute nicht annähernd so gut erschlossen, wie sie es einmal für den Industriesektor erreicht hatten.

Insgesamt stellt sich die Frage, ob und welche Bedeutung die Arbeit noch für die Sinnstiftung und Identität der Menschen in der Gesellschaft hat. Lange Zeit definierte Arbeit wesentlich die Position des Individuums in der Gesellschaft. Industriearbeiter zu sein, hatte eine Bedeutung über den Arbeitstag hinaus. Es definierte zu einem großen Teil auch, wer man war, wo man wohnte, mit wem man seine Freizeit verbrachte und was man wählte. Mit dem Bedeutungsverlust der Industriearbeit, der Ausdifferenzierung der Tätigkeitsprofile und dem Aufkommen völlig neuer Jobs, hat sich auch dies verändert. Arbeit soll nicht mehr das ganze Leben bestimmen, dient vielmehr als Mittel (Lohn) zum Zweck (Freizeit). Fragen der Work-Life-Balance und Vereinbarkeit von Familie und Beruf rücken in den Vordergrund. Gleichzeitig stellen Beschäftigte Ansprüche an ihre Arbeit; sie wollen etwas tun, das Sinn stiftet, das einen gesellschaftlichen Mehrwert hat, wollen Teil haben an positiver Veränderung.

Dieser Band versteht sich als ein Beitrag zur Transformation der Erwerbsarbeit. Unsere Arbeitshypothese lautet, dass die Transformation der Arbeit aus einem Zusammenwirken von Technologie, Demografie und der Modernisierung der Gesellschaft besteht. Diese Entwicklungen werden sowohl gesellschaftlich, am Arbeitsplatz und politisch verhandelt. Gleich einem Puzzle setzt sich das im Veränderungsprozess entstehende neue Bild der Arbeit aus vielen Einzelteilen zusammen.

Technologischer Wandel als Möglichkeitsraum für die neue Arbeitsgesellschaft: Digitalisierung und Dekarbonisierung

Der technologische Wandel ist mittlerweile digital gesteuert und sucht nach neuen Vernetzungen, um systemische Lösungen zu erreichen. Dadurch fallen manche Jobs ganz weg, andere werden modifiziert und wieder andere werden erst durch diese Prozesse neu geschaffen. Trotz dieser widersprüchlichen Entwicklungen spricht niemand mehr vom »Ende der Arbeit«. Diese Diagnose beschäftigte die Soziologen und die von ihr belieferte Öffentlichkeit über viele Jahre. Auch wenn – mit Blick auf das Rationalisierungspotenzial der systemischen Digitalisierung und der KI – immer Mal wieder die Sirenen der Apokalypse zu hören sind, ist sie nicht eingetreten. Auffallend ist, dass die arbeitsaufzehrende Wirkung der Digitalisierung heute anders wirkt: Waren es früher vornehmlich einfache Jobs, die durch Rationalisierung und Automatisierung bedroht waren, so sind es heute vornehmlich Jobs mit mittlerem Einkommen und Qualifikationsniveau, während Einfacharbeit und hochqualifizierte Tätigkeiten eher weniger betroffen sind. Viele Studien stellen auch fest, dass die Digitalisierung eine wichtige Basis ist, um die Dekarbonisierung, also die ökologische Transformation, voranzubringen.

Durch technologische Innovationen sind Wirtschafts- und Arbeitswelt in einem permanenten Wandel. Während es schwierig ist, genaue Aussagen über die quantitativen Dimensionen des Arbeitsplatzabbaus durch technischen Wandel zu machen, ist es offensichtlich, dass die Qualifikationsanforderungen steigen und damit auch die Suche nach neuen Wegen, um die Aus- und Weiterbildung besser zu verzahnen und effektiver zu gestalten. Nicht zuletzt geht es darum, dass in einer modernen, sich ständig wandelnden Arbeitswelt, die Weiterbildung als vierte Säule des deutschen Bildungssystems zu etablieren wäre.

Technologien sind aber auch gesellschaftlich geprägt und verhandelt. Nicht alles, was technologisch möglich ist, wird gesellschaftlich umgesetzt. Nicht alle Formen der Flexibilisierung sind gesellschaftlich akzeptabel. Der Arbeitsmarkt, mit anderen Worten, ist ein Ergebnis von Entwicklungen in Gesellschaft, Technologie und Märkten, die sich gegenseitig beeinflussen. Wie schon der ungarisch-österreichische Wirtschaftshistoriker Karl Polanyi in seinem Buch von der »Großen Transformation« in den 1940er Jahren richtig feststellte: wenn die Gesellschaften zu sehr von Märkten dominiert werden, wird es eine Gegenbewegung geben. Aber sehr viel spielt sich unterhalb der Ebene großer politischer Gegenbewegungen ab. Auch die Art wie Technologie eingesetzt wird, welche Arbeitsformen möglich sind, ist gesellschaftlich verhandelt.

Was meinen wir damit? Wir sehen zurzeit einen Prozess der Entgrenzung von Arbeit, bei dem für viele Beschäftigte sowohl in Bezug auf Arbeitszeiten als auch auf die Inhalte von Arbeit immer weniger definiert und kontrollierbar ist, und zwar weder von ihren Arbeitgebern noch von ihnen selbst. Es gibt zunehmend Überschneidungen von Freizeit und Arbeitszeit. Zum Beispiel wenn wir abends noch mal kurz in unsere Mails schauen oder unsere Kinder mit in virtuelle Sitzungen mit Kolleg:innen dazunehmen. Und es gibt eine Neudefinition von Arbeitstätigkeiten, wenn wir im Beruf mit den privaten Sorgen unserer Kunden und Kollegen konfrontiert werden, mit denen wir früher nie etwas zu tun hatten. Woran liegt das?

Der Wandel von Arbeit hat eine technologische Komponente. Technologisch befinden wir uns heute in der vierten technologischen Revolution. Die erste war der Übergang von der Agrargesellschaft zur Fabrik, angetrieben durch Dampfmaschinen. Die zweite technologische Revolution basierte auf der Elektrifizierung, der Erfindung von Telefonen und der Fließbandarbeit in der ersten Hälfte des 20. Jahrhunderts. Die dritte technologische Revolution ist die digitale Revolution nach dem zweiten Weltkrieg: die Entwicklung von Computern und dem Internet. Die vierte technologische Revolution beschreibt die Entgrenzung wissenschaftlicher Disziplinen durch die Fusion von digitalen, biologischen und physikalischen Technologien, vorangetrieben durch künstliche Intelligenz und autonome Systeme.

Zu dieser vierten technologischen Revolution gehören eine Reihe von Paradoxien: die größte davon ist das Verhältnis von Produktivität und der Automatisierung von Dienstleistungstätigkeiten. Wir wissen seit langem, dass es kaum noch Produktivitätswachstum gibt und dieses in wenigen Firmen konzentriert ist. Wie wir wirtschaftliches Wachstum messen, wird den neuen Technologien nicht mehr gerecht. Viele Dienstleistungen, für die wir früher viel Geld bezahlt haben, sind kostenlos und werden mit Werbekonsum kompensiert.

Gleichzeitig gibt es erstmals auch eine größere Möglichkeit von Automatisierung in Dienstleistungssektoren, die bislang nur schwer zu automatisieren waren. Früher ging man davon aus, dass große Teile der Dienstleistungen nicht automatisierbar sind. Zum Beispiel die Pflegearbeiten, die Übersetzung von Texten oder die Arbeit von Rechtsanwälten. Heute wissen wir, dass die größten Automatisierungspotenziale von KI im Bereich der Wissens- und Dienstleistungsarbeit liegen, weniger im Bereich der Produktion. Große Sprachmodelle, die auf KI beruhen, beschleunigen hauptsächlich die Analyse des geschriebenen Worts. Sie verbessern nur in einzelnen Bereichen auch die Funktionstätigkeit von Robotern. Im Bereich von Robotern gibt es seit Jahrzehnten kaum noch Fortschritte in der Industrie, weil oftmals die zusätzliche Sensorik zur Übernahme menschlicher Tätigkeiten im Vergleich zur menschlichen Arbeit einfach zu teuer ist. Es gibt nur wenige vollautomatisierte Produktionen, wie zum Beispiel in der Chip Produktion oder in manchen Bereichen der Logistik. Andere Bereiche wie zum Beispiel das autonome Fahren sind möglich, aber deren Risiken gesellschaftlich nicht akzeptiert.

Aus der Automatisierungsforschung zur dritten industriellen Revolution wissen wir bereits, was Automatisierung für Berufe bedeutet. In der Forschung heißt das »routine-biased technological change« (Routine basierter technologischer Wandel). Damit wird beschrieben, dass die Arbeitsinhalte, die auf Routinetätigkeiten beruhen, in der dritten industriellen Revolution zunehmend durch Computer und Roboter ersetzt wurden. In der Verwaltung waren das die Tätigkeiten von Sachbearbeiter:innen, die Formulare ausgefüllt und Anträge verwaltet haben. In der Produktion wurden Facharbeiter:innen durch Roboter ersetzt. Dieses waren oftmals Berufe mit mittlerer Qualifikationsstruktur. Im Laufe der Zeit hat sich dadurch die Beschäftigtenstruktur polarisiert: es gab mehr Stellen für Hoch- und Niedrigqualifizierte, aber zunehmend weniger für solche mit mittleren Qualifikationen.

Es gibt viel Grund zu der Annahme, dass dieser Trend auch in der vierten industriellen Revolution weitergehen wird. In der Personalverwaltung können Bewerbungen durch KI vorsortiert werden. Formulare können zunehmend automatisch ausgefüllt werden. Jetzt geht es aber auch zunehmend um die Routinetätigkeiten in hochqualifizierten Berufen. Insbesondere bei Jurist:innen geht zurzeit stark die Angst um, dass ihr Wissen von Gesetzen und Urteilen leicht durch KI ersetzt werden kann, da nun jeder in Sekundenschnelle sich einen Überblick über die Rechtsprechung verschaffen kann, was früher ein Herrschaftswissen der Jurist:innen war. Ähnliches gilt für Ärzt:innen, deren Diagnostik maschinell unterstütz werden kann.

Wir wissen auch aus der Forschung zur dritten industriellen Revolution, dass die Automatisierung von Routinetätigkeiten nicht dazu geführt hat, dass die Beschäftigung in diesen Branchen überall reduziert wurde. Während das zwar in der Produktion oftmals der Fall war, verlagerte sich ein großer Teil von Tätigkeiten von der Fabrik in die Marketingabteilungen der gleichen Unternehmen. Viele dieser neuen Berufe sind heute durch KI zumindest teilautomatisierbar.

Es gibt heute noch keine zuverlässige Forschung darüber, ob diese Form der KI basierten Automatisierung zu mehr oder weniger Beschäftigung führen wird. Die meisten Berechnungen gehen davon aus, dass in der Summe die Beschäftigung stabil bleibt, aber die Verschiebung weiter in Richtung Polarisierung voranschreitet. Polarisierung bedeutet, dass auch hier die mittleren Qualifikationen am stärksten betroffen sind.

Durch den Einsatz von KI werden sowohl Berufe verschwinden (z.B. im Bereich von Callcentern) und bestehende Berufsbilder werden sich weiter verändern. KI kann sowohl Arbeit ersetzen als auch ergänzen. Die Rolle von Hochschullehrer:innen wird wahrscheinlich nicht durch KI ersetzt, aber die Lehre und die Forschung werden sich ändern. Forschungslücken lassen sich automatisch identifizieren und die Lehre kann halb automatisch vorbereitet werden. Die Form der Prüfungen wird sich verändern.

Was aber deutlich wird, ist ein Befund, der bereits in der ersten Phase der Automatisierung der dritten industriellen Revolution erkennbar war und jetzt durch die nächste Phase weiter verstärkt wird: durch den Wegfall automatisierbarer Routinetätigkeiten werden Nicht-Routine-Tätigkeiten wichtiger. Nicht-Routine-Tätigkeiten sind solche, die problemlösend sind, kreativ oder auf direkten persönlichen Kontakten beruhen. Sie können sowohl hochqualifiziert sein als auch niedrigqualifiziert. Es geht also um solche Tätigkeiten, die Intuition, Vertrauen, menschliche Interaktion und Führung umfassen.

Berufe mit Nicht-Routine-Tätigkeiten sind beispielsweise Berufe in der Krankenpflege, Kinderbetreuung, Altenpflege aber auch Coaching und Fitnesstrainer. Bei den kognitiven Nicht-Routine-Tätigkeiten geht es um Führungsaufgaben und Management, aber auch Geschäftsführung und Projektleitungen. Die ideale Vorstellung ist, dass die KI im Hintergrund die langweilige Buchführung übernimmt, während wir nur noch die spannenden komplexen Probleme lösen. Nebenbei bemerkt: die Realität sieht heute, wie wir wissen, ganz anders aus. Wir verbringen mehr und mehr Zeit mit dem Ausfüllen von Formularen und Routine-Tätigkeiten. Aber das könnte vielleicht auch nur eine Übergangsphase sein.

Eine wichtige Funktion von Informations- und Kommunikationstechnologien besteht in der Entkoppelung von Arbeit mit Zeit und Raum. Während früher die meiste Arbeit an physische Orte und feste Arbeitszeiten gebunden war, sinkt der Anteil der Beschäftigten mit klar definierten Arbeitszeiten und -orten kontinuierlich. Für Wissensarbeiter:innen ist flexible Arbeit mittlerweile selbstverständlich. Wir pendeln zwischen Büro, Homeoffice und Terminen. Aber auch Polizist:innen können mittlerweile einen Teil ihrer Akten zu Hause bearbeiten, wie auch Verwaltungskräfte oder Ärzt:innen. Physische Präsenz ist hingegen für personennahe Dienstleistungen Voraussetzung. Große Anforderungen gibt es an Berufe mit interpersonaler Kompetenz. Während die persönliche Dienstleistung ständig an Bedeutung gewinnt – nicht nur in den Bereichen Sorge und Pflege – ist die Abstimmung und Koordinierung von Arbeitsprozessen heute aufwändiger als früher; sie wird aber immer mehr auf Basis technologischer Prozesse realisiert.

Zudem sei an dieser Stelle auch darauf hingewiesen, dass die gegenwärtig beobachtbaren technologischen Umbrüche zu einer stärkeren Bedeutung interpersonaler Interaktion führen. Die Berufe der Zukunft haben einen deutlicheren Anteil von sozialer Kompetenz auch in solchen Bereichen, wo technische Kompetenz zentral ist (z.B. Ingenieur:innen). Das ist eine weitere Herausforderung in Zeiten zunehmender Diversität.

Demografische Trends: Frauenerwerbstätigkeit und Migration

Die demografische Struktur der Erwerbsbevölkerung hat sich in den letzten Jahrzehnten massiv gewandelt. Die wohl bedeutendste Veränderung liegt in der zunehmenden Erwerbsbeteiligung von Frauen. Während das Ein-Verdiener-Modell bis weit in die zweite Hälfte des 20. Jahrhunderts der Standard war, also die Männer einer Lohnarbeit nachgingen, während sich die Frauen zuhause um Kinder und Haushalt kümmerten, nahm in den letzten 50 Jahren die Erwerbsbeteiligung der Frauen immer mehr zu und ist heute Standard. Dennoch bleiben Unterschiede bestehen. Frauen arbeiten häufiger in Teilzeit und scheiden nach der Geburt länger aus dem Berufsleben aus als Männer. Mit der steigenden Frauenerwerbsbeteiligung stellt sich die Frage nach der (gerechten) Verteilung der sogenannten Sorgearbeit, also der nicht entlohnten Arbeit im Haushalt sowie die Erziehung und Pflege von Kindern und Senior:innen. Zum Teil wurde diese Sorgearbeit professionalisiert und in Erwerbsarbeit überführt; Kinder werden in Kitas und Senior:innen in Pflegeheimen versorgt. Doch nach wie vor bleibt die Verteilung der Sorgearbeit zwischen den Geschlechtern ungleich verteilt. Selbst in Familien, in denen Frau und Mann einer Vollzeittätigkeit nachgehen, leisten Frauen im Schnitt noch mehr Sorgearbeit als Männer.

Seit dem Beginn der dritten industriellen Revolution wurde der Arbeitsmarkt durch den massiven Anstieg der Frauenerwerbstätigkeit breiter aufgestellt und im Anschluss durch große Zuwanderungsbewegungen nochmal diverser. Die Frauenerwerbstätigkeit ging Hand in Hand mit zunehmenden Emanzipations-

und Gleichberechtigungsinitiativen von Frauen in den entwickelten Industrieländern einher. Waren Frauen während des Krieges ganz selbstverständlich erwerbstätig geworden, um die eingezogenen Männer zu ersetzen, wurden sie in den 1950er und 1960er Jahren wieder in die traditionelle Arbeitsteilung gedrängt. Erst mit der Frauenbewegung in den 1970er Jahren gelang ein stetiger Prozess von der Gleichberechtigung in Richtung einer umfassenden Gleichstellung von Frauen im Erwerbsleben.

Die Folge davon ist eine tiefgreifende Transformation der Arbeitsteilung in der Familie und eine neue Organisation von Arbeit und Familie. In dem Maße, in dem Frauen nicht nur Hilfstätigkeiten auf dem Arbeitsmarkt verrichteten, wie Sekretariat und Reinigungskräfte, sondern eigenständige Karrieren verfolgten, hatte dies Rückwirkungen sowohl auf die Arbeitswelt als auch auf ihre Familien. Der Soziologe Gøsta Esping-Andersen hat beschrieben, wie besonders in den skandinavischen Ländern dieser Übergang gelang. In den 1960er und 1970er Jahren gab es in der westlichen Welt hauptsächlich Alleinverdienerfamilien oder dann später anderthalb Verdiener Familien, d.h. der Mann arbeitet Vollzeit und die Frau gar nicht oder Teilzeit. Sie macht die Sorgearbeit für Kinder, den Haushalt, die Eltern und die Nachbarschaft. Wenn Frauen aber von der Teilzeit in die Vollzeit wechseln, ändert sich die gesellschaftliche Arbeitsteilung fundamental: jemand anderes muss die Sorgearbeit übernehmen. Die Kinderbetreuung wird ausgelagert, also durch den Markt oder den öffentlichen Sektor übernommen. Wir sehen eine massive Ausweitung sozialer Dienstleistungen und Beschäftigungssegmente in diesen Bereichen. Die Pflege unserer Angehörigen und Eltern, die früher in der Familie stattfand, wird heute durch Pflege- und Seniorenheime übernommen, oder durch osteuropäische 24 Stunden Pflegekräfte. Die Deindustrialisierung der westlichen Industrieländer ist nicht nur eine Folge des Abbaus von Industriearbeitsplätzen (die in Deutschland nicht so stark stattgefunden hat wie in anderen OECD-Ländern) sondern auch Folge der Expansion eines großen Sektors von Sorgeberufen für Kinder, Ältere und Kranke.

In Skandinavien wurde die hohe Frauenerwerbstätigkeit dadurch ermöglicht, dass der Staat massiv in den Ausbau von Kinderbetreuung investiert hat, ein Bereich, in dem bis heute primär Frauen erwerbstätig sind. Sie haben ihre finanzielle Unabhängigkeit dadurch erlangt, dass die Sorgearbeit, die früher in der Familie stattfand, heute in staatlichen Einrichtungen erbracht wird.

Die Care-Arbeit ist personennah und schlechter automatisierbar. Es gibt zwar Experimente mit Robotern in der Alten- und Krankenpflege, aber voraussichtlich sind die pflegenden Berufe ein Bereich der Nicht-Routine- und zwischenmenschlicher Arbeit, die auch im Zeitalter der KI stark nachgefragt und wenig automatisiert bleiben. Hier werden wir daher auch nur wenige Produktivitätseffekte außerhalb des administrativen Bereichs sehen.

Die Transformation von Arbeitsplätzen wird in starkem Maße auch durch die Gleichstellung von Frauen am Arbeitsplatz vorangetrieben. In der frühen Gleichberechtigungsdebatte gab es die Vorstellung, dass Frauen in solchen Positionen, in denen sie früher nicht vertreten waren, sich einfach wie Männer verhalten müssen, um zu reüssieren. Doch so ist es nicht gekommen. Denn Frauen, die ihre gesellschaftliche Rolle als Sorgearbeiterin in der Familie im Gepäck haben, haben meist andere Ansprüche und Bedürfnisse an Arbeitsplätze als Männer. Nebenbei bemerkt: weil Arbeitgeber das wissen, diskriminieren sie Frauen weiterhin und setzen sich weniger für sie ein. Der anhaltende Gender-Pay-Gap und die spärliche Vertretung von Frauen in den Vorständen großer Unternehmen geht in erster Linie darauf zurück, dass Frauen im Unternehmen nur ernst genommen werden, wenn sie komplett dem männlichen Idealbild eines Vorstands oder vollständigen Mitarbeiters entsprechen.

Dieses Bild ist heute im radikalen Wandel. Die Anerkennung multipler Rollen auch am Arbeitsplatz, der Elternrolle und der Rolle im Beruf ist heute zunehmend Alltag. Während früher Frauen ihre Kinder auf der Arbeit verstecken mussten, sind sie heute überall präsent. Dass Familienbedürfnisse wichtig sind, ist heute kein Diskussionspunkt mehr. Dazu gehört auch die Verschiebung der innerfamiliären Arbeitsteilung zwischen Frauen und Männern. Väter nehmen weiterhin nur einen kleinen Teil der Elternzeit in Deutschland (weniger als 10 Prozent), weil die Familien oftmals auf ihr Einkommen nicht verzichten können, und sie befürchten in ihrer beruflichen Karriere behindert zu werden. Gleichwohl steigt auch die Anforderung an sie, sich an Kinderbetreuung zu beteiligen. Sie werden damit zeitlich weniger verfügbar als sie es früher waren, weil sie sich nun an die Öffnungszeiten von Kindergärten und Schulen orientieren müssen und zumindest zum Teil ihre Arbeitsplätze pünktlich verlassen müssen.

Während so das Familienleben nun in die Arbeitsorganisation und den Arbeitsplatz hineinregiert, regiert die Arbeit in das Familienleben hinein. Wir kennen alle solche Bilder. Die Entgrenzung, die uns die Technologien der dritten und vierten technologischen Revolution ermöglicht haben, helfen dabei, solche Neuverhandlungen zwischen Familie und Arbeit zu ermöglichen. Oftmals kann bei zwei berufstätigen Eltern die Betreuung nur funktionieren, wenn die Eltern auch abends nochmals an den Schreibtisch müssen. Das ist jedoch nur möglich, wenn die Arbeit sowohl räumlich als auch zeitlich entgrenzt ist.

Wir vertreten die These, dass die Entgrenzung und Flexibilisierung der Arbeit ein zweischneidiges Schwert ist. Einerseits ermöglicht sie die Bewältigung der Vereinbarkeit von Familie und Beruf unter der Berücksichtigung der Interessen von Frauen, die nicht mehr in der alleinigen Rolle von Sorgearbeiterinnen sein wollen. Flexibilität ist ein Ergebnis von Modernisierung. Die dabei zunehmende Vermarktlichung ist nicht notwendigerweise ein Zeichen eines neoliberalen Kapitalismus, sondern von auch von Gleichstellung und Fortschritt. Gleichzeitig ist Flexibilisierung und Entgrenzung nur schwer kontrollierbar, weder vom Arbeitgeber noch von den Arbeitnehmer:innen. Arbeit und privates Leben vermischen sich zunehmend.

Unsere Gesellschaft wird durch die steigende Lebenserwartung und den Rückgang der Geburtenrate immer älter. Dies hat vielfältige Konsequenzen für die Arbeitswelt und die Sozialsysteme. Es stehen weniger Arbeitskräfte zur Verfügung; gleichzeitig gibt es immer mehr Rentner:innen, die im deutschen Sozialversicherungssystem über die Beiträge der Erwerbsarbeitenden versorgt werden müssen. Der Arbeits- und Fachkräftemangel wird zudem teilweise dadurch verschärft, dass Senior:innen mehr ärztliche und pflegerische Betreuung benötigen und es somit mehr Arbeitskräfte in diesen Bereichen braucht. Langfristig wird der Arbeits- und Fachkräftemangel dabei nur durch Migration zu lösen sein, womit wir beim dritten Aspekt der demografischen Entwicklung angelangt sind.

Die erste Welle der Arbeitsmigration begann in den 1950er Jahren, als dank des Wirtschaftswunders Arbeitskräftemangel herrschte, der mit Arbeitskräften vor allem aus Italien und der Türkei behoben wurde. Diese wurden zwar Gastarbeiter genannt, blieben aber oftmals für immer und prägten die deutsche Gesellschaft. Deutschland ist inzwischen ein Einwanderungsland, auch wenn das in der Gesetzgebung noch nicht ausreichend abgebildet ist. Ohne Zuwanderung würden weder der Arbeitsmarkt der Gegenwart noch der Zukunft funktionieren. Migration bietet große Chancen dem Arbeits- und Fachkräftemangel zu begegnen. Zugleich gibt es viele Schwierigkeiten und Herausforderungen: nicht immer haben die Zugewanderten das ausreichende sprachliche oder fachliche Niveau. Gerade die Integration der Geflüchteten stellt Staat, Unternehmen und Gesellschaft vor große Herausforderungen. Doch die Integration in die Arbeitswelt ist eine wesentliche Voraussetzung für erfolgreiche Integration in die Gesellschaft insgesamt.

Der Migrationseffekt auf dem Arbeitsmarkt verstärkt wiederum die Rolle von Technologie und damit auch Auswirkungen auf die gesellschaftliche Modernisierung. Denn Migrant:innen füllen heute häufig die Stellen in der Sorgearbeit, die einheimische Beschäftigte aufgrund der niedrigen Bezahlung und der harten körperlichen und mentalen Arbeitsbelastung nicht mehr übernehmen möchten. Mit Blick auf die technologische Entwicklung übernehmen sie Arbeiten, die schwer zu automatisieren sind. Ihre Verfügbarkeit macht die Automatisierung von einigen Bereichen sogar weniger attraktiv. Das Produktivitätsproblem personennaher Dienstleistungen wird somit heute häufig durch Migrant:innen gelöst, die damit einen sekundären Arbeitsmarkt befüllen, der prekär organisiert ist, aber für die Transformation der Wirtschaft sehr bedeutsam ist. KI kann übrigens auch dazu beitragen, dass Sprachbarrieren überwunden werden und interkulturelle Kompetenz verbessert wird.

Die Demografie des Arbeitsmarktes wandelt sich und dieser Wandel muss gestaltet werden. Die gerechte Verteilung der Sorgearbeit, der Umgang mit der älter werdenden Gesellschaft und mit der Migration sind Schlüsselfragen für die Zukunft der Arbeit.

Gesellschaftliche Konflikte und Regulierung der Arbeit

Die Gestaltung von guter Arbeit basiert auf technologischen Innovationen im Zusammenspiel mit der gesellschaftlichen und politischen Konflikt-, Verhandlungs- und Kompromissfähigkeit der beteiligten Akteure. Dabei spielen neben gesellschaftlichen Traditionen und Werteorientierungen auch politische Präferenzen eine Rolle. Dem Staat und seinen rahmensetzenden sowie seinen direkten materiellen und ideellen Interventionen kommt eine große Aufgabe zu, um die sozialen Bedingungen und Möglichkeiten der Arbeitsgesellschaft zu prägen. Die Frage danach, wer was unter welchen Bedingungen bekommt, hängt aber nicht nur von der Interventionsfähigkeit des Staates und der großen Politik ab, sondern auch von den dezentralen betrieblichen und überbetrieblichen Akteuren.

Die Konflikte der Arbeitsgesellschaft werden von den Betriebsräten, Gewerkschaften und Arbeitgebern oftmals dezentral bearbeitet. Sie kommunizieren, bearbeiten, regulieren und gestalten die vielfältigen Interessen. Die Rolle betrieblicher Interessenvertretungen und Gewerkschaften zehrt dabei noch immer von ihrer starken industriellen Basis. Die Industriegewerkschaften organisieren einen großen Teil der Arbeiterschaft und können durch ihre daraus resultierende Macht bedeutende Erfolge erzielen. Dies zeigt sich nicht nur bei den Löhnen, sondern vor allem auch bei der Durchsetzung der Fünftagewoche und später sogar der 35-Stunden-Woche. Auch außerhalb der Industrie gibt es große einflussreiche Gewerkschaften, insbesondere im öffentlichen Dienst. Die Erfolge der Gewerkschaften strahlen zudem über die eigenen verhandelten Tarifverträge aus und erzielen so auch für nicht tarifgebundene Beschäftigte und Betriebe Wirkung.

Der Strukturwandel schwächt die Gewerkschaften in der Tarifpolitik nachhaltig. Immer weniger Beschäftigte werden heute von Tarifverträgen erfasst, die Tarifbindung ist rückläufig und die Gewerkschaften verlieren Mitglieder. Im Dienstleistungsbereich mit seiner viel kleinteiligeren Betriebsstruktur konnten die Gewerkschaften nicht die Stärke erreichen, die sie in der Industrie hatten.

Die Sozialpartnerschaft geriet unter Druck. Dies rief teilweise den Staat auf den Plan, wie sich vor allem beim Mindestlohn beobachten lässt.

Dass ein solcher Niedriglohnsektor entstehen konnte, hängt stark mit den veränderten Kräfteverhältnissen auf dem Arbeitsmarkt ab, die sich seit den 1980er Jahren etablierten. Die Arbeitsmarktreformen der rot-grünen Bundesregierung 2002–2005 haben den Arbeitsmarkt weiter flexibilisiert und manche Regelungen zum Schutz der Arbeitnehmer:innen abgeschafft oder gelockert, etwa den Kündigungsschutz. Sie trugen partiell zur Senkung der Arbeitslosigkeit bei und nahmen den Niedriglohnsektor und eine Zunahme sogenannter atypischer Beschäftigungsverhältnisse in Kauf. Mit Hartz IV und dem zugrundeliegenden Konzept des »Förderns und Forderns« wurde der Druck auf Arbeitslose erhöht. Zugleich wurden aber auch verbesserte Antworten auf die veränderten gesellschaftlichen Anforderungen gegeben; vor allem hinsichtlich der Vereinbarkeit von Familie und Beruf.

Auch die jüngeren Entwicklungen produzieren Konflikte und erfordern staatliches Handeln. Durch den technologischen Wandel werden ort- und zeitflexibles Arbeiten (z.B. Homeoffice) immer normaler, viele Bürotätigkeiten lassen sich heute mit Notebook und Mobiltelefon theoretisch von überall aus erledigen. Dies führt einerseits zu Autonomiegewinnen bei den Beschäftigten, schafft aber auch neue Erwartungshaltungen und Druck. Dauernde Erreichbarkeit und Überstunden werden häufig implizit erwartet und es kommt zu einer Entgrenzung zwischen Arbeit und Privatleben. Gefordert wird daher inzwischen ein »Recht auf Nichterreichbarkeit«, das auch bereits in einigen Tarifverträgen umgesetzt werden konnte.

Es zeigt sich, dass neue Entwicklungen in der Arbeitswelt immer auch zu neuen Interessenkonflikten und potenziell Ungerechtigkeiten führen. Diese Interessenkonflikte müssen durch Gewerkschaften und Arbeitgeber oder auch durch staatliche Regulierung eingehegt und befriedet werden. Auffallend ist auch, dass die individuellen Bedürfnisse der Mitarbeiter:innen deutlich wichtiger geworden sind als noch vor einigen Jahren, was sich teilweise mit den neuen Anforderungen am Arbeitsplatz durch neue Technologien verbindet.

Im Unterschied zur gesellschaftlichen Arbeitsteilung der 1950er und 1960er Jahre befindet sich der Arbeitsmarkt nicht in einem Gleichgewicht. Damals waren alle Regulierungen des Arbeitsrechts und der Sozialversicherung auf die Alleinverdienerfamilie zugeschnitten (z.B. über die Mitversicherung des Ehepartners etc.). Heute gibt es viele Friktionen zwischen Arbeitsrecht, sozialer Sicherung, gesellschaftlicher Arbeitsteilung und Arbeitswelt. Vieles passt nicht mehr zusammen. Wir sind nach wie vor in einer Übergangsphase einer erheblich pluraleren Gesellschaft und damit auch einem deutlich diverseren Arbeitsmarkt. Dass die damit verbundenen Anforderungen und Zumutungen an die Individuen auch wieder zu traditionellen Arrangements führen können, zeigt sich auch in der Paarkonstellation. So haben sich manche Familien aufgrund des Stresses der Zweiverdienerfamilie wieder auf ein traditionelles Rollenmodell fokussiert.

Da die Flexibilisierung von Arbeit trotz aller Risiken weiter gehen wird, sind auch neue Regeln notwendig. Dabei zeigt sich, dass die Konfliktbearbeitung auf dem Arbeitsmarkt nicht mehr nur durch nationale Akteure und Regelungen erfolgt, sondern längst auch schon supranationale Einflüsse stattfinden. So zwingt der Europäische Gerichtshof (EuGH) mittlerweile die Arbeitgeber zur Erfassung von Arbeitszeiten. Das erscheint einerseits anachronistisch; andererseits muss Arbeit auch begrenzbar sein und entlohnt werden. Für die widerstreitenden Interessen haben wir bislang noch keine guten Antworten.

Die Nachkriegsgesellschaften haben viel aus dem Trauma der ersten Hälfte des 20. Jahrhunderts gelernt. Arbeitsmärkte wurden reguliert und soziale Sicherungssysteme ausgebaut. Wir haben heute, selbst nach 30 Jahren Neoliberalismus, keinen Sozialabbau im Sinne einer grundlegenderen Reduzierung sozialer Ausgaben als Teil des Bruttosozialprodukts. Das gilt selbst für liberale Länder.

Worum es heute geht, ist eine Arbeitsgesellschaft zu gestalten, die gute Arbeit mit der Vereinbarkeit von Beruf und Privatleben verbindet. Dazu zählt sicherlich auch die Koordination der Arbeit mit der ökologischen Transformation sowie der Abbau substanzieller Ungleichheiten. Nicht nur der technologische Fortschritt, sondern auch die Anreizpotenziale eines Arbeitsmarktes, der sich in vielen Segmenten durch Knappheit auszeichnet, können dafür günstige Bedingungen bilden. Denkbar wäre, dass die Nutzung von KI dazu führt, die Produktivität zu erhöhen. Die dadurch entstehenden Spielräume könnten für eine bessere Arbeitszeitgestaltung und gerechtere Entlohnung der Schwachen in der Arbeitsgesellschaft zu ermöglichen; nicht zuletzt diejenigen, die in den Bereichen der kritischen Infrastruktur wirken; also bspw. den Sorgeberufen.

Die Arbeitsgesellschaft ist im Übergang. Die alte Ordnung gilt nicht mehr und die neue ist noch nicht fertig. Ob es jemals wieder eine stabile Ordnung wie in den ersten dreißig Nachkriegsjahren geben wird, ist unklar. Klar ist jedoch, dass auch in Zukunft die Arbeit gestaltet, reguliert und geschützt werden muss.

Ist Arbeit noch attraktiv?

Erwerbsanreize im Transfersystem: »Lohnt« sich Arbeit?

Maximilian Blömer und Andreas Peichl

»Wer arbeitet, soll mehr haben als die Person, die nicht arbeitet« – kaum eine andere Forderung prägt die politische Debatte um Sozialleistungen so stark wie diese. Gemeint ist meist der sogenannte *Lohnabstand*, also der finanzielle Abstand zwischen Erwerbstätigen und Transferbeziehenden. Doch wie eindeutig ist dieser Abstand tatsächlich – und welche Anreize zur Erwerbsarbeit setzt das deutsche Transfersystem in seiner aktuellen Ausgestaltung?

Unser Beitrag beleuchtet die Bedeutung monetärer Erwerbsanreize im Transfersystem Deutschlands und erörtert häufig diskutierte Problemfelder sowie mögliche Reformoptionen. Basierend auf theoretischen Überlegungen und repräsentativen Analysen aus vorhergehenden Studien vertreten wir die These, dass Reformen der Ausgestaltung des Transfersystems zu Verbesserungen führen können, insbesondere im Hinblick auf die Zielgröße Beschäftigung.

Die hier diskutierten Reformoptionen betreffen monetäre Erwerbsanreize einer konkreten Zielgruppe: Personen, die prinzipiell dem Arbeitsmarkt zur Verfügung stehen, potenziell Langzeitarbeitslose oder auch bereits Beschäftigte. Letztere Gruppe umfasst erwerbstätige Leistungsempfänger (»Aufstocker«),[1] jedoch nicht Personen mit multiplen Vermittlungshemmnissen. Im Fokus stehen die Transferleistungen Bürgergeld, Wohngeld und Kinderzuschlag. In aktuellen politischen Debatten lassen sich zwei Ansätze identifizieren: Erstens, die Höhe der Transferleistungen, die oft im Zusammenhang mit der Diskussion um den »Lohnabstand« thematisiert wird, und zweitens, die Höhe des Transferentzugs – also der Umfang, in dem Transferleistungen mit steigendem Einkommen reduziert werden.

Die Höhe der Transferleistungen im Grundsicherungssystem wird durch die statistische Berechnung eines Existenzminimums festgelegt, die sich in

1 Bei einer Analyse der Erwerbsanreize müssen sowohl positive und negative Arbeitsangebotsreaktionen berücksichtigt werden. So müssen auch Personen und Haushalte in den Blick genommen werden, die im gegenwärtigen System Erwerbszustände und Einkommen haben, die sie jenseits des Transferbereichs verorten.

Regelsätzen und angemessenen Kosten der Unterkunft widerspiegelt. Gerade die Wohnkostenkomponente beeinflusst Diskussionen um den Lohnabstand maßgeblich, da sie im Einzelfall deutliche Unterschiede zwischen Transfer- und niedrigem Erwerbseinkommen hervorruft. Die Festlegung der Leistungshöhe und regelmäßige Anpassungen der Transferleistungen an die Kaufkraft sind im Prinzip politisch unabhängig. Mit der stärkeren Inflation ab 2022/23 ist jedoch die Diskussion über die Angemessenheit des Bürgergeldes im Vergleich zum Erwerbseinkommen (v.a. Lohnabstand) intensiviert worden. Diese Diskussion zielt jedoch – unter Beibehaltung des Prinzips der Sicherung des Existenzminimums (nicht mehr und nicht weniger) – eher auf die Berechnung des Existenzminimums und die Anpassungsmechanismen an die Preisentwicklung ab. Der Lohnabstand ist grundsätzlich positiv geblieben (Blömer u.a. 2024a).

Die Ausgestaltung des Transferentzugs ist jedoch politisch diskretionär. Bei Bürgergeld, Wohngeld und Kinderzuschlag wurde die Ausgestaltung in den letzten fast zwanzig Jahren mehrfach und in kleinen Schritten angepasst, etwa durch das Starke-Familien-Gesetz, die Bürgergeld-Reform im Juli 2023 und zuletzt umfangreichere Anpassungen beim Wohngeld (»Wohngeld-Plus«). Der Beitrag konzentriert sich daher auf diese Dimension des Transfersystems. Die von uns untersuchten in verschiedenen Ex-ante-Simulationsstudien analysierten Reformoptionen zielen insbesondere auf eine Anpassung des Transferentzugs, um Anreize zur Aufnahme und Ausweitung von Erwerbstätigkeit zu verbessern.

Ein weiterer Kritikpunkt ist die Komplexität des Systems an sich. Ein Ansatz zur Vereinfachung des Systems könnte die Zusammenlegung der Transferleistungen sein, auch wenn dies mit erheblichen politischen Herausforderungen verbunden wäre.

Erwerbshemmnisse im bestehenden Transfersystem

Die Vielzahl an Transferleistungen führt nicht nur zu einer hohen Komplexität, sondern auch zu geringer Transparenz. Es gibt mehrere Anlaufstellen für unterschiedliche Leistungen, was den Zugang erschwert. Zudem besteht eine sogenannte »Vorrangprüfung« zwischen Bürgergeld, Wohngeld und Kinderzuschlag, was die ökonomisch sinnvolle Gestaltung des Transfersystems weiter verkompliziert. Die Wohngeld-Plus-Reform sowie regelmäßige Anpassungen der Transferleistungen, insbesondere im Bereich des Bürgergeldes, führen zu weiteren Verschiebungen dieser Vorrangigkeit.[2]

Vor allem hohe und teilweise stark schwankende Grenzbelastung, auch als effektive Grenzsteuersätze (EMTR) bezeichnet, bestimmen, inwieweit Transferleistungen bei steigendem Einkommen reduziert werden. Beim Bürgergeld beträgt der Anrechnungsprozentsatz ab einem Freibetrag von 100 Euro 80 Prozent, fällt dann ab 520 Euro auf 70 Prozent, um dann wieder auf 90 Prozent und schließlich 100 Prozent zu steigen. Insbesondere bei parallelem Bezug von Wohngeld und Kinderzuschlag, können Grenzbelastungen sogar über 100 Prozent steigen. – besonders bei Haushalten mit hoher Miete, in bestimmten Mietstufen oder bei einer Haushaltsgröße unter vier beziehungsweise über sieben Personen. Dies bedeutet, dass der Anreiz zur Arbeitsausweitung unter diesen Bedingungen sehr gering sein kann, da das zusätzliche Einkommen durch den Transferentzug komplett aufgebraucht wird.

Obwohl intuitiv klar ist, dass eine Grenzbelastung von 100 Prozent den monetären Anreiz zur Arbeitsaufnahme erheblich hemmt, ist es nicht möglich, eine einfache und pauschale Grenze zu definieren, ab der Fehlanreize als »gefährlich hoch« gelten. Vielmehr hängt der Grad der Anreizhemmnisse von der Höhe der Grenzbelastungen ab. Auch die Partizipationsbelastung, also der Effekt, der durch die Aufnahme einer Beschäftigung entsteht, ist hoch. Zwar hat eine erwerbstätige Person immer ein höheres Einkommen als eine nicht erwerbstätige, jedoch fällt dieser Unterschied in einigen Fällen nicht groß aus. Jüngste Anpassungen im Bürgergeld im Jahr 2024 haben daran wenig geändert. Zudem besteht für Sachleistungen wie das Bildungs- und Teilhabepaket (BuT) sowie kommunale Leistungen eine besondere Problematik: Sie entfallen abrupt, sobald das Einkommen über den Transferbereich hinaus ansteigt.

Das System der Erwerbsanreize unterscheidet nur eingeschränkt zwischen unterschiedlichen Haushaltszusammenhängen, während es bei der Festlegung der Leistungshöhe stark differenziert. Schließlich ist die unvollständige Inanspruchnahme von Leistungen ein weiterer Kritikpunkt. Viele berechtigte Haushalte beantragen keine Leistungen, da sie die Hürden als zu hoch empfinden oder das System schlicht nicht durchschauen. Größere Reformen, die diese Kritikpunkte adressieren, blieben bislang aus. Zwar brachte die Wohngeld-Plus-Reform eine deutliche Ausweitung der Leistungshöhe und des Empfängerkreises mit sich, jedoch wurden bestehende Kritikpunkte in der Ausgestaltung

2 Das Bürgergeld gilt gesetzlich als »nachrangige« Sozialleistung. Das bedeutet, dass Bürgergeld erst gezahlt wird, wenn keine anderen sogenannten vorrangigen Leistungsansprüche, wie Wohngeld und/oder Kinderzuschlag mit Kindergeld, bestehen und diese in der Leistungshöhe größer als das Bürgergeld wären.

des Transferentzugs nicht angegangen. Im Vergleich zur aktuellen Reformdebatte um das Bürgergeld war diese Wohngeldreform politisch und medial eher eine »stille« Reform, die trotz ihres großen Volumens relativ wenig Beachtung gefunden hat.

Mögliche Lösungen

Bürgergeld: Verschiedene Reformvarianten zur Verbesserung der Erwerbsanreize beim Bürgergeld wurden in einem Gutachten für das Bundesministerium für Arbeit und Soziales (BMAS) untersucht (Peichl u.a. 2023). In der empfohlenen Variante werden Transferentzugsraten in bestimmten Einkommensbereichen gesenkt, um Anreize zur Arbeitsaufnahme zu verbessern. Konkret sieht die Reform folgende Anpassungen vor: Für Einkommen zwischen 520,01 und 2000 Euro soll der Transferentzug von bisher 80 Prozent auf 70 Prozent gesenkt, ab 2000,01 Euro auf 65 Prozent reduziert werden.

Die Kernergebnisse zeigen, dass Arbeitsanreize je nach Haushaltszusammenhang (etwa Kinderzahl oder Paarstatus) unterschiedlich ausfallen, mit sowohl positiven als auch negativen Arbeitsangebotseffekten. Insgesamt würde diese Reform zu einer Zunahme der Arbeitsstunden um etwa 100.000 Vollzeitäquivalente (VZÄ) führen. Positive Arbeitsangebotseffekte sind insbesondere bei Alleinstehenden, Alleinerziehenden sowie Paaren mit vielen Kindern zu beobachten. Wenn die Verbesserungen auf diese Haushaltstypen beschränkt würden, ergäbe sich sogar ein Zuwachs von 165.000 VZÄ. Fiskalisch wäre dies nahezu neutral und würde keine Schlechterstellungen für bestehende Leistungsempfänger bedeuten, könnte jedoch zu einem Anstieg der Transferempfänger insgesamt führen.

Zusammenfassend lässt sich festhalten, dass eine reine Bürgergeldreform bereits deutliche Verbesserungen der Erwerbsanreize für bestimmte Zielgruppen bewirken kann.[3] Durch eine Absenkung der Transferentzugsraten könnten positive Effekte auf das Arbeitsangebot erzielt werden, ohne die soziale Sicherheit der Leistungsempfänger zu gefährden. Die Reform ermöglicht einen größeren Netto-Abstand bei höherem Brutto, was den Anreiz zur Beschäftigungsaufnahme

3 Die Studie bezieht sich auf den Rechtsstand zweite Jahreshälfte 2023. 2023 war Wohngeld im Verhältnis zum Bürgergeld sehr generös und so ist der »Hebel« einer Bürgergeldreform vergleichsweise gering. Die gleichen Reformen könnten in anderen Jahren stärkere Effekte haben, insbesondere im Vergleich zu 2022 oder 2024.

erhöht. Weiterhin kann eine Bürgergeldreform so Armutsrisiken und materielle Ungleichheit verringern.

Allerdings bleiben grundlegende Probleme bei der hohen Grenzbelastung im Bereich des Wohngelds und des Kinderzuschlags bestehen. Um ein wirklich umfassendes und einfacheres Transfersystem zu schaffen, muss die Interaktion zwischen den verschiedenen Transferleistungen berücksichtigt werden. Sollen Bürgergeld und die vorrangigen Leistungen hingegen getrennt bleiben, ergibt sich der nächste logische Reformschritt: das Zusammenspiel von Wohngeld und Kinderzuschlag zu betrachten.

Interaktion Wohngeld und Kinderzuschlag: In einem Gutachten für das Bundesministerium für Wirtschaft und Klimaschutz (BMWK) (Blömer u.a. 2024b) wird analysiert, wie Wohngeld und Kinderzuschlag reformiert und besser als System der vorrangigen Leistungen integriert werden könnten. Eine betrachtete Reformoption ist die Integration des Wohngeldes in das Bürgergeld, wodurch eine ergänzende Reform der Hinzuverdienstregeln auf Basis des Bürgergeldes einen deutlich größeren »Hebel« zur Steigerung der Erwerbsanreize bieten könnte.

Eine Reform, die das Wohngeld ersetzt, hätte das Potenzial zu einem Anstieg von 144.000 bis zu 239.000 VZÄ zu führen. Fiskalisch wäre dies ebenfalls leicht positiv, wobei auch Schlechterstellungen für einige Wohngeldempfänger zu erwarten wären. Eine solche Integration könnte darüber hinaus ein vereinfachtes Transfersystem »aus einem Guss« schaffen – wie u.a. vom Wissenschaftlichen Beirat beim Bundesministerium der Finanzen (2023) gefordert.

Einheitliches Transfersystem und Stellschrauben: Ein langfristiger Ansatz wäre die Schaffung eines einheitlichen Transfersystems, bei dem alle Leistungen aus einer Hand angeboten werden. Die Stellschrauben bei einem solchen System wurden zuletzt in einem Gutachten für den Sachverständigenrat zur Begutachtung der gesamtwirtschaftlichen Entwicklung (SVR) untersucht (Blömer/Peichl 2023).

Wichtige Stellschrauben in einem integrierten Transfersystem sind die Leistungshöhe, ein anrechnungsfreier Freibetrag sowie die Transferentzugsrate. Ein höherer Freibetrag, der derzeit bei 100 Euro liegt, könnte die Arbeitsmarktpartizipation steigern, während eine geringere Transferentzugsrate die Anzahl der geleisteten Arbeitsstunden erhöhen könnte. Darüber hinaus gibt es einen Interaktionseffekt bei der Ausgestaltung. Es gibt dabei Kombinationen, die positiv auf das Arbeitsangebot wirken und gleichzeitig fiskalisch neutral sind, etwa bei einer Transferentzugsrate von 70 Prozent und mittleren Freibeträgen. Die Studie zeigt, dass auch in einem integrierten Transfersystem stets Zielkonflikte zwischen den Faktoren Arbeitszeit, Partizipation, fiskalische Belastung und Verteilungsgerechtigkeit bestehen.

Zielgrößen und politische Herausforderungen

Bei Reformen des Transfersystems sind verschiedene Zielgrößen relevant. Zum einen sind ökonomisch sinnvolle Zielgrößen, wie die Verbesserung der Erwerbsbeteiligung durch Abbau von Anreizhemmnissen, fiskalische Effekte sowie das verfügbare Einkommen selbst und die Reduktion von Ungleichheit von Bedeutung. Zum anderen sind auch politisch relevante Faktoren wie die Anzahl der Transferempfänger, die Aufteilung finanzieller Lasten zwischen Bund, Ländern und Gemeinden sowie die politische Signalwirkung (Lohnabstand) für die Umsetzbarkeit entscheidend.

Eine erfolgreiche Reform des Systems muss sowohl die ökonomischen als auch die politischen Zielsetzungen berücksichtigen. In diesem Kontext sei darauf hingewiesen, dass die in der politischen Diskussion oft genutzte Veränderung der Anzahl der Transferempfänger (Blömer u.a. 2022) in einer bestimmten, unveränderten Leistung zwar ein allgemeines Signal für die wirtschaftliche Entwicklung sein mag, sie aber bei einer *Reform* des Transfersystems keine sinnvolle ökonomische Zielgröße darstellt.

Literatur

Blömer, M./Fischer, L./Pannier, M./Peichl, A. (2024a): „›Lohnt‹ sich Arbeit noch? Lohnabstand und Arbeitsanreize im Jahr 2024«. ifo Schnelldienst 77.1, 35–38.

Blömer, M./Fuest, C./Peichl, A. (2022): »Aus Hartz IV wird Bürgergeld – nur alter Wein in neuen Schläuchen?« Wirtschaftsdienst 102.2, 78–81.

Blömer, M./Hansen, E./Peichl, A. (2024b): Die Ausgestaltung des Transferentzugs in der Interdependenz mit dem Bürgergeld, der Kindergrundsicherung und dem Wohngeld. ifo Forschungsberichte 145.

Blömer, M./Peichl, A. (2023): Reformoptionen im deutschen Grundsicherungs- und Transfersystem sowie bei der Ehegattenbesteuerung. Arbeitspapier 04/2023. Sachverständigenrat zur Begutachtung der gesamtwirtschaftlichen Entwicklung.

Peichl, A./Bonin, H./Stichnoth, H./Bierbrauer, F./Blömer, M./Dolls, M./Hansen, E./Hebsaker, M./Necker, S./Pannier, M./Petkov, B./Windsteiger, L. (2023): Zur Reform der Transferentzugsraten und Verbesserung der Erwerbsanreize – Kurzversion. Forschungsbericht 629 K. Bundesministerium für Arbeit und Soziales

Wissenschaftlicher Beirat beim Bundesministerium der Finanzen (2023): Reform der Grundsicherung. Stellungnahme 05/2023 vom 7. September 2023, Berlin.

Wie kann das Beschäftigungspotenzial Älterer verbessert werden?

Hermann Buslei, Johannes Geyer und Peter Haan

Die demografische Alterung rückt das Beschäftigungspotenzial Älterer in den Fokus der Debatten um soziale Sicherung und Fachkräftemangel. Eine Anhebung der Altersgrenzen und die Einschränkung von vorgezogenen Altersrenten werden diskutiert, aber nicht forciert. Stattdessen setzt die Politik auf Anreize zur Erwerbstätigkeit neben der Rente und einen flexibleren Renteneintritt nach skandinavischem Vorbild.

Seit 2014 gibt es die befristete Weiterbeschäftigung nach Erreichen der Regelaltersgrenze, und ein aktueller Vorschlag sieht eine erleichterte sachgrundlose Befristung für Ältere vor. Zudem wurden Hinzuverdienstgrenzen gestrichen. Die Wachstumsinitiative der letzten Bundesregierung enthielt weitere Maßnahmen, darunter die Auszahlung des Arbeitgeberanteils zur Sozialversicherung an Versicherte sowie eine »Rentenaufschubprämie« für späteren Rentenbezug.

Bemerkenswert ist, dass es kaum belastbare empirische Evidenz für die Wirksamkeit dieser Maßnahmen gibt. Erfahrungen aus Nachbarländern zeigen aber, dass mehr Flexibilität auch zu geringerer Beschäftigung und vermehrten Verrentungen führen kann.[1]

Erwerbstätigkeit im Rentenalter: starker Zuwachs

In Deutschland war Erwerbstätigkeit im Rentenalter lange Jahre gering, doch in jüngerer Zeit ist ein positiver Trend erkennbar. Besonders seit den 2000ern stieg die Erwerbsquote der über 65-Jährigen deutlich. Zwischen 1995 und heute erhöhte sie sich bei den 65 bis 69-Jährigen von knapp 5 Prozent auf über 20 Prozent.

1 Geyer u. a. (2022) diskutieren, warum der flexible Renteneintritt ein zweischneidiges Schwert ist. Börsch-Supan u. a. (2018) finden im internationalen Vergleich einen leicht positiven Effekt auf die Partizipationsentscheidung, allerdings einen negativen Effekt auf die gearbeiteten Stunden, so dass sie die Erwartungen an eine Beschäftigungszunahme durch diese Maßnahmen eher dämpfen.

Bei den 70- bis 74-Jährigen wuchs sie sogar von gut 2 Prozent auf fast 10 Prozent (Abbildung 1).

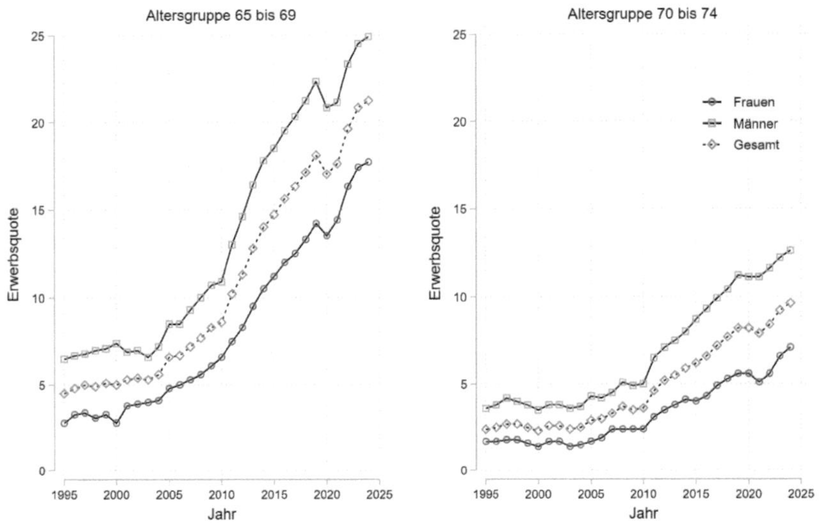

Abbildung 1: Erwerbsquote nach Alter und Geschlecht zwischen 1995 und 2023
Anmerkungen: Die Quoten zeigen den Anteil der Erwerbstätigen an der Bevölkerung in der jeweiligen Altersgruppe.
Quelle: Labour Force Survey (Eurostat), doi:10.2908/LFSA_ARGAN

Erwerbstätigkeit im Rentenalter war lange ein Selbstständigen-Phänomen, da für sie die Altersgrenzen der Rentenversicherung weniger Relevanz hatten. Die jüngere positive Entwicklung ist allerdings vor allem auf eine Zunahme nichtselbstständiger Beschäftigung zurückzuführen (Abbildung 2). So waren 1995 knapp die Hälfte der Erwerbstätigen zwischen 70 und 74 Jahren Selbstständige, während es 2023 nur noch etwa ein Drittel waren. Von den älteren Erwerbstätigen arbeitet ein großer Teil in Teilzeit – bei Frauen etwa 80 Prozent und bei Männern 60 Prozent (Abbildung 2). Daten der Deutschen Rentenversicherung zeigen, dass der überwiegende Teil derjenigen, die neben dem Rentenbezug arbeiten, in einem geringfügigen Arbeitsverhältnis tätig ist (DRV 2024).

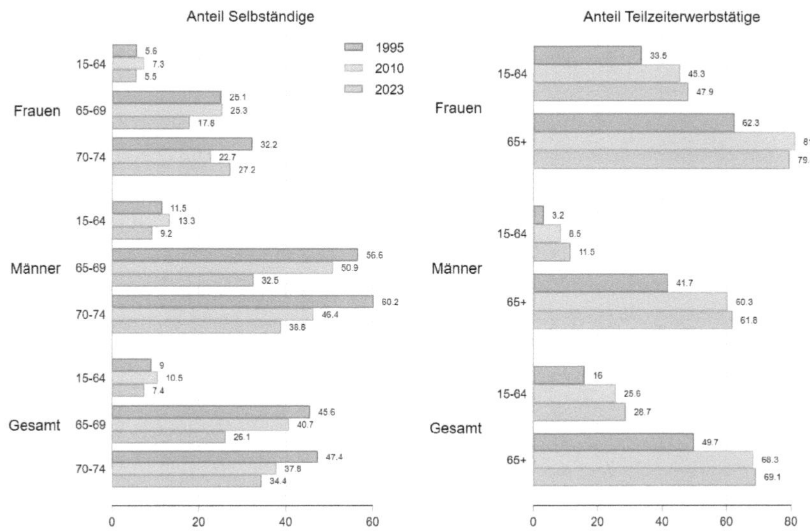

Abbildung 2: Anteil Selbständiger und Teilzeiterwerbstätiger in der jeweiligen Altersgruppe nach Geschlecht und Jahr (in Prozent). Anmerkungen: Links ist der Anteil der Selbstständigen an den Erwerbstätigen in der jeweiligen Altersgruppe dargestellt; rechts ist der Anteil der Teilzeiterwerbstätigen an den Beschäftigten der jeweiligen Altersgruppe dargestellt.
Quelle: Labour Force Survey (Eurostat), doi:10.2908/LFSA_ESGAN, doi:10.2908/LFSA_EPPGAI

Institutionelle Gründe für den Anstieg der Erwerbstätigkeit Älterer

Ein wichtiger Faktor für die zunehmende Beschäftigung Älterer war ein Bündel von Rentenreformen, das seit Ende der 1990er Jahre die Möglichkeiten der Frühverrentung deutlich eingeschränkt hat (z.B. Engels u.a. 2017). Auch die Arbeitsmarktreformen zu Beginn der 2000er hatten eine positive Beschäftigungswirkung. Gleichzeitig ging die Arbeitslosigkeit seit 2005 deutlich zurück und der Arbeitsmarkt entwickelte sich dynamisch. Dies hatte auch zur Folge, dass mehr Menschen im höheren Alter vor dem Erreichen der Altersgrenze erwerbstätig blieben. Verschiedene Studien zeigen, dass Menschen, die vor dem Erreichen der Altersgrenze erwerbstätig waren, auch häufiger parallel zum Rentenbezug weiterarbeiten (Westermeier 2019). Ob die Anreize für die Kombination von Rente und Erwerbstätigkeit (Stichwort Teilrente und Zuschläge für Weiterarbeit (ab 1992), »Flexirente« (ab 2017) und Anhebung bzw. Wegfall der Hinzuverdienstgrenzen (ab 2021) bzw. die Anreize zum Aufschieben des Rentenzugangs zu dem Anstieg beigetragen, ist empirisch nicht zu belegen. All diese Programme werden bis heute kaum genutzt.[2] Allerdings kann man den Wegfall der Hinzuverdienstgrenzen erst in den kommenden Jahren anhand der Inanspruchnahme der Regelungen sinnvoll evaluieren.

Das künftige Erwerbspotenzial der Rentner:innen

Die potenzielle Bedeutung der Erwerbstätigkeit von Personen in den Altern ab 65 Jahre steigt im nächsten Jahrzehnt deutlich an. Dies ergibt sich bereits aus der Zunahme der Personen in diesen Altern. So steigt die Zahl der Personen in der Altersgruppe 65–70 Jahre nach der mittleren Variante der 15. Koordinierten Bevölkerungsvorausberechnung des Statistischen Bundesamtes bis zum Jahr 2035 gegenüber dem Jahr 2020 um über 1 Mio. Personen an (vgl. die Punktlinie in Abbildung 3, rechte Seite). Im Gegensatz dazu geht die Zahl der Personen in den Altersgruppen 55–59 und 60–64 Jahre bis zum Jahr 2035 deutlich zurück (vgl. die Strichpunkt- und die Strichlinie in Abbildung 3, rechte Seite). Auch die Gesamtzahl der Personen in der Altersgruppe 55–70 geht zurück (vgl. die durchgezogene Linie in Abbildung 3, linke Seite). Eine Zunahme der Erwerbstätigkeit ist insbesondere aufgrund des weiteren Anstiegs der Regelaltersgrenze zu erwarten: Diese steigt von 66 Jahren für den Rentenzugang des Geburtsjahrgangs 1958 im Jahr 2024 auf 67 Jahre für den Geburtsjahrgang 1964 im Jahr 2031.

Der Mangel an empirischen Ergebnissen zur Reaktion Älterer auf Anreize zur Weiterbeschäftigung erschwert die Einschätzung des künftigen Erwerbspotenzials - sowohl beim aktuellen Rechtsstand als auch bei möglichen Reformen.

Ein Vergleich mit Ländern mit höherer Erwerbsbeteiligung, etwa Schweden, liefert Anhaltspunkte für eine potenzielle Zunahme. Laut Buslei u. a. (2024) lag die Beschäftigtenquote dort 2020 bei 65–69-jährigen Frauen um 7 und bei Männern um 9 Prozentpunkte über den deutschen Werten. Um dieses Niveau zu erreichen, müsste die Nichterwerbstätigkeit in Deutschland bei Frauen um 9 Prozent und bei Männern um 12 Prozent sinken.

Eine Simulation für die Bertelsmann Stiftung zeigt, dass eine schrittweise Annäherung an Schwedens Erwerbsquote bis 2035 eine Zunahme der Teilzeitbeschäftigung um etwa 500.000 Personen und der Vollzeitbeschäftigung um 180.000 Personen bedeuten würde – insgesamt 340.000 Personen in Vollzeit-

2 Allerdings steigt der Anteil der sozialversicherungspflichtig Beschäftigten bei Kombination von vorgezogener Altersrente und Erwerbstätigkeit (2022: 5,6 Prozent, vor 2017 quasi nicht existent). Insbesondere Personen, die die Rente für besonders langjährig Versicherte nutzen, machen davon Gebrauch (DRV 2024).

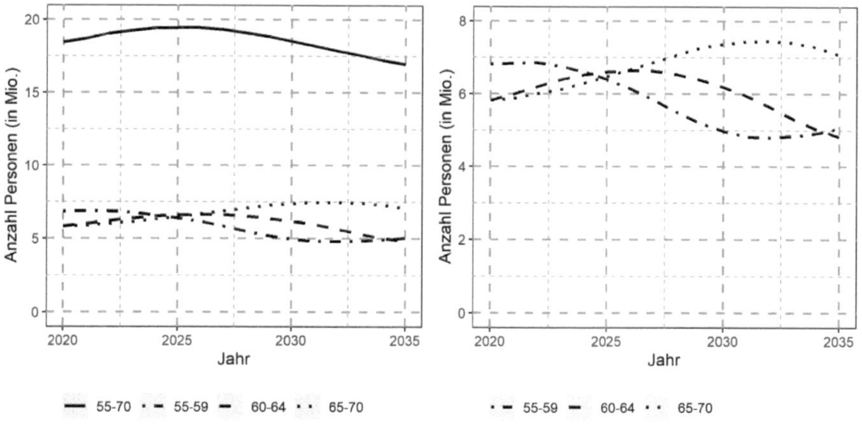

Abbildung 3: Bevölkerungsentwicklung in der Altersgruppe 55–70 Jahre
Anmerkung: Mittlere Variante (G2-L2-W2) der 15. koordinierten Bevölkerungsvorausberechnung.
Quelle: Bevölkerung nach der mittleren Variante (G2-L2-W2) der 15. koordinierten Bevölkerungsvorausberechnung des Statistischen Bundesamtes (2022b) im Modell PenPro (Buslei u. a. 2024)

äquivalenten (Buslei u. a. 2024). Damit dieses Potenzial realisiert wird, sind zusätzliche Maßnahmen erforderlich: Gesundheitsförderung, bessere Pflegeangebote für Angehörige, arbeitsrechtliche Anpassungen und finanzielle Anreize. Letztere könnten sowohl strengere Bedingungen für vorzeitige Altersrenten und eine stärkere Förderung von Beschäftigung nach Erreichen der Regelaltersgrenze im Sozial- und Steuerrecht umfassen.

Diskussion und Ausblick

Die Erwerbstätigkeit im Rentenalter steigt – eine positive Entwicklung im demografischen Wandel. Bisher gibt es keine Hinweise darauf, dass Armut der Haupttreiber ist – ebenfalls eine gute Nachricht. Jedoch arbeiten viele Ältere nur in geringem Umfang, was meist ihren Präferenzen entspricht.

Dieser positive Trend wurde bislang nur indirekt politisch gefördert. Gestützt wird er vor allem durch hohe Erwerbsquoten vor dem Renteneintritt, die eine Beschäftigung nach Renteneintritt begünstigen. Ohne gezielte Maßnahmen dürfte eine schnelle Ausweitung kaum realistisch sein – zumal unsicher ist, ob der positive Trend in einem schwierigen wirtschaftlichen Umfeld anhält.

Ob finanzielle Anreize die Beschäftigung Älterer steigern können, bleibt fraglich. Studien zeigen, dass Altersgrenzen oft wichtiger sind als monetäre Anreize.

Dennoch scheint die Politik auf eine Normalisierung der Kombination von Rente und Erwerbstätigkeit zu setzen. Fraglich ist jedoch, ob die Maßnahmen konsistent sind: Während die »Rente mit 63« und gelockerte Hinzuverdienstgrenzen Frühverrentung attraktiver machen, sollte die direkte Auszahlung von Sozialabgaben im Alter im Rahmen der Wachstumsinitiative der letzten Bundesregierung die Weiterarbeit fördern – mit finanziellen Folgen für die Sozialkassen. Aktuelle Vorschläge, die bei unveränderten Zugangsregeln einen (bis zu Höchstgrenzen) steuerfreien Hinzuverdienst während des Rentenbezugs vorsehen, könnten mit einem spürbaren Verlust an Einkommensteueraufkommen verbunden sein.

Vielversprechender für eine Erhöhung der Erwerbstätigkeit erscheint es, befristete Beschäftigungen über die Regelaltersgrenze hinaus zu erleichtern. Entscheidend für den Erfolg bleibt aber, ob Ältere gesundheitlich und fachlich in der Lage sind, weiterzuarbeiten. Notwendig sind daher verstärkte Gesundheitsförderung, altersgerechte Arbeitsplätze sowie bessere Pflegeangebote, um Erwerbstätigkeit und Angehörigenbetreuung zu vereinbaren.

Literatur

Börsch-Supan, A./Bucher-Koenen, T./Kutlu-Koc, V./Goll, N. (2018): »Dangerous flexibility – retirement reforms reconsidered«. In: Economic Policy, Jg. 33, H. 94, 315–355.

Buslei, H./Geyer, J./Haan, P. (2024): »Beschäftigungspotenziale Älterer – Umfang und Realisierungschancen bis 2035«, Bertelsmann Stiftung, Gütersloh.

DRV (2024): »Wie hat sich der Hinzuverdienst von Rentenbeziehenden entwickelt?«, 6. Rentenupdate, 20.03.25, https://rentenupdate.drv-bund.de/DE/1_Archiv/Archiv/2024/06_Hinzuverdienst.html

Engels, B./Geyer, J./Haan, P. (2017): »Pension incentives and early retirement«. In: Labour Economics, Jg. 47, 216–231.

Geyer, J./Haan, P./Seibold, A. (2020): »Der flexible Renteneintritt ist ein zweischneidiges Schwert: Kommentar«. In: DIW Wochenbericht, Jg. 89, H. 20, 296.

Westermeier, C. (2019): »Ältere am Arbeitsmarkt: Eine stabile Beschäftigung vor dem Rentenalter begünstigt die Weiterarbeit«, IAB-Kurzbericht, Nr. 15, Nürnberg.

Wie kann die Altersvorsorge für Selbstständige gestärkt werden?

Karin Schulze Buschoff und Eileen Peters

Selbstständige werden durch das Sozialversicherungsrecht in Deutschland nur teilweise erfasst. So unterliegt die Mehrzahl der Selbstständigen keiner gesetzlichen Verpflichtung zur Altersvorsorge. Zugleich herrscht ein breiter politischer Konsens darüber, dass Reformbedarf hinsichtlich der Altersvorsorge Selbstständiger besteht. Entsprechend war die Einführung einer Altersvorsorgepflicht für Selbstständige schon in der Legislaturperiode des vierten Kabinetts Merkel von 2017–2021 vorgesehen und wurde auch im Koalitionsvertrag der Ampel-Regierung für die Legislaturperiode 2021–2025 vereinbart (Bundesregierung 2018; Bundesregierung 2021). Allerdings ist das Vorhaben noch immer nicht umgesetzt worden. So gilt die Reform der Altersvorsorge für Selbstständige weiterhin als große politische Herausforderung.

Selbstständigkeit in Deutschland

Die Selbstständigkeit in Deutschland befindet sich in einem ständigen Wandel und zeichnet sich durch eine hohe Dynamik aus. Dies betrifft nicht nur die Anzahl der selbstständigen Erwerbstätigen, sondern auch deren Struktur und Zusammensetzung. Als heterogene Beschäftigungskategorie umfasst die Selbstständigkeit ein breites Spektrum an Branchen und Berufsfeldern. Gleichzeitig ist sie geprägt von einer deutlichen Polarisierung sozialer Lebenslagen und Einkommen. Die Einkommensverteilung unter Selbstständigen ist erheblich breiter gefächert als die der abhängig Beschäftigten (Bonin et al. 2022). Problematisch sind dabei vor allem die Einkommenslagen eines großen Teils der Solo-Selbstständigen. Trotz durchschnittlich längerer Erwerbsarbeitszeiten ist der Median des monatlichen Nettoeinkommens der Solo-Selbstständigen geringer als der von abhängig Beschäftigten (Bonin et al. 2022: 47; Krause-Pilatus/Rinne 2024: 52). Insgesamt geht die Entwicklung der letzten Jahre hin zu einer Diversifizierung der Selbstständigkeit mit vergleichsweise hohen Anteilen an Selbstständigen mit prekären Arbeitsbedingungen, insbesondere mit unregelmäßigen und niedrigen Einkommen und mangelnder sozialer Absicherung (Schulze Buschoff/Emmler, 2021).

Zudem waren Selbstständige im Vergleich zu abhängig Beschäftigten besonders stark von den negativen Folgen der Coronakrise betroffen. Sie verzeichneten größere Einkommenseinbußen und waren deutlich höheren Belastungen in Bezug auf ihre finanzielle Situation und Arbeitssituation ausgesetzt (Schulze Buschoff/Emmler, 2021; Peters/Schulze Buschoff, 2025). Noch im Oktober 2023 ist der Großteil der Selbstständigen, die an der WSI-Erwerbspersonenbefragung teilgenommen haben, der Ansicht, dass sich ihre selbstständige Tätigkeit nicht von den negativen Folgen der Corona-Pandemie auf ihre wirtschaftliche Situation erholt hat (Peters/Schulze Buschoff, 2025). Die Erfahrungen während der Pandemie haben deutlich gemacht, dass der fehlende soziale Schutz für Selbstständige eine schwerwiegende und folgenreiche Lücke in den Sozialversicherungssystemen darstellt. Die mangelnde sozialrechtliche Absicherung ist dabei vorrangig ein deutsches Phänomen: Während in der Mehrzahl der EU-Länder die Selbstständigen durch die staatlichen Pflichtversicherungssysteme systematisch erfasst werden, ist die Pflichtversicherung in Deutschland entsprechend der Tradition der Bismarckschen Sozialversicherung auf wenige Sondergruppen Selbstständiger (bzw. Scheinselbstständiger) begrenzt. Dahinter steht die Vorstellung, dass die Selbstständigen für sich selbst vorsorgen können und nicht des kollektiven Schutzes der Solidargemeinschaft der Versicherten bedürfen (Schulze Buschoff 2018). Angesichts der Tatsache, dass die Annahme der fehlenden Schutzbedürftigkeit nicht der Realität entspricht, wird seit vielen Jahren eine Erweiterung der staatlichen Systeme der sozialen Sicherung auf Selbstständigen aller Berufsgruppen gefordert (ebenda).

Insgesamt bestehen nur für etwa ein Viertel der Selbstständigen obligatorische Sondersysteme zur Alterssicherung, wobei die Bedingungen je nach Berufsgruppe sehr unterschiedlich sind. In der Arbeitslosenversicherung ist seit 2006 eine freiwillige Mitgliedschaft möglich, dies aber nur für einen eingeschränkten Kreis von Selbstständigen und zu wenig attraktiven Bedingungen. In Bezug auf die Krankenversicherung gilt seit 2009 eine Versicherungspflicht für die Gesamtbevölkerung. Allerdings ist die Beitragslast insbesondere für gering verdienende Selbstständige relativ hoch. Es besteht also insgesamt erheblicher Reformbedarf, um die Integration der Selbstständigen in die sozialen Sicherungssysteme zu verbessern und somit ihre sozialen Rechte zu stärken.

Zustimmung zur Erwerbstätigenrente

Weitgehend unklar ist, wie die Selbstständigen selbst zu der Reformoption stehen, eine verpflichtende Altersvorsorge einzuführen. Sind sie für die Vorstellung einer Erwerbstätigenversicherung zu gewinnen, die alle Erwerbstätigen, d. h. auch Selbstständige in die gesetzliche Rentenversicherung miteinbezieht?

Die Zustimmung zur Erwerbstätigenrente messen wir anhand der Angaben zu der folgenden Frage, die im Rahmen der WSI-Erwerbspersonenbefragung (11. Welle, Oktober 2023) gestellt wurde: »Denken Sie, dass die gesetzliche Rentenversicherung zukünftig alle Erwerbstätigen, d. h. auch alle Selbstständigen und alle Beamten, umfassen sollte?« Die Antwortmöglichkeiten waren Ja, eher Ja, eher Nein und Nein. Die Antwortkategorien Ja und eher Ja sowie Nein und eher Nein wurden zusammengefasst.

Das Ergebnis unserer Analysen ist eindeutig: Die deutliche Mehrheit (64 Prozent) aller Selbstständigen stimmen der Einführung einer Erwerbstätigenversicherung zu, also einer Pflichtversicherung in der Gesetzlichen Rentenversicherung, die neben abhängig Beschäftigten auch Selbstständige und Beamte umfasst. Die Zustimmungswerte liegen bei Solo-Selbstständigen mit 71 Prozent höher als bei Selbstständigen mit Mitarbeiter:innen (57 Prozent).

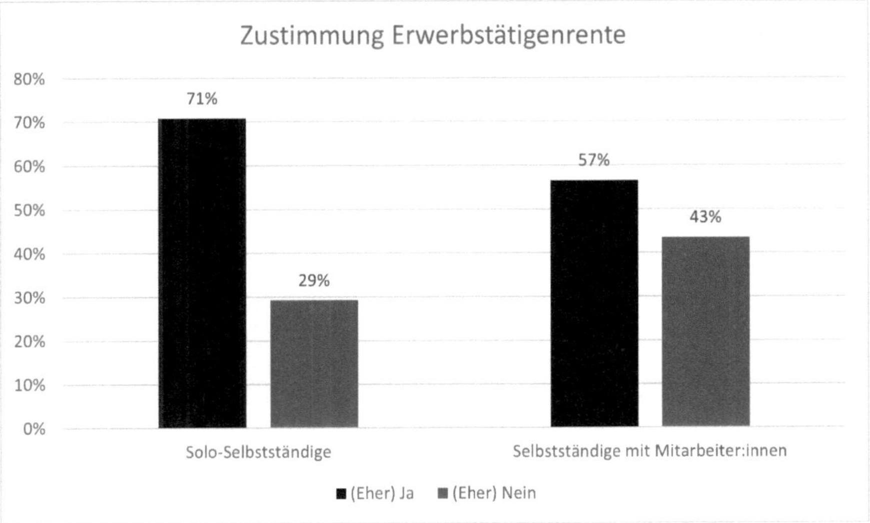

Abb. 1: Zustimmung zur Erwerbstätigenrente, getrennt nach Solo-Selbstständigen und Selbstständigen mit Mitarbeiter:innen

Quelle: WSI-Erwerbspersonenbefragung Welle 11 (Oktober 2023). Gewichtete Werte. N= 789

Fazit

Die Einführung einer Altersvorsorgepflicht für Selbstständige aller Berufsgruppen wird seit über 20 Jahren diskutiert (Schulze Buschoff 2018). Der Koalitionsvertrag der Ampel-Regierung (Bundesregierung 2021) erkannte den Schutzbedarf vieler bisher nicht versicherungspflichtiger Selbstständiger an und sah eine allgemeine Altersvorsorgepflicht vor. Diese sollte mit einer Opt-out-Option verbunden werden, die neben der Gesetzlichen Rentenversicherung (GRV) auch Versicherungen auf dem freien Markt bei privaten Trägern ermöglicht hätte. Zur Stärkung der Solidargemeinschaft der Versicherten in der GRV sollten jedoch alle – einschließlich der gutverdienenden – verpflichtend Mitglied in der GRV werden. Andernfalls entsteht eine Ungleichbehandlung gegenüber abhängig Beschäftigten, die ebenfalls keine freiwillige Opt-out-Option haben. Für die Pflichtversicherung in der GRV spricht weiterhin das umfassende Leistungsspektrum, das neben Altersrenten auch Erwerbsminderungsrenten, Witwen-, Witwer- und Waisenrenten und die Durchführung von Rehabilitationsmaßnahmen umfasst. Zudem bietet die GRV Solidarausgleiche, die in privaten, zumeist marktvermittelten Systemen schwer realisierbar sind. Für Selbstständige mit häufig unstetigen Erwerbsbiografien würde die Versicherung in der GRV den Wechsel zwischen selbstständiger und abhängiger Erwerbsarbeit erleichtern, die Stetigkeit der Beitragszahlung stützen und zudem weniger Bürokratie mit sich bringen, da der Versicherungsträger konstant bleibt.

Ein Blick in unser Nachbarland Österreich zeigt, dass die obligatorische Einbeziehung von Selbstständigen in die staatliche Altersvorsorge gelingen kann. Österreich hat die Selbstständigen in die Pensionsversicherungsanstalt (österreichisches Äquivalent zur GRV) bis Ende der 1990er Jahre ausnahmslos mit einbezogen. Dabei wurde der Weg der Stabilisierung des öffentlichen Systems mit dem Ziel der Erwerbstätigenversicherung konsequent beschritten. Das Beispiel Österreich zeigt, dass klare, transparente und universelle Regelungen ohne Ausnahmetatbestände für alle Erwerbstätigen einschließlich der Selbstständigen auch für ein auf paritätischer Beitragszahlung basierendes System gelten können. Vor dem Hintergrund einer breiteren Versichertenbasis, die auch Beamt:innen umfasst, bietet die staatliche Rentenversicherung in Österreich zudem deutlich höhere Rentenleistungen (Schulze Buschoff 2018).

Zusammenfassend lässt sich sagen, dass die Verbesserung der Altersvorsorge Selbstständiger seit Jahrzehnten in der politischen und wissenschaftlichen Diskussion ist und ein breiter Konsens über die Notwendigkeit der Einführung einer Versicherungspflicht herrscht. Ergebnis unserer Analysen ist, dass Selbstständige einer Versicherungspflicht in der Gesetzlichen Rentenversicherung (GRV) grundsätzlich positiv gegenüberstehen. Das Beispiel Österreich zeigt, dass eine erfolgreiche Umsetzung möglich ist. Vor diesem Hintergrund wird deutlich, dass die überfällige Reform der Altersvorsorge nun dringend angegangen werden muss, um Selbstständige verpflichtend in die GRV zu integrieren und ihre soziale Absicherung langfristig zu gewährleisten.

Literatur

Bonin, H./Krause-Pilatus, A./Rinne, U./Koch, N./Nenzel, C. (2022): Selbstständige Erwerbstätigkeit in Deutschland. BMAS-Forschungsbericht 601. Berlin: Bundesministerium für Arbeit und Soziales (BMAS).

Bundesregierung (2018): Koalitionsvertrag zwischen CDU, CSU und SPD 2018, 19. Legislaturperiode, Berlin: Bundesregierung.

Bundesregierung (2021): Koalitionsvertrag zwischen SPD, Bündnis 90/Die Grünen und FDP 2021, 20. Legislaturperiode, Berlin: Bundesregierung.

Peters, E./Schulze Buschoff, K. (2025): Krise ohne Ende? – Die Folgen der Corona-Pandemie für die Selbstständigen. In: Kohlrauch, B./Peters, E./Schulze Buschoff, K. (Hrsg.): Was von Corona übrig bleibt. Erwerbsarbeit, Sozialstruktur, gesellschaftliche Folgen, Frankfurt am Main, 73 – 97.

Krause-Pilatus, A./Rinne, U. (2024): Selbstständige Erwerbstätigkeit in Deutschland. IZA Research Report No. 145, Berlin: Forschungsbericht im Auftrag des Bundesministeriums für Arbeit und Soziales.

Schulze Buschoff, K. (2018), Selbstständigkeit und hybride Erwerbsformen. Sozialpolitische Gestaltungsoptionen, WSI-Policy Brief Nr. 21, Düsseldorf.

Schulze Buschoff, K./Emmler, H. (2021): Selbstständige in der Corona-Krise, Wirtschafts- und Sozialwissenschaftliches Institut der Hans-Böckler-Stiftung: WSI-Policy Brief Nr. 60, Düsseldorf.

Ist die Jobgarantie die richtige Antwort auf Langzeitarbeitslosigkeit?

Lukas Lehner

Ab Frühjahr 2025 wird die EU-Kommission 23 Millionen Euro zur Pilotierung von Jobgarantieprogrammen zur Verfügung stellen. Letztes Jahr wurde im U.S.-Kongress eine Gesetzesinitiative für bundesweite Jobgarantie-Pilotprojekte eingebracht. Während die Jobgarantie für die einen als Verwirklichung des Rechts auf Arbeit gilt, sehen andere darin eine unrealistische Utopie oder gar eine Bedrohung des Arbeitsmarkts angesichts steigender Arbeitskräfteknappheit. Wieder andere setzen sich für ein bedingungsloses Grundeinkommen ein und sehen darin einen Gegenpol zur starken Fokussierung auf Arbeit. Doch was wünschen sich jene Personen, die von solchen Maßnahmen am stärksten betroffen wären – nämlich arbeitslose Menschen?

Was wünschen sich arbeitslose Menschen?

Eine repräsentative Befragung arbeitsloser Menschen zeigt starke Unterstützung sowohl für die Jobgarantie als auch für das Grundeinkommen, wobei eine deutliche Präferenz für die Jobgarantie besteht. Die Unterstützung für beide Maßnahmen steigt mit zunehmendem Lohnniveau der vorgeschlagenen Modelle. Das ist nicht weiter überraschend, profitiert die Zielgruppe doch direkt von einem höheren Lohnniveau. Drittens zeigt die Analyse, dass sich Unterstützung für eine Jobgarantie und ein Grundeinkommen nicht gegenseitig ausschließen müssen.

Wie funktioniert die Jobgarantie?

Da sich offenbar viele arbeitslose Menschen eine Jobgarantie wünschen, stellt sich die Frage, wie eine solche Garantie in der Praxis funktionieren könnte. Dabei ist

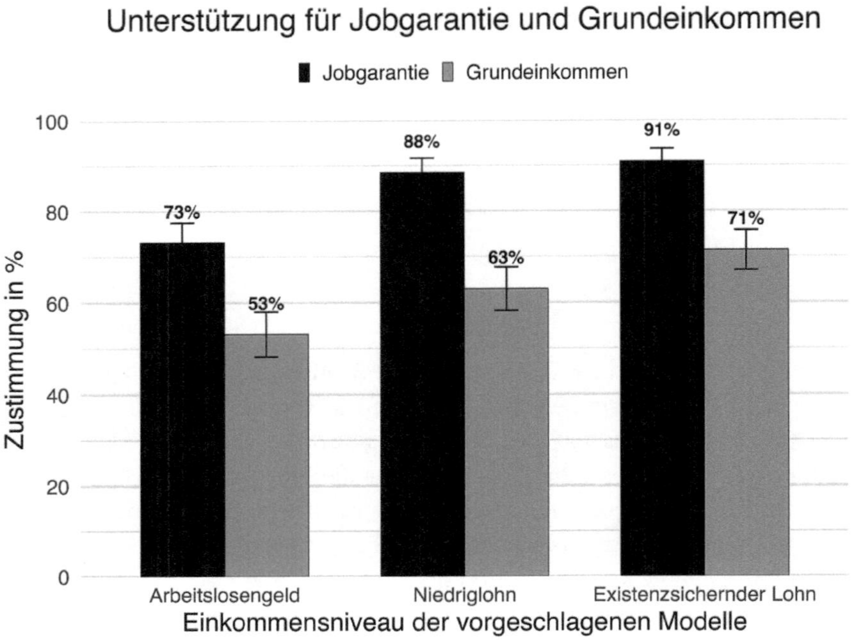

Abbildung 1: Unterstützung von Jobgarantie und Grundeinkommen unter arbeitslosen Menschen nach Einkommenshöhe des vorgeschlagenen Modells
Anmerkung: Die Abbildung zeigt die Zustimmung zu Jobgarantie und Grundeinkommen unter arbeitslosen Menschen nach Großzügigkeit des vorgeschlagenen Modells in % der Befragten. Die schwarzen Striche zeigen die statistische Schwankungsbreite mit 95 Prozent Wahrscheinlichkeit.
Quelle: Lehner 2024

wichtig festzuhalten, dass eine Jobgarantie auf drei zentralen Kernelementen basiert, die sie von anderen arbeitsmarktpolitischen Maßnahmen deutlich abgrenzen. Erstens ist die Teilnahme freiwillig – es gibt keine Sanktionen für die Ablehnung eines Jobangebots. Dies ist von entscheidender Bedeutung, um zu vermeiden, dass die Grenze zu Zwangsarbeit überschritten wird, die oft nur schmal verläuft. Zweitens wird ein echter Lohn für »echte« Arbeit bezahlt. Die Beschäftigten sind sozialversichert und nach Tarifvertrag entlohnt, was die Jobgarantie klar von Workfare-Programmen und Ein-Euro-Jobs unterscheidet. Drittens bietet die Jobgarantie eine universelle Absicherung: Sie steht allen arbeitslosen Menschen, die länger als ein Jahr arbeitslos sind, dauerhaft offen. Damit geht die Jobgarantie weit über viele bestehende soziale Beschäftigungsprojekte hinaus, die oft nur temporäre Lösungen für ausgewählte Zielgruppen bieten.

Aber kann so ein Programm in der Praxis funktionieren? Im Rahmen eines dreijährigen Modellprojekts haben Maximilian Kasy und ich eine randomisierte

Feldstudie durchgeführt, um zu dokumentieren, was eine Jobgarantie tatsächlich leisten kann. Die Marienthal Jobgarantie bot allen langzeitarbeitslosen Einwohner:innen der österreichischen Gemeinde Gramatneusiedl, inklusive Ortsteil Marienthal, einen garantierten Arbeitsplatz. Über den Zeitraum von dreieinhalb Jahren konnten so vom Arbeitsmarktservice finanzierte Arbeitsplätze für 100 der 3.000 Einwohner:innen geschaffen werden.

Bei den Arbeitsplätzen handelte es sich entweder um subventionierte Arbeitsplätze bei bestehenden Unternehmen oder – und das traf auf die Mehrheit der Teilnehmer:innen zu – um Beschäftigung in neu geschaffenen, öffentlich-finanzierten Jobs. Die Gehälter aller Teilnehmer:innen entsprachen mindestens dem tarifvertraglichen Mindestlohn, der 2020 bei etwa 1.500 Euro pro Monat für Vollzeitbeschäftigung lag, wobei höhere Einstufungen in Einzelfällen möglich waren. Die Arbeitsplätze wurden den individuellen Bedürfnissen und Einschränkungen der Teilnehmer:innen angepasst, so dass jede Person eine attraktive Tätigkeit haben sollte. Die Jobs umfassten Tätigkeiten wie die Renovierung von Wohnungen, eine Schreinerei zur Restaurierung alter Möbel, das Anlegen eines öffentlichen Kräuter- und Gemüsegartens und die Betreuung öffentlicher Grünflächen. Die Teilnehmer:innen entwickelten eigene Projekte, zum Beispiel die Unterstützung älterer Bewohner:innen im Alltag, eine Broschüre über den Ort und die Einrichtung eines öffentlichen digitalen Ortsarchivs, einer sogenannten Topothek (abrufbar unter https://gramatneusiedl.topothek.at/).

Was bringt eine Jobgarantie für die Teilnehmer:innen?

Unsere wissenschaftliche Begleitung zeigt, dass die Teilnahme große positive Auswirkungen auf das wirtschaftliche Wohlergehen hatte. Das umfasste das Einkommen, wirtschaftliche Sicherheit und Beschäftigung. Das ist erwartbar, aber nicht automatisch, da die Teilnahme am Programm freiwillig war und diejenigen Personen, die die Teilnahme ablehnten, weiterhin Anspruch auf Arbeitslosengeld hatten.

Die Teilnahme führte auch zu starken positiven Auswirkungen auf die sogenannten »latenten Funktionen« der Arbeit, die auf Marie Jahodas Arbeit zurückgehen. Dazu gehören die Zeitaufteilung im Tagesverlauf, regelmäßige Aktivität, die sozialen Kontakte und Interaktionen sowie die soziale Anerkennung und eine Wahrnehmung, dass das Leben einen Sinn hat. Die persönlichen Erfahrungen einiger Teilnehmer:innen und deren Lebenswandel wurden in Fernsehdokumentationen, etwa im ZDF, dargestellt. Die positiven Auswirkungen blieben auch über einen längeren Zeitraum bestehen.

Was bewirkt eine Jobgarantie für den Arbeitsmarkt?

Im Arbeitsmarkt führte das Programm zu einer starken Verringerung der Arbeitslosigkeit auf Gemeindeebene. Die Langzeitarbeitslosigkeit in Gramatneusiedl ging seit Projektbeginn auf fast Null zurück, während sie in den Vergleichsgemeinden anstieg. Die de-facto Abschaffung der Langzeitarbeitslosigkeit war angesichts des freiwilligen Charakters des Programms nicht garantiert und somit ein wichtiges Ergebnis. Des Weiteren ist die Reduktion der Langzeitarbeitslosigkeit durch einen Anstieg der Beschäftigung zu erklären, ohne dass es mehr Personen gab, die sich vom Arbeitsmarkt zurückzogen.

Keine negativen Arbeitsanreize: Ein zentraler Einwand gegen Jobgarantieprogramme ist, dass diese negative Arbeitsanreize schaffen könnten. Arbeitslose Personen würden ihren Suchaufwand verringern, da ihnen ohnehin ein garantierter Job zustünde. Die Evidenz aus Gramatneusiedl zeigt jedoch ein anderes Bild: Die Übergangsrate in reguläre Beschäftigung war in allen Zeiträumen vor der Teilnahmeberechtigung an der Jobgarantie, die nach 9 Monaten einsetzte, höher. Es gibt keine Anzeichen dafür, dass die Jobgarantie den Suchaufwand der Teilnehmer:innen reduziert hätte. Und nach Beginn der Anspruchsberechtigung ab 9 Monaten stieg die Übergangsrate in Beschäftigung deutlich an, was auf den direkten Effekt der Jobgarantie zurückzuführen ist.

Ist eine Jobgarantie finanzierbar?

Gegen eine flächendeckende Einführung der Jobgarantie werden immer wieder die Kosten als Gegenargument angeführt. Im Pilotprojekt Marienthal stiegen die Ausgaben für die Arbeitsmarktpolitik durch die Jobgarantie um 28 Prozent, von 1.397 EUR auf 1.785 EUR pro registrierte langzeitarbeitslose Person und Monat. Dieser Anstieg spiegelt eine Verlagerung der Ausgaben von der passiven zur aktiven Arbeitsmarktpolitik. Während die Sozialversicherung Ausgaben für Arbeitslosengeld reduzieren konnte, sind durch das Programm bei der Arbeitsmarktverwaltung höhere Kosten angefallen.

Den zusätzlichen Kosten von 388 EUR pro Teilnehmer:in pro Monat steht eine Einkommenssteigerung von 390 EUR pro Teilnehmer:in gegenüber. Wenn man den nichtmonetären Nutzen der Arbeitsplatzgarantie positiv bewertet, bedeutet dies, dass die eingesetzten Mittel einen positiven Multiplikatoreffekt im Nutzen der Bevölkerung bewirken. Außerdem bezieht sich der Kostenvergleich auf die Zeit während der Programmteilnahme und mögliche längerfristige Ersparnis-

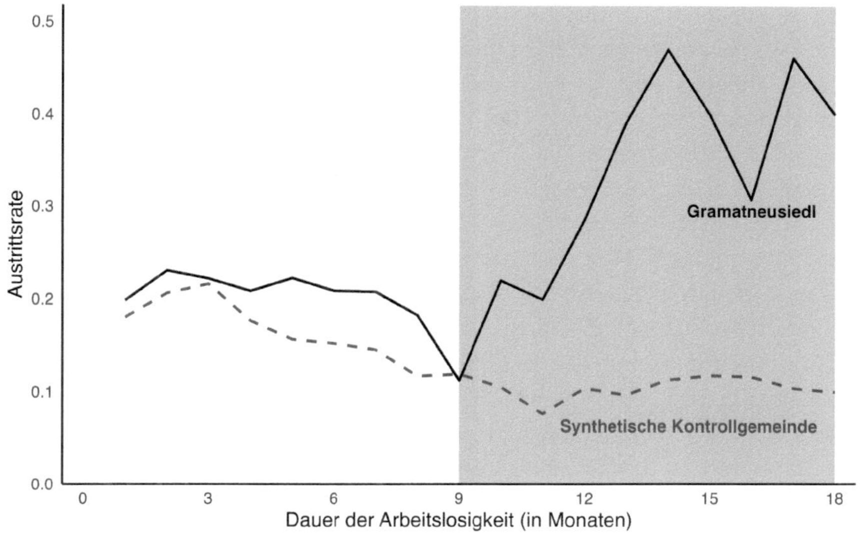

Abbildung 2: Übertritte von Arbeitslosigkeit in Beschäftigung
Anmerkungen: Die Abbildung zeigt den Anteil an Übertritten von Arbeitslosigkeit in Beschäftigung nach Dauer der Arbeitslosigkeit für Gramatneusiedl und die synthetische Kontrollgemeinde. Die Berechtigung für die Jobgarantie beginnt nach 9 (bzw. nach Herbst 2020 ab 12) Monaten.
Quelle: Kasy und Lehner 2024

se, beispielsweise durch vermehrte Übertritte in nicht subventionierte Beschäftigung, könnten öffentliche Budgets weiter entlasten.

Eine einfache Berechnung zeigt, dass die Ausweitung der Jobgarantie auf alle 74.000 registrierten langzeitarbeitslosen Personen in Österreich, die 1,6 Prozent der Erwerbsbevölkerung ausmachen, zusätzliche öffentliche Ausgaben in Höhe von 0,07 Prozent des BIP verursachen würde – das entspricht etwa 345 Millionen Euro pro Jahr. Diese Summe ist relativ bescheiden im Vergleich zu den gesamten arbeitsmarktpolitischen Ausgaben Österreichs, die sowohl vor als auch nach der Covid-Pandemie über 2 Prozent des BIP betrugen.

Ist eine Jobgarantie politisch umsetzbar?

Das Projekt zeigt zum einen das Potenzial aus der Zusammenarbeit von Wissenschaft und Verwaltung. Randomisierte Feldstudien, die in Österreich und Deutschland noch selten durchgeführt werden, unterstützen evidenzbasierte Politik. Im Fall der Marienthal Jobgarantie hat dies das Pilotprojekt ermöglicht und zu großem Interesse von Medien und internationalen Organisationen geführt.

Zum anderen stellt das Programm einen Machbarkeitsnachweis für ein modernes Jobgarantieprogramm dar. Basierend auf den Ergebnissen der Studie und anderer Pilotprojekte stellt die EU-Kommission 23 Million Euro für Jobgarantieprojekte zur Verfügung. Der Europäische Ausschuss der Regionen geht noch weiter und hat einstimmig 750 Millionen Euro für Jobgarantieprojekte gefordert. Und der UN-Sonderberichterstatter für Armut und Menschenrechte, Olivier De Schutter, hat seinen jährlichen Bericht dem Thema gewidmet und dem UN-Menschenrechtsrat eine Jobgarantie empfohlen.

In Marienthal schuf das Projekt für ein bis zwei Prozent der aktiven Erwerbsbevölkerung sinnvolle Arbeitsplätze. Internationale Beispiele zeigen, wie es skalierbar ist. In Frankreich wird garantierte Arbeit bereits großflächiger umgesetzt, sowohl in ländlichen als auch urbanen Regionen. Auch in Berlin findet mit dem solidarischen Grundeinkommen ein ähnliches Programm für 1.000 Teilnehmer:innen statt.

Ein neuer Baustein im deutschen Sozialstaat

Eine Jobgarantie kann den bestehenden Sozialstaat nicht ersetzen, aber sinnvoll ergänzen. Es sollte dabei nicht erwartet werden, dass eine Jobgarantie allein Arbeitslosigkeit vollkommen beseitigen würde. Für viele arbeitslose Menschen sind existierende Angebote zur Unterstützung bei der Jobsuche, Qualifizierung und Eingliederungsbeihilfen weiterhin zentral (Lehner and Tamesberger 2024). Von der Jobgarantie profitieren vor allem jene arbeitslosen Menschen, die es am schwersten haben und häufig keine Chance für einen beruflichen Wiedereinstieg sehen. Die Freiwilligkeit unterscheidet die Jobgarantie von vielen herkömmlichen Arbeitsmarktprogrammen, deren Teilnahme an Sozialleistungen geknüpft sind. Positive Effekte stellen sich vor allem mit sinnvoller Arbeit ein, die angemessen bezahlt wird. Das folgt dem Prinzip der Marienthal Jobgarantie: »Echte« Arbeit für einen echten Lohn.

Im österreichischen Gramatneusiedl ist die Marienthal Jobgarantie im Frühjahr 2024 zu Ende gegangen. Eine flächendeckende Ausrollung in Niederösterreich ist durch die Regierungsbeteiligung der FPÖ nach einer Landtagswahl gescheitert und jene noch im Projekt verbliebenen Teilnehmer:innen haben ihre Jobs verloren. Auch auf Bundesebene wurde eine Einführung diskutiert. Mittlerweile bewegt sich die Arbeitsmarktpolitik mit Projekten in inzwischen mehreren europäischen Ländern einen Schritt näher dahin, der Verwirklichung des Rechts auf gute Arbeit einen Schritt näher zu kommen.

Literatur

Kasy, M./Lehner, L. (2023): Employing the Unemployed of Marienthal: Evaluation of a Guaranteed Job Program. In: CESifo Working Paper 10394. https://doi.org/10.31235/osf.io/cd25u.

Lehner, L. (2024): What Do Unemployed Workers Want: Guaranteed Work or Guaranteed Income? Working Paper. https://lukaslehner.github.io/assets/Preferences_JG_BI.pdf.

Lehner, L./Tamesberger, D. (2024): Unemployment and Labor Market Policies. In: A. Renner, L. Plank, M. Getzner (Eds.) Handbook of Social Infrastructure, 122–143. Edward Elgar, Cheltenham.

Wie lässt sich die Besteuerung von niedrigen und mittleren Löhnen begrenzen?

Stefan Bach

Deutschland ist »Vizeweltmeister« bei der Belastung der Arbeitseinkommen von Durchschnittsverdienern mit Einkommensteuer und Sozialbeiträgen. Dies zeigen die Simulationsrechnungen der OECD (2025), die in Medien und Öffentlichkeit regelmäßig größeres Aufsehen erregen. Daraus wird in den wirtschaftspolitischen Diskussionen häufig abgeleitet, Deutschland habe die höchsten Steuer- und Abgabenbelastungen weltweit. Die OECD-Berechnungen blenden aber viele Aspekte des Steuer- und Sozialsystems aus: Gestaltungsmöglichkeiten und Privilegien von Besser- und Hochverdienern bei der Einkommen- und Unternehmensbesteuerung, Umfang und Struktur der indirekten Steuern sowie die geringen vermögensbezogenen Steuern in Deutschland. Daraus lassen sich Anknüpfungspunkte für Reformen ableiten, mit denen die Erwerbseinkommen der arbeitenden Mitte entlastet werden können.

Deutschland im internationalen Vergleich: Hohe Einkommensteuer und Sozialbeiträge, moderate indirekte Steuern, niedrige Vermögensteuern

Einen kompakten makroökonomischen Vergleich der Steuer- und Abgabensysteme bieten die Finanzstatistiken der OECD (2024) (Abbildung 1). Betrachtet man das Aufkommen von Steuern und Sozialbeiträgen insgesamt, rangiert Deutschland mit gut 39 Prozent des Bruttoinlandsprodukts (BIP) im oberen Mittelfeld, aber nicht in der Spitzengruppe. Frankreich, Italien, Belgien, die Niederlande, Österreich oder die skandinavischen Länder haben ein höheres Aufkommen. Der Durchschnitt der OECD-Länder liegt bei 34 Prozent des BIP. Bei den Steuern im engeren Sinne, ohne die Sozialbeiträge, liegt Deutschland sogar leicht unter dem OECD-Durchschnitt von 24,9 Prozent des BIP, also nur im Mittelfeld.

Bei der Einkommensteuer hat Deutschland mit 10,5 Prozent des BIP tatsächlich deutlich höhere Belastungen als im OECD-Durchschnitt mit 8,1 Prozent. Hier machen sich die schnell ansteigenden (Grenz)Steuersätze bei Mittelschichten und Besserverdienern bemerkbar. Ferner werden in Deutschland viele größere mittelständische Betriebe als Einzelunternehmen oder Personengesellschaft geführt, deren Gewinne bei der persönlichen Einkommensteuer erfasst werden und nicht bei der Körperschaftsteuer.

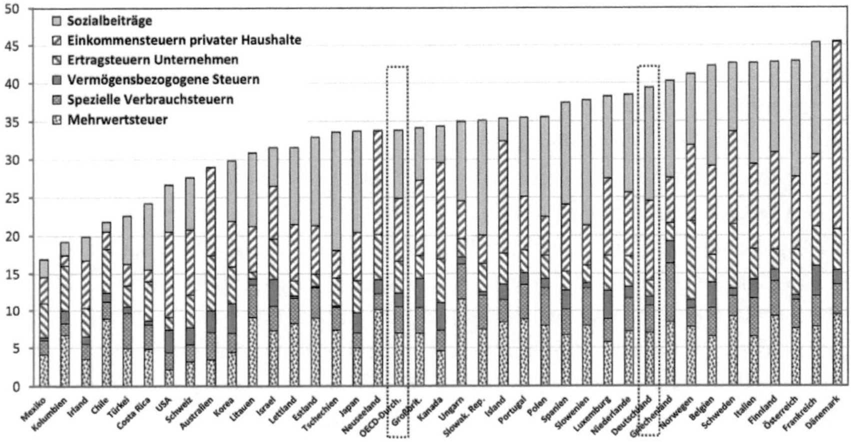

Abbildung 1: Aufkommen von Steuern und Sozialbeiträgen in den OECD-Ländern, Durchschnitt 2020–2022 in Prozent des Bruttoinlandsprodukts (BIP)
Quelle: OECD, Revenue Statistics, 2020–2022

Auffällig ist das hohe Niveau Deutschlands bei den Sozialbeiträgen. Ebenso wie in anderen Ländern mit hohen Sozialbeiträgen wird die soziale Sicherung in Deutschland stark über spezielle Beiträge auf die Brutto-Erwerbseinkommen finanziert. Die angelsächsischen oder skandinavischen Länder setzen in der Sozialpolitik stärker auf eine steuerfinanzierte Grundsicherung. Dort sind allerdings die Sozialleistungen für die Mitte der Gesellschaft zumeist niedriger. Dafür müssen Mittelschichten und Besserverdiener stärker betriebliche oder private Vorsorge betreiben, wenn sie im Alter oder bei Krankheit und Arbeitslosigkeit ihren Lebensstandard halten wollen.

Neben der Einkommensbesteuerung ist die Mehrwertsteuer die zweite tragende Säule der modernen Steuer- und Wohlfahrtsstaaten. In Deutschland liegt ihr Aufkommen auf dem OECD-Durchschnitt von gut 7 Prozent des BIP. Der Regelsatz ist mit 19 Prozent recht günstig, verglichen mit den Nachbarländern (BMF 2024). Österreich und Frankreich nehmen 20 Prozent, Belgien, Niederlande, Spanien und Tschechien 21 Prozent. Italien verlangt 22 Prozent, Polen und Portugal haben 23 Prozent, Finnland und Griechenland 24 Prozent, Dänemark, Schweden und Kroatien sogar 25 Prozent. Allerdings ist Deutschland traditionell zurückhaltend bei den ermäßigten Steuersätzen. Hier wurden in den letzten Jahrzehnten die Belastungen gelockert – etwa bei Hotelübernachtungen, im Bahn-Fernverkehr oder zuletzt auch in der Gastronomie. Andere Länder haben diese Ermäßigungen auch, ermäßigen aber zusätzlich Güter des täglichen Bedarfs, etwa Kleidung, Körperpflege, Medikamente, Getränke oder Energie. Dadurch liegt Deutschland trotz moderater Regelsätze mit dem Aufkommen im Mittelfeld.

Mäßig sind in Deutschland die »Sündensteuern« auf Alkoholika, Tabak oder Glücksspiel. Davon kann jeder ein Lied singen, der in westlichen oder nördlichen Nachbarländern Schnaps oder Zigaretten kauft. Auch die Energiebesteuerung ist moderat in Deutschland, da die Steuersätze seit über 20 Jahren nominal konstant sind und durch die Inflation seither real um die Hälfte gesunken sind. Der sukzessiv steigende CO_2-Preis auf fossile Brenn- und Kraftstoffe, der seit 2021 mit dem nationalen Emissionshandel für Wärme und Verkehr erhoben wird, kompensiert diese Entlastungen bisher nur teilweise.

Deutschland ist ein Niedrigsteuerland bei den vermögensbezogenen Steuern mit einem Aufkommen von 1,2 Prozent des BIP, während der OECD-Durchschnitt bei 1,8 Prozent liegt. Dies liegt vor allem an der niedrigen Grundsteuer in Deutschland (Bach und Michelsen 2019). Hochsteuerländer wie die USA, Kanada, Großbritannien oder Australien erheben hier ein Vielfaches. Dort ist die Grundsteuer die wesentliche Einnahmenquelle der Kommunen. Erbschaft- oder Vermögensteuern spielen in den meisten Ländern keine tragende Rolle oder wurden in den letzten Jahrzehnten abgeschafft.

Der internationale Vergleich zeigt im Übrigen: Hohe Steuern und Sozialbeiträge sind nicht per se schlecht für Wachstum und Wohlfahrt, wenn der Staat gut wirtschaftet und ein hohes Leistungsniveau für Wirtschaft und Bürger gewährleistet – siehe etwa die skandinavischen Länder. Das gilt gerade für die »kleinen Leute«, die sich private Gesundheitsvorsorge oder Bildung für die Kinder kaum leisten können, siehe etwa die USA. Mehr »netto vom brutto« bedeutet für die arbeitende Mitte leicht weniger brutto vom netto.

Fiskalische Herausforderungen begrenzen Steuerentlastungen

Deutschland steht vor großen fiskalischen Herausforderungen in den nächsten Jahren. Für Infrastruktur, Bildung, Sozialsysteme, Migration, Energiewende, Industriepolitik und Verteidigung muss viel Geld ausgegeben werden. Zwar wurde die Schuldenbremse gelockert. Aber auch damit sind größere Steuerentlastungen kaum zu leisten.

Breite Entlastungen der arbeitenden Mitte sind fiskalisch teuer aufgrund der großen Fallzahlen (Bach 2021a). Wenn man 35 Millionen Einkommensteuerzahler oder sozialversicherungspflichtige Beschäftigte um durchschnittlich 50 Euro im Monat entlasten will, kostet das 21 Milliarden Euro im Jahr, das sind 0,5 Prozent des BIP. Immerhin sind moderate »Laffer«-Selbstfinanzierungseffekte durch mehr Beschäftigung und Wachstum wahrscheinlich. Sie dürften aber höchstens ein Viertel bis zu einem Drittel der Steuerausfälle kompensieren.

»Wir haben kein Einnahmen-, sondern ein Ausgabenproblem« hört man häufig aus dem bürgerlich (neo)liberalen und konservativen Lager. Bei einer Staatsquote von knapp 50 Prozent sollte es möglich sein, Staatsausgaben von 0,5 bis 1 Prozent des BIP freizumachen für Steuerentlastungen, wenn die Politik die richtigen Prioritäten setze. Grundsätzlich ist das richtig, nicht zuletzt angesichts von Steuervergünstigungen und Subventionen in Größenordnungen von 2 bis 3 Prozent des BIP (Bach 2025a). Hinzu kommen Effizienzreserven und Einsparpotenziale im Staatssektor in ähnlicher Größenordnung, die man durch weitreichende Strukturreformen bei Verwaltungsorganisation, Föderalismus, Projektsteuerung, Personalwirtschaft, Gesundheitsleistungen und Steuerhinterziehung erschließen könnte.

Aber da liefern die bürgerlichen Parteien nicht. Denn dazu muss man viele heilige Kühe schlachten und sich mit nahezu allen Lobbyisten anlegen. Und für sinnvolle Strukturreformen im Staatssektor muss man erst mal kräftig investieren in Konzeptentwicklung, Berater, IT, neue Beschäftigte. Das kostet zunächst und bringt erst langfristig Ersparnisse.

Zugleich haben sich die bürgerlichen Parteien in der Steuerpolitik ideologisch eingegraben, indem sie Steuererhöhungen oder den Abbau von Steuervergünstigungen kategorisch ausschließen. Das fällt ihnen dann als Finanzierungsdilemma in der politischen Realität auf die Füße. Bei der Schuldenbremse musste die Union bereits den ungeordneten Rückzug antreten.

Arbeitende Mitte entlasten, »leistungslose« Einkommen und Vermögen oder den Verbrauch belasten

Daher sind Steuerhöhungen an anderer Stelle unvermeidlich, wenn die gebeutelten Mittelschichten und Durchschnittsverdiener bei den Erwerbseinkommen spürbar entlastet werden sollen. Um wirtschaftliche Kollateralschäden zu begrenzen, sollten die Steuererhöhungen auf »leistungslose« Einkommen und Vermögen konzentriert werden. Steuervergünstigungen bei der Immobilienbesteuerung können abgebaut, die Grundsteuer gestärkt werden (Bach und Eichfelder 2021). Der Abbau von Erbschaftsteuerprivilegien für Unternehmensübertragungen oder eine Superreichen-Vermögensteuer können die Steuergerechtigkeit stärken und die beträchtliche Top-Vermögenskumulation begrenzen (Bach 2021a). Die Abgeltungsteuer kann abgeschafft werden und der Spitzensteuersatz der Einkommensteuer moderat erhöht werden (Bach 2021b). Damit ließen sich mittelfristig Mehreinnahmen von bis zu einem Prozent des BIP erzielen, ohne dass größere Effizienz- und Wachstumsnachteile zu befürchten wären. Angesichts der aktuellen Wachstums- und Standortprobleme sollte man aber vorsichtig sein und schrittweise vorgehen, möglichst auch international koordiniert.

Der steuerpolitische Elefant im Raum ist die Mehrwertsteuer (Bach 2025b). Eine Erhöhung des Regelsatzes um einen Prozentpunkt dürfte derzeit ein Aufkommen von 16 Milliarden Euro im Jahr erzielen. Eine Abschaffung des ermäßigten Mehrwertsteuersatzes außer für Lebensmittel würde weitere 13 Milliarden Euro im Jahr mobilisieren. Bei den »Sündensteuern« auf Alkohol, Tabak und Glückspiel würde eine Erhöhung um 35 Prozent den realen Rückgang der letzten 15 Jahre ausgleichen und weitere 10 Milliarden Euro im Jahr erzielen. Insgesamt könnten die indirekten Steuern also einen weiteren Prozentpunkt des BIP mobilisieren.

Die Schattenseite der indirekten Steuern sind ungünstige Verteilungswirkungen, da untere und mittlere Einkommen davon relativ stark getroffen werden (Bach u.a. 2016, Bach und Issak 2017). Verwendet man das Mehraufkommen für Entlastungen bei den Sozialbeiträgen auf untere und mittlere Einkommen, indem man diese progressiv macht, würden kleine und mittlere Erwerbseinkommen per Saldo entlastet. Sozialleistungen wie die Grundsicherung und das Wohngeld kann man aufstocken. Dann würden vor allem besserversorgte Ruheständler belastet – eine Rentenkürzung durch die Hintertür, die sich die Parteien bei den dringlichen Rentenreformen nicht trauen.

Literatur

Bach, S./Michelsen, C. (2019): Wertabhängige Grundsteuer erneuern und stärken. Stellungnahme zu den Gesetzentwürfen der Fraktionen der CDU/CSU und SPD sowie Anträgen der Fraktionen der AfD, FDP und DIE LINKE. zur Reform der Grundsteuer Öffentliche Anhörung des Finanzausschusses des Deutschen Bundestages. Stellungnahme, 11. September 2019.

Bach, S./Beznoska, M./Steiner, V. (2016): Wer trägt die Steuerlast in Deutschland? Steuerbelastung nur schwach progressiv. DIW Wochenbericht Nr. 51 und 52.2016.

Bach, S./Isaak, N. (2017): Senkung der Mehrwertsteuer entlastet untere und mittlere Einkommen am stärksten. DIW Wochenbericht Nr. 31.2017.

Bach, S./Eichfelder, S. (2021): Reform der Immobilienbesteuerung: Bodenwerte belasten und Privilegien streichen. DIW Wochenbericht Nr. 27/2021.

Bach, S. (2021a): Aktuelle Reformvorschläge zum Einkommensteuertarif. Wirtschaftsdienst 101 (8) 2021.

Bach, S. (2021b): Grunderbe und Vermögensteuern können die Vermögensungleichheit verringern. DIW Wochenbericht Nr. 50/2021.

Bach, S. (2025a): Koalitionsverhandlungen: Wie kann die neue Regierung fiskalische Spielräume schaffen? Thread, Bluesky, 4. April 2025.

Bach, S. (2025b): Steuerreformvorschläge der Parteien: Ambitionierte Entlastungen für arbeitende Mitte und Unternehmen treiben Defizite. DIW aktuell 106.

Bundesministerium der Finanzen (BMF) (2024): Die wichtigsten Steuern im internationalen Vergleich 2023. Ausgabe 2024.

OECD (2025): Taxing Wages 2025. Decomposition of Personal Income Taxes and the Role of Tax Reliefs. Report, 30 April 2025.

OECD (2024): Revenue Statistics 2024. Health Taxes in OECD Countries. Report, 21 November 2024.

Sind unsere Mindestsicherungssysteme noch krisenresilient?

Werner Eichhorst

Krisenresilienz von Wohlfahrtsstaaten beschreibt die Fähigkeit sozialpolitischer Regelungen, Arbeitsplatzverluste und Abstiegsrisiken bis hin zu Armut angesichts ökonomischer Schocks einzudämmen und so soziale Ausgrenzung zu vermeiden. Um diese Mechanismen zu verstehen, muss der Blick über die verschiedenen Ebenen des sozialen Sicherheitsnetzes hinaus erweitert werden. Hierbei geht es unter anderem um vorgelagerte Systeme wie Kurzarbeit, Kündigungsschutz und die Arbeitslosenversicherung, die durch Mindestsicherungssysteme als letztes Auffangnetz ergänzt werden. Zusammen spielen diese verschiedenen Ebenen eine zentrale Rolle beim Einkommens- und Beschäftigungsschutz in Krisensituationen. Systematisch wird zwischen regulären, also dauerhaften Sicherungsmechanismen (sog. automatischen Stabilisatoren) und diskretionären, typischerweise befristeten Krisenreaktionsmaßnahmen unterschieden (Dolls et al. 2022).

Ein Beispiel für die Wirkungen der einzelnen Sicherungsebenen ist der Kündigungsschutz für unbefristete Arbeitsverträge, der das Ausmaß schneller Entlassungen während einer Rezession verringert, insbesondere wenn er mit öffentlich finanzierten Programmen zur Kurzarbeit kombiniert wird, die die Arbeitgeber in Zeiten geringer Nachfrage teilweise von den Arbeitskosten entlasten (Corti et al. 2023; Müller et al. 2022; Cahuc 2024). Strikter Kündigungsschutz treibt jedoch die Dualisierung des Arbeitsmarktes voran, die Arbeitsmarktrisiken verlagern sich auf Beschäftigte mit befristeten Verträgen. Besondere Maßnahmen braucht es in Krisenzeiten zudem für (wirtschaftlich abhängige) Selbstständige, die weder von Kurzarbeit noch von Leistungen der Arbeitslosenversicherung in vergleichbarem Maße abgesichert sind (Immervoll et al. 2022; Spasova und Regazzoni 2022; Weber und Schoukens 2024). In diesem Sinne sind atypische Beschäftigte in der Regel mehrfach benachteiligt, da sie ein höheres Risiko des Arbeitsplatzverlustes und einen begrenzten sozialen Schutz durch die Arbeitslosenversicherung und Kurzarbeit trotz diskretionärer Anpassungen in Krisenphasen aufweisen. Ziel der Mindestsicherung (in deutscher Terminologie »Grundsicherung« oder »Bürgergeld«) ist es, ein soziales Minimum zu garantieren und das (relative und absolute) Risiko von Armut und sozialer Ausgrenzung zu verringern. Dabei fällt die Rolle der Mindestsicherung je nach ihrer Einbettung in das soziale Sicherungssystem unterschiedlich aus (vgl. hierzu Bahle et al. 2011, Natili 2019). Darüber hinaus soll sie aber auch Anreize und angemessene Unterstützungsmaßnahmen für diejenigen bieten, die prinzipiell zur Teilhabe am Arbeitsleben in der Lage sind. Für die vulnerablen Gruppen der atypisch Beschäftigten und Selbstständigen ist die Mindestsicherung von besonderer Bedeutung, ihre stabilisierende Wirkung gilt gerade für jene Haushalte und Personen, die nicht über ausreichendes Einkommen verfügen.

Als grundlegendes nachgelagertes Sicherungssystem steht die Mindestsicherung in Krisenzeiten unter besonderem Druck (Eichhorst et al. 2023, 2024). Der dort verwendete Stabilisierungskoeffizient gibt an, zu welchem Teil die Steuer- und Transfersysteme Einkommensausfälle durch einen Anstieg der Arbeitslosigkeit im Gefolge eines ökonomischen Schocks auffangen können (Abbildung 1). Hierbei zeigen sich innerhalb Europas erhebliche Unterschiede, wobei Deutschland mit knapp zwei Dritteln eine sehr starke Stabilisierungswirkung erreicht, nur übertroffen von Dänemark, Belgien und Frankreich.

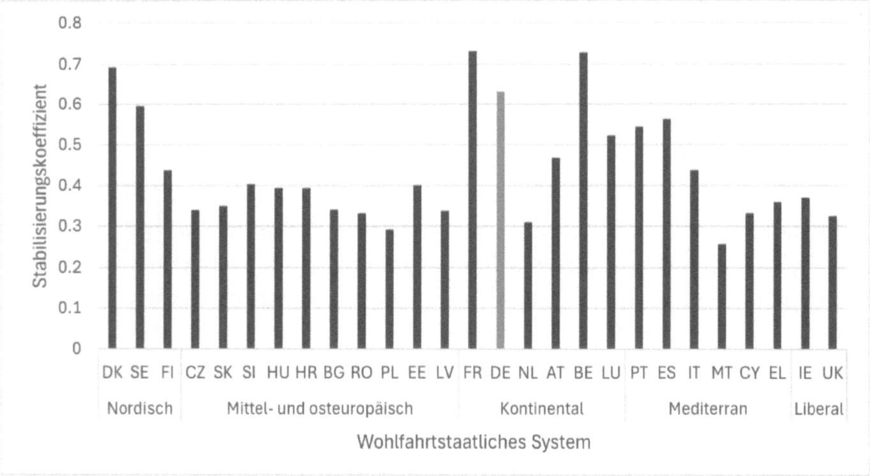

Abbildung 1: Einkommensstabilisierung bei großem Schock
Anmerkung: Simulation mit EUROMOD auf der Basis der rechtlichen Regelungen im Jahr 2020. Szenario eines großen Schocks mit einem Anstieg der Arbeitslosenquote um fünf Prozentpunkte und zwei Jahren Dauer, wobei die Zusammensetzung der arbeitslos werdenden Gruppe jener der Erwerbstätigen entspricht.
Quelle: Eichhorst et al. 2024

Sozialsysteme können nicht nur Krisen mehr oder weniger gut auffangen, sie selbst sind im Verlauf von ökonomischen Umbrüchen Veränderungen ausgesetzt.

Neben kurzfristig expansiven diskretionären Maßnahmen während einer akuten Krise kann es in späteren Phasen zu gegenläufigen Entwicklungen kommen, etwa aufgrund sozialpolitischer Austerität im weiteren Verlauf einer Krise, wie sie etwa im Gefolge der Finanzkrise zu beobachten waren (Marchal et al. 2016, Theodoropoulou 2018). Es ist aber auch festzuhalten, dass später wiederum »progressivere« sozialpolitische Reformen eingeleitet und fortgesetzt werden, wie etwa Bemühungen um eine Verringerung der Spaltungen der Arbeitsmärkte, eine inklusivere Arbeitslosenversicherung, dauerhaftere Systeme der Kurzarbeit oder universellere Mindestsicherungssysteme. Für Deutschland repräsentiert die Reform des Bürgergeldes mit seinen reduzierten Forderungen in Bezug auf die Arbeitsaufnahme und verminderten Sanktionen eine Entwicklung zu weniger strengen Sozialsystemen, wie sie nach der Pandemie in mehreren OECD-Ländern zu sehen war (Weber 2024a). Das Bürgergeld-Modell kann zudem als Abkehr von der strikten Aktivierungspolitik verstanden werden, die in Zeiten hoher Arbeitslosigkeit und Haushaltsdefizite in Deutschland Anfang/Mitte der 2000er Jahre ergriffen worden war. Während der COVID-19-Pandemie wurden vorübergehend zusätzliche Maßnahmen in Bezug auf atypische Arbeitsverhältnisse ergriffen, z. B. die Bereitstellung besserer Leistungen für Nichtversicherte und eine viel breitere Anwendung von Kurzarbeit, was als Lehre aus der Krise von 2008/09 interpretiert werden kann. Dies kann als Versuch angesehen werden, vorgelagerte Systeme zu stärken (Eichhorst et al. 2023). Ebenso gibt es eine klare Tendenz zur Stärkung von Mindestsicherung und deren Governance, die für die Umsetzung kohärenterer Aktivierungsmaßnahmen erforderlich sind.

Gleichwohl besteht weiterhin Reformbedarf in Europa insgesamt, aber auch in Deutschland. Erstens ist ein angemessener Kompromiss zwischen arbeitsrechtlichem Bestandschutz und Arbeitslosenversicherung trotz der jüngsten Schritte in diese Richtung nach wie vor ein ungelöstes Problem. Hier liegen die Gestaltungsprobleme in der Abdeckung, der angemessenen Unterstützung und dem rechtzeitigen Auslaufen von Kurzarbeit (Fitzenberger und Walwei 2023). Gerade in Deutschland wird Kurzarbeit in Krisenzeiten großzügig und lange gewährt, was in strukturellen Umbruchphasen kontraproduktiv wirkt. Kurzarbeit darf nicht als Modell dauerhafter Subvention betrachtet werden, da dies den Strukturwandel und Übergänge in produktivere Beschäftigung hemmt. Vor diesem Hintergrund ist auch der individuelle Kündigungsschutz nur bis zu einem gewissen Grad sinnvoll. Darüber hinaus bleibt das seit langem diskutierte Thema einer breiten Einbeziehung von unterschiedlichen Formen der Erwerbstätigkeit in die Arbeitslosenversicherung insofern ein Problem, da atypisch Beschäftigte in der Regel weniger gut abgesichert sind als festangestellte Beschäftigte. Dies gilt insbesondere für Berufsanfänger, befristete Beschäftigte und Zeitarbeitskräfte mit kurzen und unterbrochenen Beschäftigungszeiten und Selbstständige in vielen Ländern, nicht zuletzt Deutschland. In Deutschland greift beispielsweise nur ein kleiner Teil der Selbstständigen auf die Arbeitslosenversicherung zurück, viele werden zusätzlich aufgrund der bestehenden Zulassungsregelungen daran gehindert (Granzow et al. 2022). Daher ist es von entscheidender Bedeutung, Schutzsysteme zu entwickeln, die für sie funktionieren, ohne Anreize zu schaffen, vermehrt auf befristete Verträge oder selbstständige Arbeit zurückzugreifen. Dies spricht insbesondere für eine Pflichtversicherung von Selbstständigen in der Arbeitslosenversicherung und eine Abschaffung von Sonderregelungen wie bei Minijobs.

Zweitens reicht die Einkommensstabilisierungs- und Inklusionskapazität der Mindestsicherung in den wenigsten Ländern aus, um Armuts- und Ausgrenzungsrisiken wirksam zu überwinden, wie Armutsrisiken nach Sozialleistungen oder eine schwache Anbindung an den Arbeitsmarkt zeigen. Dies hat zwei wichtige Dimensionen: die Höhe der Leistungen (Angemessenheit) und die Zugänglichkeit der Leistungen (Abdeckung). Im europäischen Vergleich variiert die Angemessenheit der Leistungen deutlich. Deutschland nimmt hierbei eine mittlere Position ein, wobei Haushalte mit Kindern tendenziell großzügiger unterstützt werden. In Bezug auf die Leistungsangemessenheit wäre es wichtig, ein angemessenes Unterstützungsniveau festzulegen und es im Laufe der Zeit entsprechend anzupassen und zu erhöhen.

Was die Frage der Abdeckung betrifft, so bezieht sich diese auf den formellen und faktischen Zugang zu Leistungen für bestimmte Gruppen, z. B. junge Menschen oder Alleinerziehende. Allerdings könnte eine sehr starke Einkommensstabilisierung durch hohe Steuersätze den Anreiz zur Arbeitsaufnahme verringern. Die Vereinbarung der Ziele des Arbeitsmarkteintritts und des sozialen Aufstiegs mit einem angemessenen Niveau der Einkommensunterstützung erfordert abgewogene Reformen. Einer geringen Arbeitsintensität in Haushalten mit Mindesteinkommensbezug könnte durch die Aufstockung von Löhnen, etwa Hinzuverdienstregeln, entgegengewirkt werden, die jedoch das Risiko anhaltender Armut trotz Erwerbstätigkeit bergen, da sie je nach Ausgestaltung solcher Programme und je nach Haushaltskontext vom Übergang zu längeren Arbeitszeiten oder besser bezahlten Arbeitsplätzen abhalten. In Deutschland vermindert das Bürgergeld in seiner jetzigen Form teilweise die finanziellen Arbeitsanreize, wenn ergänzend Sozialleistungen bezogen werden. Verringerte Arbeitsaufnahmen seit Einführung des Bürgergeldes hängen jedoch nur bedingt mit dem zeitweiligen Sanktionsmoratorium sowie der Streichung des Vermittlungsvorrangs zusammen, sondern auch mit der allgemeinen Arbeitsmarktlage (Bähr et al. 2023, Bruckmeier und Weber 2024, Weber 2024a).

Reformvorschläge zum Bürgergeld beziehen sich in diesem Zusammenhang auf finanzielle Anreize sowie arbeitsmarktpolitische Aktivierungsmaßnahmen.

Anreizbezogene Maßnahmen wie beispielsweise die Erhöhung des Selbstbehaltes und Lockerungen von Hinzuverdiensten im ersten Jahr können eine finanzielle Hilfe darstellen, das Arbeitspensum und Einkommen auszuweiten, ohne verringerte Leistungen fürchten zu müssen (Weber 2024b). Bessere und nachhaltige Alternativen können Aktivierungsmaßnahmen wie Instrumente der Qualifizierung und Beschäftigungsstabilisierung wie etwa Coaching nach der Arbeitsaufnahme sein. Individuelle Unterstützung im Bereich der Qualifizierung oder bei der Suche nach Kinderbetreuung hilft Zweitverdienern und besonders Frauen, die finanziellen Anreize einer Arbeitszeitausweitung auch wirklich in Anspruch nehmen zu können (Bruckmeier und Weber 2024). Diese Strategien erfordern jedoch eine angemessene Finanzierung und eine effektive Steuerung. Übergänge aus der Mindestsicherung in Erwerbsarbeit sind nicht nur eine Frage der finanziellen Anreize, sondern auch der Befähigung zu stabiler und produktiver Teilhabe am Erwerbsleben.

Literatur

Bahle, T./Hubl, V./Pfeifer, M. (2011): The Last Safety Net: A Handbook of Minimum Income Protection in Europe. Bristol: Policy Press.

Bähr, S. et al. (2023): Bürgergeld-Reform: Evaluationsprogramm des IAB. (IAB-Forschungsbericht 06/2023), Nürnberg, 20 S. DOI:10.48720/IAB.FB.2306

Bruckmeier, K./Weber, E. (2024): Geringverdienende im Leistungsbezug: monetäre Anreize und aktive Unterstützung für eine bessere Arbeitsmarktintegration,. In: IAB-Forum, 02.04.2024. DOI:10.48720/IAB.FOO.20240402.01

Cahuc, P. (2024): The Micro and Macro Economics of Short-Time Work. IZA Discussion Paper No. 17111.

Corti, F./Ounnas, A./Ruiz de la Ossa, T. (2023): Job retention schemes between the Great Recession and the Covid-19 crises – does the institutional design affect the take up? An EU-27 cross-country comparison. In: *CEPS In-Depth Analysis*. Brussels: Centre for European Policy Studies.

Dolls, M./Fuest, C./Peichl, A./Wittneben, C. (2022): Fiscal Consolidation and Automatic Stabilization: New Results. In: *IMF Economic Review* 70 (3), 420–450, 2022.

Eichhorst, W./Bonin, H./Krause-Pilatus, A./Marx, P./Dolls, M./Lay, M. (2023): Minimum Income Support Systems as Elements of Crisis Resilience in Europe. IZA Research Report 137.

Eichhorst, W./Krause-Pilatus, A./Dolls, M./Lay, M. (2024): Crisis Resilience of European Welfare States: The Role of Multiple Layers of Protection. IZA Discussion Paper 17463.

Fitzenberger, B./Walwei, U. (2023): Kurzarbeitergeld in der Covid-19-Pandemie: Lessons learned. (IAB-Forschungsbericht 05/2023), Nürnberg, 30 S. DOI:10.48720/IAB.FB.2305

Granzow, F./Jahn, E./Oberfichtner, M. (2022): Arbeitslosenversicherung für Selbstständige: Wer kann sich (nicht) versichern? (IAB-Forschungsbericht 19/2022), Nürnberg, 31 S. DOI:10.48720/IAB.FB.2219

Immervoll, H. et al. (2022): De-facto Gaps in Social Protection for Standard and Non-standard Workers: An Approach for Monitoring the Accessibility and Levels of Income Support. IZA Discussion Paper 15289.

Marchal, S./Marx, I./Van Mechelen, N. (2016): Minimum income protection in the austerity tide. In: *IZA Journal of European Labour Studies* 5, 4. DOI: 10.1186/s40174-016-0052-7

Müller, T./Schulten, T./Drahokoupil, J. (2022): Job retention schemes in Europe during the COVID-19 pandemic – different shapes and sizes and the role of collective bargaining. In: *Transfer: European Review of Labour and Research* 28(2), 247–265.

Natili, M. (2019): Worlds of last-resort safety nets? A proposed typology of minimum income schemes in Europe. In: Journal of International and Comparative Social Policy 36(1), 57–75. DOI: 10.1080/21699763.2019.1641134

Spasova, S./Regazzoni, P. (2022): Income protection for self-employed and non-standard workers during the COVID-19 pandemic. In: *International Social Security Review* 75(2), 3–24.

Theodoropoulou, S. (ed.) (2018): Labour market policies in the era of pervasive austerity. A European Perspective. Policy Press.

Weber, E. und Schoukens, P. (2024): Unemployment insurance for the self-employed: A conceptual way forward. In: European Journal of Social Security 26 (2), 214–250.

Weber, E. (2024a): The dovish turnaround: Germany's social benefit reform and job findings. (IAB-Discussion Paper 07/2024), Nürnberg, 23. https://dx.doi.org/10.48720/IAB.DP.2407

Weber, E. (2024b): Eine Anschubhilfe im Bürgergeld könnte die Erwerbsanreize erheblich stärken, In: IAB-Forum 26. Juni 2024. Online unter: https://www.iab-forum.de/eine-anschubhilfe-im-buergergeld-koennte-die-erwerbsanreize-erheblich-staerken/

Hat humane Einfacharbeit in der digitalisierten Logistik noch eine Perspektive?

Markus Helfen

Die wenigsten sind sich bewusst, dass immer, wenn wir etwas aus dem Regal im Supermarkt nehmen oder an der Haustür ein Paket entgegennehmen, dahinter eine logistische Lieferkette zwischen dem Hersteller und uns als Endkunden steht. Zu Land, zu Wasser und in der Luft sind rund um die Uhr Menschen damit beschäftigt, Waren und Güter zur richtigen Zeit zum richtigen Ort in der richtigen Qualität und Zusammensetzung zu liefern. Gerade Deutschland, als zentrales Transitland, Handelsnation und Exporteur hat bekannte »global player« in der Logistik hervorgebracht (Schwemmer et al. 2021).

Logistik ist zwar überall anzutreffen, wo Waren und Güter bewegt und aufbewahrt werden, die Arbeit der Logistiker:innen hat aber eine geringe Sichtbarkeit, ihr wird wenig Aufmerksamkeit und materielle Wertschätzung entgegengebracht. Erst wenn die Lieferketten gestört werden, wird auch gesellschaftlich offenbar, welche grundlegende Infrastruktur die Logistik für die Wirtschaft darstellt.

Die Logistik steht für einen großen Bereich des Dienstleistungssektors: Schätzungen dieses systemrelevanten Arbeitsfeldes in Deutschland kommen bei Zugrundelegung unterschiedlicher Abgrenzungen auf bis zu 3,4 Mio. Personen in operativen, administrativen und angrenzenden Logistiktätigkeiten (DSLV 2024). Die Unschärfen in der Datenabgrenzung sind dem Umstand geschuldet, dass die »Logistik« als Querschnittsaktivität statistisch nicht als eigene Kategorie in der branchenmäßigen Wirtschaftszweigklassifikation existiert und sich die Beschäftigten mit entsprechenden Berufsbildern und Tätigkeitsprofilen auf verschiedene Branchen vom Einzel-, Groß- und Onlinehandel bis zu den industrienahen Dienstleistungen verteilen.

Zugleich ist die Logistik ein vielseitiges, beschäftigungsintensives und wachsendes Dienstleistungssegment des Arbeitsmarktes. Die Logistikunternehmen beschäftigen Piloten und Seeleute, Hafenarbeiter:innen und Kraftfahrer:innen genauso wie Lagerarbeiter:innen, IT-Spezialist:innen, Anlagetechniker:innen oder Manger:innen aller Art. Seit 2000 hat dieses Beschäftigungssegment im Zuge der sich globalisierenden Warenströme zugenommen, da die Verkürzung die Lieferzeiten zwischen Bestellung und Wareneingang in der ›Just-in-time‹-Produktion und der Onlinehandel vermehrt logistische Leistungen erfordern. Folglich sind die informationstechnologische Steuerung und die Automatisierung des Warenflusses in der Logistik schon seit Jahrzehnten zentrale Themen, um einen anschwellenden und komplexer werdenden Warenstrom zu bewältigen. Ein jüngeres Beispiel sind Logistikplattformen, die als elektronische Transportbörsen Versender und Transportdienstleister auftragsbezogen vermitteln (Helwing et al. 2023).

Hohe Arbeitsbelastungen, niedrige Bezahlung und wenig Mitsprache

Zudem hat die sogenannte Einfacharbeit in der Logistik eine besondere Bedeutung für die Inklusion am Arbeitsmarkt. Hier gibt es viele Tätigkeiten, die als Hilfs- und Anlerntätigkeit gelten (Seibert et al. 2023, Ittermann 2023): Es finden Erwerbspersonen Zugang zum Arbeitsmarkt, die in anderen Segmenten auf Benachteiligungen und Zugangsbarrieren stoßen. So ist in den letzten Jahren der Anteil von Menschen mit Migrationshintergrund in der Lager- und Transportwirtschaft deutlich angestiegen, aber auch Teilzeitkräfte und Aushilfen finden hier Beschäftigung (Seibert et al. 2023). Dies liegt auch daran, dass insbesondere die Hilfs- und Anlerntätigkeiten geringe Investitionen in formale Bildung erfordern. Zwar gibt es einzelne Ausbildungen wie die Fachkraft Lagerlogistik oder den Speditionskaufmann und auch besondere Zugangsqualifikationen (z.B. Gabelstaplerschein). Es gibt auch Bereiche, in denen eine formale Expert:innenqualifikation erforderlich ist, aber in vielen Bereichen – insbesondere in den kleinen und mittleren Logistikunternehmen – ist nach wie vor die Handarbeit eine zentrale Größe.

Viele Tätigkeiten der Einfacharbeit werden in der Logistik unterdurchschnittlich vergütet, obwohl sie mit besonderen Arbeitsbelastungen verbunden sind (Certa & Schröder 2021). Die Lagerarbeiter:innen, Verlader:innen und Lieferfahrer:innen in den Innenstädten sind zahlenmäßig in der Logistik stark vertreten und bekommen im Vergleich zu anderen Wirtschaftszweigen, insbesondere der Industrie, wenig Geld für ihre Arbeit (IFA 2019, Falkenberg 2021). Selbst fachlich ausgerichtete Tätigkeiten, insbesondere die Gruppe der Berufskraftfahrer:innen, werden unterdurchschnittlich vergütet (Schmierl et al. 2022). Aber auch in den qualifizierten Bereichen – etwa in der IT-gestützten Steuerung von Verkehrsströmen oder bei den Führungstätigkeiten – fallen die Vergütungen hinter anderen Branchen zurück.

Überdies sind viele der Beschäftigten in Einfacharbeit mit unsicherem Vertragsstatus in der Leiharbeit oder Soloselbstständigkeit tätig. In Einzelfällen kommt auch die grenzüberschreitende Entsendung zum Einsatz. Die Mitsprachemöglichkeiten der Beschäftigten sind begrenzt, da flächendeckende Vertretungsstrukturen in Betriebsräten fehlen und gewerkschaftliche Organisierung gering ausfällt. Beim relativen Unfallgeschehen liegt die Lager- und Verkehrswirtschaft hinter der Landwirtschaft und dem Baugewerbe mit 39,5 Arbeitsunfällen pro 1.000 Vollarbeiter:innen auf Rang 3 der Wirtschaftszweige (BMAS/BAuA 2023).

Das Image des Sektors wird auch von solchen Arbeitsbedingungen geprägt und es verwundert daher kaum, dass viele Beschäftigte nur für kurze Zeit auf den Einfacharbeitsplätzen in der Logistik verweilen und viele Unternehmen über Arbeitskräftemangel klagen (Hempfing & Schwemmer 2019). Aber auch die Nachwuchsgewinnung und die Rekrutierung von Fachkräften und Expert:innen wird erschwert.

Das Beispiel Warenlager

Die Warenlager sind einer der größten Beschäftigungsfelder für sogenannte Einfacharbeit. Die Belegschaft der Warenlager zählt in Deutschland je nach Abgrenzung zwischen einer knappen Million und 1,4 Mio. Beschäftigte im Bereich der Einfacharbeit (Ittermann 2023). Hinzu kommen geschätzt rund 400.000 Fachkräfte und etwa 130.000 Leiharbeit:innen (vgl. Butollo/Koepp, 2020).

Unsere Betriebsfallstudien[1] zeigen Arbeitsgänge, die im Gesamtprozess vom Wareneingang zum Warenausgang mit Hilfe eines digitalen Auftragsmanagements (Warehouse-Management-System) gesteuert werden. Vor allem die Kommissionier:innen und die mit der Einlagerungsschnittstelle betrauten Arbeitskräfte bekommen die Arbeitsanweisungen per Kopfhörer oder auf einem Bildschirm, selten über Datenbrillen oder digitale Uhren (so auch Krzywdzinski et al. 2024). Andere Aufgaben – vor allem die Be- und Entladung der Trans-

1 Das Projekt »Humanisierung der Logistik in der digitalen Transformation« (HuLog) an der Hertie School Berlin hat vor allem Warenlager als Betriebs- und Arbeitsstätten untersucht. HuLog wird als Teil eines europäischen Projektkonsortiums in Deutschland durch das BMBF gefördert, und zwar im Rahmen des CHANSE ERA-NET Programms, das durch das Horizon 2020 Research and Innovation Programme der Europäischen Union (Grant Agreement no 101004509) finanziert ist.

portfahrzeuge am Warenein- und ausgang – werden durch Vorarbeiter:innen eingeteilt, die ihrerseits Informationen an Terminals abrufen. Leistungsvorgaben, die auch digital geprüft werden können, sind an den Geschwindigkeits- und Volumenvorgaben der Logistikkette ausgerichtet, um das Grundniveau der Leistungsintensität zu erhöhen.

Die Erschwernisse reichen von der Lage der Arbeitszeit (Drei-Schichtmodelle, Nachtarbeit), den Belastungen durch das Heben der Gewichte beim Be- und Entladen, langen Gehzeiten entlang der Lagerregale bis hin zu monotonen Dauertätigkeiten mit wenigen und einseitigen Bewegungen im Stehen beim Kommissionieren und schnellen Abfolgen der Bewegungsabläufe im Dauertakt bei den Schnittstellen zwischen den Sortieranlagen und den Ladebereichen. Auch die physische Arbeitsumgebung kann durch Hitze, Kälte, Lärm und fehlendem Tageslicht belasten, etwa die Be- und Entladung von Containern per Hand im Hochsommer oder im Winter. Die Arbeitszeit- und Pausenregelungen sind streng, so dass mehrstündige Sequenzen in den einzelnen Arbeitsgängen die Regel sind. Besondere Gefahren gehen jeweils aus der Natur der Güter hervor, die neben verpackten Standardprodukten etwa auch Frischware, schwere Lasten oder Gefahrstoffe umfassen.

Den Belastungen stehen Vergütungen zwischen 14 und 18 Euro pro Stunde gegenüber. Zwar haben einzelne Tätigkeiten niedrige Eingangsbarrieren, so dass Menschen schnell eine Anstellung finden können; nicht viele wollen solche Tätigkeit aber auf Dauer ausüben. Dieser Umstand macht die Unternehmen erfinderisch, welche Gruppen an Beschäftigten sie ansprechen können. Relevante Teile der Belegschaften sind als Leiharbeitnehmer*innen beschäftigt; es gibt einen großen Anteil von Menschen mit Migrationshintergrund in der Einfacharbeit. Zugleich bieten die Warenlager Aufstiegsmöglichkeiten für einzelne Quereinsteiger:innen, die sich »von der Pike auf« in Leitungspositionen hocharbeiten können. Die Zahl der Aufstiegspositionen ist jedoch begrenzt, da die Warenlager als operative Betriebseinheiten geführt werden, die wenige technische oder wirtschaftliche Leitungsaufgaben bereithalten.

Was ist zu tun?

Die Logistikunternehmen befinden sich in einer Zwickmühle zwischen den Herstellern und dem Einkauf. Der operative Termindruck verbunden mit hohen Auslastungsschwankungen und einem starken Kostenwettbewerb engt die Gestaltung der Logistikarbeit ein. Dennoch gibt es Maßnahmen, die den nachteiligen Arbeitsbedingungen entgegenwirken und die Arbeit in der Logistik erträglicher machen. Ein wichtiger Schritt ist die Planung und Gestaltung der Arbeitssysteme mit dem Ziel einer ganzheitlichen Berücksichtigung der humanen Aspekte des Arbeitsprozesses (so auch Spee & Kretschmer 2018). Dies bedeutet, den Beschäftigten als Menschen in einem stark technologisch dominierten Arbeitsprozess individuellen und sozialen Entfaltungsraum und Mitbestimmung zu bieten. Dies fängt bei den baulichen Voraussetzungen und dem Anlagedesign an und sollte bei Überlegungen nicht aufhören, einzelne Arbeitsplätze an den Schnittstellen zwischen den Anlagen umzugestalten oder einzelne technologische Arbeitshilfen (automatisierte Einlagerung, Exoskelette) einzusetzen. Zudem sollten Gruppenformen der Arbeitsorganisation erprobt werden, was den Wechsel zwischen den Belastungen in unterschiedlichen Tätigkeiten und die Schaffung von mehr Entscheidungsspielraum ermöglicht. Des Weiteren ist über eine Flexibilisierung der Arbeitszeiten nachzudenken, was individuell gestaltbare Pausenzeiten und Teilzeit einschließt. In der Vergütung sollte die effektive Arbeitsbelastung stärker reflektiert werden. Es handelt sich um Tätigkeiten, deren Belastungen höher zu vergüten wären, auch wenn formale Eingangsqualifikationen niedrig sind. Auch transparente Ausbildungs- und Aufstiegswege und eine Verminderung temporärer Vertragsformen können zur Attraktivität der Arbeit in der Logistik beitragen.

Viele dieser Maßnahmen können die Unternehmen selbst ergreifen und einige tun dies auch bereits. Allerdings bedarf es im Wettbewerb offenbar gesetzlicher Regeln und der Mitsprache der Beschäftigten. Betriebsräte sollten flächendeckend eingeführt sein. Hinzu sollte kommen, dass die Gewerkschaften in den Betrieben tarifpolitisch handlungsfähig sein können. Auch die Standortkommunen können den Kontext der Logistikarbeit positiv beeinflussen, wenn es um Bildungseinrichtungen, die Pendelmobilität oder die Schaffung von Wohnraum geht. Verstärkte Kontrollen der Arbeitsschutzstellen sind nötig, um Auswüchse in der Fremdvergabe zu vermeiden. Um die Probleme mit der Unterauftragsvergabe insbesondere im Transportbereich einzudämmen, ist es überlegenswert, die Vergabe von Werkverträgen ähnlich gesetzlich zu fassen wie in der Fleischwirtschaft.

Literatur

BMAS/BAuA (2023): Sicherheit und Gesundheit bei der Arbeit – Berichtsjahr 2022. Berlin/Dortmund.

Butollo, F./Koepp, R. (2020): Die doppelte Einbettung der Logistikarbeit und die Grenzen prekärer Beschäftigung. In: WSI Mitteilungen 73(3), 174–181.

Certa, M. & Schröder, T. (2021): Die Logistik im Fokus empirischer Analysen: Arbeitsbedingungen und Arbeitsfähigkeit in der Lagerwirtschaft sowie den Post- und Zustelldiensten. Zeitschrift für Arbeitswissenschaft 75(3), 251–265.

DSLV – Bundesverband Spedition und Logistik (2024). Der Logistikmarkt. https://www.dslv.org/de/die-branche/logistikmarkt, 18.10.2024.

Falkenberg, J. (2021): Taylors Agenten. Eine arbeitssoziologische Analyse mobiler Assistenzsysteme in der Logistik. Edition Sigma/Nomos, Baden-Baden.

Helwing, V./Verfürth, P./Franz, M. (2023). Trucking (un)limited – the impact of digital platforms on labour in production networks of logistics. ZFW – Advances in Economic Geography 67(4), 177–188.

Hempfing, A. & Schwemmer, M. (2019). Fachkräftemangel in der Logistik. Vermessung, Struktur und Handlungsfelder. Fraunhofer IIS, Nürnberg.

IFA – Institut für Arbeitsschutz der Deutschen Gesetzlichen Unfallversicherung (2019). Branchenbild Warenlogistik. Sankt Augustin.

Ittermann, P. (2023). Einfacharbeit in Produktion und Logistik in der digitalen Transformation. WSI Mitteilungen 76(5), 337–345.

Krzywdzinski, M., Evers, M. & Gerber, C. (2024). Control and Flexibility: The Use of Wearable Devices in Capital- and Labor-Intensive Work Processes. ILR Review 77(4), 506–534.

Schmierl, K., Schneider, P., Struck, O. & Ganesch, F. (2022). Digitale Logistik. Digitalisierungstechnik, Arbeitsbedingungen, Leistungspolitik und Mitbestimmung in Transportlogistik und KEP-Diensten. Hans-Böckler-Stiftung, Düsseldorf.

Schwemmer, M./Klaus, P./Pflaum, A. (2021). Top 100 in European and Logistics services, DVV Media, Hamburg.

Seibert, H./Schwengler, B./Wiethölter, D. (2023). Aus Hilfskräften Fachkräfte machen. Eine quantitative Analyse der Entwicklungs- und Strukturdaten von Helfertätigkeiten. FES: Bonn.

Spee, D. & Kretschmer, V. (2018). Kognitive Ergonomie: Der Mensch – eingebunden in die Logistik 4.0. Huss Verlag, München.

Aufwertung unverzichtbarer Arbeit: Wie kann Respekt gegenüber Basisarbeit gestärkt werden?

Mara Buchstab, Florian Ranft und Johanna Siebert

Die deutsche Wirtschaft basiert auf einem vergleichsweise großen Niedriglohnsektor. Gerade dort sind die Beschäftigungsverhältnisse oft prekär, schlecht entlohnt und körperlich stark belastend. Es mangelt an gesellschaftlicher Sichtbarkeit, Wertschätzung und Anerkennung. Dies gilt insbesondere für Tätigkeiten im Bereich der Basisarbeit, ein Konzept, was von dem Bundesministerium für Arbeit und Soziales (BMAS) in den vergangenen Jahren umfangreich erforscht und in die Debatte um Arbeitsmarkt- und Sozialpolitik eingeführt wurde. Es gilt als Inspiration für diesen Beitrag. Unter Basisarbeit fallen Tätigkeiten, die unabhängig vom individuellen Bildungs- und Qualifikationsniveau keine formale Berufsausbildung erfordern und ohne bzw. nach kurzer Einarbeitung ausgeübt werden können. Je nach Operationalisierung stellen sie zwischen rund einem Fünftel und 16,5 Prozent der Beschäftigten in Deutschland dar, was zwischen rund 7,8 und 5,21 Millionen Arbeitsplätzen entspricht (Hall/Sevindik, 2020; Ittermann/Maylandt, 2024). Basisarbeitende sind in der Reinigung oder in der Gastronomie beschäftigt, stehen am Band, liefern Essen oder Pakete aus und pflegen Ältere oder Kranke: Basisarbeit hat vielfältige Berührungspunkte mit unserem Alltag und bleibt doch weitestgehend unsichtbar.

Basisarbeit ist extrem heterogen, sie findet in verschiedenen Branchen statt und wird sowohl als Langzeitbeschäftigung, aber auch als Einstiegs- oder Nebenbeschäftigung ausgeübt. Basisarbeiter:innen sind dabei insgesamt jünger und weiblicher, häufiger nicht-deutscher Nationalität und schlechter formal gebildet im Vergleich zur Gesamterwerbsbevölkerung. Zudem liegen häufiger prekäre und atypische Beschäftigungsverhältnisse vor (s. u.a. Kaboth et al., 2022). In einigen Branchen wie der Gebäudereinigung oder der Paketbranche werden prekäre Beschäftigungsverhältnisse durch Preisdruck und Auslagerung gefördert. Basisarbeit ist darüber hinaus oft mit schlechteren physischen wie psychischen Arbeitsbedingungen, geringen Mitbestimmungs- und Weiterbildungsmöglichkeiten sowie schlechten Aufstiegschancen gekennzeichnet (Siebert/Buchstab, 2025).

Dabei bringen bevorstehende Veränderungen am Arbeitsmarkt gerade für prekär Beschäftigte oft große Ungewissheit über die eigene berufliche Zukunft mit sich. Materielle Unsicherheiten und mangelnde Anerkennung von Lebensleistung drohen in Zeiten des Wandels die Akzeptanz für Transformationsprozesse zu schmälern und rechtspopulistischen Kräften in die Hände zu spielen. Aber die Veränderungsdynamiken bringen neben Risiken vor allem auch die Chance, durch Reformen in der Arbeitsmarktpolitik mehr Respekt und Teilhabe am Arbeitsmarkt zu ermöglichen.

Respekt in und für Arbeit

Im Zuge der Coronapandemie und des Wahlkampfs der SPD zur Bundestagswahl 2021 fand das Thema Respekt und Wertschätzung für Arbeit Einklang in die politische und öffentliche Debatte. Die gesellschaftlich – zumindest kurzzeitig – erfolgte symbolische Anerkennung systemrelevanter Berufe trug jedoch kaum zur materiellen und immateriellen Aufwertung der Beschäftigungsverhältnisse bei. Jenseits der Erhöhung des Mindestlohns blieb das Respektversprechen in der Legislatur des Bundeskanzlers Olaf Scholz uneingelöst. Die Frage bleibt: Wie sieht eine Definition von Respekt im Arbeitskontext aus, die über eine rein symbolische Wertschätzung hinausgeht?

In der wissenschaftlichen Forschung wird Respekt im Kontext von Arbeit bislang vergleichsweise eng definiert und vor allem im innerbetrieblichen Kontext untersucht. Fragen rund um Respekt werden hier als Wertschätzung im Kontext von Mitarbeiterführung behandelt oder im Sinne eines respektvollen und diskriminierungsfreien Umgangs im Betrieb und der Unternehmenskultur verstanden. In der deutschsprachigen Forschung fehlt es jedoch an einer umfassenden Konzeptualisierung von würdevoller Arbeit, die sowohl Fragen wie Mit- und Selbstbestimmung als auch Arbeitszeit, Einkommen und Arbeitsplatzsicherheit ins Zentrum rückt.

Dieser Beitrag orientiert sich in der Definition von Respekt in der Arbeit an Torben Schwuchows Konzept von Würde, welche der Politikwissenschaftler in seinem Buch »Kampf um Würde in der Arbeit. Rechtspopulismus als Ausdruck eines moralischen Unrechtsempfindens« (2023) an den folgenden drei Bedingungen festmacht: »dass die individuellen Kompetenzen und Eigenschaften der Person gesehen und anerkannt werden, […] dass es keine Zwei-Klassen-Gesellschaft bei den Beschäftigten oder zwischen Klienten und Dienstleistungspersonal geben darf, d. h. ein Mindestmaß an Mitbestimmung und Gleichbehandlung gewährleistet sein muss […] [und] dass die Arbeit die Kontrolle über das eigene

Leben nicht gefährden darf.« Um zu untersuchen, ob beruflichen Tätigkeiten Respekt entgegengebracht wird und ob diese als würdevoll erlebt werden, ist es notwendig, die Arbeitsbedingungen und das Beschäftigungsverhältnis in einer Vielzahl von sowohl materiellen als auch immateriellen Dimensionen von Arbeit zu betrachten.

Auf einer materiellen Ebene sind ein existenzsicherndes Einkommen, betriebliche Sozialleistungen und eine sichere Altersvorsorge entscheidend. In diesem Kontext ist die Tarifbindung zentral; in tarifgebundenen Unternehmen verdienen Arbeitnehmer:innen durchschnittlich mehr und arbeiten weniger. Darüber hinaus spielt Beschäftigungssicherheit eine zentrale Rolle für die materielle Anerkennung von Arbeit. Diese wird unter anderem durch unbefristete Arbeitsverträge garantiert und ermöglicht den Beschäftigten die Sicherheit, ihren Lebensunterhalt langfristig sicherzustellen und finanziell verbindliche Planungen für die Zukunft zu machen.

Mit Blick auf die immateriellen Faktoren ist zentral, dass sich Beschäftigte in ihrer Arbeit respektiert fühlen. Dazu gehört die Garantie physischer und psychischer Sicherheit, welche die Arbeitszeit und -intensität, sowie körperliche und emotionale Anforderungen umfasst. Es muss sichergestellt sein, dass insgesamt ein geringes Fehlbeanspruchungsniveau existiert und der/die Beschäftigte seine/ihre Arbeit langfristig ausüben kann, ohne dadurch gesundheitliche negative Folgen zu erwarten oder das persönliche Umfeld, Familie und Freund:innen zu vernachlässigen. Darüber hinaus tragen die Möglichkeit von Selbst- und Mitbestimmung am Arbeitsplatz, Entwicklungsmöglichkeiten – unter anderem in Form von Weiterbildungsangeboten – ein Gefühl von Sinnhaftigkeit, und nicht zuletzt eben auch die innerbetriebliche wie gesamtgesellschaftliche Anerkennung zu der Qualität von Arbeit bei.

Welche Rolle neben den »harten« materiellen Faktoren auch das Entgegenbringen von Wertschätzung und die Sichtbarkeit der Arbeitsleistung für das Empfinden der eigenen Arbeit als würdevoll spielt, wird in der ethnografischen Studie »*Im Minus-Bereich. Reinigungskräfte und ihr Kampf um Würde*« (2023) von Jana Costas in der Reinigungsbranche deutlich. So werde die Arbeit von Reinigungskräften, die zwar nicht ausschließlich, aber zu einem großen Teil ohne Ausbildung in ihrem Beruf arbeiten, schon aufgrund der räumlichen und/oder zeitlichen Trennung von Kund:innen und Dienstleister:innen unsichtbar gemacht. Weiterhin sei die Selbstbestimmung am Arbeitsplatz und das Empfinden von Würde aufgrund der ständigen Kontrolle durch den Arbeitgeber eingeschränkt. Trotz alledem bleibe die Arbeit eine Quelle der Würde – auch und gerade weil man sich tagtäglich gegen diese Widerstände durchsetzen müsse.

Stärkung von Demokratievertrauen und Veränderungsoffenheit durch gute (Basis-)Arbeit

Der aktuelle Forschungsstand zu Basisarbeit in Deutschland macht deutlich: Sowohl auf einer materiellen als auch auf einer immateriellen Ebene gibt es Potenzial, den Beschäftigten in der Basisarbeit mehr Respekt und Wertschätzung durch die Verbesserung ihrer Arbeitssituation zukommen zu lassen. Beschäftigte im Bereich der Basisarbeit erleben häufig ein geringes Maß an Handlungsautonomie, geringe Möglichkeiten zur demokratischen Mitbestimmung und Partizipation, niedrige Verdienstmöglichkeiten sowie geringe Weiterbildungs- und Aufstiegschancen, wie die Mixed-Methods Studie *»Die Unverzichtbaren: Menschen in Basisarbeit«* (Siebert/Buchstab 2025) des Progressiven Zentrums zeigt. Fehlender Respekt und mangelnde Wertschätzung für den Teil der arbeitenden Bevölkerung, der den Laden am Laufen hält, sind aus einer Gerechtigkeitsperspektive an und für sich ein Problem. Aber auch gesamtgesellschaftlich birgt es ein Risiko, wie die hohe Zustimmung zur AfD unter Arbeiter:innen u. a. bei den Europawahlen und Landtagswahlen in ostdeutschen Bundesländern 2024 nahelegt. Aus bisheriger Forschung ist bekannt, dass es einen signifikanten Zusammenhang zwischen Arbeitsbedingungen und dem Vertrauen in die Demokratie gibt (s. u.a. Kiess et al., 2023; Hövermann et al., 2025). Insbesondere die erlebte Handlungsfähigkeit am Arbeitsplatz durch Formen demokratischer Partizipation und Mitbestimmung führt zu einer Stärkung demokratischer Einstellungen. Andersherum bedeutet dies: Fehlende Erfahrungen der demokratisch vermittelten Handlungsfähigkeit und Selbstwirksamkeit am Arbeitsplatz korrelieren mit einem höheren Maß an antidemokratischen und autoritären Einstellungen. Gleichzeitig zeigen Erhebungen einen Zusammenhang zwischen prekären Arbeitsbedingungen bzw. niedrigem sozioökonomischem Status und geringer Offenheit gegenüber Transformationsprozessen.

Diese Befunde unterstreichen die aktuelle politische und gesellschaftliche Relevanz einer Arbeitsmarktpolitik, die ein umfassendes Verständnis von Respekt in und für Arbeit entwickelt und umsetzt. In Zeiten eines wirtschaftlichen, sozialen und ökologischen Wandels, der in den letzten Jahren immer deutlicher sichtbar und fühlbar wurde, gilt es mehr denn je, den Unsicherheiten in der Bevölkerung auch und insbesondere in der Arbeitswelt entgegenzuwirken. Deshalb braucht es von der kommenden Bundesregierung Strategien zur materiellen und immateriellen Aufwertung von Arbeit – im Bereich der Basisarbeit, aber auch darüber hinaus für Beschäftigte im Niedriglohnsektor. Eine politische Strategie sollte dabei einerseits den Beschäftigten eine Perspektive der Weiterqualifizierung bieten und ihnen niedrigschwellige und attraktive Weiterbildungsmöglichkeiten ermöglichen. Andererseits hat sie es zur Aufgabe, auch die Zukunftsperspektiven jener zu respektieren, die sich nicht weiterqualifizieren möchten gemäß dem Maßstab: Wir brauchen nicht nur Meister:innen, sondern wir brauchen auch Basisarbeiter:innen. Das umfasst die finanzielle Sicherheit (gute Löhne, sichere und ausreichend hohe Rente, betriebliche Sozialleistungen, ein faires und progressives Lohnsteuersystem und eine gerechte Lastenverteilung im Hinblick auf Investitionen für die Zukunft sowie die konsequente Besteuerung von Vermögen), physische und psychische Sicherheit (Gesundheits- und Arbeitsschutz), Selbst- und Mitbestimmung, und nicht zuletzt auch Anerkennung (innerbetrieblich und gesellschaftlich).

Es gilt also, politische Lösungsansätze für spürbare materielle Verbesserungen der Arbeitsbedingungen in Kombination mit positiven Zukunftsnarrativen für gute und gerechte Arbeit zu entwickeln und in den politischen und gesellschaftlichen Diskurs einzubringen, die beide Wege in den Blick nehmen: die Möglichkeit der Weiterqualifizierung ebenso wie die Anerkennung der Relevanz von und Respekt für Basisarbeit. Um diesem Anspruch gerecht zu werden, ist es notwendig, den Wissensstand zum Beschäftigungssegment Basisarbeit weiter zu vertiefen und die spezifischen Perspektiven, Herausforderungen und Wünschen un- und angelernter Beschäftigter in den Blick zu nehmen. Diese sollten im Zentrum der Entwicklung von politischen Lösungsansätzen stehen. Dafür braucht es vor allem auch den direkten Dialog mit Basisarbeiter:innen, anstatt nur über sie zu sprechen. Ob sie sich in ihrem Beruf respektiert fühlen und diesen als würdevoll erleben, entscheiden am Ende allein die Basisarbeiter:innen selbst.

Literatur

Costas, J. (2023): Im Minus-Bereich. Reinigungskräfte und ihr Kampf um Würde. Berlin: Suhrkamp.

Hall, A./Sevindik, U. (2020): Einfacharbeit in Deutschland – wer arbeitet was und unter welchen Bedingungen? Ergebnisse aus der BIBB/BAuA-Erwerbstätigenbefragung 2018. Bonn: Verlag Barbara Budrich.

Hövermann, A./Kohlrausch, B./Langer, A./Meuleman, B. (2025): How Work Shapes Democracy. Political Preferences, Populist Attitudes and Far-Right Voting Intentions Among the European Labour Force – A Cross-Country Survey Project in the Face of the 2024 EU Elections (WSI Study Nr. 40). Düsseldorf: Hans-Böckler-Stiftung.

Ittermann, P./Maylandt, J. (2024): Moderne Einfacharbeit in der Region Dortmund. Entwicklungsdynamiken und Gestaltungsperspektiven in der Transformation. Dortmund: Sozialforschungsstelle Dortmund, TU Dortmund.

Kaboth, A./Lück, M./Hünefeld, L. (2022): Einfacharbeit und Arbeitsbedingungen – Auswirkung unterschiedlicher Operationalisierungen. Dortmund: Bundesanstalt für Arbeitsschutz und Arbeitsmedizin.

Kiess, J./Wesser-Saalfrank, A./Bose, S./Schmidt, A./Brähler, E./Decker, O. (2023): Arbeitswelt und Demokratie in Ostdeutschland. Erlebte Handlungsfähigkeit im Betrieb und (anti)demokratische Einstellungen (OBS-Arbeitspapier Nr. 64). Frankfurt am Main: Otto Brenner Stiftung.

Schwuchow, T. (2023): Kampf um Würde in der Arbeit. Rechtspopulismus als Ausdruck eines moralischen Unrechtsempfindens. Baden-Baden: Nomos.

Siebert, J./Buchstab, M. (2025): Die Unverzichtbaren: Menschen in Basisarbeit. Erkenntnisse für eine politische Auseinandersetzung mit ihren Perspektiven und Forderungen in der Transformationsgesellschaft. Berlin: Das Progressive Zentrum.

Sollten Überstunden steuerlich begünstigt werden?

Mattis Beckmannshagen, Marcel Fratzscher und Annika Sperling

Der Arbeitskräftebedarf ist eine große wirtschaftliche Herausforderung für Deutschland, denn bei fortschreitender Automatisierung und künstlicher Intelligenz braucht es Menschen, die in den Unternehmen die ökologische und digitale Transformation umsetzen.[1] Nur so wird sich die deutsche Wirtschaft im globalen Wettbewerb behaupten können. Manche monieren jedoch, die junge Generation zeige zu wenig Leistungsbereitschaft. Der Staat solle in den Arbeitsmarkt eingreifen, indem er Überstunden steuerlich fördert (CDU/CSU/SPD 2025). Das wäre ein teurer Irrweg – dabei liegen klügere Lösungen auf der Hand.

In der Arbeitszeitdebatte ist das Narrativ, zu viele Beschäftigte seien faul und vor allem die Generation Z zeige zu wenig Leistungsbereitschaft, sehr präsent. Dieses Narrativ steht jedoch in Widerspruch zu den Fakten und der Realität, wie auch eine neue Studie des DIW Berlin zeigt. So gab es seit der Wiedervereinigung mit knapp 46 Millionen nie mehr Menschen in Arbeit in Deutschland als heute. Und auch das Arbeitsvolumen der Beschäftigten, also die insgesamt geleisteten Arbeitsstunden pro Jahr, haben 2023 ein Rekordhoch erreicht. Gerade in den letzten zehn Jahren hat Deutschland einen Beschäftigungsboom erlebt: Seit 2016 sind knapp 2,3 Millionen Menschen zusätzlich in Beschäftigung gekommen (Beckmannshagen/Sperling, 2024).

Dieser Beschäftigungsboom ist nicht der Demografie geschuldet – ganz im Gegenteil, die deutsche Bevölkerung im erwerbsfähigen Alter schrumpft (Groll, 2022). Sondern es waren zum einen der Anstieg der Erwerbstätigkeit von Frauen und zum anderen die starke Zuwanderung nach Deutschland, von denen die deutsche Wirtschaft und der Arbeitsmarkt stark profitiert haben. Mit anderen Worten: Ohne Zuwanderung und die höhere Frauenerwerbstätigkeit wäre der Wirtschaftsboom der 2010er Jahre nicht möglich gewesen und der Wohlstand heute geringer.

---

1 Dies ist eine leicht überarbeitete Fassung eines Beitrags, der 19. April 2024 auf Zeit online unter dem Titel »Sollen wir alle noch mehr arbeiten?« erschien.

Zwar ist trotz des gestiegenen Arbeitsvolumens die Zahl der Überstunden in Deutschland in den vergangenen zehn Jahren deutlich zurückgegangen. Bemerkenswert ist jedoch, dass vor allem die Zahl der bezahlten Überstunden je Arbeitnehmer stark abgenommen hat – von durchschnittlich 23,3 Stunden im Jahr 2016 auf 13,2 Stunden im Jahr 2023. Die Zahl der unbezahlten Überstunden dagegen ist weniger stark gesunken und liegt heute mit 18,4 Stunden deutlich höher. Anders ausgedrückt: Zwar wurden weniger Überstunden geleistet, gleichzeitig konnten die Unternehmen aber finanzielle Einsparungen realisieren, indem vor allem die bezahlte Mehrarbeit reduziert wurde.

Wie ist nun die Forderung im Koalitionsvertrag einzuordnen, der Staat solle Überstunden steuerlich begünstigen? Aus ökonomischer Sicht ist es schwer, auch nur ein überzeugendes Argument für diese Forderung zu finden. Es ist dagegen leicht, sechs starke Gegenargumente aufzuzählen:

- *Zu wenige Überstunden werden überhaupt bezahlt:* Die genaue Umsetzung der geforderten Steuerbefreiung ist bisher unklar: Basierend auf Daten des Statistischen Bundesamtes bekommen nur 18 Prozent der Beschäftigten, die in Deutschland Überstunden leisten, diese bezahlt. Dementsprechend könnte eine Steuerbefreiung nur für diese gelten. Dies dürfte dazu führen, dass mehr Arbeitnehmerinnen und Arbeitnehmer eine Ausbezahlung von Überstunden fordern, also höhere Kosten für Unternehmen entstehen. Außerdem: Wie soll verhindert werden, dass Beschäftigte ihre vertraglichen Stunden reduzieren und bei gleichbleibender tatsächlicher Arbeitszeit die steuerlichen Vorteile ausnutzen? Eine Möglichkeit wäre, diese Regelung nur auf eine festgeschriebene Vollzeitgrenze anzuwenden. Dass der Vollzeitbegriff im Wandel ist, sieht man jedoch sowohl in der Metallindustrie als auch bei den Lokführern. Eine Steuerbefreiung daran festzumachen, wäre branchenabhängiges Stückwerk. Eine an Vollzeitstunden gekoppelte Steuererleichterung, würde darüber hinaus ausgerechnet Arbeitnehmerkräfte in Teilzeit außer Acht lassen, bei denen jedoch das größte Potenzial zur Arbeitszeitausweitung besteht.
- *Es gibt noch nicht einmal eine umfassende Zeiterfassung:* Auch die Kontrolle einer solchen Steuerbefreiung bleibt unklar: Im Rahmen der Mindestlohneinführung ist deutlich geworden, dass die Aufzeichnung der Arbeitszeiten ein wichtiger Knackpunkt bei der Kontrolle des Mindestlohns ist. Um den Missbrauch einer solchen Steuerbefreiung zu verhindern, wäre also eine verpflichtende und lückenlose Arbeitszeiterfassung notwendig – die allerdings wird bislang nicht praktiziert.
- *So entstehen keine neuen Arbeitsanreize:* Eine steuerliche Förderung von Überstunden dürfte, selbst wenn die Probleme bei der Umsetzung gelöst wären, kaum zu mehr geleisteten Arbeitsstunden führen. Hier hilft ein Blick nach

Frankreich, wo Überstunden im Jahr 2007 von der Einkommensteuer befreit wurden. Eine empirische Analyse der Reform zeigt, dass diese keinen Effekt auf die in der Summe geleisteten Stunden hatte, obwohl in Frankreich alle Überstunden ausbezahlt werden (man also einen größeren Effekt als in Deutschland erwarten könnte). Der einzige Effekt der Reform war, dass hoch qualifizierte Arbeitnehmerinnen und Arbeitnehmer mehr Überstunden deklarierten, um von den steuerlichen Vorteilen zu profitieren (Cahuc/Carcillo, 2014).

- *Es drohen Mitnahmeeffekte:* Selbst bei geringem bis keinem Effekt auf das Arbeitsangebot könnten erhebliche Kosten für den Staatshaushalt durch sogenannte Mitnahmeeffekte entstehen. Diejenigen, die bereits heute bezahlte Überstunden leisten, ändern ihren Arbeitsumfang nicht, nehmen aber gern die steuerliche Vergünstigung mit – zulasten des Staatshaushalts. In Zeiten, in denen der finanzielle Spielraum der öffentlichen Hand durch die Schuldenbremse bereits stark eingeschränkt ist, gleichzeitig aber hoher Investitionsbedarf in Infrastruktur, Bildung und Nachhaltigkeit besteht, würde der Staat seinen Handlungsspielraum mit einer solchen Reform zusätzlich einschränken.
- *Männer werden noch mehr arbeiten:* Es besteht die Gefahr, dass eine Steuerbefreiung von Überstunden den Trend zu mehr Geschlechtergerechtigkeit behindert. Sollte eine solche Reform – trotz der bereits aufgeführten Fragezeichen bei der Umsetzung – doch einen Effekt auf das Arbeitsangebot haben, ist zu befürchten, dass sie die weitgehend unausgewogene Aufteilung von Erwerbs- und Carearbeit in Haushalten weiter zementiert. Wie eine kürzlich erschienene DIW-Studie zeigt, ist trotz eines langsamen Annäherungsprozesses die durchschnittliche Erwerbsarbeitszeit von Frauen und insbesondere Müttern deutlich geringer als die von Männern, während der Großteil der Carearbeit nach wie vor von Frauen übernommen wird (Fratzscher/Wrohlich, 2023). Wenn Hauptverdiener, statistisch gesehen häufig Männer, durch attraktive Überstundenregelungen weniger Zeit zu Hause verbringen, könnte das zu einer Mehrbelastung der Frauen im Haushalt führen und somit ihr Arbeitsangebot verringern. Das große Potenzial der Frauen für den deutschen Arbeitsmarkt bliebe also weiterhin ungenutzt.
- *Es entstehen Fehlanreize für Unternehmen:* Zuletzt würden steuerfreie Überstunden auch Fehlanreize innerhalb von Unternehmen setzen. Diese sollten in die Produktivität ihrer Beschäftigten investieren, indem sie digitalisieren und ihren Beschäftigten bessere Arbeitsbedingungen bieten, anstatt die Arbeitszeit zu erhöhen. In dem Kontext sollte uns nicht der Rückgang der Überstunden, sondern der starke Anstieg der Krankheitstage Sorge bereiten. Waren Beschäftigte 2016 im Durchschnitt noch 10,8 Tage im Jahr krank, so stieg diese

> Zahl auf 15,2 Tage im Jahr 2023. Kurzum, der Fokus der Arbeitsmarktpolitik und der Anstrengung der Unternehmen sollte die Verbesserung der Qualität der Arbeit sein, nicht die Erhöhung der Quantität.

Dabei gibt es viel bessere Alternativen, dem Arbeitskräftebedarf in Deutschland zu begegnen, ein besseres Funktionieren des Arbeitsmarktes zu gewährleisten und auch für den Staat Geld einzusparen. Denn das größte ungehobene Arbeitskräftepotenzial ist die Erwerbstätigkeit von Frauen und die Integration von vielen der heute 3,3 Millionen Schutzsuchenden in den Arbeitsmarkt.

Wie eine DIW-Studie zeigt, so ist die Erwerbsbeteiligung von Frauen zwischen 1991 und 2022 um 16 Prozentpunkte auf 73 Prozent gestiegen – ein großer Erfolg für den Arbeitsmarkt und auch für die Familien. Es gibt jedoch kaum ein Land, in dem ein höherer Anteil von Frauen in Teilzeit arbeitet. Viele davon – insbesondere Mütter – wollen deutlich mehr Stunden arbeiten, tun dies jedoch aus verschiedenen Gründen nicht. Eine entscheidende Rolle spielt dabei zum Beispiel die Minijobgrenze. Die Minijobreform der Bundesregierung aus dem Jahr 2022 hat dazu geführt, dass die sprunghaft angestiegenen Sozialabgaben bei Überschreiten der Minijobgrenze durch ein sukzessiv-ansteigendes System ersetzt werden. Dies ist zum Vorteil vieler Arbeitnehmerinnen im Niedrigstundenbereich, jedoch lohnt sich eine Ausweitung der Arbeitszeit über die Geringfügigkeitsgrenze hinaus finanziell immer noch selten für verheiratete Ehepartner. Durch das Ehegattensplitting und Mitversicherung steigt das Haushaltseinkommen nur marginal. Dies bedeutet, dass viele Frauen vor allem nach der Familiengründung kaum mehr Stunden arbeiten. Mit einer Reform des Ehegattensplittings (Fratzscher, 2023) in Kombination mit der geplanten Reform der Lohnsteuerklassen hätten vor allem Frauen bessere Wahlmöglichkeiten und mehr Unabhängigkeit. Eine höhere Erwerbstätigkeit würde dem Arbeitskräftebedarf entgegenwirken und zudem den Staat finanziell stark entlasten – zumal sich die steuerlichen Mindereinnahmen durch das Ehegattensplitting auf über 20 Milliarden Euro pro Jahr belaufen (Rank, 2023).

Jedoch müssen nicht nur die finanziellen Anreize reformiert werden, um das Arbeitsangebot von Frauen zu erhöhen. Auch die Doppelbelastung, die viele Frauen, insbesondere Mütter, durch das Jonglieren von Erwerbsarbeit, Kinderbetreuung und den Aufgaben im Haushalt erfahren, muss berücksichtigt werden. Wie die DIW-Studie zeigt, steigt der zeitliche Aufwand, den Väter für Kinder und Haushalt investieren, langsam an, bleibt jedoch noch immer weit unter dem der Frauen. Allerdings können nur umfassende Betreuungsmöglichkeiten in Kitas und Schulen und die gerechte Aufgabenverteilung im Haushalt eine annähernd gleiche Erwerbsbeteiligung der Geschlechter ermöglichen.

Die Forderung nach einer Steuerbefreiung von Überstunden ist aus fast jeglicher ökonomischen Perspektive unsinnig bis kontraproduktiv. Die gute Nachricht ist, dass Deutschland einen Teil seines Arbeitskräftebedarfs decken könnte, wenn die Hürden für die Erwerbstätigkeit von Frauen reduziert und die Integration von Migrantinnen und Migranten in den Arbeitsmarkt besser gefördert würden. Eine Reform des Ehegattensplittings könnte nicht nur zügig umgesetzt und schnelle Erfolge herbeiführen, sondern würden die wirtschaftliche Leistungsfähigkeit verbessern und damit auch dem Staat mehr finanziellen Spielraum für wichtige Zukunftsinvestitionen geben.

Literatur

Beckmannshagen, M./Sperling, A. (2024): Durchschnittliche Arbeitszeiten in Deutschland sinken, Gesamtarbeitsvolumen auf Rekordhoch. DIW Wochenbericht, 16, 239–246. https://doi.org/10.18723/DIW_WB:2024-16-1

CDU/CSU/SPD (2025): Verantwortung für Deutschland. Koalitionsvertrag zwischen CDU, CSU und SPD. 21. Legislaturperiode. https://www.spd.de/fileadmin/Dokumente/Koalitionsvertrag2025_bf.pdf. abgerufen am 26.04.2025.

Cahuc, P./Carcillo, S. (2014): The Detaxation of Overtime Hours: Lessons from the French Experiment. Journal of Labor Economics, 32(2), 361–400. https://doi.org/10.1086/674987

Fratzscher, M. (2023, Juli 14): Ehegattensplitting: Weg mit diesem Überbleibsel aus dem Patriarchat. Die Zeit. https://www.zeit.de/wirtschaft/2023-07/ehegattensplitting-abschaffung-frauen-gleichstellung-arbeitsmarkt

Fratzscher, M./Wrohlich, K. (2023, April 14): Sorgearbeit: Raus aus der Teilzeitfalle und Ungleichheit bei der Carearbeit. Die Zeit. https://www.zeit.de/wirtschaft/2023-04/gender-care-gap-sorgearbeit-teilzeit

Groll, T. (2022, Januar 17): Fachkräftemangel: Wenn die Babyboomer in Rente gehen, beginnen die Probleme. Die Zeit. https://www.zeit.de/wirtschaft/2022-01/fachkraeftemangel-demografie-einwanderung-daten

Groll, T. (2024, April 9): FDP: Dieser Vorschlag braucht wohl noch Überstunden. Die Zeit. https://www.zeit.de/wirtschaft/2024-04/steuerfreie-ueberstunden-fdp-christian-lindner

Rank, S. (2023, Juni 10): Reform des Ehegattensplittings würde sich mehr lohnen als Elterngeld-Kürzungen | MDR.DE. https://www.mdr.de/nachrichten/deutschland/politik/ehegattensplitting-reform-elterngeld-faktencheck-100.html

ZEIT ONLINE/dpa/Albrecht, F. (2022, Juni 24): Kriegsfolgen: Christian Lindner fordert mehr Überstunden und weniger Steuern. Die Zeit. https://www.zeit.de/politik/deutschland/2022-06/christian-lindner-ueberstunden-kriegssoli

Welche Perspektive hat die Care-Arbeit in der neuen Arbeitsgesellschaft?

Wie kann Erwerbsarbeitszeit neu verteilt und bewertet werden?

Lena Hipp und Agnes von Laffert

Auf dem Weg von der Arbeit nach Hause noch kurz bei der Versicherung anrufen, Textnachrichten beantworten, die nächste Verabredung der Kinder planen und sich daheim lange To-Do-Listen schreiben, damit man nicht schon wieder alles vergisst. Viele Menschen beklagen solchen Dauerstress und dass ihnen Zeit fehle; Zeit für sich, für andere, Freunde, Familie, soziales Engagement, für Dinge, die ihnen wichtig sind. Die Tendenz ist steigend (Pronova BKK, 2023; Techniker Krankenkasse, 2021). Aussicht auf Besserung ist nicht in Sicht. Denn nicht nur der Stress häuft sich, sondern angesichts eines immensen Fachkräftemangels auch der Ruf nach längeren Arbeitszeiten.

Angesichts dessen stellt sich die Frage, welche Art von Erwerbsarbeit sich Menschen überhaupt wünschen. Haben sie »Bock« auf Mehrarbeit – wie es Steffen Kampeter, Hauptgeschäftsführer der Bundesvereinigung der Arbeitgeberverbände/BDA in einem Interview formulierte – und damit einhergehend auch auf mehr Geld und mehr Aufstieg? Tatsächlich würden insbesondere viele Teilzeitbeschäftigte gerne länger arbeiten und fast jede vierte Mutter in Deutschland wünscht sich mehr Zeit für Beruf und Karriere (Statistisches Bundesamt, 2024). Wie verbreitet ist dagegen der Wunsch nach mehr Zeit und weniger Stress, auch wenn das womöglich zu Lasten von Einkommen und der Karriere geht? Und welche Unterschiede gibt es in diesen Präferenzen zwischen den verschiedenen Bevölkerungsgruppen? Stimmt das Klischee von den arbeitsscheuen jungen Menschen und unterscheiden sich Männer und Frauen tatsächlich, wenn es um Fragen von Vereinbarkeit und beruflichem Aufstieg geht?

Wunsch nach mehr Arbeitszeitsouveränität

Im Rahmen der Vermächtnisstudie 2023 (Allmendinger et al.) haben wir Antworten auf diese Fragen gesucht. Wir haben knapp 4.150 zufällig ausgewählte Menschen im Alter von 23–65 Jahren in Deutschland gefragt, welche der folgenden Stellen (die beide in ihrem Ausbildungs- und Interessensgebiet liegen) sie eher annehmen würden:

- Job A bietet ein Gehalt, das deutlich über ihrem aktuellen Einkommen liegt (etwa 10 Prozent mehr). Die Mitarbeiter:innen sagen, dass lange Arbeitszeiten üblich sind und dass Verfügbarkeit außerhalb der regulären Arbeitszeiten erwartet wird. Dafür gibt es gute Möglichkeiten für den beruflichen Aufstieg.
- Job B bietet ein Gehalt, das etwas unter ihrem aktuellen Einkommen liegt (etwa 5 Prozent weniger). Die Mitarbeiter:innen geben an, dass die Arbeitszeiten flexibel sind und dass sie nicht länger arbeiten als vertraglich festgelegt ist. Dafür gibt es nur wenige Möglichkeiten, beruflich voranzukommen.

Die Reihenfolge, in der die beiden Kurzbeschreibungen gezeigt wurden, wurde zufällig variiert. Bei Befragten, die aktuell nicht erwerbstätig waren, bezogen sich Erhöhungen bzw. Reduzierungen des Einkommens auf ihre vorherigen Stellen.

Die Auswertungen dieser Daten zeigen (Abbildung 1): Weit über die Hälfte (64 Prozent) der Befragten entscheiden sich für den Job mit mehr Zeitsouveränität und geringerem Gehalt und Aufstiegschancen. Es scheint also generell eine Präferenz für eine bessere Work-Life Balance zu geben—diese Präferenz ist bei Frauen stärker ausgeprägt als bei Männern (70 vs. 59 Prozent) und überraschenderweise bei älteren Menschen stärker als bei den 20- bis 30-Jährigen, denen oft nachgesagt wird, sie wollten sich gar nicht anstrengen.

Den meisten Menschen in Deutschland scheint Zeitsouveränität, d.h. der Wunsch selbstbestimmt über die eigene Zeit und deren Einteilung zu bestimmen, im Arbeitsleben ein großes Anliegen zu sein. Flexible und vorhersagbare Arbeitszeiten zu haben, ist ihnen sogar so wichtig, dass sie bereit sind, hierfür auf Einkommen und berufliche Aufstiegschancen zu verzichten. Wie kann dieser weit verbreitete Wunsch nach größerer Arbeitszeitsouveränität und weniger Stress angesichts des gleichzeitig weit verbreiteten Arbeitskräftemangels und der Tatsache, dass Einkommen aus Teilzeitjobs oftmals nicht ausreichend für den Lebensunterhalt sind, realisiert werden?

Zeit als Ungleichheitsdimension

Um Antworten auf diese Frage zu finden, die sowohl gesamtwirtschaftliche Interessen berücksichtigen als auch sozialverträglich sind, müssen wir uns zunächst vergegenwärtigen, dass Zeit nicht immer nur knapp und kostbar ist, sondern auch ein paradoxes Ungleichheitsmaß. Anders als Bildungschancen oder Vermö-

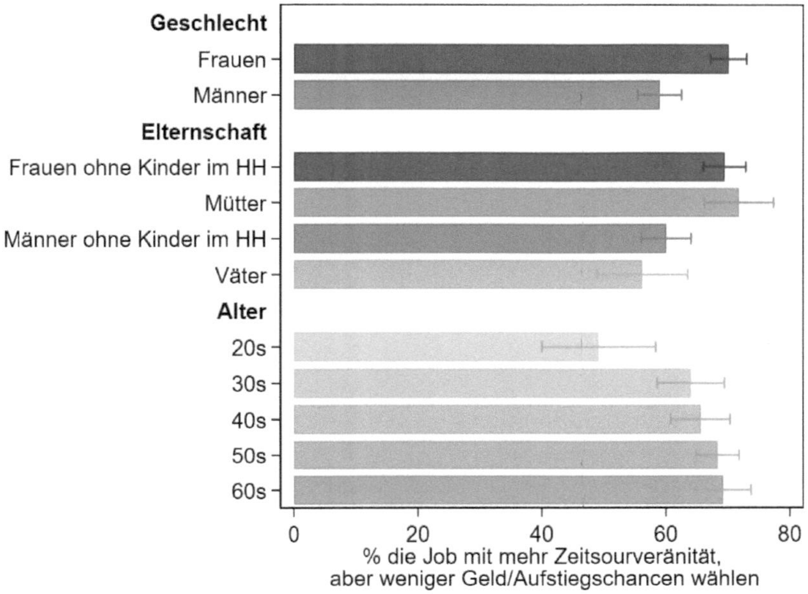

Abbildung 1: Jobpräferenzen nach Geschlecht, Elternschaft und Alter
Anmerkung: N = 4.146; dargestellt sind die gewichteten Durchschnitte für die jeweilige Gruppe und die dazugehörigen 95 Prozent Konfidenzintervalle.

gen, die oftmals schon von Geburt an sehr ungleich verteilt sind, stehen jedem Menschen —ganz gleich welchen Geschlechts oder Herkunft—pro Tag erstmal die gleiche Anzahl an Stunden zur Verfügung. Ungleichheit kommt erst dadurch ins Spiel, dass wir Zeit zu Geld machen können – das zeigt sich unter anderem in großen geschlechtsspezifischen Unterschieden bei Einkommen und Renten.

Ein Großteil der finanziellen Ungleichheit zwischen Frauen und Männern in Deutschland geht auf ihre unterschiedliche Zeitverwendung zurück. Nun ist es zwar nicht so, dass Frauen weniger arbeiten als Männer—vielmehr wird nicht all ihre geleistete Arbeit bezahlt. Aktuell arbeiten Frauen ab 18 Jahren in Deutschland durchschnittlich knapp 46 Stunden pro Woche und Männer etwas mehr als 44 Stunden. Allerdings sind bei Frauen etwas weniger als zwei Drittel dieser Arbeit unbezahlt und bei Männern »nur« etwas weniger als die Hälfte unbezahlt. In Haushalten ohne Kinder verbringen Frauen rund 23 Stunden und Männer rund 28 Stunden pro Woche mit Erwerbsarbeit, in Haushalten mit Kindern beträgt der Unterschied 18 vs. 32,5 Stunden pro Woche (Statistisches Bundesamt 2024). Ließe sich zusätzlich all die unsichtbare mentale Planungs- und Organisationsarbeit, die wir alle schultern müssen, damit unser Alltag läuft, exakt in Stunden und Minuten erfassen, wären die Geschlechterunterschiede in der bezahlten und unbezahlten Arbeitszeit noch größer (Hipp/Sauermann, 2024).

Aber: Zeit wird nicht nur ungleich verwendet, sondern auch ungleich bewertet. Dass die Zeit von Menschen in Jobs mit großen Ausbildungsanforderungen und hoher Verantwortung besonders gut bezahlt wird, stimmt mit dem Gerechtigkeitsempfinden der meisten Menschen überein. Unklar und unfair ist allerdings, dass die Zeit, die Menschen in männerdominierten Berufen verbringen, höher entlohnt wird als die Zeit in frauendominierten Berufen. Der größte Anteil, rund 30 Prozent, der geschlechtlichen Lohnlücke in Deutschland geht darauf zurück, dass Frauen und Männer in Deutschland in unterschiedlichen Branchen arbeiten. Selbst wenn Männer und Frauen gleichviel Zeit für Erwerbsarbeit aufbringen, erhalten sie für in Anforderungen und Umfang vergleichbare Tätigkeiten keinen vergleichbaren Lohn (England, 2017) – die gleiche Zeit scheint also nicht als gleichwertig angesehen zu werden.

Herausforderungen rund um das Thema ›Zeit‹ meistern

Weniger Stress, mehr Arbeitszeitsouveränität, eine gerechtere Verteilung und Bewertung von Zeit und qualifizierte und motivierte Beschäftigte – es gibt zwei zentrale Stellschrauben für die Lösung der vielen gesellschaftlichen und wirtschaftlichen Herausforderungen rund um das Thema »Zeit«: Zum einen in der Neubewertung von beruflichen Tätigkeiten, die zeitintensiv und tendenziell niedrig entlohnt sind, und zum anderen eine Umverteilung von Zeiten bezahlter und unbezahlter Arbeit zwischen Frauen und Männern.

Einige Maßnahmen, die zur Erreichung dieser Ziele umgesetzt werden müssten, sind wohlbekannt. So können etwa der Ausbau und die Sicherung einer verlässlichen und qualitativ hochwertigen Betreuungsinfrastruktur zusammen mit der Ausdehnung der Partnermonate beim Elterngeld, der Abschaffung des Ehegattensplittings und einer Aufhebung von Minijobgrenzen zu einer partnerschaftlicheren Aufteilung von Erwerbs- und Familienarbeit führen. Bessere Arbeitsbedingungen können das Arbeitskräftepotenzial in der Pflege, frühkindlichen Bildung, Sozialarbeit und vielen Servicebereichen erhöhen (Konzertierte Aktion Pflege, 2023).

Neubewertung und Umverteilung von Erwerbsarbeitszeit

Allerdings sind auch die Widerstände gegen die Einführung dieser Maßnahmen groß. Für ihre Umsetzung ist es daher von hoher Relevanz, dass die wechselseitigen Vorteile einer Umverteilung und Neubewertung unterschiedlicher Tätigkeiten für alle sichtbar sind. Vermeintlich unterschiedliche Ziele und Wünsche bezüglich Arbeitszeit schließen sich nicht aus, sondern sind komplementär. Männer wünschen sich mehr Zeit für ihre Familie und Frauen zu großen Teilen mehr Zeit für ihren Beruf und wirtschaftliche Unabhängigkeit (Bünning/Hipp, 2022; Gambaro et al., 2024; Statistisches Bundesamt, 2024). Beide Wünsche könnten mit einem 32–32 Wochenstundenmodell realisiert werden: Wenn beispielsweise Väter ihre Erwerbsarbeitszeit verkürzen und nicht mehr 40 oder mehr, sondern 32 Wochenstunden arbeiten und Mütter gleichzeitig ihre Arbeitszeit erhöhen und ebenfalls 32 Stunden pro Woche arbeiten, können nicht nur die Wünsche von Arbeitnehmer:innen realisiert und Stress reduziert werden, sondern es wird auch den Interessen der Wirtschaft in Zeiten von Arbeitskräfteknappheit Rechnung getragen (Allmendinger, 2021).

Um aber eine solche veränderte Aufteilung realisierbar zu machen, sind Maßnahmen zur Aufwertung von gesellschaftlich hochrelevanten – oftmals frauendominierten – Jobs nötig: Eine bessere Bezahlung von Betreuungs- und Pflegearbeit und eine strukturelle Verbesserung der Arbeitsbedingungen in diesen Bereichen, etwa durch veränderte Betreuungsschlüssel, würde dem Fachkräftemangel entgegenwirken und wiederum private Haushalte entlasten. Spätestens die Coronakrise und die damit verbundenen Schul- und Kitaschließungen haben die gesamtgesellschaftliche Bedeutung frühkindlicher Bildung auf schmerzvolle Weise verdeutlicht (Blum/Dobrotić, 2021). Die Betreuungslücken, die seither kontinuierlich durch eine unzuverlässige Kinderbetreuung entstehen, werden vor allem durch Mütter aufgefangen (Kohlrausch et al., 2023) und auch Pflege und Betreuung von älteren und kranken Menschen wird in Deutschland nach wie vor zu großen Teilen privat geschultert (Ehrlich/Kelle, 2019). Dass Mütter ihr Arbeitskräfteangebot erhöhen, ist unter diesen Umständen so gut wie unmöglich und auch die gesundheitlichen Folgen ihrer Doppelbelastung sind nicht zu unterschätzen. Ihre Entlastung von unbezahlter, aber für das Bestehen unseres Wirtschaftssystems unabdingbarer Arbeit geht also Hand in Hand mit einem politischen Fokus auf der Förderung bezahlter Sorgearbeit und ist letztlich zentral für mehr Zeitsouveränität für alle.

Das Verständnis von »Zeit« als Ungleichheitsdimension ist notwendig und hilfreich, besonders da sich dadurch die Bereiche Privatleben und Erwerbsarbeit, auf die wir unsere Zeit verteilen, zusammendenken lassen. Eine Entwicklung hin zu mehr Zeitsouveränität, besserer Vereinbarkeit und einer gerechteren Arbeitsteilung einerseits sowie einem funktionierenden Wirtschaftssystem andererseits bedeutet: weniger Stress für alle!

Literatur

Allmendinger, J. (2021): Es geht nur gemeinsam!: Wie wir endlich Geschlechtergerechtigkeit erreichen. Ullstein Buchverlage. https://books.google.de/books?hl=de&lr=&id=hbP4DwAAQBAJ&oi=fnd&pg=PT14&dq=es+geht+nur+gemeinsam+allmendinger&ots=ZyUYJdU8q0&sig=clnzzrOzvLG5GLKtKup21rsVN5w

Allmendinger, J./Hipp, L./Wetzel, J. (2023): Das Vermächtnis. Ergebnisse der Vermächtnis-Studie 2023. (DIE ZEIT, WZB, & infas in Kooperation mit der Initiative Chef:innensache, Eds.). https://www.infas.de/ergebnisse-der-vermaechtnisstudie-2023#:~:text=Daf%C3%BCr%20wurden%20im%20Januar%20und%20Februar%202023 %20insgesamt,wurden%20die%20Ergebnisse%20vorgestellt%20und%20sind%20online%20verf%C3%BCgbar.

Blum, S./Dobrotić, I. (2021): Childcare-policy responses in the COVID-19 pandemic: Unpacking cross-country variation. European Societies, 23(sup1), S545–S563. https://doi.org/10.1080/14616696.2020.1831572

Bünning, M./Hipp, L. (2022): How can we become more equal? Public policies and parents' work–family preferences in Germany. Journal of European Social Policy, 32(2), 182–196. https://doi.org/10.1177/09589287211035701

Ehrlich, U./Kelle, N. (2019): Pflegende Angehörige in Deutschland: Wer pflegt, wo, für wen und wie? Zeitschrift für Sozialreform, 65(2), 175–203. https://doi.org/10.1515/zsr-2019-0007

England, P. (2017): Comparable worth: Theories and evidence. Routledge. https://www.taylorfrancis.com/books/mono/10.4324/9781315080857/comparable-worth-paula-england

Gambaro, L./Gehlen, A./Spieß, K./Wrohlich, K./Ziege, E. (2024): DIW Berlin: Aufteilung von Erwerbs- und Sorgearbeit bei Eltern: Wunsch und Wirklichkeit liegen teils weit auseinander [Text]. DIW Berlin. https://doi.org/10.18723/diw_wb:2024-29-1

Hipp, L./Sauermann, A. (2024): Wer macht was? Die Verteilung der tatsächlichen und mentalen Sorgearbeit. In Sozialbericht 2024. bpb, Destatis, WZB, BiB. https://www.bpb.de/kurz-knapp/zahlen-und-fakten/sozialbericht-2024/553159/wer-macht-was-die-verteilung-der-tatsaechlichen-und-mentalen-sorgearbeit/

Kohlrausch, B./Hövermann, A./Emmler, H. (2023): Kinderbetreuung: 57 Prozent der erwerbstätigen Eltern mit Schließungen oder verkürzten Betreuungszeiten konfrontiert. Hans-Böckler-Stiftung. https://www.boeckler.de/de/pressemitteilungen-2675-kinderbetreuung-51190.htm

Konzertierte Aktion Pflege (2023): Pflegearbeitsplatz mit Zukunft! Die Ergebnisse der Studie zur Arbeitsplatzsituation in der Akut- und Langzeitpflege auf einen Blick. Bundesministerium für Gesundheit. https://www.bundesgesundheitsministerium.de/fileadmin/Dateien/3_Downloads/K/Konzertierte_Aktion_Pflege/BMG_Ergebnisse_der_zweiteiligen_Studie_Arbeitsplatzsituation_bf.pdf

Pronova BKK. (2023): Studie: Arbeiten 2023. Pronova BKK. https://www.pronovabkk.de/unternehmen/presse/studien/arbeiten-2023.html

Statistisches Bundesamt (2024): Wo bleibt die Zeit? Ergebnisse zur Zeitverwendung in Deutschland 2022. Statistisches Bundesamt (Destatis). https://www.destatis.de/DE/Themen/Gesellschaft-Umwelt/Einkommen-Konsum-Lebensbedingungen/Zeitverwendung/Ergebnisse/_inhalt.html#805172_805190

Techniker Krankenkasse (2021): Entspann dich, Deutschland! TK-Stressstudie 2021. Techniker Krankenkasse. https://www.tk.de/resource/blob/2116464/9ff316aaf08870ed54aa8a664502ac67/2021-stressstudie-data.pdf

Wie kommen wir vom Gender-Gap zum Gender-Gain?

Jutta Allmendinger und Michelle Boden

Die Gleichstellung von Frauen und Männern auf dem Arbeitsmarkt ist noch längst nicht erreicht. Tief verankerte Geschlechternormen und strukturelle Fehlanreize bilden einen Teufelskreis. Eines zeigt die Forschung deutlich: Die allermeisten Frauen wollen erwerbstätig sein, an ihnen liegt es nicht. Kulturen und Strukturen müssen sich ändern, will man Frauen die gleichen Chancen wie Männern geben und unsere Wirtschaft deutlich stärken.

Geschlechtsspezifischen Normen

Hartnäckig hält sich in (West-)Deutschland die Überzeugung, dass kleine Kinder zu ihren Müttern und Mütter zu ihren Kindern gehören – über einen langen Zeitraum hinweg, ganztags. Der Begriff »Rabenmütter« steht hierfür, das Wort Rabenvater gibt es nicht. Beeindruckend zeigen das viele Studien. So werden Mütter, die 12 Monate Elternzeit genommen haben, häufiger zu Vorstellungsgesprächen eingeladen als solche mit nur 2 Monaten Elternzeit, bei sonst gleichen Merkmalen. Gefragt nach den Gründen, ergibt sich, dass Mütter mit kurzer Elternzeit als egoistisch, übermotiviert und weniger freundlich gelten als Mütter mit langer Elternzeit (Hipp 2018).

Diese Kulturen spielen auch eine Rolle, wenn es um die beruflichen Tätigkeiten von Frauen und Männern und deren Privatleben geht. Sind Frauen in Männerberufen beschäftigt, so haben sie um 23 Prozent schlechtere Erfolgsaussichten auf dem Dating-Markt als Frauen in typischen Frauenberufen. Bei Männern fällt der Unterschied noch größer aus. Ein Grundschullehrer erhält 40 Prozent weniger Anfragen auf den Dating-Plattformen als ein Ingenieur – das Aussehen und andere Merkmale wurden auch hier kontrolliert (Hipp 2024).

Mütter sind in einer No-win-Situation. Verfolgen sie neben der Betreuung ihrer Kinder auch ihre berufliche Entwicklung, werden sie als »Rabenmütter«

gebrandmarkt. Unterbrechen sie ihre Erwerbstätigkeit für viele Monate und arbeiten sodann in Teilzeit, müssen sie kurz-, mittel- und langfristig erhebliche Einschränkungen in der beruflichen Karriere und ihrer finanziellen Absicherung hinnehmen.

Es ist nicht einfach, solche kulturell tief verankerten Zuschreibungen zu ändern. Der Blick auf andere Länder und die anhaltenden Unterschiede zwischen West- und Ostdeutschland zeigen aber, dass strukturelle Reformen und infrastrukturelle Angebote durchaus wirken. So hat die Einführung der Führungspositionsgesetze I (2015) und II (2021) viel bewirkt und den Anteil von Frauen in Aufsichtsräten und Vorstandspositionen erheblich erhöht. Gleiches gilt für Partnermonate beim Elterngeld (eingeführt 2017), das Recht auf Kindertagesplätze für Kinder unter 3 Jahren (eingeführt 2013) und das Recht auf Ganztagsschulen (ab 2026). Auch Kampagnen, die Frauen in Männerberufen und in Toppositionen sichtbar machen oder Kampagnen, die Männer in Frauenberufen und in Elternzeit zeigen, verändern unsere Einstellungen. Besonders wirksam erweisen sich dabei Initiativen auf betrieblicher Ebene.

Unterschiede in der Bezahlung

Der Stundenlohn liegt bei Männern um durchschnittlich 16 Prozent höher als bei Frauen (Westen 17 Prozent, Osten 5 Prozent). Geschuldet ist dies vor allem der niedrigeren Bezahlung von Frauen- im Vergleich zu Männerberufen, der geringeren Erwerbsbeteiligung und dem niedrigeren Arbeitsvolumen von Frauen im Vergleich zu Männern. Berücksichtigt man diese Faktoren und »bereinigt« den Gender Pay Gap, beträgt der Unterschied noch 6 Prozent in West- und 8 Prozent in Ostdeutschland. Wenig überraschend nimmt der Verdienstunterschied ab dem 30. Lebensjahr stark zu: Bei 30-Jährigen beträgt der unbereinigte Gender Pay Gap 8 Prozent, bei 57- bis 61-Jährigen dagegen 27 Prozent (Destatis 2025). Weiterhin zeigen sich große Unterschiede nach Tätigkeitsbereichen. Der Gender Pay Gap ist in der Branche »Nahrungs- und Genussmittel« (eher frauendominierte Tätigkeiten) mit 28,9 Prozent am höchsten, in der Branche »Verkehr und Lagerei« (eher männerdominierte Tätigkeiten) mit 12,7 Prozent am niedrigsten (Collischon/Zimmermann 2024).

Das Entgelttransparenzgesetz – eingeführt, um den Gender Pay Gap zu reduzieren – zeigt bislang kaum Wirkung. Das Gesetz und seine Instrumente sind Beschäftigten nicht ausreichend bekannt. Im öffentlichen Dienst haben nur 4 Prozent der befragten Beschäftigten Gebrauch davon gemacht (BMFSFJ 2023). Nur wenige Unternehmen überprüfen selbst ihre Entgelte. Die EU geht hier restriktivere Wege und fordert Deutschland auf, die nationale Gesetzgebung bis 2026 anzupassen. Die Entgelttransparenzrichtlinie solle für alle Unternehmen gelten, Firmen müssten zudem durchschnittliche Entgelte von Vergleichspersonen angeben und es müsse eine Beweislastumkehr erfolgen: Nicht die Beschäftigten, sondern die Unternehmen müssen belegen, dass sie nicht diskriminieren. Der Koalitionsvertrag 2025 besagt, dass man diese Anpassung »prüfen« werde.

Unterschiede im Lebenseinkommen

Unterschiede in der Bezahlung manifestieren sich deutlich im Lebenseinkommen. Berechnet man die sogenannte Motherhood Penalty und vergleicht das (erwartete) Lebenseinkommen von 1974 geborenen Müttern und Väter mit 2 Kindern, verdienen Mütter im Westen 62 Prozent weniger als Väter. Das entspricht knapp einer Million Euro. Im Osten ist der Abstand geringer und liegt bei 48 Prozent (Barišić/Consiglio 2020).

Ein Blick auf Ostdeutschland gibt Hinweise, wie dieser Abstand verringert werden kann: Kürzere Unterbrechungszeiten, niedrigere Teilzeitquoten bei Frauen und eine geringere Segregation in Männer- und Frauenjobs führen zu einem geringeren Gender Pay Gap und einer niedrigeren Motherhood Penalty. Andere Länder zeigen, dass die Abschaffung fiskalischer Anreize wie das Ehegattensplitting und der kostenlosen Mitversicherung wirken, ebenso eine paritätische Aufteilung von Erwerbs- und Pflegearbeit zwischen Vätern und Müttern. Von diesen Maßnahmen steht im Koalitionsvertrag wenig.

Unterschiede in der Sorgearbeit

Der Gender Care Gap liegt bei 44,3 Prozent (Destatis 2024c). Gemessen wird hier die für die Sorgearbeit aufgebrachte Zeit von Müttern und Vätern. Seit der Corona-Krise wird auch der Mental Load Gap berechnet, darunter versteht man die mentale Belastung durch das mit großer Verantwortung verbundene Organisieren des Familienalltags. Hier sind Unterschiede zwischen Müttern und Vätern besonders hoch. Sichtbar wird dies in den von Männern und Frauen übernommenen Aufgaben, die angedacht, organisiert und überwacht werden müssen. In einer großen repräsentativen Studie zeigt sich, dass von 21 genannten Aufgaben nur drei überwiegend von Männern ausgeführt wurden (Reparaturen, Handwerker, Finanzen). Alle übrigen Aufgaben übernehmen Frauen (vgl. Hipp et al. 2023). Wäre die zeitliche und mentale Beanspruchung in der Sorgearbeit zwischen den Partnern gleich aufgeteilt ist, würde dies entscheidend die Gleichstellung auf dem Arbeitsmarkt und das Wohlbefinden in den Familien fördern (Allmendinger 2021).

Die Einführung der Partnermonate im Elterngeldgesetz 2007 hat diesbezüglich viel geholfen. Vor der Einführung nahmen 3,5 Prozent der Väter Elternzeit (BMFSFJ 2016: 7). Heute liegt dieser Wert bei knapp 45 Prozent. Die durchschnittliche Dauer der Elternzeit ist hingegen gleichgeblieben: 2008 wie 2024 betrug sie 3,7 Monate (BMFSFJ 2016: 9). Die meisten Männer nehmen exakt die zwei Partnermonate, die sonst verfallen würden. Zum Vergleich: 98 Prozent der Frauen nehmen Elternzeit, die durchschnittliche Dauer liegt bei 14 Monaten.

Es ist empirisch gut belegt, dass Männer durchaus partnerschaftliche Beziehungen anstreben und sich mehr an der Kindererziehung beteiligen möchten. Die Einstellungen haben sich stärker verändert als das Verhalten von Männern, wenn sie Väter werden. Warum also tun Väter nicht das, was sie sich vorgenommen hatten? Als Hauptgrund wird die finanzielle Situation des Haushalts genannt. Das ist nachvollziehbar, da Väter meist älter sind als Mütter, im Beruf etablierter und in Männerberufen meist mehr gezahlt wird als in Frauenberufen. Da das Elterngeld bei 65 Prozent des letzten Nettoeinkommens liegt, wiegt der Verlust von 35 Prozent des Einkommens beim Elterngeld schwerer, wenn die Väter Elternzeit nehmen. Die auf Teilzeit ausgerichteten Frauentätigkeiten und die Rollenstereotype verstärken diese Problematik.

Angesichts dieser Lage müssen die Zahl der Partnermonate erhöht, das Elterngeld dynamisiert und Lohnersatzhöhe deutlich erhöht werden. Entsprechende Maßnahmen sind im Koalitionsvertrag 2025 angedacht. Schweden weist weitere Wege: Hier können Elternzeiten auf andere Familienangehörige oder die Wahlverwandtschaft übertragen werden. Eine solche Regelung käme insbesondere alleinerziehenden Müttern zugute, die dringend Unterstützung brauchen. Auch lässt sich nachweisen, dass die Familienstartzeit für die spätere Erziehungsintensität von Vätern handlungsrelevant ist. Diese findet sich im Koalitionsvertrag nicht, auch nicht eine Reform des Ehegattensplittings, das Anreize für unterschiedlich hohe Einkommen von Männern und Frauen setzt.

Es bleibt festzuhalten: Die ökonomische Gleichstellung wird durch hartnäckige Stereotype und strukturelle Barrieren erschwert. Um Fortschritte zu erzielen, sind entschlossene politische Maßnahmen wie das Aufbrechen geschlechtsspezifischer Kulturen, das Angleichen von Stundeneinkommen, die Reduktion der Lebenseinkommensunterschiede sowie die Förderung einer gleichberechtigten Aufteilung von Sorgearbeit unabdingbar. Es ist Zeit zu handeln.

Literatur

Allmendinger, J. (2021): Es geht nur gemeinsam! Wie wir endlich Geschlechtergerechtigkeit erreichen. Ullstein.

Barišić, M./Consiglio, V. S. (2020): Frauen auf dem deutschen Arbeitsmarkt: Was es sie kostet, Mutter zu sein. Kurzexpertise Beschäftigung im Wandel, 1–12, Bertelsmann Stiftung, https://doi.org/10.11586/2020031.

Bundesministerium für Familie, Senioren, Frauen und Jugend (BMFSFJ) (2023): Zweiter Bericht der Bundesregierung zur Wirksamkeit des Gesetzes zur Förderung der Entgelttransparenz zwischen Frauen und Männern sowie zum Stand der Umsetzung des Entgeltgleichheitsgebots in Betrieben mit weniger als 200 Beschäftigten. BMFSFJ, 1–333, https://www.bmfsfj.de/resource/blob/229484/7c1deeee794163514c0221663af940d2/zweiter-bericht-entgelttransparenzgesetz-data.pdf.

BMFSJ (2016): Bilanz 10 Jahre Elterngeld. BMFSFJ, 1–13, https://www.bmfsfj.de/resource/blob/113300/8802e54b6f0d78e160ddc3b0fd6fbc1e/10-jahre-elterngeld-bilanz-data.pdf.

Collischon, M./Zimmermann, F. (2024): Gender Pay Gap variiert stark zwischen den Branchen. IAB-Forum, verfügbar unter: https://www.iab-forum.de/graphs/gender-pay-gap-variiert-stark-zwischen-den-branchen/, aufgerufen am 15. Juli 2024.

Destatis (2025): Gender Pay Gap sinkt 2024 im Vergleich zum Vorjahr von 18 % auf 16 %. Pressemitteilung (56). Statistisches Bundesamt (Destatis), verfügbar unter: https://www.destatis.de/DE/Presse/Pressemitteilungen/2025/02/PD25_056_621.html, aufgerufen am 25. März 2025.

Hipp, L. (2024): Weil mein Schatz ein Feuerwehrmann ist?! Forschungsergebnisse zu Berufswahl und Datingchancen. WZBlive. verfügbar unter: https://www.youtube.com/watch?v=JQPxBBHjf4k, aufgerufen am 15. Juli 2024.

Hipp, L./Allmendinger, J./Wetzel, J. et al. (2023): Ergebnisse der Vermächtnis-Studie 2023 [Ergebnisbericht]. WZB, 1–31, https://www.zeit-verlagsgruppe.de/wp-content/uploads/2023/05/Ergebnisse-aus-der-Vermaechtnisstudie-2023_Presse_Langversion-1.pdf.

Hipp, L. (2018): Rabenmütter, tolle Väter. Frauen schaden kurze und lange Elternzeiten bei ihrer Karriere – Männern nicht. WZB Mitteilungen 161, 28–30, https://bibliothek.wzb.eu/artikel/2018/f-21481.pdf.

Was wissen wir über Arbeitsbedingungen und Fachkräftemangel im Gesundheit- und Sozialwesen?

Anita Tisch

Gegenwärtig stehen viele Unternehmen vor der Herausforderung, flexibel sowie schnell auf aktuelle Entwicklungen zu reagieren und gleichzeitig langfristige Strategien und tiefgreifende Transformationsprozesse gestalten zu müssen (vgl. Arntz u.a. 2023). Dies erfordert ein Zusammenspiel aller Beteiligten: Beschäftigte und ihre Interessenvertretungen vor Ort, Arbeitgeber sowie unterschiedliche Akteure auf überbetrieblicher Ebene – sie alle sind gefragt, um gemeinsam tragfähige Lösungen für die Zukunft zu entwickeln. Die Herausforderungen sind jedoch heterogen. Während in einigen Bereichen Arbeitsplatzabbau droht, sind andere mit einem anhaltenden Arbeitskräftemangel konfrontiert. Gerade dort gilt es, mit guter und menschengerecht gestalteter Arbeit die vielfältigen Herausforderungen zu meistern und Innovation zu fördern.

Die in erster Linie durch die Digitalisierung, den demografischen Wandel und die Dekarbonisierung der Wirtschaft angestoßenen, dynamischen Transformationsprozesse prägen die Entwicklung unserer Arbeitswelt. Trotz derzeit schwacher Konjunktur schafft die digitale Transformation und die zunehmende Verbreitung von Künstlicher Intelligenz nicht nur neue Produktionsabläufe und Geschäftsmodelle, sondern verändert auch bestehende Tätigkeiten und lässt neue Berufsfelder mit neuen Kompetenzanforderungen entstehen. Zugleich erfordert die Dekarbonisierung, also die Transformation hin zu einer ökologisch nachhaltigeren Wirtschaft, neben Innovation und Investitionen in neue Technologien und Infrastrukturen auch entsprechend ausgebildete Fachkräfte. Auf Deutschland bezogene Prognosen sehen neben diesen Transformationsprozessen zudem einen zusätzlichen Fachkräftebedarf im Bereich Erziehung und Soziales sowie anhaltend im Gesundheitssektor (Bauer u.a. 2024).

Während im produzierenden Gewerbe die Zahl der Beschäftigten in den letzten fünf Jahren stagnierte, ist die Zahl der Beschäftigten im Dienstleistungsbereich und allen voran im Gesundheits- und Sozialwesen deutlich angestiegen (vgl. Abbildung 1). Gleichzeitig wird ein wachsender Bedarf an Fachkräften in diesen Bereichen prognostiziert: Denn viele der in beiden Bereichen Beschäftigten sind bereits im höheren Erwerbsalter (Eppers 2024; Henn u.a. 2017). So waren im Mai 2024 rund ein Viertel der Beschäftigten in der Berufsgruppe »Altenpflege« sowie im Bereich »Erziehung, Soziale Arbeit, Heilerziehungspflege« 55 Jahre oder älter (vgl. Beschäftigtenstatistik der Bundesagentur für Arbeit). Gleichzeitig führt der demografische Wandel zu einer zunehmenden Zahl älterer Menschen mit einem wachsenden Bedarf an Gesundheits-, Pflege- und Betreuungsleistungen. Dies verstärkt die Nachfrage nach sozialen Dienstleistungen sowie nach Gesundheits- und Pflegediensten weiter (Eppers 2024). Zusätzlich lassen auch gesetzliche Veränderungen im Bereich Erziehung und Bildung, wie der Rechtsanspruch auf Ganztagesbetreuung in Kita und Schule in den kommenden Jahren einen weiteren Anstieg des Fachkräftebedarfs erwarten (Hickmann u.a. 2022).

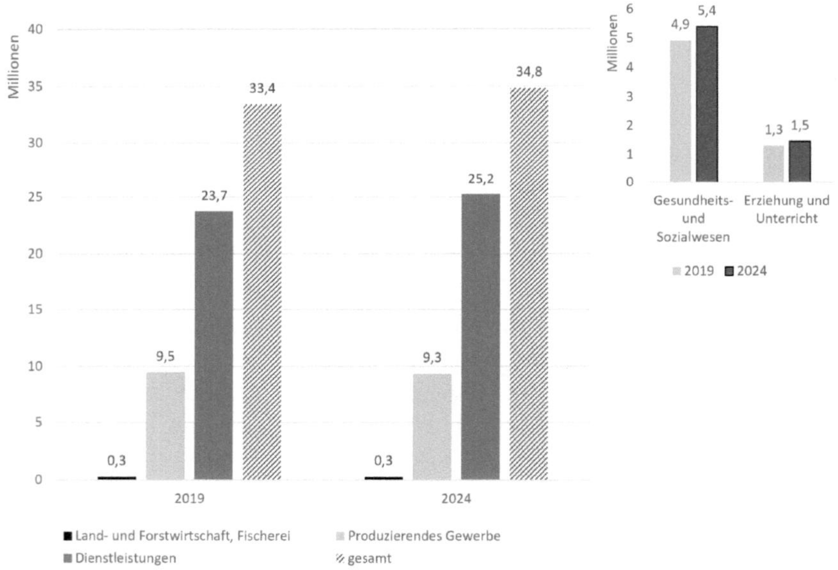

Abbildung 1: Entwicklung der sozialversicherungspflichtigen Beschäftigung in ausgewählten Wirtschaftsbereichen
Quelle: Destatis, Beschäftigtenstatistik der Bundesagentur für Arbeit

Angesichts des steigenden Fachkräftebedarfes stellt sich die Frage, wie dem Mangel entgegengewirkt werden kann. Fachkräftestrategien auf nationaler wie betrieblicher Ebene zielen dabei nicht nur auf die Gewinnung neuer Arbeitskräfte ab, sondern legen zudem den Fokus auf die Bindung von Arbeitskräften und den langfristigen Erhalt der Arbeits- und Beschäftigungsfähigkeit. Eine zentrale Rolle spielt hierbei die Gestaltung guter Arbeitsbedingungen, um die Attraktivität der Berufe zu erhöhen und Überlastung sowie frühzeitigen Berufsausstieg zu vermeiden. Entsprechend zielt die 2022 angestoßene Fachkräftestrategie der Bundesregierung unter anderem darauf ab, Betriebe bei der Schaffung attraktiver Arbeitskulturen sowie gesundheitsförderlicher Arbeitsumgebungen zu unterstützen. So setzen viele Unternehmen bei der Bewältigung der vielfältigen Transformationsprozesse nicht nur auf Fachstrategien, sondern legen verstärkt ein Augenmerk auf eine attraktive, menschengerechte und nachhaltige Gestaltung von Arbeit. Denn gerade in Zeiten des Fachkräftemangels wird die Qualität der Arbeitsbedingungen zum entscheidenden Faktor für die Gewinnung und langfristige Bindung qualifizierter Beschäftigter (Arntz u.a. 2023). In betrieblichen Strategien zur verbesserten Bindung von Fachkräften und Mitarbeitenden gewinnen dementsprechend, neben einer adäquaten Vergütung, auch Maßnahmen für eine gute Arbeitsgestaltung an Bedeutung (vgl. Goetz u.a. 2024).

Trotz dieser Bestrebungen ist die Arbeit im Bereich Gesundheit sowie Erziehung und Soziales weiterhin durch hohe physische und psychische Anforderungen geprägt (Tisch/ Tophoven 2023), die durch den Personalmangel teils noch verschärft werden. Während in anderen Berufsfeldern etwa zwei Fünftel der Beschäftigten davon berichten, dass sie sich im Zusammenhang mit ihrer Arbeit körperlich erschöpft fühlen, sind es im Bereich Erziehung und Soziales knapp die Hälfte und in den Gesundheitsberufen nahezu drei Fünftel (vgl. Abbildung 2). Besonders hoch ist die arbeitsbezogene emotionale Erschöpfung in beiden Bereichen: So berichten mehr als die Hälfte der Beschäftigten des Bereiches Erziehung und Soziales davon, durch ihre Arbeit regelmäßig emotional erschöpft zu sein. In den Gesundheitsberufen sind es etwa 46 Prozent – in anderen Bereichen sind es weniger als ein Drittel.

Auch die durchschnittlichen krankheitsbedingten Fehltage sind im Gesundheits- und Sozialwesen im Vergleich mit anderen Wirtschaftszweigen am höchsten (vgl. BAuA 2024). Dies zeigt sich nochmals verschärft bei den älteren Beschäftigten in diesem Bereich (ebd.). Entsprechend gehen ältere Beschäftigte in der Kranken- und Altenpflege aber auch im Bereich Bildung und Erziehung davon aus, dass sie deutlich vor dem Erreichen des Rentenalters dem Arbeitsmarkt nicht mehr zur Verfügung stehen können (Richter u.a. 2022). Angesichts des skizzierten Fachkräftemangels in diesen Bereichen erscheint dies perspektivisch alarmierend.

Zwar haben die sogenannten versorgungsrelevanten Berufe in der Covid-19 Pandemie an Aufmerksamkeit gewonnen – an den herausfordernden Arbeitsbedingungen vor Ort scheint sich jedoch wenig verändert zu haben. Vielmehr geraten soziale und Gesundheitsberufe angesichts wirtschaftlicher und politischer Krisen mitunter in den Hintergrund. Dies kann jedoch als eine besorgniserregende Entwicklung betrachtet werden, da diese Berufsgruppen eine zentrale Rolle für den gesellschaftlichen Zusammenhalt und die Bewältigung sozialer

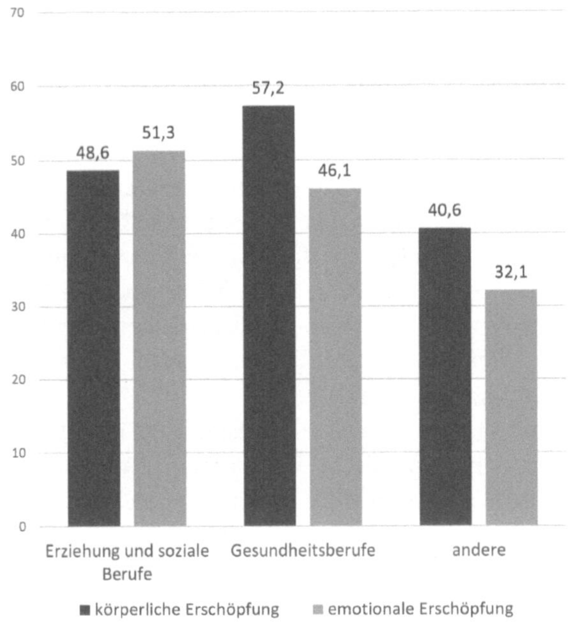

Abbildung 2: Arbeitsbezogene Erschöpfung in unterschiedlichen Berufsgruppen
Quelle: BAuA-Arbeitszeitbefragung 2023 und eigene Berechnungen, Datenversion: doi: 10.48697/baua.azb23.suf.1

Herausforderungen spielen. Hilfreiche Maßnahmen zur Verbesserung der Arbeitsbedingungen in interaktionsreichen Berufen wie dem Gesundheits- und Sozialwesen sollten deshalb, neben einer Stärkung der gesellschaftlichen Anerkennung, v. a. bei einer lebenslauforientierten, präventiven Arbeitsgestaltung ansetzen (vgl. Mühlenbrock 2017). Hierfür ist es wichtig, interaktionsarbeitsspezifische Gefährdungen zu identifizieren und ihnen mit präventiven Maßnahmen entgegenzuwirken. So können effiziente Arbeitsprozesse, die z.B. Wartezeiten reduzieren, dazu betragen, Gefährdungen aus der Arbeit durch unfreundliches, unhöfliches und forderndes Verhalten von Kundinnen und Klienten zu reduzieren oder tragen Zeiten für Austauschformate und soziale Unterstützung durch Kolleginnen und Kollegen zur Bewältigung emotional anfordernder Situationen bei.[1]

Die aktuelle Diskussion um eine mögliche Ausweitung der werktäglichen Arbeitszeit ist in Bezug auf das Gesundheits- und Sozialwesen kritisch zu betrach-

1 Vgl. neben Wehrmann(2023) auch: www.interaktionsarbeit.de und www.baua.de/pflege

ten. So ist in diesen Bereichen nicht nur Nacht- und Schichtarbeit verbreitet, sondern auch der Anteil der Beschäftigten mit verkürzten Ruhezeiten hoch (Strauß u.a. 2021). Auch lassen viele Beschäftigte in der Pflege gesetzlich vorgesehene Pausen aufgrund der hohen Arbeitsmenge regelmäßig ausfallen (Melzer 2020). Mangelnde Zeiten für Erholung und Regeneration können jedoch nicht nur Erschöpfung befördern, sondern auch zu weiteren Erkrankungen und Ausfällen bis hin zur Einschränkung oder gar dem Verlust der Arbeits- und Beschäftigungsfähigkeit führen.

Politische Bemühungen die Ausbildungs- und Beschäftigungsbedingungen sowie die Entlohnung im Bereich der Alten- und Gesundheitspflege zu verbessern haben dazu beigetragen, dass die Zahl der dort Beschäftigten in den vergangenen Jahren gestiegen ist (Bundesregierung 2021) und sogar in der herausfordernden Zeit der Pandemie weiter zugenommen hat. Es scheint angebracht, diese Bemühungen auch auf angrenzende Bereiche, wie etwa das Sozialwesen, zu übertragen. Darüber hinaus sind die Arbeitsbedingungen im Gesundheits- und Sozialwesen noch immer deutlich fordernder als in vielen anderen Bereichen. Entsprechend gilt es, gesetzliche Rahmenbedingungen zu schaffen, um die Gesundheit und Leistungsfähigkeit der Beschäftigten zu erhalten und zu fördern. Kurzum: Eine menschengerechte und gesundheitsförderliche Arbeitsgestaltung in den Betrieben trägt maßgeblich zum Erhalt der Arbeitsfähigkeit und Mitarbeitendenbindung bei.

Literatur

Arntz, M./Donner, F./Evans, M./Friedrich, A./Horvat, S./Kaiser, A./Mallmann, L./Möreke, M./Pfeiffer, S./Rothe, I./Schroeder, W./Stowasser, S./Walwei, U. (2023): Transformation in bewegten Zeiten: Nachhaltige Arbeit als wichtigste Ressource, Arbeitswelt-Bericht 2023, Rat der Arbeitswelt, Berlin: Rat der Arbeitswelt, https://www.arbeitswelt-portal.de/fileadmin/user_upload/awb_2023/Arbeitsweltbericht_2023.pdf

Bundesanstalt für Arbeitsschutz und Arbeitsmedizin (BAuA) (2024): Sicherheit und Gesundheit bei der Arbeit – Berichtsjahr 2023. Unfallverhütungsbericht Arbeit, Dortmund, DOI:10.21934/baua:bericht20240912

Bundesregierung (2021): Konzertierte Aktion Pflege Zweiter Bericht zum Stand der Umsetzung der Vereinbarungen der Arbeitsgruppen 1 bis 5., https://www.bundesgesundheitsministerium.de/fileadmin/Dateien/3_Downloads/K/Konzertierte_Aktion_Pflege/KAP_Zweiter_Bericht_zum_Stand_der_Umsetzung_der_Vereinbarungen_der_Arbeitsgruppen_1_bis_5.pdf

Bauer, A./Gartner, H./Hellwagner, T./Hummel, M./Hutter, C./Wanger, S./Weber, E./Zika, G. (2024): IAB-Prognose 2024/2025: Zähe Wirtschaftsschwäche beeinträchtigt den Arbeitsmarkt. (IAB-Kurzbericht 19/2024), Nürnberg, DOI:10.48720/IAB.KB.2419

Eppers, N. (2024): Der Pflegearbeitsmarkt im demografischen Wandel–Methodik und Ergebnisse der Pflegekräftevorausberechnung. WISTA-Wirtschaft und Statistik, 76 (2), 44–54.

Goetz, V./Isphording, I./Rinne, U./Trenkle, S. (2024): Fachkräftesicherung aus Sicht von Betrieben und Beschäftigten. Forschungsinstitut zur Zukunft der Arbeit (IZA), https://docs.iza.org/report_pdfs/iza_report_141.pdf

Henn, S./Lochner, B./Meiner-Teubner, C. (2017): Arbeitsbedingungen als Ausdruck gesellschaftlicher Anerkennung Sozialer Arbeit. Gewerkschaft Erziehung und Wissenschaft, https://www.forschungsverbund.tu-dortmund.de/fileadmin/2017-04_Arbeitsbedingungen_Soz_Arb_web.pdf

Hickmann, H./Malin, L./Risius, P. (2022): Wider den Trend: In diesen Berufen steigt die Ausbildungsplatznachfrage seit Jahren kontinuierlich, IW-Kurzbericht 74/2022.

Melzer, M. (2020): Arbeitssituation und Gesundheit beruflich Pflegender. In: Bundesanstalt für Arbeitsschutz und Arbeitsmedizin (Hrsg.), Stressreport Deutschland 2019: Psychische Anforderungen, Ressourcen und Befinden, 136 – 145, Dortmund.

Richter, G./Tisch, A./Hasselhorn, H./Bellmann L. (2022): Arbeit und Altern(n) – Wie ein längeres Erwerbsleben möglich werden kann. In: Aus Politik und Zeitgeschichte 72/20, 20–27, https://www.bpb.de/shop/zeitschriften/apuz/rente-2022/508221/arbeit-und-alter-n/

Strauß, R./Tisch, A./Vieten, L./Wehrmann, J. (2021): Hohe Anforderungen, wenig Ressourcen: Arbeitszeiten in der Alten- und Krankenpflege, Dortmund: Bundesanstalt für Arbeitsschutz und Arbeitsmedizin, DOI: 10.21934/baua:fakten20210119

Tisch, A./Tophoven, S. (2023): Beschäftigungs- und Arbeitsqualität von Berufen im Nonprofit-Sektor im Fokus sozialer Nachhaltigkeit. In: Julia Hilgers-Sekowsky, Nicole Richter, Nicole Ermel (Hrsg.): Nachhaltigkeit in Nonprofit-Organisationen: Transdisziplinäre Perspektiven für ein zukunftsfähiges Management, 51–62, Wiesbaden.

Wehrmann, J. (2023): Interaktionsarbeit – Berücksichtigung spezifischer Belastungen in der Gefährdungsbeurteilung. In: Arbeitsmedizin, Sozialmedizin, Umweltmedizin: ASU, Zeitschrift für medizinische Prävention 58/3, 149–154.

Was bedeutet die Diversität der Familienformen für den Arbeitsmarkt?

Michaela Kreyenfeld, Miriam Beblo und Christina Boll

Hohe Trennungs- und Scheidungsraten sowie die sinkende Heiratsneigung haben in den letzten Jahrzehnten zu einem grundlegenden Wandel der Familienformen geführt. Die Dominanz der Kernfamilie bröckelt, »alternative« Familienformen wie Alleinerziehende, Getrennterziehende, Stieffamilien und nichteheliche Lebensgemeinschaften mit Kindern gewinnen an Bedeutung (BMFSFJ 2025). Gleichzeitig haben sich die Arbeitsformen verändert, wobei sich vor allem durch die Digitalisierung des Arbeitsmarktes neue Möglichkeiten des flexiblen und mobilen Arbeitens ergeben haben. Obwohl dies vielen Familien besser als zuvor ermöglicht, Beruf und Sorgeverpflichtungen zu vereinbaren, begünstigen die eher starren Funktionsweisen des Arbeitsmarktes nach wie vor ein Familienmodell, in dem die Sorgearbeit entlang der bekannten Geschlechterlinien verläuft. Alleinerziehende und getrennterziehende Familien stehen vor besonderen Herausforderungen und sind oft »strukturell benachteiligt«. Diese strukturelle Benachteiligung rührt daher, dass der Arbeitsmarkt, das Arbeits-, das Steuer- und das Familienrecht auf einem traditionellen Familienmodell basieren und andere Familienformen spezifischen Risiken ausgesetzt sind. Diese Risiken zeigen sich u.a. in der hohen Armutsgefährdung von Alleinerziehenden, welche dreimal so hoch ausfällt wie jene von Paarhaushalten mit Kindern (DESTATIS 2024a).

Mit dem Ausbau der öffentlichen Kinderbetreuung (vor allem seit 2005), dem Elterngeld (2007) und dem Rechtsanspruch auf einen Betreuungsplatz ab dem vollendeten ersten Lebensjahr (2013) haben sich die Rahmenbedingungen für die ökonomische Eigenständigkeit von Müttern in vielerlei Hinsicht verbessert. Alle Eltern haben von diesem familienpolitischen Kurswechsel profitiert; Alleinerziehende in besonderem Maße, allein schon dadurch, dass die Erwerbstätigkeit von Müttern nicht mehr als Sonderfall angesehen wird und die Nutzung von Kindertageseinrichtungen für Kleinkinder nicht mehr, wie dies in Westdeutschland lange Zeit der Fall war, mit dem Stigma der »Rabenmutter« behaftet ist. Trotz dieser positiven Entwicklungen sind jedoch Strukturelemente erhalten geblieben, die einseitig das eheliche Familienmodell stützen und zudem Anreize für eine ungleiche Aufteilung von Sorge- und Erwerbsarbeit bei verheirateten Paaren mit Kindern setzten und damit einer ökonomischen Eigenständigkeit von Müttern systematisch entgegenstehen (Beblo und Boll 2014; Beblo 2023; Becker et al. 2024). Zu diesen traditionellen Strukturelementen gehören vor allem das Ehegattensplitting, die Steuerbefreiung von Minijobs, wie auch die beitragsfreie Mitversicherung des nicht oder nur geringfügig erwerbstätigen Ehepartners bzw. der Ehepartnerin in der gesetzlichen Krankenversicherung. Diese Strukturelemente stehen im engen Zusammenhang mit den persistenten Unterschieden im Erwerbsverhalten nach Geschlecht und Familienform. So waren im Jahr 2023 mehr als 40 Prozent der Frauen mit Kindern unter 18 Jahren im Haushalt Teilzeit und nur 20 Prozent Vollzeit erwerbstätig (DESTATIS 2024b). Vor allem verheiratete Frauen mit Kindern unter 18 Jahren sind selten vollzeitbeschäftigt, während die Vollzeitquote bei Frauen in nichtehelichen Lebensgemeinschaften und alleinerziehenden Müttern in der Regel höher ausfällt (BMFSFJ 2025). Bei den Männern mit minderjährigen Kindern im Haushalt sind 77 Prozent in Vollzeit, während nur 7 Prozent in Teilzeit arbeiten (DESTATIS 2024b). Zudem steht die Teilzeiterwerbstätigkeit bei Männern seltener als bei Frauen mit Sorgeverpflichtungen in Zusammenhang (Hipp et al. 2017).

Nicht nur sozialpolitische Rahmenbedingungen, sondern auch die Arbeitswelt und das Arbeitsrecht setzen ein arbeitsteiliges Familienmodell voraus bzw. tragen dazu bei, dass die Vollzeitnorm eine starke Beharrungstendenz aufweist. Eine berufliche Karriere ist zumeist an eine Vollzeiterwerbstätigkeit gekoppelt. Alleinerziehende, die keine substanzielle Entlastung durch einen zweiten Elternteil erfahren und daher die Betreuungsarbeit allein organisieren müssen, stehen hier vor besonderen Herausforderungen gleichzeitig ihre Rolle als Sorgetragende zu erfüllen und eine berufliche Karriere zu meistern. Die Probleme haben sich vor dem Hintergrund des Fachkräftemangels in den Kitas in einigen Regionen Deutschlands in jüngster Vergangenheit eher verschärft als verbessert. Inwiefern die Digitalisierung der Arbeitswelt und die zunehmenden Möglichkeiten des Home-Office hier ein Teil der Lösung darstellen können, ist umstritten. Generell besteht Konsens darüber, dass die Vorteile einer zunehmenden räumlichen und zeitlichen Flexibilisierung der Erwerbsarbeit gerade für Personen mit Sorgeverpflichtungen eine Chance darstellen (Homberg et al. 2023). Insbesondere Alleinerziehende können vom Wegfall der Präsenzpflicht und den zunehmenden Möglichkeiten des Home-Office, nicht zuletzt durch die Reduktion von Pendelzeiten, profitieren. Die empirische Realität verweist jedoch auf Grenzen und soziale Schieflagen. Gerade alleinerziehende Mütter arbeiten häufiger als Mütter in Paarbeziehungen in personenbezogenen Berufen, wie der Pflege oder dem Einzelhandel, wo die Home-Office Möglichkeiten eingeschränkt oder gar nicht gegeben sind. Die Gründe für die Zusammenhänge sind vielfältig. Relevant ist u.a., dass sich die Bildungs- und Qualifikationsstruktur alleinerziehender Elternschaft über die Zeit verschoben hat und Frauen ohne akademischen Abschluss immer häufiger unter den alleinerziehenden Müttern zu finden sind (BMFSFJ 2025). Die zunehmende Polarisierung des Arbeitsmarktes entlang von Bildung und Qualifikation ist somit unweigerlich mit der Familiendiversität verbunden und führt dazu, dass nicht alle Familien gleichermaßen von den Vorteilen der zunehmenden Digitalisierung der Arbeitswelt profitieren.

Alleinerziehende Elternschaft ist vor allem weiblich, was vor allem damit zusammenhängt, dass Kinder nach Trennung und Scheidung überwiegend bei ihren Müttern wohnen bleiben, während die Väter räumlich von ihnen getrennt leben (Boll und Schüller 2023). Das Wechselmodell, wonach Kinder nach Trennung und Scheidung zu relevanten Anteilen in beiden elterlichen Haushalten leben, ist in Deutschland bislang nur wenig verbreitet. Mit weniger als 10 Prozent Kindern von getrennt lebenden Eltern, die in diesem Modell leben, liegt Deutschland eher im unteren Bereich im europäischen Vergleich (BMFSFJ 2025). Zum einen gehen die rechtlichen Rahmenbedingungen im Unterhalts-, Steuer- und Melderecht in erster Linie vom so genannten »Residenzmodell« aus. Zum anderen bedingen aber auch normative Gründe, dass es als »normal« empfunden wird, dass das Kind bzw. Kinder nach der Trennung und Scheidung »zur Mutter gehören«, während Väter in erster Linie danach beurteilt werden, ob sie Unterhalt zahlen oder nicht. Die Folge ist, dass die traditionellen Sorgemuster, die schon die vorherige Partnerschaft prägten, in die Nachtrennungszeit getragen werden und die ökonomischen Risiken gerade von Müttern verschärfen (Boll und Schüller 2023). Das Wechselmodell könnte hier eine echte Chance sein, Müttern nach Trennung und Scheidung den Einstieg in den Arbeitsmarkt zu erleichtern.

Starre Vorstellungen von Familienformen und Geschlechterrollen durchziehen unterschiedliche gesellschaftliche Bereiche. Auch die Arbeitsvermittlung geht zumeist von einem klassischen Familienmodell aus, was sich daran zeigt, dass Mütter und Väter in den Arbeitsagenturen anders angesprochen und aktiviert werden (Achatz et al. 2013; BMSFSJ 2025). Besonders deutlich wird dies bei alleinerziehenden Frauen mit Kindern unter drei Jahren. Ihnen wird ein Schutzraum zugesprochen und sie sind in der Regel von Aktivierungsmaßnahmen befreit. Bei Männern wird hingegen selten hinterfragt, ob Sorgetätigkeiten einer Vollzeiterwerbstätigkeit möglicherweise im Wege stehen könnten. Sie gelten in der Regel als voll vermittelbar. Auch dem Unterhaltsrecht mit seiner Erwerbsobliegenheit liegt der Gedanke zugrunde, dass der Nicht-Residenz-Elternteil seine Arbeitskraft voll einsetzen kann. Tut er dies nicht, drohen Sanktionen wie die Herabsetzung des Selbstbehalts. Ein »Dazwischen«, in dem keiner der beiden Elternteile Vollzeit arbeitet und sich stattdessen beide die Sorge und Erwerbstätigkeit teilen, ist bislang nicht vorgesehen.

Vor dem Hintergrund des Wandels von Familie muss es das Ziel einer zukunftsorientierten Arbeitsmarkt- und Sozialpolitik sein, die Rahmenbedingungen so zu gestalten, dass Armutslagen und soziale Risiken langfristig nicht mehr von Geschlecht und Familienform abhängen. Mit dem Ausbau der Kinderbetreuung und dem Elterngeld sind wichtige Reformvorhaben umgesetzt worden, um ökonomische Eigenständigkeit von Müttern zu fördern. Andere Elemente, wie das Ehegattensplitting, wirken der Förderung der ökonomischen Eigenständigkeit weiterhin entgegen. Zudem besteht die Gefahr, dass die Erfolge der letzten Jahre durch Sparzwänge und durch den Fachkräftemangel im Kitabereich gestoppt, wenn nicht gar zurückgedreht werden. Zudem darf die egalitäre Aufteilung von Sorge- und Erwerbsarbeit – seit Jahren ein klares familienpolitisches Ziel – nicht auf Paarfamilien begrenzt bleiben, sondern ist auf Nachtrennungsfamilien auszuweiten, indem adäquate rechtliche Rahmungen für Nachtrennungsfamilien geschaffen und dabei gleichzeitig normative Barrieren überwunden werden. Dazu gehört, dass alle Arbeitsmarktakteure (Unternehmen, Tarifparteien, aber auch die Arbeitsvermittlung) für die Diversität von Familien und die Belange von Nachtrennungsfamilien sensibilisiert werden.

Literatur

Achatz, J./Hirseland, A./Lietzmann, T./Zabel, C. (2013): Alleinerziehende Mütter im Bereich des SGB II: Eine Synopse empirischer Befunde aus der IAB-Forschung. IAB-Forschungsbericht 8/2013. https://doku.iab.de/forschungsbericht/2013/fb0813.pdf

Beblo, M. (2023): Besser zielgenau und gleichstellungsgerecht. ifo Schnelldienst 9, 3–6.

Beblo, M./Boll, C. (2014): Ökonomische Analysen des Paarverhaltens aus der Lebensverlaufsperspektive und politische Implikationen. In: H. Bonin/ C. K. Spieß/H. Stichnoth/ K. Wrohlich (Eds.), Familienpolitische Maßnahmen in Deutschland – Evaluationen und Bewertungen, Vierteljahrshefte zur Wirtschaftsforschung, 121–144.

Becker, D./Jäger, J./Schäfer, M./Beblo, M. (2024): Nachhaltige ökonomische Eigenständigkeit: Begriffsbestimmung, Konzipierung und Einflussfaktoren. Projektbericht für das Bundesministerium für Familie, Senioren. Frauen und Jugend. Universität Hamburg. https://www.wiso.uni-hamburg.de/fachbereich-sozoek/professuren/beblo/04-forschung/05-drittmittelprojekte/begriffsbestimmung-noe.pdf

BMFSFJ (2025): Zehnter Familienbericht – Unterstützung allein- und getrennterziehender Eltern und ihrer Kinder – Bestandsaufnahme und Handlungsempfehlungen. https://www.publikationen-bundesregierung.de/pp-de/publikationssuche/10-familienbericht-lang-2330284

Boll, C./Schüller, S. (2023): The Economic Well-Being of Nonresident Fathers and Custodial Mothers Revisited: The Role of Paternal Childcare. Journal of Family and Economic Issues, 44(4), 836–853. https://doi.org/10.1007/s10834-022-09876-7

DESTATIS (2024a): Armutsgefährdung (monetäre Armut) nach Haushaltstyp und Armutsgefährdungsschwelle. https://www.destatis.de/DE/Themen/Gesellschaft-Umwelt/Einkommen-Konsum-Lebensbedingungen/Lebensbedingungen-Armutsgefaehrdung/Tabellen/armutsgef-typ-zvgl.html (abgerufen am 02.04.2025).

DESTATIS (2024b): Statistischer Bericht. Mikrozensus 2023. Haushalte und Familien. EVAS-Nummer 1221. https://www.destatis.de/DE/Themen/Gesellschaft-Umwelt/Bevoelkerung/Haushalte-Familien/Publikationen/_publikationen-innen-haushalte.html (abgerufen am 02.04.2025).

Hipp, L./Molitor, F./Leschke, J./Bekker, S. (2017): Teilzeitväter? Deutschland, Schweden, Irland und die Niederlande im Vergleich. Journal of Family Research, 29(1), 32–48. https://doi.org/10.3224/zff.v29i1.02

Homberg, M./Lükemann, L./Abendroth, A.-K. (2023): From ›home work‹ to ›home office work‹? Perpetuating discourses and use patterns of tele(home)work since the 1970s: Historical and comparative social perspectives. Work Organisation, Labour & Globalisation, 17(1), 74–116. https://doi.org/10.13169/workorgalaboglob.17.1.0074

Wie wirkt die Elternzeit- und Elterngeldpolitik auf die Normen der Erwerbsarbeit und Kinderbetreuung?

Marie-Fleur Philipp und Pia S. Schober

Der Übergang zur Elternschaft ist ein kritischer Punkt für die Reproduktion geschlechtsspezifischer Ungleichheiten bei der Arbeitsteilung in der Familie und auf dem Arbeitsmarkt (z.B. Grunow/Evertsson, 2016). Seit Mitte der 2000er Jahre hat Deutschland seine familienpolitischen Maßnahmen ausgeweitet, um die Vereinbarkeit von Beruf und Familie zu erleichtern, die Gleichstellung der Geschlechter zu fördern und gleiche Entwicklungschancen für Kinder zu gewährleisten. Nationale und internationale Belege zeigen, dass Elternzeitregelungen das Beschäftigungsverhalten von Müttern und die väterliche Beteiligung an der Kinderbetreuung beeinflussen (Boll et al., 2014; Ferragina, 2020).

Eltern in Deutschland haben bis zum dritten Geburtstag ihres Kindes Anspruch auf (teilweise unbezahlte) Elternzeit. Seit 2007 bietet das Elterngeld einen 65-prozentigen Einkommensersatz (maximal 1.800 Euro pro Monat) für zwölf Monate für einen Elternteil oder vierzehn Monate, wenn beide Elternteile mindestens zwei Monate Elterngeld beziehen. Eltern, die im Jahr vor der Geburt des Kindes nicht erwerbstätig waren, erhalten das Mindestelterngeld von 300 Euro pro Monat (Schober et al., 2023). Der Anteil der Väter, die Elterngeld in Anspruch nehmen, ist seit der Reform von 2007 deutlich gestiegen: von nur 3 Prozent im Jahr 2006 auf rund 21 Prozent im Jahr 2008 und auf fast 44 Prozent im Jahr 2022 (Statistisches Bundesamt, 2023b).

Wenn Eltern während der Elternzeit Teilzeit arbeiten, erhalten sie seit 2015 einen anteiligen Einkommensersatz, der maximal 50 Prozent des Elterngelds für Vollzeit-Elternzeit beträgt. Es gibt einen Partnerschaftsbonus von zwei bis vier zusätzlichen Monaten Elterngeld, wenn beide Partner für zwei bis vier aufeinanderfolgende Monate in Teilzeit arbeiten (Schober et al., 2023). Die Elterngeld-Plus-Reform scheint bei Vätern zu einem längeren Elterngeldbezug und einer reduzierten Arbeitszeit auch nach dem Ende des Elterngeldbezugs beigetragen zu haben (BMFSFJ, 2021). Im Jahr 2022 haben 39 Prozent der Mütter und 16 Prozent der Väter im Elterngeldbezug ElterngeldPlus in Anspruch genommen (Statistisches Bundesamt, 2023a).

Trotz des individuellen Elternzeitanspruchs für beide Eltern, der Erhöhung des Einkommensersatzes im Jahr 2007 und der Flexibilisierung der Nutzung seit 2015, nimmt bei den meisten Paaren die Mutter 10–12 Monate Elterngeld in Anspruch, während die Mehrheit der Väter nicht mehr als zwei Monate Elterngeld bezieht (Brehm et al., 2022). Dadurch entsteht eine »12+2«-Norm für die Aufteilung des Elterngeldbezugs zwischen den Partnern. Viele Väter neigen dazu, Elterngeld zeitgleich mit ihrer Partnerin in Anspruch zu nehmen, und nur ein kleiner Teil der Väter nimmt einen Teil des Elterngeldes allein in Anspruch, häufig rund um den Zeitpunkt der Rückkehr der Mutter auf den Arbeitsmarkt (Brehm et al., 2022). Um Anreize für eine alleinige Inanspruchnahme durch Väter zu setzen, haben Eltern mit Geburten ab April 2024 nur mehr die Möglichkeit eines parallelen Basiselterngeldbezugs für maximal einen Monat. Als Gründe gegen einen (längeren) Bezug von Elterngeld werden von den meisten Vätern finanzielle und betriebliche Zwänge, die Angst vor negativen beruflichen Konsequenzen sowie der Wunsch der Mutter nach zwölf Monaten Elterngeld genannt (BMFSFJ, 2021; Samtleben et al., 2019). Diese Gründe deuten darauf hin, dass traditionelle Normen rund um Arbeit und Kinderbetreuung das Potenzial familienpolitischer Maßnahmen zur Verbesserung der Vereinbarkeit von Beruf und Familie für Mütter und Väter einschränken. In Deutschland dominieren Ideale (groß-)elterlicher Kinderbetreuung und traditionelle Ansichten über die Erwerbstätigkeit von Müttern (Begall et al., 2023; Ruckdeschel, 2015).

Normative Wirkung von Elternzeit- und Elterngeldpolitik: vorhandene Evidenz

Mehrere Studien haben gezeigt, dass Reformen der Elternzeitpolitik normative Veränderungen in der breiteren Bevölkerung hervorrufen können, wahrscheinlich indem sie signalisieren, dass kürzere mütterliche Erwerbsunterbrechungen und die Inanspruchnahme von Elternzeit durch Väter legitime Optionen sind. So können sie die Akzeptanz von verschiedenen Erwerbs- und Betreuungsarrangements erhöhen und Eltern mehr Optionen bieten, so dass sich normative Veränderungen in Verhaltensänderungen niederschlagen könnten. In einer länderübergreifenden Studie zeigten Omidakhsh et al. (2020), dass die Einführung von Anreizen für Väter, Elternzeit oder mindestens zwei Wochen Vaterschaftsurlaub zu nehmen, unter anderem in Deutschland, zu einem Anstieg von egalitären Einstellungen in Bezug auf die Erwerbstätigkeit von Frauen beitrug. Auf Basis von deutschen Längsschnittdaten fanden Gangl und Ziefle (2015) heraus, dass die Ausweitung des Anspruchs auf Elternzeit in den Jahren 1992 und 2001 zu einem signifikanten Rückgang des subjektiven Arbeitsengagements bei Müttern in Ost- und Westdeutschland unabhängig von ihrem Erwerbsstatus führte. Sie vermuten, dass die Erfahrungen während der Elternzeit für einen Teil der bei erwerbstätigen Müttern beobachteten Veränderung verantwortlich sind, während Mechanismen der Normsetzung für alle Mütter wichtig zu sein scheinen. In einem Experiment zeigten Bünning und Hipp (2022), dass bei einer hypothetischen Erhöhung des individuellen und nicht übertragbaren Anspruchs auf bezahlte Elternzeit von 2 auf 4 Monate in Deutschland Väter ihre bevorzugte Elternzeit erhöhten, während Mütter eine kürzere Elternzeit bevorzugten. Zwei neuere Studien suggerieren, dass die Bereitstellung von evidenzbasierten Informationen zu den ökonomischen Konsequenzen der Elternzeitinanspruchnahme für Mütter und Väter und einer geschlechtsspezifischen Aufteilung von Erwerbs- und Familienarbeit, z. B. auf geringere Lebenseinkommen von Müttern, zu einer stärkeren sozialen Akzeptanz partnerschaftlicher Elternzeitaufteilung und gleichmäßigerer Aufteilung der Wochenarbeitsstunden führen (Büchau et al., 2024; Philipp et al., 2023).

Maßnahmen

Die bisherige Evidenz weist darauf hin, dass eine Ausweitung des individuellen und nicht übertragbaren Elternzeitanspruchs für Väter positive Auswirkungen auf deren Inanspruchnahme und Kinderbetreuung über die Elternzeit hinaus haben kann. Vor diesem Hintergrund, scheint eine Ausweitung und attraktivere Vergütung der individuellen Partnermonate im Elterngeld sinnvoll. Ein symmetrisches Elterngeld-Modell (3+8+3) mit drei exklusiven individuellen Elterngeldmonaten, in denen beide Elternteile einen höheren Einkommensersatz von 80 Prozent erhalten, könnte das Ziel einer egalitären Arbeitsteilung auch in Deutschland effektiver vorantreiben. In den anderen acht frei aufteilbaren Monaten werden maximal vier Monate für jeden Elternteil ebenfalls mit 80 Prozent des entgangenen Erwerbseinkommens vergütet. In darüberhinausgehenden Elterngeldmonaten beträgt der Einkommensersatz 50 Prozent. Dadurch würde der finanzielle Anreiz erhöht, die Elternzeit gleichmäßiger zwischen den Elternteilen aufzuteilen (Sachverständigenkommission des Neunten Familienberichts, 2021).

Generell könnte ein höherer Einkommensersatz von 80 statt wie bisher 65 Prozent den oftmals von Vätern genannten finanziellen Nachteilen als Grund gegen einen (längeren) Elterngeldbezug entgegenwirken und zu einer stärkeren

Beteiligung von Vätern führen. Darüber hinaus sollte der seit der Einführung im Jahr 2007 unveränderte Mindestbetrag des Basiselterngeldes von 300 Euro sowie den gleichgebliebenen Höchstbetrag von 1.800 Euro an die gestiegenen Lebenshaltungskosten angepasst oder mit der Bemessung des Arbeitslosengeldes I verknüpft werden, um finanzielle Nachteile weiter zu reduzieren. Diese Anpassungen beim Elterngeld könnten zu egalitäreren Einstellungen und Normen bei der Arbeitsteilung führen, einerseits durch die persönliche Erfahrung mit Kinderbetreuung und Hausarbeit der Väter während der Elternzeit, und andererseits durch soziale Diffusionsprozesse.

Abschließend haben die Erkenntnisse aus den Informationsinterventionen praktische Implikationen für politische Entscheidungsträger und Medien, da sie auf die Relevanz und das Potenzial der Verfügbarkeit, Zugänglichkeit und Verbreitung politikbezogener evidenzbasierter Informationen hinweisen. Evidenzbasierte Informationen könnten, wenn sie wiederholt verbreitet werden, auch unter Gruppen, die (noch) nicht Ziel der Familienpolitik sind, das Potenzial haben, die Geschlechter- und Betreuungskultur in der breiten Öffentlichkeit im Laufe der Zeit zu verändern.

Literatur

Begall, K./Grunow, D./Buchler, S. (2023): Multidimensional Gender Ideologies Across Europe: Evidence From 36 Countries. In: Gender & Society 37(2), 177–207.

BMFSFJ (2021): Väterreport. Update 2021. https://www.bmfsfj.de/resource/blob/186176/81ff4612aee448c7529f775e60a66023/vaeterreport-update-2021-data.pdf

Boll, C./Leppin, J./Reich, N. (2014): Paternal childcare and parental leave policies: Evidence from industrialized countries. In: Review of Economics of the Household 12 (1), 129–158.

Brehm, U./Huebener, M./Schmitz, S. (2022): 15 Jahre Elterngeld: Erfolge, aber noch Handlungsbedarf. In: Bevölkerungsforschung Aktuell 6/2022, 3–7.

Büchau, S./Philipp, M.-F./Schober, P. S./Spiess, C. K. (2023): Day care availability and awareness of gendered economic risks: How they shape work and care norms. In: Journal of European Social Policy 34(1), 53–68.

Bünning, M./Hipp, L. (2022): How can we become more equal? Public policies and parents' work–family preferences in Germany. In: Journal of European Social Policy 32(2), 182–196.

Ferragina, E. (2020): Family policy and women's employment outcomes in 45 high-income countries: A systematic qualitative review of 238 comparative and national studies. In: Social Policy & Administration 54(7), 1016–1066.

Gangl, M./Ziefle, A. (2015): The making of a good woman: Extended parental leave entitlements and mothers' work commitment in Germany. In: American Journal of Sociology 121(2), 511–563.

Grunow, D./Evertsson, M. (Eds.). (2016): Couples' Transitions to Parenthood: Analysing Gender and Work in Europe, Cheltenham.

Omidakhsh, N./Sprague, A./Heymann, J. (2020): Dismantling restrictive gender norms: Can better designed paternal leave policies help? In: Analyses of Social Issues and Public Policy 20(1), 382–396.

Philipp, M.-F./Büchau, S./Schober, P. S./Spiess, C. K. (2023): Parental Leave Policies, Usage Consequences, and Changing Normative Beliefs: Evidence From a Survey Experiment. In: Gender & Society 37(4), 493–523.

Ruckdeschel, K. (2015): Verantwortete Elternschaft: »Für die Kinder nur das Beste.« In: Schneider, N. F./Diabaté, S./Ruckdeschel, K. (Eds.), Familienleitbilder in Deutschland. Kulturelle Vorstellungen zu Partnerschaft, Elternschaft und Familienleben (pp. 191–206), Opladen/Berlin/Toronto.

Sachverständigenkommission des Neunten Familienberichts. (2021): Eltern sein in Deutschland—Ansprüche, Anforderungen und Angebote bei wachsender Vielfalt. BMFSFJ.

Samtleben, C./Bringmann, J./Bünning, M./Hipp, L. (2019): What helps and what hinders? Exploring the role of workplace characteristics for parental leave use and its career consequences. In: Social Sciences 8(10), 270.

Schober, P. S./Blum, S./Reimer, T./Son, K./Stertz, A. M. (2023): Germany. In: Blum, S. /Dobrotić, I./Kaufman, G./Koslowski, A./Moss, P. (Eds.), 19th International Review of Leave Policies and Related Research 2023. https://www.leavenetwork.org/annual-review-reports/review-2023/

Statistisches Bundesamt (2023a): Elterngeld 2022: Väteranteil steigt weiter auf 26,1% (Pressemitteilung Nr. 123). https://www.destatis.de/DE/Presse/Pressemitteilungen/2023/03/PD23_123_22922.html

Statistisches Bundesamt (2023b): Entwicklung der Väterbeteiligung1 für ab dem Jahr 2008 geborene Kinder nach Ländern. https://www.destatis.de/DE/Themen/Gesellschaft-Umwelt/Soziales/Elterngeld/Tabellen/zeitreihe-elterngeld.html

Warum braucht die neue Arbeitsgesellschaft Migration und bessere Integration?

Gibt es einen Trade-off zwischen beruflicher Ausbildung und Migration in Deutschland?

Annatina Aerne

Deutschland steht im Spannungsfeld zwischen einem zunehmenden Fachkräftemangel und der Herausforderung, Migrant:innen in den Arbeitsmarkt zu integrieren. Das deutsche System der beruflichen Ausbildung und der dazugehörenden beruflichen Arbeitsmärkte stellt eine Stärke der deutschen Wirtschaft, im Kontext der Migration aber auch eine Hürde dar. Während es darauf abzielt, Qualitätsstandards und Sicherheit in Berufen zu gewährleisten, erschwert es gleichzeitig den Zugang für qualifizierte Migrant:innen, deren Qualifikationen oft nur begrenzt anerkannt werden. Dieser Beitrag untersucht den potenziellen Trade-off zwischen beruflichen Arbeitsmärkten und Migration in Deutschland und beleuchtet die politischen Maßnahmen, die zur Lösung dieses Zielkonflikts beitragen könnten.

Berufliche Arbeitsmärkte in Deutschland: Definition und Bedeutung

Die duale Berufsbildung ist ein zentraler Bestandteil des deutschen Wirtschaftssystems und trägt maßgeblich zur hohen Qualität des Fachkräfteangebots bei. Sie kombiniert praxisorientierte Ausbildung in Unternehmen mit theoretischem Unterricht in Berufsschulen und stellt sicher, dass Absolvent:innen sowohl über praktisches Know-how als auch über fundiertes Fachwissen verfügen. Dieser Ansatz wird oft als eines der Erfolgsmodelle des deutschen Arbeitsmarkts betrachtet, da er eine enge Verknüpfung von Ausbildung und betrieblicher Praxis gewährleistet und damit den Übergang von der Bildung in den Beruf erleichtert (Arum/Shavit, 1995).

Mit einem beruflich ausgerichteten Bildungssystem gehen berufliche Arbeitsmärkte einher: der deutsche Arbeitsmarkt ist in verschiedene Berufe segmentiert. Der Zugang zu diesen beruflichen Arbeitsmärkten ist insbesondere durch

Bildungsanforderungen, wie z. B. Zertifizierungen beschränkt (Freidson, 1986). In Deutschland ist das System der beruflichen Reglementierung stark ausgeprägt (Bol, 2014).

Dieses System der beruflichen Arbeitsmärkte verfolgt das Ziel, die Qualität und Sicherheit der Dienstleistungen zu gewährleisten und Verbraucher:innen zu schützen. Der Fokus auf berufliche Qualifikation und Reglementierung ist auch eng mit dem Konzept des «Qualitätsstandorts Deutschland» verbunden. Dieser Begriff beschreibt die hohe Qualität von Produkten und Dienstleistungen, die durch gut ausgebildete Fachkräfte und strenge berufliche Standards gesichert wird. Gerade in hochregulierten Branchen wie dem Maschinenbau, der Automobilindustrie oder dem Gesundheitswesen ist diese Qualität ein entscheidender Wettbewerbsvorteil. Berufsreglementierungen und Zugangsbeschränkungen stellen sicher, dass nur Personen mit der erforderlichen Expertise diese anspruchsvollen Tätigkeiten ausüben, was das Vertrauen in deutsche Produkte und Dienstleistungen stärkt.

Die Einschränkung des Zugangs auf berufliche Arbeitsmärkte führt aber auch zu einer Marktabschottung, die qualifizierte Arbeitskräfte, insbesondere aus dem Ausland, vom Zugang zu diesen Berufen ausschließen kann. Die Einschränkung des Zugangs auf berufliche Arbeitsmärkte wirkt sich zwar positiv auf die Löhne der Arbeitnehmenden in einem beruflichen Arbeitsmarkt aus (Alda et al., 2020; Bol, 2014; Kleiner/Krueger, 2013; Neugebauer/Daniel, 2022; Weeden, 2002). Insbesondere für Migrant:innen ist der Marktzugang jedoch oft schwieriger (Brücker et al., 2021). Um den Fachkräftemangel in Deutschland zu bekämpfen, ist es daher wichtig, die Brücke zwischen dem deutschen Berufsbildungssystem und den Qualifikationen der zugewanderten Arbeitskräfte zu schlagen (Aerne/Trampusch, 2022). Eine stärkere Anerkennung und Integration ausländischer Abschlüsse könnte dazu beitragen, den Qualitätsstandort Deutschland zu erhalten und gleichzeitig dringend benötigte Fachkräfte zu gewinnen (Damelang et al., 2020).

Migration und der deutsche Arbeitsmarkt

Deutschland ist seit vielen Jahren eines der führenden Zielländer für Migrant:innen weltweit. Angesichts des demografischen Wandels und des Fachkräftemangels in verschiedenen Branchen ist es einerseits attraktiv, gut ausgebildete Fachkräfte aus dem Ausland zu gewinnen. Andererseits gibt es allerdings oft eine Diskrepanz zwischen den Qualifikationen der Migrant:innen und den Bildungsanforderungen für eine qualifizierte Beschäftigung in Deutschland. Der Trade-off zwischen beruflichen Arbeitsmärkten und Migration zeigt sich in Deutschland entlang zweier Achsen:

Erstens Qualitätssicherung versus Fachkräftemangel: Die strikte berufliche Reglementierung garantiert hohe Qualitätsstandards in Berufen, die für die öffentliche Sicherheit und das Wohl der Gesellschaft von zentraler Bedeutung sind. Gleichzeitig verschärft sie den Fachkräftemangel, indem sie den Zugang zu diesen Berufen für qualifizierte Migrant:innen erschwert.

Zweitens Regulierung und sozioökonomische Integration: Migrant:innen, deren Qualifikationen nicht anerkannt werden, finden oft nur Zugang zu weniger qualifizierten und schlechter bezahlten Berufen. Dies hat nicht nur wirtschaftliche, sondern auch soziale Auswirkungen, da der berufliche Status und die Integration in die Gesellschaft eng miteinander verbunden sind.

Politische Handlungsmöglichkeiten in Deutschland

In Bezug auf die Anerkennung von Qualifikationen ist die Unterscheidung zwischen regulierten und nicht regulierten Berufen wichtig. In regulierten Berufen ist ein Diplom aus Gründen der öffentlichen Sicherheit und Gesundheit gesetzlich vorgeschrieben (z. B. bei Ärzten). Das bedeutet, dass Migrant:innen ihr Diplom anerkennen lassen müssen, um in einem regulierten Beruf arbeiten zu können. Für nicht regulierte Berufe kann eine Bestätigung der Gleichwertigkeit zwar sehr hilfreich sein, um potenziellen Arbeitgebern die eigene Qualifikation zu signalisieren, ist jedoch gesetzlich nicht vorgeschrieben. Für regulierte Berufe hat die EU mit der Richtlinie (2005/36/EG) aus dem Jahr 2005 einen gemeinsamen Rahmen zur Anerkennung von Diplomen für EU-/EFTA-Bürger, die in einem anderen Mitgliedstaat arbeiten möchten, geschaffen.

Deutschland ist über die Anforderungen der EU hinausgegangen und hat mit dem Bundesanerkennungsgesetz die Anerkennung von Diplomen auf Drittstaatsangehörige ausgeweitet, also auf Staatsangehörige, die weder aus der EU noch der EFTA stammen. Das Gesetz zielt darauf ab, dem Fachkräftemangel entgegenzuwirken und die Integration von Migranten in den Arbeitsmarkt durch die Anerkennung von Diplomen zu erleichtern. Dieses Bundesanerkennungsgesetz deckt mehr als 600 regulierte und nicht regulierte Berufe ab.

Zusätzlich zur Anerkennung ausländisch zertifizierter Qualifikationen wurde 2015 ein Programm zur Anerkennung informell erworbener Fähigkeiten ins Leben gerufen: Valikom (Berufsrelevante Kompetenzen Bewerten und Zertifizieren). Valikom zielt darauf ab, die Berufserfahrung von Personen anzuerkennen, die mindestens 25 Jahre alt sind. Valikom bewertet die Fähigkeiten der Bewerbenden anhand eines praktischen Tests und einer Selbsteinschätzung in Kombination mit einer externen Bewertung. Das Programm richtet sich zwar nicht primär an Migrant:innen, kann ihnen aber auch einen Weg in eine qualifizierte Tätigkeit ebnen.

Für jüngere Menschen sind Einstiegsqualifizierungen (EQ) von besonderer Bedeutung. Diese unterstützen junge Menschen, die keinen Ausbildungsplatz gefunden haben, und sollen ihre Chancen erhöhen, Zugang zu einer Ausbildung oder einer gleichwertigen schulischen Ausbildung zu erhalten. Obwohl dieses Programm nicht speziell auf Migrant:innen abzielt, sind diese stark überrepräsentiert. Um den Trade-off zwischen beruflicher Reglementierung und Migration in Deutschland weiter zu entschärfen, sind verschiedene politische Maßnahmen denkbar:

- Stärkung des Anerkennungsgesetzes: Das Anerkennungsgesetz stellt bereits eine wichtige Grundlage dar, um ausländische Berufsabschlüsse in Deutschland anzuerkennen. Die bestehende digitale Plattform als zentrale Anlaufstellen hilft, den Prozess zu vereinfachen. Diese könnte weiter ausgebaut werden.
- Gezielte Unterstützung durch Weiterbildungsmaßnahmen: Um die Qualifikationslücken zwischen ausländischen Abschlüssen und den Anforderungen des deutschen Arbeitsmarktes zu schließen, sollten Migrant:innen einen besseren Zugang zu geförderten Weiterbildungsmaßnahmen erhalten.
- Branchenzertifikate und micro-credentials: Der Ausbau von Branchenzertifikaten oder micro-credentials könnten Migrant:innen ohne Berufsabschluss den Zugang zu einer qualifizierten Tätigkeit erleichtern. Micro-credentials sind kürzere, modulare Ausbildungen und einfacher mit einem Berufsalltag zu vereinbaren.

Fazit

Der Trade-off zwischen beruflicher Regulierung und Migration ist in Deutschland eine zentrale Herausforderung für die Arbeitsmarkt- und Integrationspolitik. Die Sicherstellung hoher Berufsstandards darf nicht zu einer Marktabschottung führen, die dringend benötigte Fachkräfte ausschließt. Um dieses Gleichgewicht zu erreichen, bedarf es einer verstärkten politischen Anstrengung zur Verbesserung der Anerkennung ausländischer Qualifikationen, zur Förderung von Weiterbildungsmaßnahmen und zur Erhöhung der Flexibilität in den Zulassungsverfahren. Deutschland hat durch den demografischen Wandel und den zunehmenden Fachkräftemangel die Chance, von qualifizierten Migrant:innen erheblich zu profitieren, sofern es gelingt, die institutionellen Hürden zu überwinden.

Literatur

Aerne, A./Trampusch, C. (2022): Including migrant skills in a knowledge economy: The politics of recognition of foreign qualifications, work experience and industry courses. In: Social Policy & Administration 57 (1), 16–33.

Alda, H./Friedrich, A./Rohrbach-Schmidt, D. (2020): Educational expansion and educational wage premiums of young male employees: A long-term analysis for West Germany 1976–2010. In: Social Science Research 85 (102351), 1–23.

Arum, R./Shavit, Y. (1995): Secondary Vocational Education and the Transition from School to Work. In: American Sociological Association 68(3), 187–204.

Bol, T. (2014): Economic returns to occupational closure in the German skilled trades. In: Social Science Research 46, 9–22.

Brücker, H./Glitz, A./Lerche, A./Romiti, A. (2021): Occupational Recognition and Immigrant Labor Market Outcomes. In: Journal of Labor Economics 39 (2).

Damelang, A./Ebensperger, S./Stumpf, F. (2020): Foreign Credential Recognition and Immigrants‹ Chances of Being Hired for Skilled Jobs – Evidence from a Survey Experiment among Employers. In: Social Forces 99 (2), 648–671.

Freidson, E. (1986): A Study of the Institutionalization of Formal Knowledge. The University of Chicago Press.

Kleiner, M. M./Krueger, A. B. (2013): Analyzing the Extent and Influence of Occupational Licensing on the Labor Market. In: Journal of Labor Economics 31 (2), 173–202.

Neugebauer, M./Daniel, A. (2022): Higher education non-completion, employers, and labor market integration: Experimental evidence. In: Social Science Research 105, 1–15.

Weeden, K. A. (2002): Why Do Some Occupations Pay More than Others? Social Closure and Earnings Inequality in the United States. In: American Journal of Sociology 108 (1).

Wie lassen sich Spracherwerb und Arbeitsmarktintegration besser verzahnen?

Dörte Ahrens und Jörg-Matthias Roche

Der Erwerb der deutschen Sprache ist zentral für eine gelingende Integration zugewanderter Menschen in Gesellschaft und Arbeitsmarkt. Dennoch werden Spracherwerb und Vermittlung in den Arbeitsmarkt häufig getrennt voneinander behandelt. Erschwert wird der notwendige Spracherwerb dadurch, dass Sprachkurse häufig ineffizient strukturiert sind und meistens nicht berufsspezifisch erteilt werden. Selten wird der Vermittlung in den Arbeitsmarkt der Vorrang gegeben, wenn noch kein ausreichendes Sprachniveau erreicht wurde. Dabei ermöglichen wissenschaftlich fundierte Methoden einen qualifizierten sowie schnellen Spracherwerb, auch und gerade um und während der Erwerbsarbeit. Unsere Formel lautet daher: berufliche Qualifikationen plus Spracherwerb.

Der deutsche Arbeitsmarkt braucht qualifizierte Erwerbsmigration: schon jetzt und erst recht in der Zukunft. Ein schneller Zugang zum Arbeitsmarkt ist dabei im Interesse der Arbeitgeber wie der Zugewanderten. Bereits heute liegt die Beschäftigungsquote der ausländischen Bevölkerung bei 55,2 Prozent (IAB, Juni 2024). Dass Deutschkenntnisse eine zentrale Voraussetzung für Arbeitsmarktintegration sind, wird meist bei hochqualifizierten Berufen thematisiert. Doch gerade im Bereich der Hilfstätigkeiten – einem wachsenden Arbeitsfeld – fehlt oft die Sensibilität für sprachliche Voraussetzungen. In der Gebäudereinigung haben mehr als 37 Prozent der Beschäftigten keine deutsche Staatsbürgerschaft. Auf Baustellen, im Transport, bei Paketzustellungen oder in der Altenpflege sind die Zahlen ähnlich. In der Lebensmittelherstellung sind es 34,3 Prozent, im Bau 31,2 Prozent, im Hotel- und Gastgewerbe 28 Prozent, in der Logistikbranche (ohne Fahrpersonal) 25,4 Prozent, in der Landwirtschaft, Forstwirtschaft und Pflege rund 16,3 Prozent (Zahlen der Bundesagentur für Arbeit). Ohne diese Menschen würde in vielen Branchen kaum noch etwas funktionieren.

Nur ein Teil der Zugewanderten hat einen Berufs- oder Studienabschluss. Trotzdem arbeiten 52 Prozent der Erwerbstätigen in Fachkraftpositionen, 44 Prozent im Helferbereich. Zwei Drittel der geflüchteten Erwerbstätigen sind in Voll- oder Teilzeit beschäftigt. Sie alle haben auf unterschiedlichen Wegen Deutsch gelernt – oft mit großer Eigenmotivation und praktischer Unterstützung. Viele von ihnen haben sich die Sprache vor allem durch Alltagserfahrungen, im sozialen Umfeld oder im Beruf angeeignet – häufig unter schwierigen Bedingungen.

Doch der Spracherwerb gelingt nicht allen gleichermaßen. Männer haben nach fünf Jahren zu 57 Prozent einen Job gefunden, Frauen nur zu 29 Prozent. Gründe sind u. a. Familienverantwortung, Betreuungslücken, kulturelle Rollenbilder – aber auch ein eingeschränkter Zugang zu geeigneten Kursangeboten. Auch bei der Teilnahme an Sprachkursen zeigt sich ein deutliches Gefälle: 88 Prozent der Männer, aber nur 77 Prozent der Frauen nehmen an einem Sprachprogramm teil. Wer keinen verlässlichen Zugang zur Sprache findet, bleibt oft dauerhaft vom Arbeitsmarkt ausgeschlossen – mit weitreichenden Folgen für die eigene Lebenssituation und die gesellschaftliche Teilhabe.

Gesetzliche Vorgaben und Realität

Obwohl Sprache für berufliche Integration entscheidend ist, gibt es nur in wenigen Berufen verbindliche, praxistaugliche Mindeststandards für Sprachkenntnisse – meist orientieren sich diese an allgemeinen Sprachniveaus des Gemeinsamen Europäischen Referenzrahmens (GER). Sprachliche Anforderungen im Aufenthaltsrecht oder in Integrationskursen sind häufig niedrig angesetzt und erreichen das nötige berufliche Sprachniveau nicht. Selbst dort, wo Standards existieren, etwa im Pflegebereich, sind sie oft ungenau formuliert oder werden in der Praxis kaum konsequent eingefordert. Das führt dazu, dass Deutschkenntnisse als Zugangsvoraussetzung häufig unterschätzt oder unzureichend geprüft werden.

Warum wird Spracherwerb nicht gut organisiert und umgesetzt?

Dass sprachliche Kompetenzen für die Erwerbsintegration so inkonsequent staatlich gefördert und geprüft werden, hat vielfältige Gründe – strukturelle, politische und gesellschaftliche:

- Deutsch gilt als besonders schwierig, was viele Lernende und Verantwortliche abschreckt. Diese Einschätzung ist verständlich, aber nicht zutreffend – und basiert oft auf negativen Einzelfällen oder subjektiven Erfahrungen.
- Fachsprachen werden als besonders anspruchsvoll eingeschätzt, obwohl vorhandenes berufliches Wissen den Erwerb erheblich erleichtern kann – insbe-

sondere, wenn internationale Begriffe verwendet werden oder das Thema vertraut ist.

- Viele Lernende schließen sich selbst vom Spracherwerb aus, weil sie glauben, »kein Sprachentyp« zu sein. Diese Haltung wird häufig durch frustrierende Erfahrungen im Unterricht bestärkt – nicht durch tatsächliche Unfähigkeit.
- Es gibt viele ungeeignete Unterrichtsangebote, und Entscheidungsträgern fehlt oft die Fachkompetenz, geeignete Konzepte zu erkennen. Für die Auswahl tragfähiger Modelle braucht es häufig externe Expertise.
- Es gibt genügend qualifizierte Lehrkräfte – aber ihre Arbeitsbedingungen sind instabil. Trotz vieler Absolventinnen und Absolventen in Deutsch als Zweit- oder Fremdsprache fehlt es an verlässlicher Beschäftigung. Bildungsträger arbeiten oft projektbezogen, mit kurzfristigen Verträgen und niedriger Vergütung – das wirkt sich negativ auf Kontinuität und Qualität aus.
- Die Bedeutung von Sprachkenntnissen wird unterschätzt, auch in der Öffentlichkeit. Deutsch wird teilweise als Hindernis gesehen oder im Vergleich zum Englischen abgewertet – ein Trugschluss, insbesondere für den Arbeitsalltag.
- Mehrsprachigkeit wird bisher unzureichend gefördert, obwohl sie gerade in Berufsfeldern mit viel Kundenkontakt (z. B. Pflege, Gastronomie, Einzelhandel) wertvolle Ressourcen bietet.
- Sprachliche Anforderungen werden aus pragmatischen Gründen häufig abgesenkt, etwa um Stellen schneller zu besetzen – in der Hoffnung, dass sich die Sprachkenntnisse später von selbst entwickeln.
- Politisch motivierte Maßnahmen setzen oft an Symptomen an, ohne die strukturellen Ursachen anzugehen. Die Folge sind kurzfristige Programme ohne nachhaltige Wirkung.
- Forschungsergebnisse und internationale Beispiele werden kaum genutzt, obwohl sie fundierte Orientierung für erfolgreiche Sprachförderung bieten könnten.

Was beim Spracherwerb wirklich hilft

All diesen Herausforderungen stehen gute Konzepte und langjährige Erfahrungen gegenüber. Entscheidend ist nicht nur, dass Sprache gelernt wird – sondern wie. Vor allem die Art der Vermittlung und der Kontext des Lernens machen den Unterschied:

- Deutsch ist nicht überdurchschnittlich schwer. Mit klaren Methoden und geschulten Lehrkräften gelingt Sprachförderung – auch bei geringer Vorbildung.
- Berufssprachen lassen sich gut lernen, wenn sie an Vorkenntnisse, praktische Erfahrung oder intrinsisches Interesse anknüpfen. Fachsprache bietet oft mehr Anhaltspunkte als Alltagssprache.
- Sprachen ähneln sich oft mehr, als man denkt. Strukturelle und konzeptuelle Gemeinsamkeiten lassen sich nutzen – z. B. bei romanischen oder germanischen Sprachen.
- Motivation schlägt Talent. Wer einen Grund hat, Sprache zu lernen – ob für den Beruf, die Kinder oder die eigene Unabhängigkeit – lernt deutlich erfolgreicher.
- Alter ist kein Hindernis. Entscheidend ist, ob die Lernumgebung den Lernprozess unterstützt – etwa durch realistische Ziele, verständliche Materialien und praxisnahes Arbeiten.
- Sprachunterricht muss relevant sein. Inhalte ohne Bezug zur Lebenswelt führen zu Desinteresse – besonders bei Erwachsenen mit wenig Zeit und hoher Belastung.
- Die Szenariendidaktik hat sich als besonders wirksam erwiesen. Sie verbindet Sprachförderung mit konkreten beruflichen Aufgaben – und macht Sprache direkt anwendbar.
- Nicht jede und jeder braucht perfekte Sprachbeherrschung. In vielen Berufen reichen Hörverstehen, Grundwortschatz oder einfache Ausdrucksformen – das erlaubt realistische, motivierende Kurskonzepte.
- Spracherwerb braucht Interaktion. Gerade Frauen mit kleinen Kindern haben oft zu wenig Kontakt zur deutschen Sprache. Hier braucht es gezielte Förderformate – auch außerhalb des Kursraums.
- Grammatik darf nicht dominieren. Unterricht muss Sprache strukturieren – aber nicht überfrachten. Sonst verfestigen sich Fehler, die später schwer zu korrigieren sind.

Berufsqualifizierender Sprachunterricht in der Praxis

Berufsqualifizierender Sprachunterricht umfasst nicht nur die Vermittlung fachsprachlicher Kompetenzen, sondern auch die enge Verknüpfung mit beruflichen Fähigkeiten. Ein fortschrittlicher Ansatz dafür ist die handlungsorientierte Szenariendidaktik. In Lernszenarien begleiten Fach- und Sprachlehrende ihre Lernenden in sieben Phasen beim Bewältigen von authentischen beruflichen Handlungs- und Kommunikationssituationen. Das zentrale Prinzip dieser Didaktik, die »vollständige Handlung«, wie sie aus der beruflichen Ausbildung bekannt ist, fördert eigenverantwortliches und selbstgesteuertes Lernen der Sprache. Lernende lösen komplexe Aufgaben, die auch im beruflichen Alltag vorkommen. Eine solche Aufgabe besteht etwa, wenn angehende Pflegekräfte eine Pflegeplanung erstellen oder im Handwerksbereich ein maßgeschneidertes Möbelstück von der Planung bis zur Endfertigung hergestellt werden soll und die Auszubildenden dafür sowohl die technischen Anforderungen als auch die ästhetischen Wünsche der Kunden berücksichtigen. Diese praxisnahen Szenarien fördern nicht nur die Aneignung fachlicher Kenntnisse und die Motivation, sondern stärken auch die sprachlichen Kompetenzen, die für eine professionelle Berufsausübung essenziell sind. Sie sind in Bezug auf die beruflichen Anforderungen skalierbar: Für Leitungs- oder Managementfunktionen braucht es ein anderes sprachliches Repertoire als für eine Pflegeassistenz oder den Zimmerservice. Aber auch in diesen Bereichen sind grundlegende Sprachkenntnisse entscheidend – für Effizienz, Sicherheit, soziale Integration, Weiterentwicklung.

Mit diesen Szenarien können Lehrkräfte Sprachförderung effektiv in ihren Unterricht integrieren. Der Eindruck aus der Praxis bestätigt, was aus der Wissenschaft längst bekannt ist: Die Teilnehmenden erwerben Sprache für ihren Beruf, wenn sie ihre eigenen Fach- und Sprachkenntnisse in authentischen Handlungssituationen anwenden. So sehen sie bereits im Unterricht, wie sie sprachlich und fachlich Erfolg haben. Das motiviert nachhaltig und schafft einen greifbaren Zugang zu den (fach-) sprachlichen Inhalten.

Plädoyer für berufsqualifizierende Sprachkenntnisse

Alle genannten Argumente sprechen demnach für die Festlegung ausreichender, aber berufsspezifischer Sprachstandards. Diese Standards sollten im Sinne einer pragmatischen Sprachenpolitik skalierbar sein – je nach sprachlichem Anforderungsniveau und erforderlichen Kompetenzbereichen. Da Sprache und Kultur sich gegenseitig bedingen, müssen die Standards immer auch zentrale Konzepte und Prinzipien der Berufskulturen berücksichtigen: zur Arbeitssicherheit, zu Qualitätsnormen, zur Kundenorientierung, zu betrieblichen Abläufen und zum Arbeitsrecht. Ein skalierbares System hilft, gezielt zu fördern, ohne zu überfordern. Es erlaubt auch, unterschiedliche Lernvoraussetzungen und interkulturell diverse Einstellungen zu berücksichtigen und zu entwickeln und damit auch das gegenseitige Verständnis und die soziale Integration zu fördern. Erfahrungen zeigen: So lassen sich auch unter schwierigen Bedingungen bessere Ergebnisse erzielen als mit pauschalen Ansätzen eines wenig konturierten Sprachunterrichts. Entscheidend ist: Es braucht klar definierte Zielsetzungen und Anforderungsniveaus, die dann auch konsequent eingefordert und im Unterricht und am Arbeitsplatz kompetent und angemessen unterstützt werden. Geschieht dies nicht, scheitern Maßnahmen der Arbeitskräftegewinnung oft schon bei der Rekrutierung oder in der Ausbildung. Fehlinvestitionen, Kursabbrüche, Frustrationen, Belastungen für Teams und Leitungskräfte sind die Folge. Wer an Sprache spart, zahlt am Ende doppelt – wirtschaftlich, sozial und politisch. Es ist an der Zeit, das verfügbare und bewährte Inventar von Sprachbildungsmaßnahmen zielgerichtet, innovativ und konsequent für die Berufsqualifizierung einzusetzen.

Wieviel Zuwanderung braucht Deutschland?

Susanne U. Schultz

»Zuwanderung« ist seit den 1980er Jahren ein zentraler gesellschaftlicher und parteipolitischer Konflikt. Dabei gingen die Zahlen der Geflüchteten, die hier ankommen, zuletzt zurück. So zeigen die asyl- und migrationspolitischen Maßnahmen der letzten Bundesregierung Wirkung. Angesichts der aktuell so aufgebrachten und einseitig problemorientierten Debatte um Migration gerät aus dem Blick, dass Deutschland und Europa zur Sicherung des Wohlstands und zur Gestaltung der sozialen, digitalen und ökologischen Transformationen substanziell auf internationale Arbeits- und Fachkräfte angewiesen sind. Personalengpässe sind mittlerweile zum Wachstumshemmnis geworden. Diese Situation wird sich durch den Renteneintritt der Babyboomer-Generation bis 2035 deutlich verschärfen. Vor allem ländliche Räume werden zunehmend Fachkräfteengpässe aufweisen. Da die EU-Binnenmobilität seit Jahren sinkt und zudem die Bevölkerung in den meisten EU-Staaten abnimmt, kommt der Zuwanderung aus Nicht-EU-Staaten in Zukunft eine Schlüsselrolle zu. Doch gut ein Viertel aller Fachkräfte wandert aktuell wieder ab.

Ohne Zuwanderung sinkt die Zahl der Arbeitskräfte in Deutschland bis 2040 um 10 Prozent auf 41,9 Millionen und bis 2060 gar auf 35,1 Millionen. Dies ist eines der zentralen Ergebnisse einer aktualisierten Projektionsrechnung für Deutschland und die Bundesländer, die die demografische Entwicklung anhand eines Bevölkerungsmodells und unterschiedlicher Zuwanderungsszenarien modelliert und bis 2060 fortschreibt (Kubis/Schneider 2024). Unter Berücksichtigung von Megatrends wie Digitalisierung und Dekarbonisierung als auch den strukturellen Veränderungen im betrieblichen Bedarf, ergibt ein progressives Szenario, in dem sich die inländische Erwerbsbeteiligung ähnlich wie bisher entwickelt, bis 2040 eine jährlich erforderliche Nettozuwanderung von mindestens 288.000 Personen; in einem konservativen Szenario von mindestens 368.000 Personen.

Nach Bundesländern unterscheidet sich die Projektion zum Teil erheblich. So sind wirtschaftsstarke Bundesländer, in denen strukturbedingt mehr Arbeitsplatzaufbau als -abbau stattfinden wird, auf noch mehr Zuwanderung angewiesen. Viele ostdeutsche Bundesländer, insbesondere Thüringen und Sachsen-Anhalt, aber auch das Saarland, schrumpfen demografisch zwar mehr, sind durch strukturbedingten Arbeitsplatzabbau aber auf weniger Zuwanderung angewiesen. Andererseits könnte gerade hier Zuwanderung ein vermeintliches Schrumpfungsparadigma durchbrechen und für einen Bedarf an Dienstleistungen und Arbeitsplätzen und damit auch für mehr Wohlstand sorgen (Kubis/Schneider 2024: 66).

Dabei steckt die deutsche Wirtschaft aufgrund geopolitischer Faktoren und angesichts der strukturellen Transformation und dem Umbau des Arbeitsmarktes in der Krise. Unternehmen sind unter Druck geraten. Doch auf Arbeitskräftebedarfe in einigen Bereichen wie der Pflege, der Erziehung, dem Handwerk oder dem IT-Sektor wird das kaum Auswirkungen haben (Bauer u.a. 2024).

Fachkräftezuwanderung spielt derweil im Maßnahmenkatalog von Unternehmen zur Eindämmung von Engpässen weiterhin nur eine untergeordnete Rolle, außer in der Alten- und Krankenpflege. Die Zahlen für die Erwerbsmigration verblieben im Jahr 2023 auf dem Vorjahresniveau – zwar ein vorläufiger Höchstwert, gleichzeitig weit hinter den eigentlichen Bedarfen. Auch wenn die Fachkräfteengpässe der Unternehmen zuletzt auf einem hohen Niveau leicht rückläufig waren, ändert das nichts an einem gesamtgesellschaftlichen Bedarf an Arbeits- und Fachkräften (Schultz/Mecke 2024).

Ein erhebliches Potenzial liegt in der verbesserten und beschleunigten Integration von Ausländer:innen in den Arbeitsmarkt, insbesondere von Personen aus Nicht-EU-Staaten, die oft im Vergleich zu EU-Bürger:innen oder deutschen Staatsangehörigen in Bezug auf Lohnunterschiede, qualifikationsadäquate Anstellungen und Arbeitssicherheit benachteiligt sind. Ausländer:innen sind bereits seit Jahren ein unverzichtbarer Bestandteil der deutschen Wirtschaft und Gesellschaft. Zuletzt waren gut zwei Millionen ausländische Fachkräfte in Engpassberufen beschäftigt. Sie machen rund 15 Prozent der sozialversicherungspflichtig Beschäftigten und fast ein Drittel der Auszubildenden aus. Allein der deutsche Gesundheits- und Pflegesektor wäre ohne die zahlreichen Ärzt:innen und Pflegekräfte aus dem Ausland funktionsunfähig. Diese Erfolge der bisherigen Arbeitsmarktintegration gilt es stärker hervorzuheben. Initiativen wie der neu eingeführte Spurwechsel für Asylsuchende mit Beschäftigungsangebot, das Chancen-Aufenthaltsrecht für Geduldete sowie Maßnahmen zur schnelleren Integration von Geflüchteten in den Arbeitsmarkt (»Jobturbo«) markieren wichtige Fortschritte in diese Richtung (Schultz/Mecke 2024).

Zur nachhaltigen Sicherung des Arbeitskräftepotenzials kommt – neben der Förderung der inländischen Erwerbsbeteiligung – der Zuwanderung zu Erwerbszwecken aus Nicht-EU-Staaten eine Schlüsselrolle zu. Eine faire Erwerbs- und Ausbildungsmigration muss gestärkt sowie der Arbeitsmarkt für internationale Arbeitskräfte wieder attraktiver werden. Das Fachkräfteeinwanderungsgesetz vom März 2020 sollte zu einer gezielten, erleichterten und dadurch erhöhten Zuwanderung beitragen. Seit seiner Einführung ist der Anteil an Frauen und jüngeren Menschen unter den zu Erwerbszwecken aus Nicht-EU-Staaten Eingewanderten gestiegen. Zugleich bleibt die Einwanderung von Fach- und Arbeitskräften jedoch durch die schleppende Vergabe von Visa, die komplexe Anerkennung beruflicher Abschlüsse sowie durch Hürden für die Einwanderung im Familienkontext deutlich erschwert. Hinzu kommen Informationsdefizite bei den rechtlichen Rahmenbedingungen und bei der Stellensuche in Deutschland sowie Diskriminierung, insbesondere bei der Wohnungssuche (Fendel und Ivanov 2024). Mit dem erweiterten Fachkräfteeinwanderungsgesetz wurde zuletzt das Erwerbsmigrationsrecht weiter liberalisiert, vor allem im Bereich qualifizierter Zuwanderung und non-formaler Fertigkeiten, bei der Anerkennung und zur Arbeitsplatzsuche. Das Bundesministerium des Innern und für Heimat (BMI) meldet in einer ersten Bilanz eine Steigerung der Vergabezahlen von Visa zu Erwerbszwecken (inklusive berufliche Ausbildung) um gut zehn Prozent im Vergleich zum Vorjahr (BMI 2025). Inwieweit sich diese Visa in Aufenthaltstitel zum Erwerb niederschlagen, wird sich frühestens an der Analyse der Zuwanderungszahlen des Jahres 2024 ablesen lassen.

Die Erweiterung der möglichen Zugangswege ist grundsätzlich zu begrüßen. Doch muss mehr getan werden, um die administrativen und gesellschaftlichen Rahmenbedingungen für internationale Arbeits- und Fachkräfte zu verbessern und damit das Potenzial der internationalen Arbeitsmigration besser zu nutzen. Zunächst gilt es den weiterentwickelten Rechtsrahmen wirksam umzusetzen. Ausländerbehörden und Auslandsvertretungen stellen derzeit zentrale bürokratische Flaschenhälse in der deutschen Migrationspolitik dar. Sie sehen sich steigenden Fallzahlen, komplexeren rechtlichen Anforderungen und Personalmangel gegenüber. Neben besseren personellen und finanziellen Ressourcen können digitale Lösungen, vereinfachte Verwaltungsabläufe und einheitliche Standards sowie die Zentralisierung einzelner Aufgaben Prozesse effizienter gestalten. Vermittlungsstellen zwischen Unternehmen, Behörden und lokalen Einrichtungen sollten ausgebaut werden.

Sprache bleibt eine zentrale Herausforderung. Für eine erleichterte Anwerbung und Integration in den Arbeitsmarkt bedarf es eines Ausbaus der Sprachförderung über den gesamten Migrationsprozess, beginnend im Herkunftsland und schrittweise begleitend zu Ankunft und Erwerbstätigkeit in Deutschland. Zudem gilt es, die Beschäftigungsmöglichkeiten für ausländische Frauen zu fördern. Die Erwerbsquoten von zugewanderten und in Deutschland geborenen Frauen ohne Kinder unterscheiden sich hierzulande kaum. Bei Frauen mit Kindern jedoch liegt die Erwerbsquote von Migrantinnen deutlich niedriger. Würde der Gendergap in der Beschäftigung von Zuwanderern und Zuwanderinnen auf das Niveau der im Inland Geborenen reduziert, könnte dies ein erhebliches zusätzliches Erwerbspotenzial erschließen.

Ein unerlässlicher Ansatzpunkt sind transnationale Kooperationen zur Fachkräfteentwicklung und -migration. Transnationale Skills Partnerships sowie Migrationsabkommen, die im Sinne eines Triple-Win-Ansatzes gemeinsam mit Herkunftsländern entwickelt werden, können dazu beitragen, den hohen Bedarf im Ausbildungsbereich zu decken, Unterschiede in den Ausbildungssystemen zu überbrücken und zudem reguläre Migrationskorridore auszubauen.

Neben der Anwerbung muss insbesondere die Bleibeperspektive von Fach- und Arbeitskräften und ihren Familien stärker berücksichtigt werden. Eine erfolgreiche Integration in den Arbeitsmarkt erhöht das Bleibeinteresse und reduziert die Abwanderung, insbesondere von hochqualifizierten und mobilen Arbeitskräften. Dabei gilt es auch das Erwerbspotenzial anderer Gruppen von Zuwandernden stärker zu nutzen. Studien zeigen, dass Sprachprogramme und gezielte Integrationsmaßnahmen wie auch gezielte Angebote zur Arbeitsmarkt- und Berufsberatung die nachhaltige Arbeitsmarktintegration Geflüchteter erheblich fördern. So stieg die Erwerbsquote der 2015 aus humanitären Gründen Eingereisten bis 2022 um knapp zwei Drittel (Brücker u.a. 2024). Maßnahmen wie beschleunigte Asylverfahren, die Aufhebung von Beschäftigungsverboten und Wohnsitzauflagen können diese Entwicklung weiter stärken. Zusätzliche Erwerbspotenziale bieten Personen, beispielsweise Geduldete mit langfristiger Perspektive, deren Zugang zu Qualifizierung und qualifikationsadäquater Beschäftigung erleichtert werden sollte.

Deutschland ist ein Einwanderungsland. Doch die gesellschaftliche Akzeptanz und das Bewusstsein für die Tragweite dieser Realität sind noch ausbaufähig und werden aktuell debattiert. Ein Mentalitätswandel ist notwendig, um die wachsende Diversität der Bevölkerung als Chance zu begreifen und Integration als gegenseitigen Prozess zu gestalten, trotz oder gerade wegen der Herausforderungen, die damit einhergehen. Dabei sollten nicht nur Migrant:innen gefordert werden, sich in bestehende Strukturen einzufügen, sondern auch die Systeme und Institutionen flexibler auf die Bedürfnisse einer vielfältigen Gesellschaft reagieren. Zugleich gilt es, eine faktenorientierte Debatte zu führen, die weder Herausforderungen verleugnet noch Migration als »Mutter aller Probleme« verzerrt, um realistische Lösungen für das Zusammenleben in der Einwanderungsgesellschaft und die Teilhabe am Arbeitsmarkt zu finden.

Literatur

Bauer, A./Gartner, H./Hellwagner, T./Hummel, M./Hutter, C./Wanger, S./Weber, E./Zika, G. (2024): IAB-Prognose 2024/2025: Zähe Wirtschaftsschwäche beeinträchtigt den Arbeitsmarkt, IAB-Kurzbericht 19/2024.

Bundesministerium des Innern und für Heimat (2025): Pressemitteilung, 01.04.2025. https://www.bmi.bund.de/SharedDocs/pressemitteilungen/DE/2025/04/bpk-bilanz.html, zuletzt aufgerufen am 03.04.2025.

Brücker, H./Ehab, M./Jaschke, P./Kosyakova, Y. (2024): Arbeitsmarktintegration von Geflüchteten: Verbesserte institutionelle Rahmenbedingungen fördern die Erwerbstätigkeit. IAB-Kurzbericht 10/2024.

Fendel, T./Ivanov, B. (2024): Fachkräfteeinwanderungsgesetz: Gute Arbeitsmarktintegration trotz bürokratischer Hürden und Diskriminierung, IAB-Kurzbericht 21/2024. Nürnberg.

Kubis, A./Schneider, L. (2024): Zuwanderung und Arbeitsmarkt – eine Analyse für Deutschland und die Bundesländer, Gütersloh.

Schultz, S. U./Mecke, C. (2024): Fachkräftemigrationsmonitor 2024. Fachkräfteengpässe von Unternehmen in Deutschland, Trends und Potenziale zum Zuzug ausländischer Fachkräfte, Gütersloh.

Wie kann »24-Stunden-Betreuung« politisch gestaltet werden?

Simone Leiber

Der Koalitionsvertrag der Ampelregierung von 2021 erkannte das Problem der sogenannten »24-Stunden-Betreuung«. Er versprach: »Wir gestalten eine rechtssichere Grundlage für die 24-Stunden-Betreuung im familiären Bereich.« (Bundesregierung 2021, 81). Dennoch wurde bis heute – Stand Frühjahr 2025 – kein entsprechender Gesetzesentwurf vorgelegt. Es gab jedoch die Empfehlung einer interministeriellen Arbeitsgruppe, Live-in-Arrangements (wie diese im wissenschaftlichen Sprachgebrauch heißen) im Angestelltenverhältnis im Rahmen eines Modellprogramms zu erproben (BMG u.a. 2024). Dieser Beitrag argumentiert, dass dieser Weg in die richtige Richtung weist.

Trotz Leistungsausweitungen seit Einführung der Pflegeversicherung im Jahr 1995 liegt bis heute viel Verantwortung für die Langzeitpflege älterer Menschen auf den Schultern der Familien, insbesondere der Frauen. Rund 86 Prozent der Pflege wird in Deutschland zu Hause erbracht, in rund drei Viertel der Fälle sogar ohne eine Unterstützung durch ambulante Dienste (Statistisches Bundesamt 2024). Pflegende Angehörige stehen vor großen Herausforderungen hinsichtlich der Vereinbarkeit von Pflege und Beruf, der räumlichen Mobilität, der eigenen Existenz- bzw. Alterssicherung und sind häufig gesundheitlich stark belastet (Schwinger/Zok 2024). Eine »Lösung«, die sich seit Anfang der 1990er Jahre verbreitet hat, ist die Versorgung durch Migrant:innen aus dem Ausland, die bei der pflegebedürftigen Person im Haushalt leben. Dabei handelte es sich zunächst oft um informelle Beschäftigungsverhältnisse, die über persönliche Kontakte – häufig aus dem angrenzenden Polen – entstanden. Seit der EU-Osterweiterung und den Möglichkeiten für Arbeitskräfte, als Selbstständige oder (entsandte) Arbeitnehmer:innen legal in Deutschland zu arbeiten, haben sich diese Arrangements weiterverbreitet. Zudem ist ein neues Geschäftsfeld für private Vermittlungs- und Entsendeagenturen entstanden.

In der Regel wechseln sich mehrere Migrant:innen im Rhythmus von ein bis drei Monaten in einem Rotationsmodell ab und pendeln zwischen Herkunfts- und Zielland. Gleichsam als Ersatz für ein Familienmitglied sollen die pflegebedürftige Person und die Arbeitskraft zeitweise in einem Haushalt zusammenleben. Dabei verschwimmen leicht die Grenzen zwischen Erwerbsarbeit und Privatleben. Gesetzlich sind zwar nur haushaltsnahe Dienstleistungen, Betreuungsleistungen und grundpflegerische Tätigkeiten erlaubt. Studien zeigen jedoch, dass in der Praxis weitere pflegerische Tätigkeiten üblich sind (Büscher et al. 2023, Abschn. 3.5.10). Der Begriff »24-Stunden-Betreuung«, mit dem viele Agenturen werben, reproduziert Vorstellungen einer Versorgung »rund um die Uhr aus einer Hand«. Eine solche ist jedoch als Arbeitsverhältnis nicht auf legalem Weg umsetzbar und im Selbstständigenmodell wegen der Gefahr einer Scheinselbstständigkeit rechtlich umstritten. Auch aus ethischen Gesichtspunkten ist eine solche Konstellation stark in der Kritik (Emunds/Habel 2020).

Aufgrund des überwiegend informellen Charakters liegen zur Verbreitung von Live-in-Care in Deutschland nur Schätzungen vor. Hielscher et al. (2017, 95) kommen auf Basis von Befragungsdaten deutscher Pflegehaushalte zu dem Ergebnis, dass rund 160.000 Haushalte auf eine Live-in Pflege zurückgreifen. Durch das gängige Rotationsmodell ist somit von einer mindestens doppelt so hohen Zahl an Migrant:innen auszugehen. Andere Schätzungen gehen von deutlich höheren Zahlen von bis zu 700.000 Live-ins aus (vgl. Leiber 2024). Die Zahl der in Deutschland ansässigen privaten Vermittlungsunternehmen für Live-in-Care wurde in jüngerer Zeit mit bis zu 686 beziffert, vermutlich inklusive der Zweigstellen (Deutscher Bundestag 2021, 4). Live-ins werden zunehmend auch aus Nicht-EU-Ländern rekrutiert.

Wo liegt das Problem?

Anders als in Österreich gibt es in Deutschland bisher keine spezifische Regulierung des wild gewachsenen Marktes für Live-ins. Im Wesentlichen haben sich folgende Wege herausgebildet, über die Live-ins in deutschen Privathaushalten arbeiten: Entsendung (derzeit wohl am weitesten verbreitet, sieht man vom informellen Sektor ab), Arbeitnehmerüberlassung, Selbstständigkeit mit Firmensitz im Herkunfts- oder Heimatland, die direkte Anstellung im Haushalt oder die direkte Anstellung über eine Vermittlungsagentur (Emunds/Habel 2020). Die Vermittlung einer entsandten oder selbstständigen Arbeitskraft über eine Agentur, die ein Rundum-Sorglos-Paket verspricht, ist deutlich weiter verbreitet und attraktiver als die für die Familien teurere und bürokratischere Anstellung im Privathaushalt. Eine Ausnahme bilden Projekte der Wohlfahrtsverbände, CariFair der Caritas oder vij-FairCare der Diakonie, die auf dem Angestelltenmodell basieren und eine umfassende Beratung und Unterstützung der Familien bei der bürokratischen Abwicklung beinhalten. Darüber hinaus wird Live-in-Care hier nur in Kombination mit ambulanten Pflegediensten eingesetzt.

Aufgrund des transnationalen Raumes und der Komplexität der rechtlichen Konstellationen im EU-Binnenmarkt ist das Feld insgesamt durch ein hohes Maß an Intransparenz und Rechtsunsicherheit sowie zahlreiche rechtlich problematische Praktiken gekennzeichnet (Kocher; Potocka-Sionek 2022). Gleichzeitig gibt es im Privathaushalt kaum Kontrollmöglichkeiten bei rechtswidriger Anwendung. Weit verbreitete Probleme stellen zudem Sprach- und Verständigungsprobleme dar (Büscher et al. 2023, 94). Dies kann nicht nur zu Überlastungs- und Überforderungssituationen auf Seiten der Migrant:innen führen, sondern birgt auch aus der Perspektive der Pflegebedürftigen und ihrer Angehörigen Risiken für die Versorgungsqualität. Auch wenn es in diesem Bereich nur vereinzelt Studien gibt, die Repräsentativität beanspruchen, zeigen die vorliegenden Analysen ein kritisches Gesamtbild (Leiber 2024). Dieses weist auf Überforderungssituationen der Angehörigen, aber auch der Live-ins hin. Studien zeigt darüber hinaus auf, dass Live-ins gerade in besonders belasteten Arrangements, d.h. bei Menschen mit hohen Pflegegraden, hohem nächtlichem Betreuungsbedarf oder einer Demenzerkrankung eingesetzt werden (Büscher et al. 2023, 98–99). Da wir davon ausgehen müssen, dass ein hoher Anteil der Arbeitsverhältnisse weiterhin informell arrangiert oder vertraglich unzureichend geregelt ist, sind Fragen des Unfallschutzes und generell Haftungs- und Versicherungsfragen in vielen Fällen nicht klar.

Was getan werden kann: Live-in-Care im Angestelltenverhältnis weiterdenken

Die Politik bewegt sich in einem Spannungsfeld: Wird der Bereich Live-in-Care durch nationale Gesetzgebung adressiert, erfährt die umstrittene Beschäftigungsform zusätzliche Legitimation und ggf. sogar eine Förderung durch öffentliche Mittel. Verzichtet man auf eine Regulierung oder setzt man ausschließlich auf politische Maßnahmen zur Förderung alternativer Pflegeformen, so ist dennoch nicht davon auszugehen, dass der Live-in-Markt an Bedeutung verliert. Wenn die geburtenstarken Jahrgänge ab 2030 sukzessive das Rentenalter erreichen, wird nicht nur der Pflegebedarf weiter steigen, sondern auch das Potenzial an Pflegepersonen abnehmen und das Angebot an Arbeits- und Fachkräften sinken (Leiber 2024). Ohne regulierende Eingriffe werden die kommerziellen Akteure in diesem Bereich weiterhin ihre Geschäftsinteressen verfolgen und

Migrant:innen vermitteln. Sowohl die Live-ins als auch die Pflegebedürftigen bleiben dann ungeschützt. Diejenigen Agenturen mit den schlechtesten Praktiken profitieren am meisten davon, wenn der Staat ›wegschaut‹. In Zukunft sollte es daher darum gehen, die Regulierung des Live-in-Sektors und die Entwicklung anderer Unterstützungsformen nicht als Gegensätze, sondern als komplementäre Ansätze zu begreifen.

Eine Möglichkeit wäre, dass Deutschland den österreichischen Weg der regulierten Selbstständigkeit geht, wie es sich der deutsche Agenturverband VHBP wünscht. Die Forschung zu Österreich zeigt jedoch: Das Kernproblem überlanger, ethisch kaum vertretbarer Arbeitszeiten und unzureichender Qualifikation, die zu Versorgungsrisiken beitragen, kann man damit nicht in den Griff bekommen. Auf Grund einer möglichen Scheinselbstständigkeit gilt das Modell auch nicht als rechtsicher (Aulenbacher et al. 2021).

Daher sind sich verschiedene Stimmen aus der Wissenschaft (z.B. Kocher; Potocka-Sioneck 2022) und Politik (BMG u.a. 2024) einig: Ein rechtssicherer Weg kann nur beschritten werden, wenn man sich grundsätzlich von der Vorstellung einer Rund-um-die-Uhr-Betreuung durch eine Person verabschiedet und Live-in-Arrangements im Angestelltenverhältnis neu denkt. Die Modelle Cari-Fair und FairCare der Wohlfahrtsverbände gehen hier bereits den Weg, Live-ins als Angestellte im Haushalt ausschließlich in Kombination mit weiteren Dienstleistungen, die auch der Qualitätskontrolle dienen, im Rahmen eines gemischten Pflegearrangements anzubieten. Ein solcher Weg stünde auch im Einklang mit dem zukünftigen parallelen Ausbau alternativer Betreuungsformen und der Vereinbarkeit von Pflege und Beruf, um weniger auf Live-ins angewiesen zu sein. In der Regel werden gemischte Versorgungssettings etabliert, in denen zusätzlich ein ambulanter Pflegedienst eingebunden ist und die Angehörigen erreichbar und verfügbar sind. Zur Entbürokratisierung könnte die Minijobzentrale hier – ähnlich wie bei den haushaltsnahen Dienstleistungen – für ein vereinfachtes Anmeldeverfahren sorgen. Eine damit verbundene Handlungsoption liegt darin, diese Konstellationen, die das Arrangement deutlich teuer machen, mit einer staatlichen Förderung zu versehen und an weitere Qualitätsanforderungen zu knüpfen. Dies würde Schwarzmarktlösungen weniger attraktiv machen.

Begleitend wäre es von Bedeutung, künftig mehrsprachige Beschwerde- und Beratungsmöglichkeiten für die Live-ins sowie Qualifikationsmöglichkeiten weiter auszubauen. Ein letzter zentraler Punkt betrifft die Festlegung eines klaren Tätigkeitsprofils, im Rahmen dessen die Aufgaben der Live-ins von anderen Tätigkeiten im Bereich haushaltsnaher Dienstleistungen oder professioneller Pflege abgegrenzt und mit entsprechenden Qualifikationsanforderungen versehen werden sollte.

Literatur

Aulenbacher, B./Prieler V./Leiblfinger, M. (2021): Das umstrittene Selbstständigenmodell – Live-in-Betreuung in Österreich. In: Aulenbacher, B.; Lutz, H., Schwiter, K (Hrsg.): Gute Sorge ohne gute Arbeit? Live-in-Care in Deutschland, Österreich und der Schweiz, Wien, 66–78.

Büscher, A. et al. (2023): Zu Hause pflegen – zwischen Wunsch und Wirklichkeit. Die VdK-Pflegestudie, Abschlussbericht, Hochschule Osnabrück

Bundesregierung (2021): Mehr Fortschritt wagen. Bündnis für Freiheit, Gerechtigkeit und Nachhaltigkeit. Koalitionsvertrag zwischen SPD, Bündnis 90/Die Grünen und FDP, Berlin.

BMG (Bundesministerium für Gesundheit) u.a. (2024): Abschlussbericht der Arbeitsgruppe zur Gestaltung einer rechtssicheren Grundlage für die Live-In-Betreuung im familiären Bereich, Berlin.

Deutscher Bundestag (2021): Drucksache 19/26836: Antwort der Bundesregierung auf die Kleine Anfrage der Abgeordneten Pia Zimmermann, Susanne Ferschl, Matthias W. Birkwald, weiterer Abgeordneter und der Fraktion DIE LINKE. Agenturen für sogenannte 24-Stunden-Pflegekräfte, Berlin.

Emunds, B./Habel, S. (2020): Von der Schwarzarbeit zum »grauen Markt« – und darüber hinaus? Neuere und künftig notwendige Entwicklungen der sog. 24-Stunden-Pflege. In: Jacobs, K.; Kuhlmey, A.; Greß, S.; Schwinger, A. (Hrsg.): Pflege-Report 2020, Berlin/Heidelberg, 111–121.

Kocher, E./Potocka-Sionek, N. (2022): Rechtsfragen beim Einsatz polnischer Betreuungskräfte (Live-ins) in Deutschland durch Vermittlung polnischer Agenturen, Europa-Universität Viadrina, Center for Interdisciplinary Labour Law Studies, Frankfurt (Oder).

Leiber, S. (2024): Die Ankunft der Babyboomer: Was tun mit der »24-Stunden-Pflege«? In: Jacobs, K.; Kuhlmey, A.; Greß, S.; Schwinger, A. (Hrsg.): Pflege-Report 2024, Berlin/Heidelberg, 87–98.

Schwinger, A./Zok, K. (2024): Häusliche Pflege im Fokus: Eigenleistungen, Belastungen und finanzielle Aufwände, WIdOmonitor 21 (1), 1–12.

Statistisches Bundesamt (2024): Pflegestatistik 2023, Wiesbaden.

Wie beenden wir Ausbeutung in der Saisonarbeit?

Bettina Wagner

Saisonarbeit ist seit Jahrhunderten ein fester Bestandteil des europäischen Arbeitsmarktes. Viele Branchen sind davon abhängig, je nach saisonaler Fluktuation oder Produktionsabweichung vorübergehend externe Arbeitnehmerinnen und Arbeitnehmer zu beschäftigen. Die Genese und Charakteristika der saisonalen Beschäftigung zeigen jedoch, dass die Bedingungen, unter denen vor allem ausländische Saisonarbeitskräfte arbeiten, besonders viele Risiken für ausbeuterische Arbeitsverhältnisse bergen, die für die Endverbraucher:innen unsichtbar bleiben.

Saisonarbeit ist eine besondere Form der Beschäftigung, die im wissenschaftlichen Diskurs zur zirkulären Arbeitsmigration auch als »kalkulierte Mobilität« (Schmidt 2021) bezeichnet wird. Als Saisonarbeit bezeichnet man Arbeit, die nur zu einer bestimmten Jahreszeit, jedes Jahr von Neuem, anfällt. Dadurch ergibt sich eine gewisse Planbarkeit von Beginn und Ende der Arbeit, die je nach Wetter variieren kann.

Aus rechtlicher Perspektive sind die Beschäftigten in der Saisonarbeit nur vorübergehend versicherungspflichtig oder versicherungsfrei für diese Tätigkeit eingestellt und decken mit ihrer Tätigkeit den jahreszeitlich bedingten und meistens auch jährlich wiederkehrenden erhöhten Arbeitskräftebedarf des jeweiligen Betriebes ab. Für die Dauer der Beschäftigung gelten für sie die gleichen Rechte und Pflichten wie auch für andere Arbeitnehmer:innen. In Deutschland haben sie Anspruch auf den gesetzlichen Mindestlohn. Wenn Saisonarbeitskräfte nicht länger als 3 Monate oder 70 Tage (§ 8 SGB IV) beschäftigt werden, gilt dies als kurzfristig Beschäftigung und ist in der Sozialversicherung beitragsfrei. Zudem muss die Beschäftigung von »untergeordneter wirtschaftlicher Bedeutung« sein (BMAS 2024). Die Krankenversicherung muss im Falle der kurzfristigen Beschäftigung selbst gezahlt werden. Hier gibt es besondere Formen des minimalen Versicherungsschutzes.

Die Beschäftigungsfelder, in denen Saisonarbeitskräfte am häufigsten eingesetzt werden, sind die Landwirtschaft aber auch in der Gastronomie (Hotel-Restaurant-Catering). In beiden Branchen ist die Beschäftigung manuell intensiv und repetitiv bei geringer Entlohnung, da sie in den meisten Fällen keinerlei Qualifikation voraussetzt. Die Arbeit ist damit für inländische Beschäftigte doppelt unattraktiv: Sie bietet eine nur vorübergehende Beschäftigung und Entlohnung auf Mindestlohnniveau ohne Aussicht auf Berufsaufstieg und zum Teil ohne Kranken- und Sozialversicherungsschutz. Dementsprechend ist die Saisonarbeit durch eine hohe Fluktuation von meist ausländischen Arbeitskräften geprägt.

In der Landwirtschaft ebenso wie auch in der Gastronomie gibt es in Bezug auf die Entlohnung noch eine rechtliche Besonderheit: den Akkordlohn. In diesem Fall werden in der Landwirtschaft nicht die gearbeiteten Stunden, sondern geernteten Mengen als Grundlage für die Entlohnung genommen. Im Hotelsektor werden z.B. die Anzahl der aufbereiteten Zimmer als Berechnungsgrundlage genommen. Der Mindestlohn darf dabei jedoch nicht unterschritten, kann aber bei z.B. hohen Ernteerträgen überschritten werden.

Historische Nachweise belegen, dass ausländische Saisonarbeitskräfte in Europa bereits seit dem 19. Jahrhundert fester Bestandteil der Landwirtschaft waren (Peco Institut 2020); zunächst als vorübergehende Unterstützung der familiären Kernbelegschaft mit einzelnen Saisonarbeitskräften pro Betrieb (Lucassen 2009). Durch den Strukturwandel in der Landwirtschaft und der damit verbundenen Verdrängung von familiären Kleinbetrieben hin zu Großbetrieben mit immer größer werdenden Bearbeitungsflächen hat sich auch die Anzahl der Saisonarbeitskräfte in den einzelnen Betrieben verändert (Junge 2021). Eine ähnliche Entwicklung gab es auch in der Gastronomie. Durch den technologischen Fortschritt werden viele Arbeitsprozesse vereinfacht oder maschinell umgesetzt; jedoch bleibt ein signifikanter Anteil an manuell intensiver Arbeit, der keine hohe Vorqualifikation voraussetzt und nicht durch den technologischen Fortschritt ersetzt werden kann (Serhat et al. 2024).

In Deutschland wie auch in den Niederlanden wird ein großer Teil des jährlichen Bedarfes an Saisonarbeitskräften durch Beschäftigte aus dem EU-Ausland abgedeckt (Jeroen et al. 2023, 221). In anderen Mitgliedstaaten der EU, wie z.B. Spanien, Portugal oder Italien sind es mehrheitlich Saisonarbeitskräfte aus Drittstaaten (Hoffmann 2021). Im Jahr 2023 waren 242.800 Saisonarbeitskräfte in der Landwirtschaft in Deutschland beschäftigt, knapp ein Drittel aller Beschäftigten. Informationen zur Anzahl der ausländischen Saisonarbeitskräften in der Branche liegen leider nicht vor, aber ihre Unentbehrlichkeit für die Landwirtschaft wurde zuletzt während der Corona-Pandemie deutlich: Flugcharter und flexible Einsatzbedingungen ermöglichten die Ernte von Erdbeeren und Spargel während des Lockdowns (Spiegel 2020). Die Hauptherkunftsländer der ausländischen Saisonarbeitskräfte in Deutschland sind Polen, Rumänien und Bulgarien. Länder mit zum Teil deutlich niedrigeren Durchschnittslöhnen.

Ausländische Saisonarbeitskräfte sind nicht Teil von politischen Diskursen oder Migrationsdebatten, da sie als mobile Beschäftigte nach Ende der Tätigkeit wieder aus dem Arbeitsmarkt des jeweiligen Landes verschwinden. Je nach Arbeitgeber bestehen bereits seit Jahren Verbindungen zu Arbeitskräften in den Heimatländern, die bereit sind für die jeweilige Erntesaison nach Deutschland zu kommen oder Arbeitskräfte vermitteln. Da die meisten saisonalen Beschäftigungen wenig bis keine Vorqualifikationen voraussetzen, sind die Beschäftigungshürden für Menschen aus ärmeren Mitgliedstaaten der EU wegen des Lohnunterschieds und der zeitlich begrenzten Beschäftigungsdauer gering und das Angebot an Saisonarbeitskräften bleibt bestehen (Schmidt 2021). Zahlen der letzten 35 Jahre deuten auf eine Verschiebung der Hauptherkunftsländer hin: Während zwischen 1990 und 2004 überwiegend polnische Saisonarbeitskräfte in Deutschland beschäftigt waren, ist nach dem Beitritt in die EU und dem wirtschaftlichen Wachstum Polens die Zahl stark zurückgegangen (Wagner und Hassel 2015). Der weiterhin bestehende Bedarf wird seitdem von rumänischen und bulgarischen Saisonarbeitskräften gedeckt ebenso wie von »Ferienbeschäftigungen« von studentischen Arbeitskräften aus Drittstaaten und Drittstaatsangehörigen im Rahmen von bilateralen Abkommen (Moldau und Georgien) (Danilova 2025, 9).

Solange das Lohngefälle innerhalb der Mitgliedstaaten der EU bestehen bleibt, profitieren Arbeitnehmer in den reicheren Mitgliedstaaten von diesen mobilen Arbeitskräften. Die neuerliche Zunahme an Ferienbeschäftigten sowie Beschäftigten im Rahmen von bilateralen Abkommen deutet jedoch daraufhin, dass landwirtschaftliche Betriebe trotz der Lohngefälle zunehmend Probleme haben, die erforderlichen Saisonarbeitskräfte zu gewinnen.

Charakteristisch für die Saisonarbeit ist die Unsichtbarkeit der Arbeit, abseits der inländischen Gesellschaft oder der Endverbraucher:innen (Biaback-Anong 2021, 39). Dementsprechend ist auch das Bewusstsein über die Notwendigkeit der ausländischen Saisonarbeitskräfte jenseits der jeweiligen Betriebe sehr gering. Die Arbeitskräfte sind für die Dauer ihres Aufenthalts abseits von Dörfern und Städten zusammen in Gruppenunterkünften untergebracht, die meist vom Arbeitgeber gestellt werden. Die Beschäftigung im Betrieb, wie auch die Unterkunft, zum Teil auch die Verpflegung und die An- und Abreise bzw. der Transport zu den Feldern werden als Gesamtpaket inseriert und mit den Arbeitskräften vertraglich vereinbart. Bei Krankheit oder Arbeitsunfähigkeit besteht bei kurzfristigen Beschäftigungen kein Anspruch auf Lohnfortzahlung, aber es entstehen dennoch Kosten für Unterkunft und Verpflegung. Am Ende der Beschäftigung werden vom verdienten Lohn (Akkord oder Stundenlohn) die vereinbarten Leistungen wie Unterkunft, Transport etc. abgezogen und der Differenzbetrag ausgezahlt (Danilova 2025).

Das zweite Charakteristikum ist der vorübergehende Charakter der Arbeit. Die zeitlich begrenzte Tätigkeit mit absehbarem Ende erhöht die Bereitschaft mehr und unter Umständen auch härtere Arbeit zu akzeptieren, da sie nur von kurzer Dauer ist.

Die Unsichtbarkeit, gekoppelt mit dem vorübergehenden Charakter der Beschäftigung, reduziert aber auch die Möglichkeiten der Beschäftigten in Fällen von Arbeitsausbeutung und Lohnbetrug Hilfe zu erhalten. Hinzu kommen mangelnde Sprachkenntnisse und Wissen über die um Aufnahmeland geltenden Rechte und Pflichten und die Abhängigkeit vom Arbeitgeber in Bezug auf Unterkunft und zum Teil auch Transport (Schmidt 2021; Biaback-Anong 2021). Die Vermischung von Stundenlohn, Akkordlohn mit Abzügen für Leistungen, die der Arbeitgeber zur Verfügung stellt, erschwert den Überblick darüber, wie hoch der Lohnanspruch für die geleistete Arbeit ist. Im Fall der Ferienbeschäftigungen kommen falsche Versprechen bzw. die Abhängigkeit vom jeweiligen Arbeitgeber für den Aufenthaltstitel hinzu (Danilova 2025, 7).

Jedes Jahr pünktlich zu Beginn der Erntesaison für Erdbeeren und Spargel, Gurken häufen sich auch die medialen Berichte über die Arbeits- und Unterkunftsbedingungen von Saisonarbeitskräften (taz 2025). Diese Berichte zeigen, dass trotz des geltenden Arbeitsrechts Verstöße und Umgehungen stattfinden. Diese Probleme sind ebenso wiederkehrend wie auch die Saisonarbeit. Ein vermeintliches Paradoxon, da die Unternehmen genauso abhängig vom Wiederkehren der Arbeitskräfte sind wie die Arbeitskräfte von dem verdienten Lohn. Die Ernte hängt zu einem signifikanten Anteil von den ausländischen Saisonarbeitskräften ab. In jährlichen Berichten der gewerkschaftsnahen Initiative Landwirtschaft ebenso wie auch in Medienreportagen, monieren Saisonarbeitskräfte unverhältnismäßig hohe Lohnkosten, Verpflegungskosten sowie die Nichteinhaltung der gesetzlich vorgesehenen Mindeststandards der Unterkünfte (Deutschlandfunk 2024). Gewerkschaften kritisieren, dass seit der Einführung des gesetzlichen Mindestlohns 2015 Saisonarbeitskräften zunehmend hohe Unterkunftskosten abgezogen werden, um so die durch den Mindestlohn entstandenen Mehrkosten auf die Beschäftigten abzuwälzen (Luig 2022, 6).

Diese Berichte sind nicht Deutschland-spezifisch; vielmehr sind alle europäischen Länder, die landwirtschaftliche Produkte anbauen oder vom Tourismus profitieren, auf Saisonarbeitskräfte angewiesen. Berichte von ausbeuterischen Arbeitsverhältnissen, Lohnbetrug bis hin zum Menschenhandel zum Zweck der Arbeitsausbeutung liegen für fast alle europäischen Länder vor, unabhängig der Kontrollstrukturen und gewerkschaftlichen Organisation (Balkaninsight 2020, Hoffmann 2021, Deutschlandfunk 2024). Je höher die Unsichtbarkeit und Mobilität, desto geringer scheint jedoch auch die Wahrscheinlichkeit Strukturen durch medialen oder gewerkschaftlichen Druck so verändern zu können, dass die Gefahr der Ausbeutung verschwindet.

Zwar erfasst der Strukturwandel auch die Branchen, in denen ausländische Saisonarbeitskräfte tätig sind, jedoch bleibt der Einsatz von manuell zum Teil schwerer Arbeit unabdinglich. Umso wichtiger ist es, dass ein Bewusstsein für die Notwendigkeit von guten Arbeitsbedingungen und adäquater Entlohnung bei Arbeitgebern und Endverbraucher:innen vorliegt, um auch zukünftig nicht auf lokales Obst und Gemüse verzichten zu müssen.

Literatur

Balkaninsight (2020): Irish Dream Turns to ›Nightmare‹ for Eastern European Seasonal Workers https://balkaninsight.com/2020/12/17/irish-dream-turns-to-nightmare-for-eastern-european-seasonal-workers/ (Zugriff 16.04.2025).

Biaback Anong, D. (2021): »Saisonarbeitskräfte dringend benötigt« Das Regime landwirtschaftlicher Saisonarbeit in Deutschland im Kontext der Corona-Pandemie IMIS Working Papers https://www.imis.uni-osnabrueck.de/fileadmin/4_Publikationen/PDFs/IMIS_WP09_Saisonarbeit_BiabackAnong.pdf (Zugriffsdatum 12.04.2025).

BMAS – Bundesministerium für Arbeit und Soziales (2024): Kurzfristige Beschäftigung, https://www.bmas.de/DE/Soziales/Sozialversicherung/Geringfuegige-Beschaeftigung/kurzfristige-beschaeftigung-art.html (Zugriffsdatum 08.04.2025).

Danilova, K. (2025): Saisonbericht der Initiative Landarbeit 2024, Peco Institut, https://www.peco-ev.de/docs/InitiativeFaireLandarbeit-Saisonbericht2024.pdf (Zugriffsdatum 07.04.2025).

Deutschlandfunk 2024 https://www.deutschlandfunk.de/saisonarbeit-erntehelfer-mindestlohn-100.html.

Doomernik, J., Blanca Garcés-Mascareñas, and Berta Güell (2023): Seasonal Workers in Agriculture: The Cases of Spain and The Netherlands in Times of Covid-19 in Migration Control Claudia Finotelli und Irene Ponzo (eds) Logics and Strategies in Europe A North-South Comparison. Springer https://doi.org/10.1007/978-3-031-26002-5.

Hoffmann, F., (2021): (Il)legal? Migrant_innen in der spanischen Landwirtschaft, bpb https://www.bpb.de/themen/migration-integration/kurzdossiers/migration-in-staedtischen-und-laendlichen-raeumen/325119/il-legal-migrant-innen-in-der-spanischen-landwirtschaft/ (Zugriff 10.04.2025).

Junge, S. (2021): Wachsen oder Weichen – Deutsche Landwirtschaft im Strukturwandel, bpb https://www.bpb.de/themen/umwelt/landwirtschaft/325872/wachsen-oder-weichen-deutsche-landwirtschaft-im-strukturwandel/ (Zugriffsdatum 09.04.2025)

Lucassen, J. (2009): The Other Proletarians: Seasonal Labourers, Mercenaries and Miners, The Other Proletarians: Seasonal Labourers, Mercenaries and Miners, International Review of Social History , Volume 39 , supplement S2: Before the Unions. Wage earners and collective action in Europe, 1300–1850 , August 1994 , pp. 171 – 193 DOI: https://doi.org/10.1017/S0020859000112970.

Luig, B. (2023): Saisonbericht der Initiative Landarbeit 2022, Peco Institut, https://www.faire-mobilitaet.de/dgb-fm-fileadmin/dateien/Dokumente/Landwirtschaft/Fachinformationen/Saisonbericht_2022.pdf (Zugriffsdatum 16.04.2025).

Peco Institut (2020): Geschichte der Landarbeiterbewegung https://www.landarbeiter.eu/chroniken (Zugriffsdatum 08.04.2025).

Schmidt, Judith (2021): Kalkulierte Mobilität. Ökonomische und biographische Perspektiven auf Saisonarbeit, Frankfurt am Main/New York 2021.

Spiegel (2020): https://www.spiegel.de/wirtschaft/soziales/corona-engpass-in-der-landwirtschaft-erntehelfer-aus-rumaenien-in-berlin-gelandet-a-8e6183eb-6c22-43dd-aa9c-96ce965ddaa6 (Zugriffsdatum 16.04.2025).

Taz.de (2025): Ausbeutung in der Saisonarbeit: Sind alle gleich vor dem Gesetz? https://taz.de/Ausbeutung-in-der-Saisonarbeit/!6069885/ (Zugriffsdatum 09.04.2025).

Wagner, B./Hassel, A. (2015): Europäische Arbeitskräftemobilität nach Deutschland ein Überblick über Entsendung, Arbeitnehmerfreizügigkeit und Niederlassungsfreiheit von EU-Bürgern in Deutschland. Düsseldorf: Hans-Böckler-Stiftung.

Yalçın, S./Hubenthal, N./Dieterich, J. (2024): Arbeitsfelder der Ankunft: Migrantische Perspektiven auf Arbeit in Gastronomie, Reinigung und Pflege, Hans Boeckler Stiftung, Study 487 – Januar 2024 https://www.boeckler.de/fpdf/HBS-008782/p_study_hbs_487.pdf (Zugriff 09.04.2025).

Wie weiter in der Gehalts- und Tarifpolitik?

Ist die Tarifautonomie ein Auslaufmodell?

Jürgen Kädtler

Die Tarifautonomie stellt einen Grundpfeiler des als »Modell Deutschland« bezeichneten (west)deutschen Sozialmodells dar. Den Staat aus der Regelung der Arbeitsbeziehungen, insbesondere der Entgeltfrage, möglichst herauszuhalten, war auf Betreiben von Gewerkschaften und Arbeitgeberverbänden schon vor Inkrafttreten des Grundgesetzes als Prinzip etabliert worden. Und dieses Prinzip hat sich in der Folge für die bundesdeutsche Wirtschaft und Gesellschaft insgesamt eindrucksvoll bewährt. Die Einführung des gesetzlichen Mindestlohns zum 01. Januar 2015 markiert entsprechend (auch) eine »Zeitenwende«. Dass der Staat einen solchen Mindestlohn auf gesetzlichem Wege einführte, bedeutete einen radikalen Bruch mit dem Prinzip der Tarifautonomie in seiner bisherigen Form. Und dass dies auf Drängen einiger und unter resignativer Duldung der übrigen Gewerkschaften geschah, signalisierte das Eingeständnis, dass der Anspruch, im Rahmen der Tarifautonomie sozial akzeptable gesellschaftliche Mindeststandards der Beschäftigung zu gewährleisten, nicht mehr aufrechterhalten werden kann. Eine Neufundierung gesamtgesellschaftlich wirksamer Arbeitnehmervertretung ist demnach aus gewerkschaftlicher Sicht nur mehr um den Preis einer Neubestimmung des Verhältnisses zwischen Tarifautonomie und staatlicher Intervention zu haben. Ob das gelingt, und ob Tarifautonomie dann weiterhin als Leitprinzip fungieren kann, hängt weniger von Bekenntnissen zu diesem Prinzip ab als vielmehr von Bedingungen, unter denen es praktisch wirksam werden kann.

Tarifpolitik als sozialpartnerschaftliches Arrangement

Das deutsche Tarifsystem ist ein Kind des Fordismus. Es entwickelte sich nach zum Teil heftigen Konflikten zu Beginn binnen weniger Jahre zu einer allgemein anerkannten Institution. Jährliche Tarifrunden wurden Routine, die 40-

Stunden-/5-Tage-Arbeitswoche ohne einen einzigen Streiktag und ohne gesetzliche Regelung verwirklicht. Und in dem Maße, in dem solche Grundfragen für verlässlich geregelt galten, rückten mit dem Übergang von einer (nur) quantitativen zu einer qualitativen Tarifpolitik weiterreichende Gestaltungsziele auf die Agenda, ohne dass der überwiegend kooperative Charakter der Tarifbeziehungen dadurch grundlegend infrage gestellt wurde. Dafür, dass der institutionelle Rahmen der Tarifautonomie in dieser Weise sozialpartnerschaftlich ausgefüllt wurde, zeichnen zum einen objektive Bedingungen der Wachstums- und Vollbeschäftigungsökonomie seit den 1950er Jahren verantwortlich (Bartelheimer and Kädtler, 2012), zum andern ein Bestand hinreichend allgemein geteilter Rationalitäts- und Legitimitätsvorstellungen, auf den sich die Akteure bei der Suche nach Konfliktlösungen und Kompromissen beziehen konnten und regelmäßig auch bezogen:

- ein Verständnis von Wirtschaftlichkeit auf realwirtschaftlich-technischer Grundlage;
- ein Verständnis von Betrieb und Unternehmen als auf Dauer angelegter wirtschaftlich-sozialer Zusammenhang;
- die Personalfunktion formuliert und implementiert verbindliche Rahmenbedingungen dafür;
- die Notwendigkeit, wirtschaftliche Interessen und Ziele *auch* unter Gemeinwohlaspekten zu begründen;
- die Anerkennung und Stützung tariflichen Regulierung als allgemeiner Ordnungsrahmen für betriebliche Verständigungen im Detail;
- die Beteiligung an tarifgebundenen Arbeitgeberverbänden als Grundnorm zumindest für mittlere und größere Unternehmen.

Zur Haltbarkeit dieses sozialpartnerschaftlichen Basisarrangements trug bei, dass die Tarifparteien bei mangelnder Kooperationsbereitschaft glaubwürdig auch mit punktueller Aufkündigung der Kooperation drohen konnten. Innerhalb weiter Branchenzusammenhänge etwa konnten Gewerkschaften mit begrenzten Primärmachtpositionen beträchtliche Hebelwirkungen auch in insgesamt nicht gut organisierten Tarifbereichen erzielen: Müllwerker und ÖPNV im öffentlichen Dienst, aber auch Kaufhäuser und Zentrallager im Einzelhandel sind Beispiele. Hinzu kam das »Geleitzugprinzip«: Unter den Bedingungen von Wachstum und Vollbeschäftigung strahlten in Kernbranchen durchgesetzte Tarifabschlüsse auf schlechter organisierte aus.

Der Staat war innerhalb des so abgesteckten Rahmens durchaus ein wichtiger Akteur: über die sehr eng gefasste Möglichkeit der Allgemeinverbindlichkeitserklärung von Tarifverträgen (AVE), vor allem aber in seiner Funktion als eigenständige Tarifpartei. Tarifverträge für den öffentlichen Dienst sowie die Staatsunternehmen Bundespost und Bundesbahn fungierten über ihre große unmittelbare Bindewirkung hinaus de facto als Referenz für viele Dienstleistungstätigkeiten.

Tarifpolitik und Erosion der Sozialpartnerschaft

Diese Voraussetzungen sind seither weitgehend erodiert. Das betrifft zum einen sozioökonomische Rahmenbedingungen, wie das Ende der Fordismus und die unter »Globalisierung« gefasste veränderte Bedeutung räumlicher Distanzen für Produkt- und Arbeitsmärkte (Bartelheimer/Kädtler, 2012). Vor allem aber betrifft es den Bestand gemeinsamer Begründungsordnungen. Die Akteure sind nicht nur mit gravierend veränderten Rahmenbedingungen konfrontiert; sie gehen bei der Auseinandersetzung mit diesen auch – vor allem auf Seiten der Unternehmen – von grundlegend veränderten Konzepten von Wirtschaftlichkeit, Unternehmen und Betrieb und Gemeinwohlbezügen aus (ausführlicher dazu: Kädtler, 2012a; Kädtler, 2012b). Die wesentlichen Implikationen, die sich für Tarifpolitik daraus ergeben (haben):

- ein Leitbild von Unternehmen als variables Anlageportfolio aus separat zu kalkulierenden und optimierenden Einheiten;
- die Personalfunktion fungiert als nachgeordneten Dienstleistungsfunktion dieser Einheiten;
- Tarifbindung wird anstelle einer konventionell verankerten Voraussetzung zu einer nach Opportunitätskosten kalkulierten Option betrieblichen Handelns;
- Mitgliedschaften mit und ohne Tarifbindung gelten als gleichwertig für die Zugehörigkeit zu Arbeitgeberverbänden;
- Gemeinwohlorientierung fungiert nicht als eigenständige Anforderung an wirtschaftliches Handeln, sondern als dessen nachgeordnete Konsequenz.

Die gewerkschaftliche Fähigkeit wiederum, mangelnde Kooperationsbereitschaft durch Gegenmacht zu erzwingen, wird allein dadurch beeinträchtigt, dass statt organisiertem Verbandshandeln nunmehr die Drohung mit Verbandsaustritten oder gar -auflösung als Gegendrohung im Raume steht. Hinzu kommen Schrumpfen und Relevanzverlust gut organisierter Bereiche sowie die tarifpolitische Verselbstständigung von Gruppen mit hoher Primärmacht, während die Organisierung expandierender Beschäftigtengruppen sowie neuer oder auch traditionell schlecht organisierter alter Sektoren insbesondere des tertiären Bereichs nicht gelingt.

Was schließlich die tarifpolitische Wirksamkeit des Staates angeht, so haben die Privatisierung weiter Bereiche öffentlicher Infrastruktur- und Daseinsvorsorge und die Aufgliederungen und Abspaltungen der Nachfolgeunternehmen wichtige Pfeiler tariflicher Regulierung wegbrechen lassen. Und die subsidiäre Stützung des Tarifsystems über Varianten der Allgemeinverbindlichkeit ist auf wenige Bereiche und dort überwiegend auf die Sicherung von Mindestarbeits- und -entlohnungsbedingungen reduziert.

Auch unter den so veränderten Bedingungen hat Tarifpolitik sich weiterentwickelt. Das betrifft – aus gewerkschaftlicher Sicht eher defensiv – die Einführung mehr oder weniger konditionierter Öffnungsklauseln in Flächentarifverträgen, den Einstieg in Formen der Tarifsozialpolitik als Reaktion auf staatliche Leistungseinschränkungen oder – eher aktiv gestaltend – Demografie- und Qualifizierungstarifverträge oder die Einführung von Wahlmöglichkeiten zwischen Zeit und Geld. Dem steht freilich die weitere Zunahme von Bereichen gegenüber, in denen – wie etwa im Einzelhandel – die bisherige Regulierung durch Flächentarifverträge de facto zusammenbricht oder aber Tarifbindung irgendwelcher Art gar nicht erst entsteht, mit der Konsequenz, dass nur mehr die Hälfte der Beschäftigten unter irgendeinen Tarifvertrag fallen. Besonders gravierend dabei: Gerade für das Elementaranliegen aller Tarifpolitik, die Sicherung eines Mindesteinkommens, muss anstelle der Tarifparteien der Staat die Verantwortung übernehmen.

Sozialpartnerschaft als dominantes Regulierungsprinzip hat ihre Grundlage verloren und damit Tarifautonomie und Flächentarif die effektive Funktion als gesamtgesellschaftliche Regulierungsinstitutionen. Das gilt ungeachtet des akuten Fach- und absehbar dauerhaften allgemeinen Arbeitskräftemangels infolge des demografischen Wandels. Denn die Konventionen- und Verbändekonstellation, die in der Vergangenheit dazu führte, dass sich die starke Arbeitsmarktposition von Arbeitnehmern und (in geringerem Maße) Arbeitnehmerinnen in ein sozialpartnerschaftlich fundiertes Aushandlungssystem mit gesellschaftlichem Regulierungsanspruch übersetzte, existiert definitiv nicht mehr.

Neufundierung von Tarifpolitik – ein Projekt mit offenem Ausgang

Die soziale Ausgleichs- und Befriedungsfunktion des überkommenen Tarifsystems würde gerade unter den Bedingungen der aktuellen und absehbaren Umbrüche im Bereich von Arbeit und Beschäftigung dringend gebraucht, setzt aber eine Neufundierung voraus. Sich selbst bzw. den Tarifparteien allein überlassen tendiert das Tarifsystem zu einer Entwicklung, bei der ein auf (noch) wohlorganisierte Traditionssektoren zurückgeworfener, tendenziell abnehmender und durch das Herausbrechen vertretungsstarker Gruppen zusätzlich geschwächter

Bereich traditioneller Flächentarifpolitik, unvermittelte Partikularinteressenvertretung vertretungsstarker Gruppen und schlichte Individualisierung und Deregulierung nebeneinander existieren, mit Übergängen zwischen diesen Konstellationen. Gewerkschaftliche Strategien der tarifpolitischen Aktivierung von Beschäftigten und Erfolge bei der Mitgliedergewinnung haben unter den gegebenen Bedingungen das Potential, hier im Detail die Gewichte zu verschieben, kaum aber, diese Entwicklung grundsätzlich zu revidieren. Dazu bedürfte es staatlicher Stützung, die – und das macht die Schwierigkeit aus – das Prinzip der Tarifautonomie möglichst wenig beeinträchtigt. Das ist unproblematisch bei Tariftreuegesetzen, schwieriger bei Maßnahmen, die unmittelbar auf die Geltung und Reichweite von Tarifregelungen zielen. Nicht zufällig stellen sich bislang realisierte eher als partielle ad-hoc-Operationen dar, denn als Ausdruck einer konsistenten Strategie: Ausweitung des Entsendegesetzes zu einem allgemeinen Mindestlohngesetz, Pflegekommission und Konzertierte Aktion Pflege, geregelte und ad-hoc-Regulierung beim gesetzlichen Mindestlohn, die zudem nur Mindestniveaus fixieren, aber keine kompletten Tarifstrukturen abstützen. Ob und in welcher Weise im Hinblick darauf die marginalisierte AVE genutzt und ggf. modifiziert werden kann und sollte, und ob auch oder stattdessen steuer- und abgabenpolitische Instrumente genutzt werden sollten, die bei der Förderung der Gewerkschaftsmitgliedschaft ansetzen, ist durchaus umstritten (Franzen 2018; Deinert 2024).

Unabhängig davon gilt, dass Tarifpolitik im Umgang mit umfassenden und tiefgreifenden Veränderungen wie der anstehenden sozialökologischen Transformation definitiv an ihre Grenzen stößt. Krisenhafte Strukturbrüche betrafen in der Vergangenheit stets einzelne Branchen und ihre Bewältigung hatte den normalen, mehr oder weniger prosperierenden Gang der Geschäfte in der übrigen Ökonomie zur Voraussetzung. Tarifpolitik spielte dabei eine flankierende Rolle. Politisch brisante Strukturkrisen wie insbesondere im Bergbau in den 1960er und 1970er und dann wieder in den 2000er Jahren wurden durchweg über komplexe strukturpolitische Arrangements bewältigt, mit dem Staat als zentralem Akteur. An ihrem Zustandekommen waren Gewerkschaften wie Unternehmerverbände durchaus als einflussreiche Akteure beteiligt, aber erst in zweiter Linie als Tarifparteien. Tarifverträge zum strategischen Umgang mit den Beschäftigungsfolgen wie etwa der »Tarifvertrag Kohleausstieg« für die Braunkohleindustrie setzen jene politisch gesetzten und staatlich garantierten Rahmenbedingungen voraus. Das gilt absehbar umso mehr für die laufende digitale und sozialökologische Transformation, bei der es um nicht weniger geht, als die Ökonomie insgesamt auf eine neue Grundlage zu stellen. Für die Gestaltung der gesellschaftlichen Arbeits- und Beschäftigungsseite dieses Strukturwandels ist das tarifpolitische System sicherlich eine, wenn nicht die zentrale Arena. Dass es als solche fungieren kann, setzt aber die Einbindung in ein gesamtgesellschaftlich-politisches Arrangement voraus, das angesichts der Vielfalt involvierter Betroffenheiten und Interessen breit in der Zivilgesellschaft verankert sein und entsprechend mehr Parteien umfassen muss als der Tripartismus vergangener Jahrzehnte.

Literatur

Bartelheimer, P./Kädtler, J. (2012): Produktion und Teilhabe – Konzepte und Profil sozioökonomischer Berichterstattung. In: Berichterstattung zur sozioökonomischen Entwicklung in Deutschland. Teilhabe im Umbruch., Hrsg. Forschungsverbund Sozioökonomische Berichterstattung, 41–85. Wiesbaden.

Deinert, O. (2024): Die konditionierte Allgemeinverbindlicherklärung. Frankfurt am Main.

Franzen, M. (2018): Stärkung der Tarifautonomie durch Anreize zum Verbandsbeitritt. Frankfurt am Main.

Kädtler, J. (2012): Editorial: Sozialpartnerschaft in der Krise – Bewährung oder Krise der Sozialpartnerschaft? In: Industrielle Beziehungen 19: 357–366.

Kädtler, J. (2014): Tarifpolitik und tarifpolitisches System in der Bundesrepublik. In: Handbuch Gewerkschaften in Deutschland, Hrsg. Wolfgang Schroeder, 425–464. Wiesbaden.

Schroeder, W./Hassel, A. (2021): Auswirkungen der Transformation auf die deutsche Sozialpartnerschaft. In: Lemb, W. (Hrsg.), Perspektiven eines Industriemodells der Zukunft, Marburg 2021.

Welche Wirkung hat der gesetzliche Mindestlohn in Deutschland?

Arne Baumann

Deutschland hat im Jahr 2015 einen Mindestlohn eingeführt. Vor dem Hintergrund des traditionellen deutschen Systems von Tarifautonomie und Sozialpartnerschaft war dies ein ungewöhnlicher Schritt. Als staatlich verordnete Lohnuntergrenze erschien der Mindestlohn ein Fremdkörper in einem bis in die 2000er Jahre durch Flächentarifverträge geprägten System der industriellen Beziehungen. Tatsächlich war die Einführung eine Reaktion auf eine rückläufige Regelungsmacht der Tarifpartner, die eine stark abnehmende Tarifabdeckung und die Verbreitung von sehr niedrigen Löhnen, insbesondere in Ostdeutschland und in Branchen im Dienstleistungssektor, zur Folge hatte.

10 Jahre nach seiner Einführung stellt sich die Frage, wie sich der Mindestlohn als staatliche Intervention am Arbeitsmarkt bewährt hat und wie er sich in das deutsche System der industriellen Beziehungen eingefügt hat. Hierfür soll im Folgenden ein Überblick über wesentliche Ergebnisse aus der seit 2016 stattfindenden wissenschaftlichen Evaluation des Mindestlohns durch die Mindestlohnkommission gegeben werden (Mindestlohnkommission 2023).

Geltungsbereich und Eingriffstiefe des Mindestlohns

Der gesetzliche Mindestlohn gilt für alle Beschäftigten, mit Ausnahme von Minderjährigen ohne Berufsausbildung, Auszubildenden, bestimmten Arten von Praktika, Langzeitarbeitslosen in den ersten 6 Monaten nach Aufnahme einer neuen Beschäftigung sowie ehrenamtlichen Mitarbeitern. Für eine Übergangszeit bis Ende 2017 waren Löhne unterhalb des gesetzlichen Mindestlohns in Branchen mit tariflichen Mindestlöhnen zulässig, die auf dem Verordnungsweg für allgemeinverbindlich erklärt worden waren. Seit Januar 2018 gibt es keine derartigen Branchenausnahmen mehr.

Gemessen am Kaitz-Index für Vollzeitbeschäftigte, der das Verhältnis des Mindestlohns zum Medianlohn angibt, betrug der gesetzliche Mindestlohn in Deutschland bei seiner Einführung 48 Prozent und entsprach damit in etwa den Mindestlohnhöhen im Vereinigten Königreich (49 Prozent) und in den Niederlanden (46 Prozent). Im Jahr 2023 erreichte der deutsche Mindestlohn einen Kaitz-Wert von 52 Prozent (OECD 2025). Der Anteil der Arbeitnehmer, die vom neuen Mindestlohn betroffen waren, entsprach bei seiner Einführung etwa 4 Millionen Beschäftigungsverhältnisse, in denen zuvor weniger als 8,50 Euro brutto pro Stunde gezahlt wurde, was 11,3 Prozent aller Beschäftigungsverhältnisse entsprach (Mindestlohnkommission 2023: 55 f.). Mit der gesetzlichen Erhöhung des Mindestlohns auf 12 Euro im Oktober 2022 stiegen die Zahl und der Anteil der betroffenen Arbeitsplätze weiter auf 5,8 Millionen bzw. 14,9 Prozent der Gesamtbeschäftigung (Mindestlohnkommission 2023: 71).

Der Anteil der Beschäftigungsverhältnisse am Mindestlohn variiert je nach Region und Arbeitnehmergruppe. Daten aus der Verdiensterhebung (VE) des Statistischen Bundesamts von April 2022, als der Anteil der betroffenen Beschäftigungsverhältnisse insgesamt 3,9 Prozent betrug, zeigen einen höheren Anteil in Ostdeutschland (4,4 Prozent) als in Westdeutschland (3,8 Prozent). Der Anteil der betroffenen Frauen war ebenfalls höher als der der Männer (4,3 Prozent; 3,4 Prozent). Gleiches gilt für Beschäftigte mit nichtdeutscher Staatsangehörigkeit (5,6 Prozent) im Vergleich zu deutschen Beschäftigten (4,1 Prozent). Auch in Betrieben mit weniger als 5 Beschäftigten (9,1 Prozent), bei un- oder angelernten Arbeitskräften (9,4 Prozent), bei befristet Beschäftigten (6 Prozent) und bei nichttarifgebundenen Beschäftigten (6,1 Prozent) war die Betroffenheit vom Mindestlohn höher als im Durchschnitt. Geringfügig Beschäftigte waren besonders häufig vom Mindestlohn betroffen (14,7 Prozent) (Mindestlohnkommission 2023: 57).

Auswirkungen des Mindestlohns auf Verdienste

Der Mindestlohnkommission obliegt die laufende Evaluation des Mindestlohns. Hierfür hat sie im Laufe ihres zehnjährigen Bestehens rund 45 wissenschaftliche Studien beauftragt, die unterschiedliche Aspekte und Dimensionen der Wirkung des Mindestlohns untersucht haben. An erster Stelle bei der Evaluation des Mindestlohns steht die Untersuchung des Effekts auf die Verdienste der Beschäftigten. Die Einführung des Mindestlohns hat Kausalstudien mit Daten des SOEP zufolge fast durchweg zu einem deutlichen Anstieg der Stundenlöhne auf Grundlage der vertraglichen Arbeitszeit geführt (u. a. Bachmann et al. 2022). Diese Effekte hielten bis 2019 an und lagen für Beschäftigte, die vor der Einführung des Mindestlohns einen Stundenlohn von unter 8,50 Euro hatten, zwischen 3,9 Prozent und 6,7 Prozent. Trotz des Anstiegs des Stundenlohns finden sich Effekte auf den Monatslohn seltener (u. a. Bachmann et al. 2022). Das deutet daraufhin, dass die Wochenarbeitszeiten von Mindestlohnbeschäftigten reduziert wurden.

Veränderungen der Arbeitszeit

Kausalanalysen zu den Auswirkungen des Mindestlohns für die Jahre 2015 bis 2019 ergaben übereinstimmend eine Verringerung der vertraglichen Arbeitszeiten unmittelbar nach der Einführung des Mindestlohns im Jahr 2015 (Dütsch et al. 2025; Ohlert 2023). Der Umfang der absoluten Veränderungen der Arbeitszeit variierte dabei je nach Studie und Forschungsdesign stark zwischen 9 Minuten und 1,7 Stunden pro Woche. Für spätere Jahre unterscheiden sich die Ergebnisse nach Untersuchungsebene (Individuum, Region, Betrieb) und nach Datenquelle.

Auswirkungen des Mindestlohns auf Beschäftigung

Alle seit Einführung des Mindestlohns durchgeführten Kausalstudien zeigen einen geringen negativen Effekt des Mindestlohns auf die Beschäftigung, der ursächlich auf einen Rückgang der ausschließlich geringfügigen Beschäftigung (Minijobs) zurückgeht (u. a. Caliendo et al. 2023). Nach Berechnungen von Börschlein und Bossler (2019) reichen die absoluten Beschäftigungseffekte des Mindestlohns auf die Gesamtbeschäftigung in verschiedenen Studien von einem Zuwachs von etwa 11.000 Arbeitsplätzen bis zu einem Verlust von etwa 200.000 Arbeitsplätzen.

Auswirkungen des Mindestlohns auf Lohnkosten, Gewinne und andere betriebliche Parameter

Die Einführung des Mindestlohns hatte kurzfristig negative Auswirkungen auf betriebliche Investitionen, die aber nicht von Dauer waren (Bossler et al. 2022: 88 ff.). Darüber hinaus sind laut den Studien von Bossler et al. die Gewinne von Mindestlohnbetrieben aufgrund der Einführung des Mindestlohns gesunken. Im

Zeitraum von 2015 bis 2019 führte die Einführung des Mindestlohns zu einer Verringerung der Gewinne um etwa 6,6 bis knapp 9 Prozent in betroffenen Unternehmen (Bossler et al. 2022: 76 ff.). Übereinstimmend kommen die dazu vorliegenden Studien auch zum Ergebnis, dass Betriebe die mindestlohnbedingten Lohnkostenanstiege mindestens zum Teil auf die Preise von Produkten und Dienstleistungen überwälzt haben, wo immer die Markt- und Wettbewerbssituation dies zugelassen hat (Link 2024). Daten der VSE/VE und des SOEP weisen schließlich auf eine unvollständige Umsetzung des Mindestlohns in den Betrieben hin. Der Umfang der festgestellten Nichteinhaltung variiert jedoch stark je nach Datenquelle und tritt offensichtlich vermehrt in den Monaten nach einer Anpassung des Mindestlohns auf (Mindestlohnkommission 2023: 87 ff.).

Der Mindestlohn und Tariflöhne

Das Mindestlohngesetz gibt für die Anpassung der Höhe des Mindestlohns gesetzliche Kriterien vor, an die die Mindestlohnkommission gebunden ist. Im Gesetzgebungsprozess haben die Sozialpartner darauf gedrängt, dass sich die Anpassung des Mindestlohns nachlaufend an der Tarifentwicklung orientiert (Riechert und Nimmerjahn 2017: 212 f.). Den Sozialpartnern war wichtig, dass der Mindestlohn den Tariflöhnen folgt und nicht umgekehrt. Bispinck et al. (2023) untersuchten den Zusammenhang zwischen der Mindestlohnanhebung auf 12 Euro und Tarifverhandlungen. Die durch den Mindestlohn bedingten Anpassungen der Tarifentgelte führten zu überdurchschnittlichen Lohnerhöhungen in den untersten Lohngruppen. In geringerem Umfang wurden auch höhere Lohngruppen angehoben. Die Anpassung an den Mindestlohn von 12 Euro hat somit zu einer deutlichen Anhebung des Niveaus der Tarifentgelte in tariflich organisierten Niedriglohnsektoren geführt.

Fazit

Der gesetzliche Mindestlohn hat sich als institutioneller Neuling im deutschen System der Arbeitsmarktregulierung in den ersten zehn Jahren seiner Existenz gut geschlagen. Er hat sich positiv auf die Lohndynamik am unteren Ende der Lohnskala ausgewirkt, ohne bedeutsame negative Auswirkungen am Arbeitsmarkt oder in der Gesamtwirtschaft nach sich zu ziehen. Auf Basis der vorliegenden Studienlage sind die stärksten Auswirkungen des Mindestlohns nach seiner Einführung zu beobachten gewesen. Die auf der Grundlage der vertraglichen Arbeitszeit berechneten Stundenlöhne stiegen, was mit einer Verringerung der vertraglichen Arbeitszeit einherging. Der Mindestlohn reduzierte auch die Lohnspreizung und den Gender Pay Gap. Er hatte keine negativen Auswirkungen auf die Gesamtbeschäftigung, reduzierte jedoch die geringfügige Beschäftigung. Die meisten Wirkungsstudien umfassen bisher den Zeitraum bis Mitte des Jahres 2022 und beinhalten noch keine Befunde zu den Effekten der Anhebung des Mindestlohns auf 12 Euro von Oktober 2022. Erste Hinweise deuten darauf hin, dass die Effekte in Art und Umfang denen sehr ähnlich sind, die bei der Einführung des Mindestlohns zu beobachten waren. Detaillierte Ergebnisse dazu sind im nächsten Evaluationsbericht der Mindestlohnkommission zu erwarten.

Literatur

Bachmann, R./Boockmann, B./Gonschor, M./Kalweit, R./Klauser, R./Laub, N./Rulff, C./Vonnahme, C. (2022): Auswirkungen des gesetzlichen Mindestlohns auf Löhne und Arbeitszeiten. Studie im Auftrag der Mindestlohnkommission, RWI – Leibniz Institut für Wirtschaftsforschung und Institut für Angewandte Wirtschaftsforschung, Essen.

Bispinck, R./Fulda, C./Lesch, H./Lübker, M./Schröder, C./Schulten, T./Vogel, S. (2023): Auswirkungen des gesetzlichen Mindestlohns auf das Tarifgeschehen. Studie im Auftrag der Mindestlohnkommission, Institut der deutschen Wirtschaft Köln und Wirtschafts- und Sozialwissenschaftliches Institut der Hans-Böckler-Stiftung, Köln und Düsseldorf.

Börschlein, B./Bossler, M. (2019): Eine Bilanz nach fünf Jahren gesetzlicher Mindestlohn: Positive Lohneffekte, kaum Beschäftigungseffekte, IAB-Kurzbericht 24/2019, Institut für Arbeitsmarkt- und Berufsforschung (IAB), Nürnberg.

Bossler, M./Gürtzgen, N./Börschlein, B./Wiemann, J. S. (2022): Auswirkungen des gesetzlichen Mindestlohns auf Betriebe und Unternehmen. Studie im Auftrag der Mindestlohnkommission, Institut für Arbeitsmarkt- und Berufsforschung (IAB), Nürnberg.

Caliendo, M./Olthaus, R./Pestel, N. (2023): Auswirkungen des gesetzlichen Mindestlohns auf Beschäftigung und Arbeitslosigkeit (Update 2022/2023). Studie im Auftrag der Mindestlohnkommission, Evaluation Office Caliendo und Partner, Berlin.

Dütsch, M./Ohlert, C./Baumann, A. (2025): The Minimum Wage in Germany: Institutional Setting and a Systematic Review of Key Findings, Journal of Economics and Statistics 245, 113–151.

Link, S. (2024): The price and employment response of firms to the introduction of minimum wages, Journal of Public Economics 239, 1–18.

Mindestlohnkommission (2023): Vierter Bericht zu den Auswirkungen des gesetzlichen Mindestlohns. Bericht der Mindestlohnkommission an die Bundesregierung nach § 9 Abs. 4 Mindestlohngesetz, Berlin.

OECD (2025): Minimum relative to average wages of full-time workers. Abrufbar unter: https://data-viewer.oecd.org?chartId=f242f70f-b512-4908-8a47-245d18f2ed70 (Abfragedatum: 07.02.2025).

Ohlert, C. (2023): Auswirkungen des gesetzlichen Mindestlohns auf Geschlechterungleichheiten bei Arbeitszeiten und Verdiensten, *Soziale Welt* 74, 562–588.

Riechert, C./Nimmerjahn, L. (2017): Mindestlohngesetz: Kommentar, München, 2. Auflage.

Wie kann die Tarifbindung in Deutschland gesteigert werden?

Anke Hassel und Pit Jasper Lee

Tarifverträge regulieren Gehälter und Arbeitszeiten und ermöglichen dadurch Beschäftigten in tarifgebundenen Unternehmen bessere Arbeitsbedingungen. So verdienen Beschäftigte in tarifgebundenen Betrieben trotz einer geringeren Wochenarbeitszeit von 53 Minuten ungefähr 10 Prozent höhere Gehälter als Beschäftigte, die in vergleichbaren Betrieben ohne Tarifvertrag arbeiten (Lübker und Schulten 2024, 11).[1]

Trotz der Vorteile von Tarifverträgen für Beschäftigte sinkt die Tarifbindung in Deutschland seit Jahrzehnten. Arbeiteten im Jahr 2000 noch knapp 70 Prozent der Beschäftigten in Betrieben mit Tarifverträgen, sind es im Jahr 2023 weniger als 50 Prozent (Lübker und Schulten 2024, 10). Damit gehört Deutschland innerhalb der EU zu den Ländern mit einer unterdurchschnittlichen Tarifbindung. In Südeuropa, Kontinentaleuropa und den nordischen Ländern ist die Tarifbindung über 70 Prozent, während in den meisten osteuropäischen Ländern die Tarifbindung sehr schwach ist. Mit einer Tarifbindung von 49 Prozent gehört Deutschland zur Gruppe der Länder mit mittlerer Tarifbindung, zu der beispielsweise auch Tschechien (35 Prozent) und Irland (34 Prozent) zählen (Hassel 2022).

Die unterschiedlichen Tarifbindungen der Länder resultieren aus einer Reihe von Faktoren, die auf die Institutionen und Akteure der Arbeitsbeziehungen zurückführen. Es gibt eine große Vielfalt an Tarifverhandlungssystemen, die von dezentralisierten, auf Unternehmensebene angesiedelten Systemen bis hin zu hoch zentralisierten Systemen reichen, bei denen Verhandlungen auf gesamtwirtschaftlicher Ebene stattfinden. Gewerkschaften und Arbeitgeberverbände sind ebenfalls sehr unterschiedlich. Ein umfassendes Verständnis der vielfältigen nationalen Arbeitsbeziehungen ermöglicht die Identifikation der Faktoren, die die Tarifbindung beeinflussen.

Der wichtigste Faktor ist die Ebene der Tarifverhandlungen. Die Tarifbindung steigt mit der Zentralisierung der Lohnverhandlungen. Verhandeln

1 Dieser Text basiert auf Hassel (2022).

Gewerkschaften und Arbeitgeber auf Unternehmensebene, gilt die Tarifbindung nur für das jeweilige Unternehmen und es ist schwieriger, die Tarifbindung durch den Abschluss einzelner Vereinbarungen mit einzelnen Unternehmen zu erhöhen. Verhandeln die Sozialpartner hingegen auf sektoraler oder nationaler Ebene, ist es viel wahrscheinlicher, dass eine größere Gruppe von Unternehmen, wenn nicht sogar alle, von der Vereinbarung erfasst wird (Abbildung 1). Die Zentralisierung der Lohnverhandlung korreliert mit der Tarifbindung mit einem Wert von 0,88. Andere Einflussfaktoren umfassen die Möglichkeit der Allgemeinverbindlichkeit von Tarifverträgen (Korrelationskoeffizient 0,61), die Gewerkschaftsmitgliedschaft (0,55) sowie dem Grad der Koordination und staatlicher Eingriffe. Die hohen Korrelationswerte zeigen, dass die Tarifbindung das Ergebnis von sich wechselseitig beeinflussender Faktoren ist, das auf rechtlichen Mechanismen, Institutionen und starken Akteuren beruht.

Warum ist die Tarifbindungen in Deutschland in den letzten Jahrzenten gesunken? Es lassen sich drei zentrale Gründe für die Erosion der Tarifbindung ausmachen.

– Erstens haben Arbeitgeberverbände in den letzten drei Jahrzehnten aktiv die Tarifbindung abgebaut, indem sie die Möglichkeit der Mitgliedschaft in Arbeitgeberverbänden ohne Teilnahme an Tarifverhandlungen (OT-Mitgliedschaft – Mitglieder ohne Tarifbindung) eingeführt haben. Die OT-Mitgliedschaft war eine Antwort auf Spannungen innerhalb der Arbeitgeberverbände, da Zulieferer und Hersteller Teil desselben Tarifvertrags, aber auch derselben Lieferketten waren. Kleine Zulieferer standen unter starkem Kostendruck von Herstellern, den sie innerhalb bestehender Entgeltvereinbarungen nicht bewältigen konnten (Günther und Höpner, 2022). Darüber hinaus haben Arbeitgeber begonnen, sich gegen die Allgemeinverbindlichkeit von Tarifverträgen zu wehren. Der Spitzenverband der Arbeitgeber BDA verfügt über ein Vetorecht bei der Allgemeinverbindlichkeit. Dies steht im Gegensatz zu anderen EU-Ländern, in denen das letzte Wort bei den Arbeitsministerien liegt. Seit 2000 haben deutsche Arbeitgeber ihr Veto aktiv genutzt. Dies liegt teilweise an einer grundsätzlichen Haltung der Arbeitgeber gegen staatliche Intervention in die Lohnverhandlungen (Paster et al., 2020). Es ist auch eine Folge des Drucks auf die deutschen Tarifverhandlungen in den 1990er Jahren, als Unternehmen mit höheren Kosten und schärferem Wettbewerb auf den wichtigsten Exportmärkten konfrontiert waren. Die Dualisierung der deutschen Wirtschaft zwischen einem wettbewerbsfähigen Exportsektor und einer kostengünstigen Dienstleistungswirtschaft sowie die schwachen Gewerkschaften im Dienstleistungssektor führten dazu, dass die Löhne im Dienstleistungssektor niedrig blieben (Hassel, 2014). Infolgedessen sank die Anzahl der Allgemeinverbindlichkeitserklärungen von 146 im Jahr 1996 auf 38 im Jahr 2016 (Günther und Höpner 2022, 10). Dies trägt ebenfalls zu sinkenden Tarifbindungsraten bei.

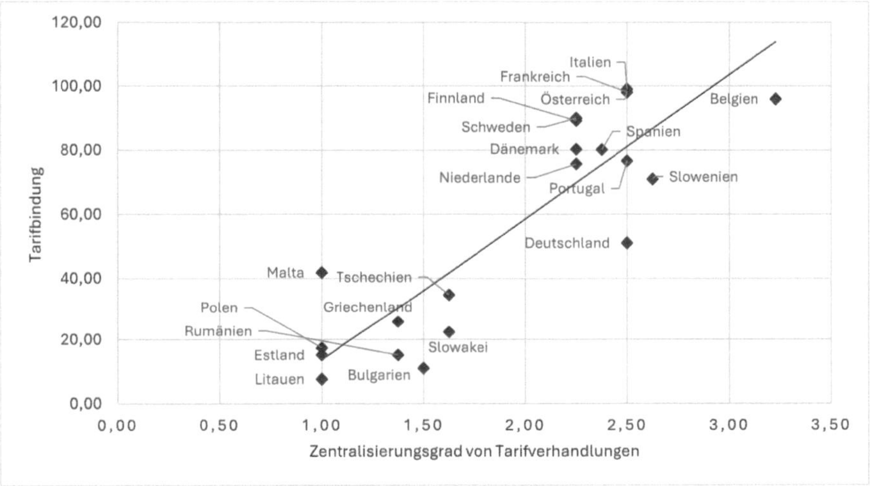

Abbildung 1: Zentralisierung von Tarifverhandlungen und Tarifbindung
Quelle: OECD and AIAS (2021)

- Zweitens war selbst Westdeutschland immer ein Land mit mittlerer Zentralisierung. Im Vergleich zu den kleineren nordischen und Benelux-Ländern sowie Österreich, aber auch den stärker zentralisierten südeuropäischen Ländern wie Italien, Spanien und Frankreich, sind die Tarifverhandlungsstrukturen stärker nach Sektoren und Regionen differenziert und die regionalen Tarifverträge waren Orientierungspunkte aber nicht zentral gesteuert. Der DGB als nationale Dachorganisation hat keine Tarifrechte und koordiniert die Tarifpolitik der Branchengewerkschaften nicht. Tarifverhandlungen auf nationaler Ebene sind äußerst selten und beschränken sich auf spezielle Branchen wie Banken, einzelne Bereiche des öffentlichen Sektors und die Bahn. Seit der Wiedervereinigung haben Dezentralisierungstendenzen in Tarifverhandlungen zugenommen. Die zunehmende Dezentralisierung ist ein wichtiger Faktor, der die sinkende Tarifbindung in Deutschland erklärt (siehe Abbildung 1).
- Drittens liegt Deutschland geografisch im Herzen Ost- und Westeuropas und vereint das Erbe des ehemaligen sozialistischen Ostdeutschlands mit den Institutionen des korporatistischen Westdeutschlands. Im Zuge der Wiedervereinigung wurden westliche Institutionen auf die östlichen Bundesländer

> übertragen, es fehlte jedoch sowohl die wirtschaftliche Basis (große Unternehmen im verarbeitenden Gewerbe) als auch die verbandliche Stärke. Die Gewerkschaftsmitgliedschaft in Ostdeutschland folgte dem Trend anderer osteuropäischer Länder und ging schnell zurück. Beide Phänomene – schwache industrielle Basis und geringe Unterstützung für Arbeitgeberverbände und Gewerkschaften – spielen bis heute eine Rolle für die niedrigere Tarifbindung in Ostdeutschland. Die Stärke der westdeutschen Gewerkschaften konnte daher nicht auf die östlichen Bundesländer übertragen werden, da die ostdeutschen Bezirke selbstständig verhandelten. Selbst die Ausweitung der Gewerkschaftsstrukturen in den Osten in den 1990er Jahren reichte nicht aus, um robuste Arbeitsbeziehungsstrukturen aufzubauen. Gewerkschaften konnten die Lücken zu Westdeutschland in Bezug auf Lohnniveaus und Repräsentation nicht vollständig schließen.

Wie alle EU-Mitgliedstaaten ist Deutschland seit 2022 dazu angehalten, eine Tarifbindung von 80 Prozent zu erreichen. Die EU-Richtlinie über faire und angemessene Mindestlöhne, die 2022 verabschiedet wurde, stärkt die Steuerung und das Niveau der gesetzlichen Mindestlöhne in den EU-Mitgliedstaaten. In einem zweiten Schritt fordert die Richtlinie die Mitgliedstaaten auf, Tarifverhandlungen zu fördern. Länder, in denen die Tarifbindung unter 80 Prozent liegt, sind verpflichtet, konkrete Maßnahmen zu ergreifen, um dieses Ziel zu erreichen. Als Reaktion darauf müssen die Mitgliedstaaten Aktionspläne vorlegen.

Wenn man die Tarifbindung als Ergebnis des breiteren Systems der Arbeitsbeziehungen betrachtet, wird klar, dass die Rolle der Regierung begrenzt ist. Die Regierung kann die Tarifverhandlungen indirekt unterstützen, indem sie die öffentliche Beschaffung an Tarifverträge in Unternehmen bindet, die sich um Regierungsaufträge bewerben (Tariftreueregelungen). Andere politische Maßnahmen, wie die Allgemeinverbindlichkeit, können dazu beitragen, die Tarifbindung zu unterstützen, erfordern jedoch die Zustimmung anderer Akteure und könnten auf rechtliche Beschränkungen stoßen. Angesichts der zentralen Rolle nationaler Arbeitsbeziehungen und der begrenzten direkten Einflussmöglichkeiten der deutschen Regierung auf die Ausweitung der Tarifbindung stellt sich die Frage, wie die neue Bundesregierung auf die Anforderungen der EU-Richtlinie reagieren sollte.

Um die Tarifbindung zu erhöhen, müsste ein nationaler Aktionsplan eine Reihe von Maßnahmen ansprechen, darunter Allgemeinverbindlichkeit, öffentliche Beschaffung und die generelle Stärkung der Gewerkschaften. Erstens sollte das Vetorecht der Spitzen-Arbeitgeberverbände bei branchenspezifischen Tarifverhandlungen hinterfragt und reformiert werden. Branchentarifverträge sollten eine Reihe von Kriterien erfüllen, um auf alle Unternehmen eines Sektors ausgeweitet werden zu können. Die Entscheidung sollte von den Sozialpartnern des betreffenden Sektors getroffen werden und nicht von der Unterstützung anderer Sektoren abhängen, da dies zu intersektoralen Konflikten führt. Arbeitgeber könnten ermutigt werden, Spannungen innerhalb der Lieferketten zu lösen, indem sie Tarifverträge an unterschiedliche Zahlungsfähigkeiten anpassen.

Zweitens kann und sollte die öffentliche Beschaffung gezielter genutzt werden, um Tarifverhandlungen zu fördern. In der Landesgesetzgebung wurden Tarifverträge bereits als Voraussetzung für die Vergabe von Regierungsaufträgen eingeführt. Mittlerweile haben etwa die Hälfte der deutschen Bundesländer die öffentliche Beschaffung an Tarifverträge gekoppelt (Schulten, 2021). Die neue Bundesregierung will die Tarifbindung stärken und dafür ein Tariftreuegesetz auf Bundesebene einführen, so dass öffentliche Aufträge des Bundes ausschließlich an tarifgebundene Unternehmen vergeben werden. Dies würde die Tarifbindung in Deutschland weiter stärken und perspektivisch ausweiten.

Drittens hängen Tarifverhandlungen von dem Druck ab, den Gewerkschaften auf Arbeitgeber ausüben, um diese zu Tarifverhandlungen oder zum Beitritt zu einem Arbeitgeberverband zu bewegen. Deutsche Gewerkschaften haben in den letzten 30 Jahren kontinuierlich Mitglieder verloren und es erst kürzlich geschafft, diesen Rückgang zu stoppen. Gleichzeitig gab es mehr Unterstützung für kleinere Gewerkschaften und Berufsverbände, die mit dem DGB konkurrieren. Gesetzliche Änderungen im Jahr 2016 stärkten die Rolle großer Gewerkschaften gegenüber kleineren. Da die Gewerkschaften eine schwache Mitgliederbasis haben, sollte ein Aktionsplan auch Gewerkschaften und Arbeitgeber ermutigen, an ihrer Mitgliederbasis zu arbeiten. Arbeitgeber sollten dazu angeregt werden, die OT-Mitgliedschaft aufzugeben und stattdessen Tarifverträge zu fördern, die für alle Mitglieder geeignet sind.

Der allmähliche langfristige Rückgang der Tarifbindung in Deutschland ist das kombinierte Ergebnis schwacher sektoraler und regionaler Verhandlungsstrukturen, der Schwäche der Arbeitsbeziehungen in den östlichen Bundesländern, des Rückgangs der Gewerkschaften, der internen Konflikte der Arbeitgeberverbände im verarbeitenden Gewerbe und des aktiven Einsatzes von Vetorechten durch Arbeitgeber gegen die Allgemeinverbindlichkeit. Auch wenn es schwierig sein wird, das Vetorecht zu beseitigen, könnten die Bedingungen für dessen Nutzung neu definiert werden, um eine bessere Praxis zu ermöglichen.

Konkret könnte die neue Bundesregierung das Vetorecht der Arbeitgeber abschaffen und ein Tariftreuegesetz auf Bundesebene einführen. Nichtsdestotrotz bleibt der direkte Einfluss der Regierung auf die Tarifbindung begrenzt. Sie kann zwar die Rahmenbedingungen so gestalten, dass Tarifverhandlungen institutionell begünstigt werden, doch es liegt weiterhin an den Sozialpartnern, umfassende und sozialverträgliche Tarifverträge abzuschließen. Gute Arbeitsbedingungen und angemessene Löhne werden auch in Zukunft entscheidend sein, um Fachkräfte für Unternehmen zu gewinnen. Eine Stärkung der Tarifverhandlungen und die damit einhergehende höhere Tarifbindung sind somit zentralen Maßnahmen, um den vielfältigen Herausforderungen auf dem Arbeitsmarkt entgegenzutreten.

Literatur

Günther W./Höpner M. (2022): Why does Germany abstain from statutory bargaining extensions? Explaining the exceptional German erosion of collective wage bargaining. Economic and Industrial Democracy. Epub ahead of print 6 January 2022. DOI: 10.1177/0143831X211065783.

Hassel, A. (2022): Round Table. Mission impossible? How to increase collective bargaining coverage in Germany and the EU. Transfer: European Review of Labour and Research, 28(4), 491–497.

Lübker, M./Schulten, T. (2024): Tarifbindung in den Bundesländern: Entwicklungslinien und Auswirkungen auf die Beschäftigten (No. 103). Analysen zur Tarifpolitik.

OECD and AIAS (2021): Institutional Characteristics of Trade Unions, Wage Setting, State Intervention and Social Pacts. Paris: OECD Publishing.

Paster, T./Oude Nijhuis, D./Kiecker, M. (2020): To extend or not to extend: explaining the divergent use of statutory bargaining extensions in the Netherlands and Germany. British Journal of Industrial Relations 58 (3): 532–557.

Schulten, T. (2021): Tariftreue und Vergabe-Mindestlohn in Thüringen. WSI Policy Brief No. 58. Düsseldorf: WSI.

Ist Deutschland eine Streikrepublik?

Alexander Busch, Lukas Lehner und Kilian Weil

Deutschland galt im internationalen Vergleich lange als Musterbeispiel für konsensuale Arbeitsbeziehungen mit geringer Streikintensität. Doch der Einfluss der Sozialpartnerschaft ist durch das Sinken der Tarifbindung und betrieblicher Mitbestimmung durch Betriebsräte schrittweise zurückgegangen (Hassel, 1999). Gleichzeitig hat der langfristige Mitgliederrückgang die Mobilisierungsstärke und dadurch die strukturelle Verhandlungsmacht der Gewerkschaften geschwächt, was zu einer weiteren Erosion der Sozialpartnerschaft beigetragen hat (Hassel and Schroeder, 2019). Mit einer schwindenden sozialpartnerschaftlichen Einbindung und dem zunehmenden Druck, neue Mitglieder zu gewinnen, treten Gewerkschaften heute konfliktorientierter als in der Vergangenheit auf.

Faktisch vergeht heute kaum ein Tag in Deutschland ohne einen Streik. Während Arbeitskämpfe in der zweiten Hälfte des 20. Jahrhunderts vor allem von Industriearbeiter:innen getragen wurden, sind es seit den 2000er Jahren zunehmend Angestellte in Dienstleistungsbranchen, die streiken (Dribbusch, 2019). Dennoch bleiben viele dieser Arbeitskämpfe weitgehend unbemerkt, da sie das tägliche Leben der Bevölkerung kaum beeinträchtigen, während wenige Streiks große öffentliche Aufmerksamkeit erregen (Schulten, 2024). Besonders sichtbar sind Arbeitskämpfe bei der Deutschen Bahn, wo sowohl die Lokführergewerkschaft GDL als auch die Eisenbahn- und Verkehrsgewerkschaft EVG regelmäßig miteinander um Mitglieder konkurrieren. Auch die Fluglotsenstreiks haben große Aufmerksamkeit erreicht, als sie den Flugverkehr zeitweise zum Stillstand brachten. Ver.di setzt regelmäßig Arbeitskampfmaßnahmen ein, insbesondere im öffentlichen Nahverkehr oder bei Flughafensicherheitskräften (Creutzburg et al., 2024). Im Gegensatz dazu sind Arbeitskämpfe in der Industrie in jüngerer Vergangenheit relativ selten.

Empirische Streikerfassung im Vergleich

Unsere Analyse der Streiks in Deutschland stützt sich auf mehrere Quellen, die sich gegenseitig ergänzen und eine umfassende historische Dimension abbilden. Die längste öffentliche Zeitreihe wird von der Bundesagentur für Arbeit (BA) bereitgestellt und reicht bis ins Jahr 1949 zurück (Bundesagentur für Arbeit, 2024). Während die amtliche Streikstatistik die längste kontinuierliche Zeitreihe zu Streikaktivitäten in der Bundesrepublik bildet, ist davon auszugehen, dass dokumentierte Streiks systematisch untererfasst sind. Um der Erfassung des Gesamtausmaßes an Streikativitäten näher zu kommen, publiziert das Wirtschafts- und Sozialwissenschaftliche Institut (WSI) der Hans-BöcklerStiftung seit 2008 seine eigene jährliche Arbeitskampfstatistik auf Basis von Gewerkschaftsangaben, Pressemeldungen und Medienrecherchen (Dribbusch et al., 2024). Der Unterschied in der methodischen Herangehensweise führt zu einem höheren dokumentierten Streikaufkommen in der WSI Arbeitskampfstatistik im Vergleich zur amtlichen Statistik der Bundesagentur.

Es zeigt sich, dass Streiks in den letzten Jahren tatsächlich zugenommen haben, jedoch im langfristig historischen Vergleich weiterhin auf einem moderaten Niveau bleiben (Abbildungen 1 und 2). Dies gilt sowohl für die Anzahl der Streiktage (Panel A) als auch für die Zahl der streikenden Arbeitnehmer:innen (Panel B). Erst seit der Mitte der 2010er Jahre zeichnet sich eine verstetigende Dynamik ab. Angesichts des gleichzeitigen Anstiegs der Erwerbsbevölkerung fällt dieser Anstieg aber relativ betrachtet bestenfalls moderat aus.

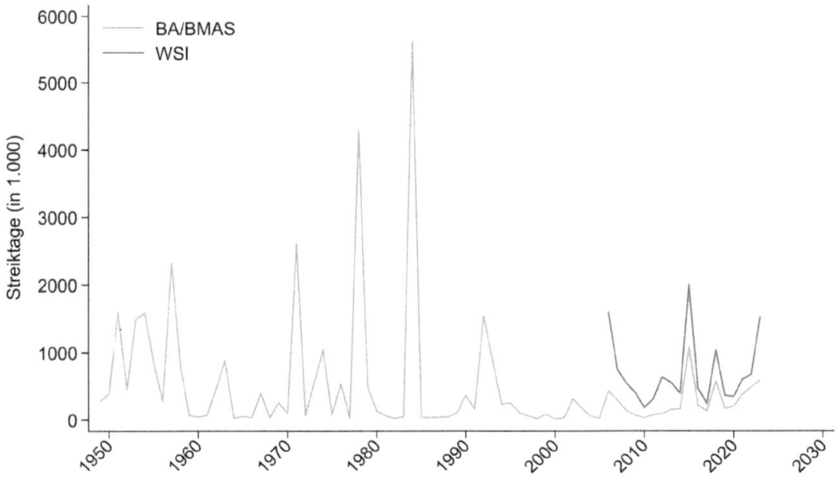

Abbildung 1: Streikaktivitäten seit 1950 – Streiktage

Anmerkung: Die Abbildung zeigt die jährliche Anzahl der Streiktage und die Anzahl der Streikenden in Deutschland seit 1950.

Quelle: Bundesagentur für Arbeit (2024) und Dribbusch et. al. (2024)

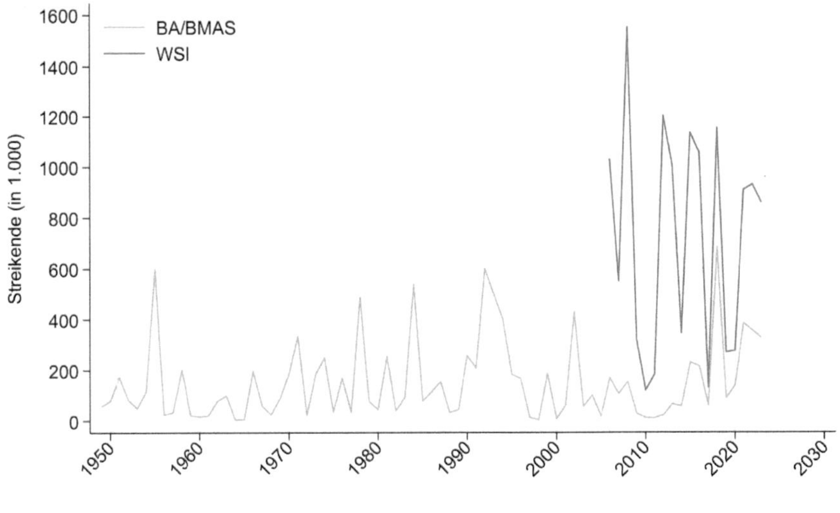

Abbildung 2: Streikaktivitäten seit 1950 – Streikende Arbeitnehmer:innen

Anmerkung: Die Abbildung zeigt die jährliche Anzahl der Streiktage und die Anzahl der Streikenden in Deutschland seit 1950.

Quelle: Quelle: Bundesagentur für Arbeit (2024) und Dribbusch et. al. (2024)

Striketracker: Mithilfe eines neuen Striketrackers können wir aktuelle Streikdynamiken nahezu in Echtzeit erfassen und sie in unterschiedliche Arten von Arbeits- kämpfe unterteilen. Wir nutzen dafür die Berichterstattung auf den Websites der Gewerkschaften als Proxy zur Dokumentation von Streiks. Im ersten Schritt verwenden wir Web-Scraping, um kontinuierlich Meldungen von Websites lokaler Gewerkschaftsorganisationen zu sammeln. Anschließend setzen wir supervised Machine Learning ein, um Berichte über Arbeitskämpfe zu identifizieren. Dieser Ansatz ermöglicht nicht nur die Erfassung von Streikaktivitäten, sondern auch eine differenzierte Klassifizierung verschiedener Protestformen – von Betriebsversammlungen über Warnstreiks bis hin zu Aussperrungen. Erste Auswertungen zeigen, dass die Streikaktivitäten seit Mitte der 2010er Jahre zugenommen haben, besonders seit 2021 (Abbildung 3).

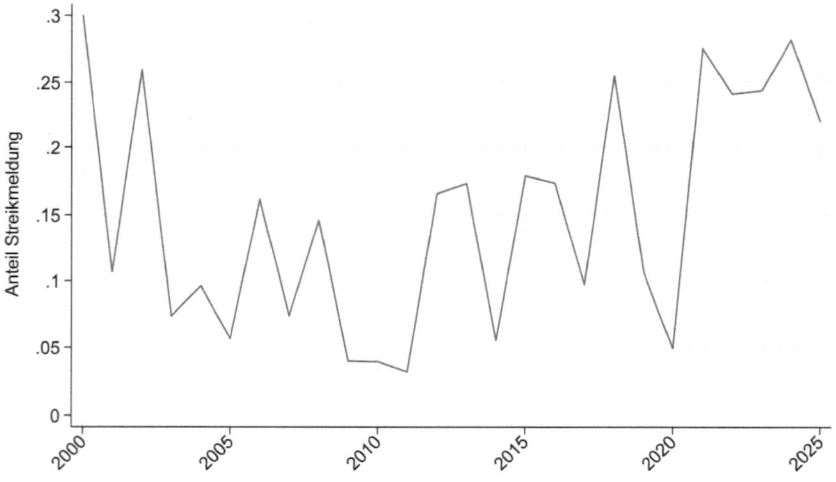

Abbildung 3: Dokumentierte Streiks durch den Striketracker
Anmerkung: Die Abbildung zeigt den Anteil an Streiks unter allen Websiteeinträgen von Gewerkschaftssektionen von IG Metall und ver.di.
Quelle: Striketracker

Wer streikt in Deutschland? Muster und Beteiligung im Überblick

Um zu dokumentieren, wer sich an Streiks beteiligt, nutzen wir die Verdiensterhebung aus 2022 und 2023 – ein neues Datenset mit verknüpften Arbeitgeber-

und Arbeitnehmerinformationen mit über 50.000 Betrieben und 9 Millionen Beschäftigten. Im Gegensatz zur früheren Verdienststrukturerhebung wird in der Verdiensterhebung explizit erhoben, ob ein Betrieb von einem Streik betroffen ist. Das ermöglicht uns erstmals zu dokumentieren, welche Gruppen an Arbeitnehmer:innen sich an Streiks beteiligen. Vorläufig sind allerdings nur Daten für den Monat April verfügbar.

Die Ergebnisse zeigen, dass der Dienstleistungssektor den überwiegenden Anteil an Streiks verzeichnet (Abbildung 4). Ein Teil des Dienstleistungssektors mit besonders hohem Streikaufkommen ist der Verkehr, auf den bereits fast jeder zehnte bestreikte Betrieb entfällt. Auf das verarbeitende Gewerbe entfallen hingegen nur 17 Prozent der streikenden Arbeitnehmer:innen bzw. ein gutes Viertel der bestreikten Betriebe. Dies ist unterproportional angesichts der Größe des produzierenden Gewerbes auf das 23 Prozent aller Beschäftigten entfallen. Damit zeigte das verarbeitende Gewerbe auch in jüngster Vergangenheit weiterhin friedlichere Arbeitsbeziehungen als Teile des Dienstleistungssektors.

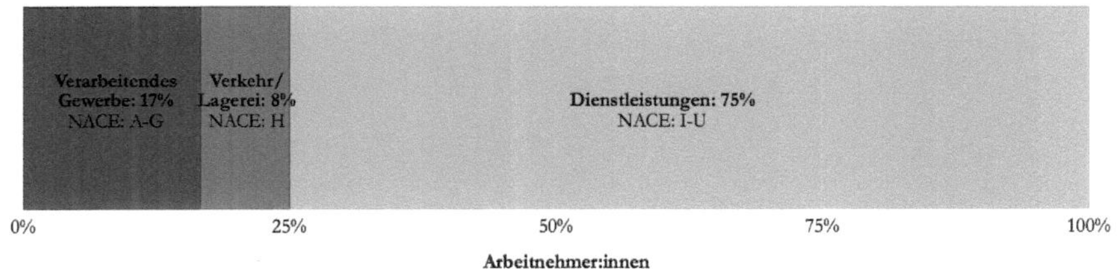

Abbildung 4: Welche Sektoren streiken?
Anmerkung: Die Abbildung zeigt den Anteil der streikenden Arbeitnehmer:innen nach wirtschaftlichen Sektoren. Das verarbeitende Gewerbe umfasst NACE Sektoren A-G, Verkehr/Lagerei umfasst den NACE Sektor H, der Dienstleistungssektor umfasst NACE Sektoren I-U.
Quelle: Verdiensterhebung 2022 und 2023 und eigene Berechnungen

Abbildung 5 zeigt ausgewählte sozioökonomische Merkmale unter streikenden Arbeitnehmer:innen sowie unter Beschäftigten mit und ohne Tarifvertrag im verarbeitenden Gewerbe und im Dienstleistungssektor. Da nur im Rahmen einer Tarifverhandlung gestreikt werden darf, umfassen die Streikenden größtenteils Arbeitnehmer:innen mit Tarifvertrag. Zusätzlich verdeutlicht der Vergleich mit Arbeitnehmer:innen ohne Tarifvertrag die Unterschiede zwischen den unterschiedlichen Gruppen an Beschäftigten.

Die Ergebnisse zeigen, dass der Anteil weiblicher Streikender in Dienstleistungen deckungsgleich mit nicht-streikenden tarifgebundenen Betrieben ist (56 Prozent). Im verarbeitenden Gewerbe beobachten wir jedoch, dass Frauen in streikenden Betrieben nur einen Bruchteil der Belegschaft ausmachen (15

Prozent)(Panel A). Auch Teilzeitbeschäftigte streiken deutlich seltener (Panel B). Hinsichtlich des Bildungsabschlusses sehen wir keine größeren Unterschiede: Der Anteil der Arbeitnehmer:innen mit mittlerer Bildung unterscheidet sich kaum zwischen den drei Gruppen (Panel C). Panel D verdeutlicht, dass sich streikende Betriebe im Vergleich zu nicht streikenden Betrieben häufiger in urbanen Zentren befinden.

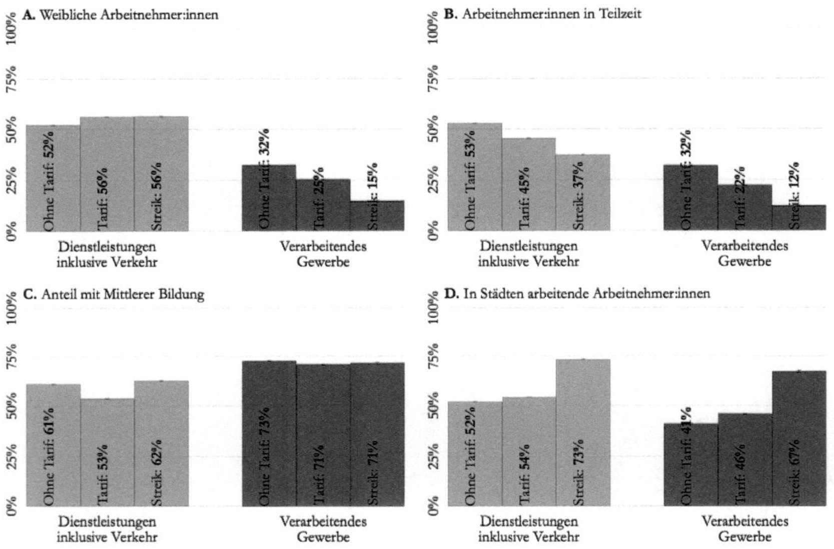

Abbildung 5: Ausgewählte Merkmale streikender Arbeitnehmer:innen
Anmerkung: Die Abbildung zeigt ausgewählte Charakteristika streikender Arbeitnehmer:innen nach Geschlecht, Teilzeit, Bildungsabschluss und Urbanisierung. Zum verarbeitenden Gewerbe zählen wir die Sektoren Landwirtschaft und Bergbau (NACE Sektoren A-G), der Dienstleistungssektor umfasst NACE Sektoren H-U. Panels A-D zeigen den Anteil des der Arbeitnehmer:inenn unter streikenden Arbeitnehmer:innen (mit Tarifvertrag) sowie unter nicht streikenden Arbeitnehmer:innen mit sowie ohne Tarifvertrag im Dienstleistungssektor und im verarbeitenden Gewerbe. Die Daten beziehen sich auf den Monat April des jeweiligen Jahres.
Quelle: Verdiensterhebung 2022 und 2023, eigene Berechnungen

Ausblick

Die Zunahme von Streiks in Deutschland war in den vergangenen Jahren kein flächendeckendes Phänomen, sondern konzentrierte sich vor allem auf den Dienstleistungssektor, insbesondere den Verkehr. Steigender Kostendruck und der wachsende Einfluss von Berufsgewerkschaften führten zu punktuellen Arbeitskämpfen, während die Kernbelegschaften der Industrie lange Zeit vergleichsweise stabile Beschäftigungsverhältnisse vorfanden (Hassel, 2014).

Nun stellt der wirtschaftliche Druck auf zentrale Industriezweige, insbesondere die Automobilbranche, das deutsche Wirtschaftsmodell vor fundamentale Herausforderungen und könnte eine Ausweitung breit angelegter Streiks auch im produzierenden Gewerbe nach sich ziehen. Ob dies durch eine Stärkung der Sozialpartnerschaft und strategische Koordinierung zwischen Gewerkschaften und Arbeitgebern – unterstützt durch die Bundesregierung – verhindert werden kann, wird maßgeblich vom Verhandlungsgeschick und der Kooperationsbereitschaft der beteiligten Akteure abhängen. Obwohl Streiks kurzfristig einen wirtschaftlichen Schaden bei Arbeitnehmer:innen und Arbeitgebern anrichten, ist die Streikdrohung und letztlich der Streik ein wirksames Druckmittel der Gewerkschaften zur Durchsetzung besserer Arbeitsbedingungen. Politische Einschränkungen des Streikrechts würden von daher eine einseitige Stärkung der Verhandlungsposition der Arbeitgeber bedeuten, was betriebliche Konflikte verschärfen würde. Entscheidend wird sein, die strategische Koordination in den Arbeitsbeziehungen durch inklusive Institutionen zu stärken, um soziale Konflikte zu entschärfen und breit geteilten Wohlstand sicherzustellen. Beispiele hierfür wären eine automatische Ausweitung der Tarifbindung, wie etwa in Frankreich oder Österreich, engere Koordination von Tarifverhandlung zur Fokussierung aufgesamtwirtschaftliche Ziele sowie ein Ausbau betrieblicher Mitbestimmungsmodelle (Jäger et al., 2022).

Die Qualität solcher Reformen kann durch die Schaffung von Evidenz verbessert werden. Lange Zeit verhinderten unzureichende Daten eine detaillierte Dokumentation der Arbeitsbeziehungen. Doch mit der Verdiensterhebung eröffnen sich nun neue Möglichkeiten für präzisere Analysen zu Streiks und Tarifverträgen, die der Forschung zu Arbeitsbeziehungen neue Impulse verleihen können. Mit dem Striketracker möchten wir dazu beitragen, ein umfassenderes Verständnis von Streikaktivitäten zu gewinnen und eine fundierte Datengrundlage zu schaffen, auf der politische Entscheidungen gezielt getroffen werden können.

Literatur

Bundesagentur für Arbeit (2024): Streikstatistik, Nürnberg.

Creutzburg, D./Schulten, T./Brenner, M./Birke, P./Artus, I./Lesch, H./Bahl, F. (2024): Streik. In: Aus Politik und Zeitgeschichte, 46.

Dribbusch, H. (2019): New Militancy in a Changing Industrial Landscape. In: Behrens, M. and Dribbusch, H., (eds.), Industrial Relations in Germany, 95–122, Baden-Baden.

Dribbusch, H./Schulten, T./Luth, M. S./Janssen, T. (2024): WSI Arbeitskampfbilanz 2023: 2023 – ein langes und turbulentes Arbeitskampfjahr. WSI Report Nr. 95, Hans- Böckler-Stiftung, Wirtschafts- und Sozialwissenschaftliches Institut (WSI), Düsseldorf.

Hassel, A. (1999): The Erosion of the German System of Industrial Relations. In: British Journal of Industrial Relations, 37 (3), 483–505.

Hassel, A. (2014): The paradox of liberalization – understanding dualism and the recovery of the German political economy. In: British Journal of Industrial Relations, 52 (1), 57–81.

Hassel, A./Schroeder, W. (2019): Trade Union Membership Policy: The Key to Stronger Social Partnership. In: Behrens, M./Dribbusch, H., (eds.), Industrial Relations in Germany, 73–94, Baden-Baden.

Jäger, S./Noy, S./Schoefer, B. (2022): What Does Codetermination Do? In: ILR Review, 75 (4), 857–890.

Schulten, T. (2024): Schon wieder Streik? Arbeitskämpfe in Deutschland im europäischen Vergleich. In: Aus Politik und Zeitgeschichte, 46, 9–15.

Warum funktioniert die Tarifautonomie in der Altenpflege nicht?

Saara Inkinen und Wolfgang Schroeder

Spätestens seit der Corona-Pandemie wird die Altenpflege als systemrelevanter Beruf gewürdigt. Doch die Realität in vielen Pflegeeinrichtungen sieht anders aus: Pflegekräfte kämpfen mit Personalmangel und Überlastung, während die Zahl der Pflegebedürftigen steigt. Die Arbeitsbedingungen sind oft anstrengend, geprägt von Zeitdruck, hoher Arbeitsdichte und physischen sowie psychischen Belastungen. Als Konsequenz ziehen immer mehr Pflegekräfte ihre eigenen Schlussfolgerungen und reagieren mit einer Verkürzung ihrer Arbeitszeit oder sogar einem vollständigen Ausstieg aus dem Beruf. Eine starke kollektive Interessenvertretung auf (über-)betrieblicher Ebene könnte zur dringend benötigten Aufwertung des Altenpflegeberufs beitragen. Allerdings sind die Arbeitsbeziehungen in der Altenpflege derzeit schwach ausgeprägt, was sich auch daran zeigt, dass schätzungsweise nur jeder fünfte Betrieb tarifgebunden ist (Lenzen/Evans-Borchers 2023, 37). Warum ist es so schwierig, ein funktionierendes System der Arbeitsbeziehungen in der Altenpflege, das auf einer starken Interessenvertretung der Beschäftigten aufbaut, zu etablieren? Dieser Frage soll im Folgenden nachgegangen werden.

Die Beschäftigten

Eine funktionierende Interessenvertretung der Beschäftigten in der Altenpflege muss »von unten« getragen werden. Jedoch erschwert ein geringes Bewusstsein für kollektives Handeln die Selbstorganisation der Pflegekräfte. Die karitativen Wurzeln und die zunehmende Ökonomisierung des Pflegeberufs bei gleichzeitiger Ausdifferenzierung der Arbeitstätigkeiten haben eine Berufsmentalität geprägt, die sowohl von Altruismus als auch einer schwachen Berufsidentifikation geprägt ist. Dieser Ausgangssituation entsprechend weisen Pflegekräfte insgesamt nur eine geringe Neigung zur Selbstorganisation auf. Zwar vertritt die

Mehrheit (58 Prozent) der beruflich Pflegenden die Meinung, sie könnten selbst etwas unternehmen, um die Rahmenbedingungen ihrer Arbeit zu verbessern (Schroeder/Inkinen 2025: 87). In der Praxis scheitert das Engagement jedoch häufig an Zeitmangel, berufliche Belastungen sowie der Sorge, dass die Durchsetzung eigener Beschäftigteninteressen zu Lasten des Patientenwohls gehen könnte. Besonders bei weniger qualifizierten und atypisch angestellten Pflegekräften wirkt ein geringes Selbstwirksamkeitserleben als zusätzliches Hindernis für kollektives Handeln.

Die Selbstorganisation der Beschäftigten leidet des Weiteren unter ihrer schwachen Verbindung zu Betriebsräten und Gewerkschaften. Obwohl diese maßgeblich dazu beitragen könnten, das Engagement der Pflegekräfte zu fördern, hatten die Beschäftigten noch nie oder kaum Kontakt zu ihnen. Auf der betrieblichen Ebene arbeiten etwa die Hälfte (51 Prozent) der Beschäftigten in einem Altenpflegebetrieb, der über einen Betriebsrat oder sonstiges Mitbestimmungsgremium verfügt (ebd.: 109). Zudem ist nur jede zehnte (11 Prozent) Pflegekraft Gewerkschaftsmitglied (ebd.: 128). Folglich haben die Pflegekräfte kaum eine Vorstellung davon, was die Vertretungen konkret tun und welche Vorteile eine Mitgliedschaft mit sich bringt. Auch wenn die Beschäftigten Betriebsräten und Gewerkschaften grundsätzlich positiv gegenüberstehen, ist es ihnen bislang nur unzureichend gelungen, ein Bewusstsein für die Bedeutung kollektiven Handelns in der Branche zu schaffen.

Schließlich wird die Selbstartikulation der beruflich Pflegenden durch einen ausgeprägten Etatismus gehemmt: Für die Mehrheit der Pflegekräfte (88 Prozent) trägt der Staat die Verantwortung, für Verbesserungen in der Altenpflege zu sorgen (ebd.: 75 f.). Die starke Erwartungshaltung führt einerseits dazu, dass den Arbeitnehmervertretungen (51 Prozent) und den Beschäftigten selbst (40 Prozent) nur eine geringe Bedeutung bei der Aufwertung des Altenpflegeberufs beigemessen wird (ebd.). Andererseits werden auch die Arbeitgeber seltener als die Politik adressiert (71 Prozent), obwohl diese einen erheblichen Einfluss auf die Arbeitsbedingungen ausüben könnten (ebd.). Für die Entwicklung kollektiver Arbeitsbeziehungen ist diese Sicht besonders problematisch, weil die Auseinandersetzung mit den Arbeitgebern vernachlässigt wird.

Ver.di

Um die Verwerfungen auf dem Arbeitsmarkt der Altenpflege im Rahmen der Tarifautonomie verhandlungsbasiert bearbeiten zu können sind starke Gewerkschaften und gestaltungswillige Arbeitgeberorganisationen notwendig.

Indes zeichnet sich die Branche allerdings durch eine Asymmetrie zwischen den »schwachen Interessen« der Beschäftigten und den durchsetzungsstarken Interessen der Arbeitgeber aus.

Auf der Seite der Arbeitnehmer existiert mit der Vereinten Dienstleistungsgewerkschaft (ver.di) eine Gewerkschaft, die bundesweit 1,9 Mio. Beschäftigte in diversen Dienstleistungsbranchen organisiert. Gleichwohl sind die Mitgliederzahlen von ver.di in der Altenpflege unzureichend, um ihre Handlungs- und Durchsetzungsfähigkeit zu sichern. Eine wichtige Ursache hierfür ist, dass Gewerkschaften wegen der geringen betrieblichen Machtbasis von den Beschäftigten als wenig effektive Interessenvertretung wahrgenommen werden. Ver.di befindet sich somit in einem »Teufelskreis der defekten Interessenvertretung«: Weil ver.di eine »kritische Masse« an Mitgliedern fehlt, fehlen ihr auch die personellen und finanziellen Ressourcen, um wirksame Tarifpolitik zu betreiben. Diese betriebliche Problematik verstärkt sich auf dem nach Trägerschaft segmentierten Arbeitsmarkt. Zwar strebt ver.di Branchentarifverträge an, allerdings müsste sie für eine solche flächendeckende Lösung hinreichend viele gemeinnützige und gewerbliche Pflegeeinrichtungen organisieren. Zugleich stellen auch die kirchlichen Träger für ver.di eine Herausforderung dar, indem sich *Caritas* und *Diakonie* mit ihrer Orientierung am sogenannten dritten Weg außerhalb der Tarifautonomie bewegen. Mitbestimmung wird hier im Rahmen der Dienstgemeinschaft verstanden, in welcher der Konflikt von Arbeitgeber und Arbeitnehmern neutralisiert wird, alternativ zur reinen Festlegung durch die Arbeitgeber (erster Weg) und zur Tarifverhandlung zwischen Arbeitgeber und Gewerkschaft (zweiter Weg) (ebd.: 119 f.).

Die Arbeitgeberseite

Auf Seiten der Arbeitgeber existiert eine vielfältige Trägerlandschaft sowie eine kleinteilige Betriebsstruktur; entsprechend fragmentiert ist die Interessenvertretung der Arbeitgeber. Im Bereich der Wohlfahrtspflege bestehen seit geraumer Zeit Arbeitgeber- und Tarifstrukturen, die allerdings nur bei der Dienstgeberseite der Kirchen flächendeckend ausgeformt sind. In der »weltlichen« Wohlfahrtspflege dagegen erfasst etwa der *Arbeitgeberverband AWO Deutschland* nur einen Teil der jeweils autonomen AWO-Einrichtungen. Die privat-gewerblichen Verbände – *Arbeitgeberverband Pflege* und *bpa Arbeitgeberverband* – wurden erst in den 2010er Jahren auf staatliche Intervention hin gegründet und sind bis dato keine Tarifparteien. Diese segmentierte Akteurskonstellation hat zweierlei Folgen für die Tarifautonomie. Zum einen besteht kein Konsens unter den Arbeitgebern, (weltliche) Tarifpolitik als bevorzugte Lösung für die aktuellen Probleme der Altenpflege zu sehen. Zum anderen existieren zwar verpflichtungswillige Verbände, doch fehlt ihnen die Mächtigkeit, tarifliche Lösungen gegen den Willen zurückhaltender Verbände branchenweit durchzusetzen. Infolgedessen wird die Entwicklung belastbarer Arbeitsbeziehungen in der Altenpflege nicht nur von der Organisationsdefiziten der Gewerkschaften, sondern auch von der (kollektiven) Gestaltungsunwilligkeit der Arbeitgeber behindert.

Der Staat

Dass die Sozialpartner kaum in der Lage sind, die Herausforderungen der Altenpflege zu lösen, wird mittlerweile auch im politischen Berlin erkannt. So strebt der Staat seit einigen Jahren eine Stärkung der Arbeitsbeziehungen in der Branche an, um die Attraktivität des Altenpflegeberufs zu steigern. Dabei hat sich der Staat vor allem die Rolle des Rahmensetzers zugelegt, der mittels neuer regulativer Bedingungen als Innovationszünder für Arbeitnehmer und -geber agieren will.

In diesem Sinne war die Politik zuletzt bemüht, die Tarifbindung in der Altenpflege zu erhöhen. Hierzu schuf sie im Rahmen der *Konzertierten Aktion Pflege* (2017) zunächst die rechtliche Möglichkeit zur branchenweiten Erstreckung von Tarifverträgen. Als jedoch klar wurde, dass die Kirchen einen Flächentarifvertrag nicht zustimmen würden, entschied sich die Regierung stattdessen dafür, ab 2022 die Refinanzierung der Pflegegehälter an die »Tariftreue« der Arbeitgeber zu knüpfen. Landespflegekammern stellen ein weiteres staatliches Vorhaben dar. Als Selbstverwaltungsgremien des Pflegeberufsstandes haben die Kammern zwar keinen direkten Einfluss auf die Arbeitsbedingungen der Pflegekräfte. Allerdings verbindet sich mit ihrer Gründung doch die Hoffnung, dass sie die Pflegelobby stärken und so zu Reformen in der Pflegebranche beitragen könnten.

Mit diesen Reformen ist der Staat eine Art »improvisierter Tarifautonomie« (Schroeder/Kiepe 2020) gelungen, die jedoch nicht ausreicht, um die bestehende Interessenvertretung grundlegend zu reformieren. Zwar hat die Tariftreueregelung zu Lohnsteigerungen geführt, doch ihre Auswirkungen auf die kollektive Tarifbindung waren bisher begrenzt. Denn die neuen Vorschriften erlauben nicht nur eine direkte Anbindung an einen Tarifvertrag, sondern auch eine Orientierung an individuellen Vereinbarungen oder regionalen Durchschnittslöhnen. Die Einrichtung von Pflegekammern entwickelt sich ebenso zögerlich: aktuell sind lediglich in Nordrhein-Westfalen und Rheinland-Pfalz aktive Kammern tätig. An dieser Entwicklung ist nicht zuletzt die kostenpflichtige Pflichtmitgliedschaft schuld, die auf erheblichen Widerstand unter Pflegefachkräften gestoßen ist.

Fazit

Die Arbeitsbeziehungen in der Altenpflege sind durch erhebliche Herausforderungen gekennzeichnet. Schwache Gewerkschaften, eine fragmentierte Arbeitgeberlandschaft und organisationsabstinente Pflegekräfte erschweren die Durchsetzung besserer Arbeitsbedingungen. Staatliche Reformen können zwar nicht die unzureichenden Gestaltungsaktivitäten der Tarifparteien, vor allem der Gewerkschaften, ersetzen, sie können aber Anreize und Orientierungen ermöglichen, die den Weg in eine attraktivere Arbeitswelt mit befördern.

Literatur

Lenzen, J./Evans-Borchers, M. (2023): »Tariftreue in der Altenpflege«. Expertise zur Umsetzung des Gesetzes zur Weiterentwicklung der Gesundheitsversorgung (GVWG) in Nordrhein-Westfalen. Institut Arbeit und Technik (IAT), https://www.iat.eu/aktuell/veroeff/2024/Tariftreue_in_der_Altenpflege_Evans-Borchers_Lenzen.pdf abgerufen am 12.11.2024.

Schroeder, W./Inkinen, S. (2025): »Attraktive Pflegeberufe durch Tarifautonomie. Bedingungen und Potenziale dynamischer Arbeitsbeziehungen in Zeiten des Fachkräftemangels«, Wiesbaden.

Schroeder, W./Kiepe, L. (2020): »Improvisierte Tarifautonomie in der Altenpflege: Zur Rolle von Gewerkschaften, Arbeitgeberverbänden und Staat« In Pflege: Praxis – Geschichte – Politik, hrsg. Bundeszentrale für politische Bildung (bpb), 214–226, Bonn: Bundeszentrale für politische Bildung.

Was sind die nächsten Schritte in der Aus- und Weiterbildung?

Wie kann Deutschland in der Weiterbildung aufholen?

Anja Meierkord

Wir schreiben das Jahr 2035: In der Arbeitswelt ist kontinuierliches Lernen ein selbstverständlicher Bestandteil des Berufslebens. Unabhängig von Bildungsstand, Einkommen, Alter und Unternehmen hat jeder Zugang zu relevanten, attraktiven, berufsbezogenen Lernangeboten. Weiterbildung ist flexibel gestaltet, häufig digital und so integriert, dass sie mit dem Arbeitsalltag vereinbar ist. Kleine Lerneinheiten können im Laufe der Zeit zu Qualifikationen aufgebaut werden. Unternehmen und Staat fördern die Weiterbildung strukturell und finanziell, weil sie erkannt haben, dass eine qualifizierte und anpassungsfähige Bevölkerung nicht nur für die wirtschaftliche Widerstandsfähigkeit, sondern auch für den sozialen Zusammenhalt entscheidend ist.

Deutschland träumt von dieser Weiterbildungsrepublik (Heil, 2023), doch die Realität hinkt hinterher. Das Weiterbildungssystem ist stark fragmentiert, oft unflexibel, erkennt vorhandene Kompetenzen kaum an und ist für viele unerschwinglich und schwer zugänglich (OECD, 2021). Zwar gab es in den letzten beiden Legislaturperioden einen bemerkenswerten Aufbruch, angeführt von der Nationalen Weiterbildungsstrategie (NWS) und den vielversprechenden Ansätzen im Koalitionsvertrag 2021, doch dieser Schwung ist ins Stocken geraten. Statt die begonnenen Reformen voranzutreiben, scheinen nun andere Themen die politische Agenda zu dominieren, auch weil der Druck des Fachkräftemangels nach der COVID-Pandemie (temporär) nachgelassen hat.

Das Aus- und Weiterbildungsgesetz von 2023 bietet keine Lösung für die strukturellen Probleme der Weiterbildung in Deutschland. Vielmehr bleibt es hinter den Erwartungen zurück. Die Einführung einer Bildungs(teil)zeit, die als eine der radikalsten Ideen galt, wurde nach dem Referentenentwurf abrupt gestoppt – es heißt aus finanziellen Gründen.

Das deutsche Weiterbildungssystem hat eine Tendenz zur Selbstreproduktion …

Dass der deutsche Arbeitsmarkt im Umbruch ist, sollte längst niemanden überraschen: Globalisierung, Digitalisierung, die Alterung der Bevölkerung und der Wandel hin zu einer klimaneutralen Wirtschaft verändern den Arbeitsalltag, die Berufsbilder und die Qualifikationsanforderungen in vielen Branchen grundlegend (siehe z.B. Maier et al. 2022). Deutschland braucht ein Weiterbildungssystem, das diese Veränderungen aktiv aufgreift und Menschen befähigt, sich kontinuierlich weiterzubilden und anzupassen. Doch trotz eines zunehmenden Bewusstseins für die Bedeutung lebenslangen Lernens steht eine grundlegende Strukturreform des deutschen Weiterbildungssystems aus. Die zentrale Frage lautet: Hat Deutschland überhaupt den Willen, das System so zu reformieren, dass es den Herausforderungen der Zukunft gewachsen ist?

Eines der größten Hindernisse ist die zersplitterte Struktur der Weiterbildung, die geprägt ist von Dezentralisierung, Föderalismus, Pluralismus und Wettbewerb zwischen Anbietern – und diese komplexe Verteilung führt zu erheblicher Unübersichtlichkeit. Mit rund 18.000 Anbietern, unzähligen Zertifikaten und Programmen hat Deutschland eine Landschaft geschaffen, in der es Lernenden nahezu unmöglich ist, die für sie passenden – und qualitativ hochwertigen – Angebote zu finden. Ein umfassendes Weiterbildungsgesetz, das klare Rahmenbedingungen und Zuständigkeiten festlegt – wie es etwa in Österreich und der Schweiz existiert – gibt es hierzulande nach wie vor nicht. Die Nationale Weiterbildungsstrategie (NWS) von 2019 sollte diese Lücke schließen und dem Bereich mehr Struktur geben; bislang jedoch bleibt sie ein »Blumenstrauß von Initiativen« ohne echten strategischen Überbau (OECD, 2021).

Diese strukturelle Leerstelle hat gravierende Folgen: Der deutsche Arbeitsmarkt leidet unter einem Fachkräftemangel und einem Defizit an Kompetenzen in den Bereichen Technologie und Nachhaltigkeit, was das Wachstum langfristig bremst (Maier et al., 2022). Die Weiterbildung in zukunftsrelevanten Kompetenzen wird kaum gesteuert und bleibt häufig dem Zufall und der Eigeninitiative überlassen. Eine klare Kopplung von Fachkräfteprognosen und Weiterbildungspolitik fehlt – anders als in Ländern wie Australien, Estland und Singapur, wo gezielt finanzielle Anreize gesetzt werden, um Menschen zur Qualifizierung in Zukunftskompetenzen zu motivieren. Singapurs »SkillsFuture«-Programm beispielsweise bietet Bürgern finanzielle Unterstützung nur für Weiterbildung, die direkt auf arbeitsmarktrelevante Kompetenzen abzielt. In Deutschland hingegen fehlt eine solche strategische Verknüpfung von Arbeitsmarktanalyse und Weiterbildung. Durch eine systematischere Ausrichtung könnte die Fachkräftelücke gezielter geschlossen und die Wettbewerbsfähigkeit Deutschlands nachhaltig gestärkt werden.

Hinzu kommt die soziale Schieflage beim Zugang zur Weiterbildung: Menschen mit höherem Bildungsabschluss nehmen deutlich häufiger an Weiterbildungsmaßnahmen teil als Menschen ohne qualifizierenden Abschluss. Diese ungleiche Beteiligung hat schwerwiegende Folgen, da sie soziale Ungleichheiten – zum Beispiel bei der demokratischen Beteiligung – verstärkt. Während es Ländern wie Neuseeland und Norwegen gelingt, eine hohe Beteiligung über alle sozioökonomischen Gruppen hinweg zu gewährleisten, zählt Deutschland nach wie vor zu den OECD-Ländern mit den größten Disparitäten in der Weiterbildungsbeteiligung (OECD, 2021). So zeigt das deutsche Weiterbildungssystem eine bemerkenswerte Tendenz zur Selbstreproduktion. Statt radikale Erneuerung zu fördern, ist das System auf die Bewahrung des Status quo ausgerichtet.

... und braucht einen Fahrplan für radikale Veränderung ...

Ein systematischer Neuanfang ist unumgänglich: Demografie, Digitalisierung und ökologischer Wandel sind Herausforderungen, die nicht mit Projekten und punktuellen Anpassungen zu bewältigen sind. Deutschland muss die Weiterbildung zu einer echten vierten Säule seines Bildungssystems ausbauen, um zukunftsfähig zu bleiben und die wirtschaftliche Stabilität sowie den sozialen Zusammenhalt zu sichern. Die folgenden drei radikalen Ansätze könnten Bausteine für ein starkes Weiterbildungssystem sein.

Das Individuum befähigen

Ein transformativer Schritt zur Stärkung der Weiterbildung in Deutschland wäre die Einführung eines staatlich geförderten, individuell abrufbaren Lernkonto. Dieses Konto würde es jeder Person ermöglichen, unabhängig von Arbeitgeber und finanzieller Situation Weiterbildung als persönliche Ressource zu nutzen. Das Modell könnte sich am französischen »Compte Formation Professionnelle« orientieren, auf dem Arbeitnehmende Guthaben für Qualifizierungsangebote ansparen können – ein System, das insbesondere Geringqualifizierte großzügiger fördert und in Frankreich bereits mehrfach optimiert wurde.

Solche Lernkonten würden es den Arbeitnehmern ermöglichen, selbst über ihre berufliche Entwicklung zu entscheiden, indem sie wählen können, wann und wie sie ihre Fähigkeiten anpassen und erweitern wollen. Dies würde nicht nur die Eigenverantwortung stärken, sondern auch den Zugang zu Weiterbildung gerechter gestalten, da jeder – unabhängig von Einkommen oder Bildungsstand – die Möglichkeit hätte, an relevanten Weiterbildungsangeboten teilzunehmen. Die Konten könnten so ausgestaltet werden, dass für Geringqualifizierte oder Arbeitssuchende zusätzliche Mittel zur Verfügung stehen und gezielt Zukunftskompetenzen gefördert werden.

Ein Lernkonto allein reicht jedoch nicht aus. Um Menschen wirklich zu unterstützen, ist es notwendig, Einkommensverluste während längerer Bildungsphasen abzufedern. Hier sollte Deutschland die Idee der Bildungs(teil)zeit wieder aufgreifen und Arbeitnehmenden die Möglichkeit geben, sich während der Weiterbildung finanziell abzusichern.

Neue Strukturen schaffen

Die Fragmentierung der Weiterbildung zählt zu den größten Hindernissen für ein zukunftsfähiges Weiterbildungssystem. Deshalb muss die Governance der Weiterbildung grundlegend neu gedacht werden. Die Idee eines »Weiterbildungsparlaments«, wie sie u.a. von der Expertengruppe der Heinrich-Böll-Stiftung vorgeschlagen wurde, könnte hier ein entscheidender Lösungsansatz sein (Pothmer, et al., 2023). Ein solches Gremium würde die verschiedenen Interessen und Akteure – von Bund und Ländern über Sozialpartner bis hin zu Bildungsträgern – an einen Tisch bringen, um Entscheidungen für den gesamten Weiterbildungsbereich zu fällen.

Ein Weiterbildungsparlament kann Standards für Funktion, Leistung und Qualität des Weiterbildungssystems definieren und die daraus resultierenden notwendigen Reformen und Anpassungen verantworten. Anders als die bisherige Nationale Weiterbildungsstrategie, würde ein solches Parlament als Entscheidungsgremium mit einem konkreten Mandat agieren. Darüber hinaus sollte das Weiterbildungsparlament regelmäßig Arbeitsmarktanalysen einbeziehen, um sicherzustellen, dass die Weiterbildungspolitik den Anforderungen der Zukunft entspricht. Damit würde es gezielt die Entwicklung und Förderung zukunftsorientierter Kompetenzen vorantreiben und der derzeitigen Fragmentierung entgegenwirken.

Qualifikationswege flexibilisieren

Ein weiterer radikaler Ansatz ist, Bildung als lebenslangen Weg zu gestalten, der den dynamischen Anforderungen des Arbeitsmarktes entspricht. Bildung und Qualifizierung dürfen sich nicht mehr auf die ersten Lebensjahrzehnte beschränken, sondern müssen nahtlos in alle Lebensphasen integriert werden.

Um dies zu erreichen, braucht Deutschland ein flexibles Weiterbildungssystem, das den modernen Lebensrealitäten und dynamischen Erwerbsbiografien gerecht wird. Das bedeutet, Bildung modular aufzubauen, um den Menschen die Möglichkeit zu geben, ihre Qualifikationen schrittweise und bedarfsorientiert zu erweitern. Ein wichtiger Schritt in diese Richtung wäre die systematische Einführung von Teilqualifikationen und Mikrocredentials. Damit könnten Arbeitnehmende gezielt bestimmte Kompetenzen erwerben, ohne gleich eine ganze Ausbildung oder ein Studium absolvieren zu müssen.

Ein weiterer wichtiger Aspekt dessen ist die Anerkennung bereits erworbener Kompetenzen. Gerade Menschen, die in unterschiedlichen Bereichen Berufserfahrung gesammelt haben, sollten diese auf ihre Weiterbildung anrechnen lassen können. Eine systematische Anerkennung von Vorkenntnissen würde nicht nur den Zugang zur Weiterbildung erleichtern, sondern auch den individuellen Bildungsweg effizienter und motivierender gestalten. Modulares Lernen und die Anerkennung bereits erworbener Kompetenzen eignen sich besonders für Beschäftigte in sich wandelnden Branchen, z. B. beim Übergang von der traditionellen Industrie zu Technologie- oder Green-Tech-Berufen, da sie eine flexible und zielgerichtete Anpassung der Kompetenzen und Qualifikationen ermöglichen.

Es ist entscheidend, dass Teilqualifikationen und die Anerkennung von Kompetenzen nicht als Nischenlösungen für Randgruppen betrachtet werden, sondern als zentrale Elemente des Weiterbildungssystems, die für alle zugänglich und relevant sind.

... denn es ist Zeit.

Deutschland steht in der Weiterbildung vor großen Herausforderungen. Ein tiefgreifender Wandel der Weiterbildungspolitik ist notwendig. Ohne Strukturreformen wird Weiterbildung sich nie als vierte Säule des Bildungssystems etablieren können. Ein zentrales Hindernis auf diesem Weg ist die Abwehrhaltung einiger politischer Akteure in Deutschland. Das steht im starken Kontrast zu Ländern wie Finnland, die bereits über leistungsfähige Weiterbildungssysteme verfügen, aber dennoch unermüdlich nach kontinuierlicher Verbesserung streben. In Deutschland hingegen neigen manche politischen Akteure zu einer defensiven Haltung. Doch in einer sich rasch wandelnden Arbeitswelt ist es entscheidend, nicht nur Erfolge zu feiern, sondern auch Probleme zu benennen.

Literatur

Heil, H. (2023): Deutschland muss eine Weiterbildungsrepublik werden. Rede des Bundesministers für Arbeit und Soziales, Hubertus Heil, zum Weiterbildungsgesetz am 23. Juni 2023 im Plenum des Bundestages. Von https://www.bmas.de/DE/Service/Presse/Reden/Hubertus-Heil/2023/2023-06-23-rede-plenum-weiterbildungssgesetz.html abgerufen.

Maier, T./Kalinowski, M./Zika, G./Schneemann, C./Mönnig, A./Wolter, M. (2022): Es wird knapp. Ergebnisse der siebten Welle der BIBB-IAB-Qualifikations und Berufsfeldprojektion bis 20. BIBB Report. Von https://www.bibb.de/dienst/publikationen/de/18168 abgerufen.

OECD (2021): Continuing Education and Training in Germany. Paris: OECD Publishing. doi:https://doi.org/10.1787/1f552468-en.

Pothmer, B./Antony, P./Bayer, M./Heister, M./Kruppe, T./Meierkord, A./Schroeder, W. (2023): Vom Flickenteppich zum System. Boell Brief. Von https://www.boell.de/de/2023/06/22/weiterbildung-verbessern-vom-flickenteppich-zum-system abgerufen.

Wie lässt sich Weiterbildung nutzerfreundlicher machen?

Thomas Kruppe

Bereits vor 50 Jahren forderte der Deutsche Bildungsrat, die öffentliche Verantwortung für Weiterbildung auszubauen und diese als gleichberechtigten Teil des Bildungssystems zu gestalten (vgl. Deutscher Bildungsrat, 1970, 208). Dieser Forderung ist man jedoch nur bedingt nachgekommen. Denn entgegen der klaren Regulierung des Aus- und dem darauf aufbauenden Fortbildungssystems werden im Weiterbildungsbereich kaum allgemeingültige Regeln festgelegt. Schaut man auf die Bundesebene, so kann man sogar eher von Strukturlosigkeit sprechen (Pothmer u.a., 2023).

An Weiterbildung sind – neben den Lernenden oder Lernwilligen – weitere Akteure beteiligt. Denn ob Menschen eine Weiterbildung realisieren können, entscheiden auch Betriebe und/oder fördernde Organisationen, die die Kosten der Weiterbildung unter Umständen übernehmen. Dazu kommen die Organisationen, die Weiterbildungen anbieten: privatwirtschaftlich orientierte Unternehmen, Handwerkskammern bzw. Industrie- und Handelskammern, gewerkschafts- oder arbeitgebernahe Organisationen, Träger aus dem kommunalen Bereich oder der Landesebene, Volkshochschulen und andere. Weiterbildung ist als Markt organisiert und entsprechenden Mechanismen unterworfen. Gleichzeitig steht Weiterbildung für die persönliche Investition in die eigene Beschäftigungsfähigkeit (vgl. Gazier, 1999), ohne die zuvor genannten Akteure, aber auch ohne soziale Hemmnisse zu berücksichtigen. Darauf bezog sich schon der Nationale Bildungsbericht (2018), indem er darauf hinwies, dass die bereits lange im Raum stehende Frage, »inwieweit sich Deutschland noch eine derart fragile Institutionalisierung der Weiterbildung wird leisten können, erneut und mit hoher Dringlichkeit gestellt werden« (ebd., 188) müsse. Darüber hinaus solle geprüft werden, inwieweit »dominante marktvermittelnde Mechanismen der Weiterbildungsteilhabe abzuschwächen und Zugangsmöglichkeiten zur Weiterbildung sowie Lernzeitansprüche für alle sozialen Gruppen abzusichern« (ebd., 190) sind.

Wer genau an Weiterbildungen teilnimmt, lässt sich schwer sagen. Denn neben unterschiedlichen untersuchten Populationen wie Erwerbsbevölkerung, Beschäftigten, Arbeitslosen etc. hat auch die Frage, was sich unter dem Begriff Weiterbildung subsumieren lässt, einen starken Einfluss auf die statistische Analyse (vgl. Eisermann u.a., 2014; Allmendinger u.a., 2023).

Ist Weiterbildung etwas, das einer beruflichen Erstausbildung folgt? Damit sind gering Qualifizierte – erst recht im Erwachsenenalter – ausgeschlossen. Erwachsenenbildung wiederum steht vor allem für einen didaktischen Blick auf Wissensvermittlung und Umgang mit nicht mehr jugendlichen Individuen. Inhaltlich wird oftmals zwischen beruflicher, privater und politischer Weiterbildung unterschieden. Eine solche Unterteilung ist jedoch nicht überschneidungsfrei, denn Inhalte – zum Beispiel ein Sprachkurs – könnte privat motiviert sein, am Ende des Tages aber berufliche Möglichkeiten eröffnen. Der Blickwinkel auf die Initiative zur Weiterbildung bzw. auf das Verwertungsinteresse führt zur Abgrenzung zwischen individueller und betrieblicher Weiterbildung.

Kommt man zurück auf die eingangs erwähnte Regulierung, kann man zwischen formalen Weiterbildungen (reguliert und einheitlich strukturiert, zielen auf einen entsprechenden Abschluss), non-formalen Weiterbildungen (finden als Kurse oder Lehrgänge statt, Nachweise und Zertifikate (können) ausgestellt werden) und informeller Weiterbildung (selbstorganisierter Lernvorgang, Lektüre von (Fach-)Literatur, Besuch eines Vortrags, Erfahrungslernen etc.) unterscheiden.

Für informelle Weiterbildungen sind Strukturierungen weder sinnvoll noch von Nöten. Allerdings weisen Diskussionen um und Projekte zur Zertifizierung von Kompetenzen und Fähigkeiten auf die allgemeine Bedeutung und Rolle von Zertifikaten auf dem Arbeitsmarkt hin. Dies belegt auch die Arbeitslosenquote im Jahr 2023, die mit knapp 21 Prozent bei Personen ohne berufliches Abschlusszertifikat im Vergleich zu drei Prozent bei Personen mit einem solchen Zertifikat fast das Siebenfache betrug (BA, 2024).

Durch die fehlende Regulierung und Strukturierung tritt allerdings auch bei Zertifikaten von non-formalen Weiterbildungen ein Problem auf. Um dies zu verdeutlichen, sollen hier als Beispiel geförderte Teilqualifizierungen dienen, die an der Grenze zwischen formalen und non-formalen Weiterbildungen liegen, da komplette Berufsausbildungen in mehrere zwei- bis sechsmonatige Teile zerlegt werden (non-formale Weiterbildungen) und am Ende ein entsprechender Berufsabschluss (in der Summe eine formale Weiterbildung) erworben werden kann. Allerdings soll bereits die Absolvierung eines beliebigen Teils unmittelbar am Arbeitsmarkt verwertbar sein. Teilqualifizierungen zielen damit auf formal gering Qualifizierte, und auf »wieder Ungelernte«, deren ursprünglicher Berufsabschluss nicht mehr verwertbar ist. Eine IAB-Studie untersuchte Eintritte von Arbeitslosen in geförderte Teilqualifikationen in den Jahren 2015 bis 2020 (Kruppe u.a. 2023). Sie kommt u.a. zu dem Ergebnis, dass sowohl die

Beschäftigungswahrscheinlichkeit als auch der Lohn der Teilnehmenden durch die Teilnahme im Durchschnitt steigt. Auffällig ist jedoch, dass die Anzahl derjenigen, die am Ende einen vollwertigen Berufsabschluss erwerben, vermutlich verschwindend gering ist: Über 95 Prozent der beobachteten Teilnehmenden nahmen nur an einer einzigen Teilqualifizierung teil (Kruppe u.a., 2024).

Ein Problem liegt genau darin, dass es nur bedingt klare, strukturelle Regeln für Teilqualifizierungen gibt, sondern lediglich grundsätzliche Kriterien für die Maßnahmen vorliegen. Diese können im Detail von jedem Anbieter nach eigenen Vorstellungen oder nach regionalen Nachfragestrukturen auch innerhalb eines Berufsbildes unterschiedlich umgesetzt und zugeschnitten werden. Die einzelnen Teile, die insgesamt das Berufsbild in Gänze ergeben, können von Anbieter zu Anbieter unterschiedlich zugeschnitten sein. Gleichzeitig wird für eine Förderung nicht erwartet, dass alle Teile, die zum Berufsabschluss führen, vom Anbieter tatsächlich angeboten werden. Es muss nur plausibel dargelegt werden, dass die weiteren Teile angeboten werden könnten.

Das führt dazu, dass – wie bei anderen non-formalen Weiterbildungen auch – zum einen für Arbeitgeber nicht sofort ersichtlich ist, welche Lerninhalte zertifiziert wurden und zusätzlicher Aufwand bei Bewerbungsverfahren notwendig ist. Zum zweiten führt es bei den Teilnehmenden zu einer Intransparenz, ob bzw. wie genau dieser Inhalt ihre Arbeitsmarktchancen verbessert.

Darüber hinaus kann eine Person, die eine oder mehrere Teilqualifizierungen absolviert hat, unter Umständen keinen weiteren Teil beim gleichen Anbieter besuchen, da diese nicht angeboten werden. Ein Wechsel zu einem anderen Anbieter kann sich wegen des unterschiedlichen Zuschnitts als schwierig gestalten. Das vielleicht sogar bereits von Anfang an angestrebte Ziel eines Berufsabschlusses wäre somit zum Scheitern verurteilt.

Zentrale, bundesweit geltende Regelungen für längere, am Arbeitsmarkt relevante Weiterbildungen, könnten unmittelbar zu aussagefähigen und anerkannten Nachweisen der erworbenen Kompetenzen und Fähigkeiten führen, die für die Teilnehmenden, aber auch für Arbeitgeberinnen und Arbeitgeber die entsprechende (Signal-)Funktion erfüllen. Allerdings ist hierfür eine echte Strukturreform notwendig, die auch weitere strukturelle Eckpunkte adressieren sollte: Die Frage der Finanzierung von Weiterbildung im Lebenslauf, die Frage der Durchsetzbarkeit einer Teilnahme an Weiterbildung sowohl für Beschäftigte als auch für Nicht-Beschäftigte und die Aufwertung von Weiterbildung durch ihre Etablierung als vierte Säule des Bildungssystems. Aufgrund der Bedeutung einer solch tiefgreifenden, aber schon lange fälligen Strukturreform der Weiterbildungslandschaft kann dies nur in Form eines Weiterbildungsgesetzes umgesetzt werden, dass den Namen auch verdient (Pothmer u.a. 2023).

Literatur

Allmendinger, J./Ganten, D./Joost, G./Kruppe, T./Voelter-Mahlknecht, S. (2024): Bildung und Weiterbildung in der Tätigkeitsgesellschaft. In: Deutsche Akademie der Naturforscher Leopoldina, Union der deutschen Akademien der Wissenschaften (Hrsg.) (2024): Die Zukunft der Arbeit, 56–74.

BA (2024): Statistik der Bundesagentur für Arbeit: Qualifikationsspezifische Arbeitslosenquoten (Jahreszahlen), Januar 2024.

Deutscher Bildungsrat (1970): Strukturplan für das Bildungswesen, Stuttgart.

Eisermann, M./Janik, F./Kruppe, T. (2014): Weiterbildungsbeteiligung: Ursachen unterschiedlicher Teilnahmequoten in verschiedenen Datenquellen. In: Zeitschrift für Erziehungswissenschaft, Jg. 17, H. 3, 473–495. DOI:10.1007/s11618-014-0561-y

Gazier, B. (1999): Executive Summery. In: Gazier, B. (Hrsg.): *Employebility: Concepts and Policies*, Report 1998. Beschäftigungsobservatorium der Europäischen Kommission DG V.

Kruppe, T./Lang, J./Osiander, C. (2023): Effekte von Teilqualifizierungen auf Beschäftigung und Einkommen. Kölner Zeitschrift für Soziologie und Sozialpsychologie 75, 477–504. https://doi.org/10.1007/s11577-023-00931-1.

Kruppe, T./Lang, J./Osiander, C. (2024): Teilqualifizierungen – ein wirksames, aber politisch umstrittenes Instrument. In: IAB-Forum H. 05.08.2024.
DOI:10.48720/IAB.FOO.20240805.02

Pothmer, B./Antoni, P./Bayer, M./Heister, M./Kruppe, T./Meierkord, A./Schroeder, W. (2023): Vom Flickenteppich zum System. Weiterbildung durch wirkungsvolle Governancestrukturen als vierte Säule der Bildungslandschaft etablieren. (Böll-Brief. Teilhabegesellschaft 20), Berlin.

Warum ist das duale Ausbildungssystem reformbedürftig?

Marius R. Busemeyer

Die duale Ausbildung als Herzstück des deutschen Systems der Berufsbildung ist ein national und international geschätztes Erfolgsmodell. Im Kern des Systems steht die freie Entscheidung der Betriebe, in Ausbildung zu investieren oder auch nicht. Das heißt, die Betriebe entscheiden darüber, ob sie generell ausbilden, in welchen Berufen sie ausbilden und natürlich darüber, wie viele (in der Regel) junge Menschen sie einstellen und im Anschluss an die Ausbildung übernehmen. Darüber hinaus sind Betriebe und ihre Verbände intensiv in die Reform von Ausbildungsverordnungen eingebunden.

Diese starke Stellung der Betriebe hat sicherlich dazu beigetragen, dass die generelle Ausbildungsbereitschaft von Unternehmen in Deutschland wesentlich höher ist als in anderen Ländern (Anderson/Hassel 2013; Busemeyer/Trampusch 2012). Die ›Marktabhängigkeit‹ des Ausbildungsangebots hat aber in regelmäßigen Abständen zu Krisen auf dem Ausbildungsmarkt geführt. Dies geschah insbesondere dann, wenn ökonomische oder demografische Kontextfaktoren dafür gesorgt haben, dass viele Jugendliche, die gern eine Ausbildung beginnen wollten, keinen Ausbildungsplatz bekommen haben. Der Aufbau des sogenannten »Übergangsbereichs« (Baethge et al. 2007) – einer Vielzahl von schulischen, betrieblichen und außerbetrieblichen Teilqualifizierungsmöglichkeiten, die den Übergang von Schule in Ausbildung erleichtern sollen – hat die strukturellen Dauerkrise des Ausbildungsmarkts zwar abgeschwächt, konnte sie aber nicht gänzlich beheben. Zusätzlich hatte die Politik im Rahmen eines breiter angelegten längerfristigen Liberalisierungsprozesses die regulativen Rahmenbedingungen der beruflichen Bildung stärker auf die Bedürfnisse der Ausbildungsbetriebe zugeschnitten (Thelen/Busemeyer 2012) in der Hoffnung, hierdurch die Ausbildungsbereitschaft der Betriebe zu erhalten oder gar zu erhöhen.

Neue Herausforderungen (1): Ausbildungsmarkt

Seit etwa zehn Jahren haben sich einige dieser Entwicklungsdynamiken signifikant verändert, so dass neben die alten zunehmend neue Herausforderungen für die duale Ausbildung treten. Die erste Herausforderung betrifft demografische Veränderungen, aber auch veränderte Bildungswahlentscheidungen (siehe nächster Punkt), die die Nachfrage nach Ausbildungsplätzen reduzierten. Gab es in den frühen 2000er Jahren noch wesentlich mehr Jugendliche, die auf der Suche nach einem Ausbildungsplatz nicht erfolgreich waren, so sind es inzwischen eher die Betriebe, die daran scheitern, ihre Ausbildungsplätze zu besetzen. In konkreten Zahlen: Die in der Bildungsstatistik gebräuchliche sogenannte ›erweiterte ANR‹ (Angebots-Nachfrage-Relation) für betriebliche Ausbildungsplätze lag im Jahr 2009 noch bei 82,1 (d.h. etwa 82 angebotene Ausbildungsplätze auf 100 Bewerbende), im Jahr 2023 bei 99,2 (BMBF 2024: 49).

Diese Zahl darf aber nicht als ein ›ausgeglichener Ausbildungsmarkt‹ missverstanden werden, in dem das Angebot der Nachfrage entspricht. Auch wäre es zu einfach, einen allgegenwärtigen Fachkräftemangel zu konstatieren, selbst wenn dies in öffentlichen Debatten öfters zu hören ist. Die Sachlage ist komplexer, da es zunehmend räumliche und berufliche Passungsprobleme (oder Matching-Probleme) zwischen Angebot und Nachfrage gibt. Das heißt, für Berufe, die bei jungen Bewerbenden besonders beliebt sind (z.B. Mediengestalter:in oder Tierpfleger:in) gibt es weiterhin deutlich mehr Bewerbende als Plätze, während Ausbildungsbetriebe für weniger beliebte Berufen und Sektoren (z.B. im Handwerk oder der Gastronomie) Schwierigkeiten haben, ihre Ausbildungsstellen zu besetzen (ebd.: 80). Hinzu kommen räumliche Passungsprobleme in dem Sinn, dass es erhebliche regionale Unterschiede zwischen den lokalen Ausbildungsmärkten gibt (ebd.: 78).

Die Herausforderung für die Berufsbildungspolitik besteht also nicht mehr primär darin, in quantitativer Hinsicht genügend Ausbildungsstellen für die nachfragenden Jugendlichen zu Verfügung zu stellen. Vielmehr geht es darum, sowohl die Betriebe darin zu unterstützen, ihre Ausbildungskapazitäten effektiv zu nutzen und so die Fachkräftequalifizierung zu sichern, als auch ›unversorgte‹ Jugendliche individuell zu fördern, so dass sie eine vollqualifizierende Ausbildung abschließen können. Denn trotz Fachkräftemangel besteht weiterhin die signifikante Gefahr, dass Jugendliche zu einem relativ frühen Zeitpunkt ihrer Bildungskarrieren den Anschluss verlieren. So hat der Anteil der jungen Erwachsenen (20 bis 34 Jahre alt) ohne Berufsabschluss in den letzten Jahren stetig auf inzwischen 19,1 Prozent zugenommen (ebd.: 107), darunter überproportional viele Junge mit Migrationshintergrund. Hier besteht besonderer Handlungsbedarf, zielgruppengerechte Angebote und Maßnahmen zu entwickeln.

Generell hat die Politik auf die sich verändernden Bedingungen auf dem Ausbildungsmarkt bereits reagiert. Hierzu nur zwei Beispiele: Die seit 2014 auf nationaler Ebene bestehende Allianz für Aus- und Weiterbildung hat nicht unwesentlich dazu beigetragen, durch die verstärkte Kooperation zwischen Ausbildungsbetrieben und verschiedenen Stakeholdern der Berufsbildung neue und pragmatische Ansätze zur Verbesserung der Aus- und Weiterbildung zu entwickeln (Busemeyer et al. 2022). Dies geschieht auch in den von der nationalen Allianz inspirierten Länder- und regionalen Allianzen, die lokale Besonderheiten des Ausbildungsmarktes stärker berücksichtigen können.

Ein zweites Beispiel ist die Ausbildungsgarantie als Teil des 2023 verabschiedeten Aus- und Weiterbildungsgesetzes, die zum 1. August 2024 in Kraft trat.[1] Diese Garantie sieht vor, dass Jugendliche, die sich erfolglos um einen betrieblichen Ausbildungsplatz beworben haben, eine vollqualifizierende Ausbildung in einer außerbetrieblichen Einrichtung antreten können. Frühere Versuche der Etablierung eines vollqualifizierenden Ausbildungswegs in schulischer oder außerbetrieblicher Form waren entweder gescheitert oder im Sande verlaufen (Thelen/Busemeyer 2012), auch wenn sie in anderen Ländern mit starker betrieblicher Ausbildung, insbesondere Dänemark, schon seit längerem als fester Bestandteil des Berufsbildungssystem etabliert sind. Insofern könnte diese jüngste Reform der institutionellen Rahmenbedingungen der betrieblichen Ausbildung durchaus signifikante langfristige Auswirkungen haben und zumindest aus der Perspektive der nachfragenden Jugendlichen eine bedeutsame Verbesserung mit sich bringen.

Neue Herausforderungen (2): Digitalisierung und Akademisierung

Eine zweite zentrale Herausforderung für die duale Ausbildung ist der schon seit längerem zu beobachtende Trend zur Akademisierung von Aus- und Weiterbildung. Dies bezieht sich sowohl auf das veränderte Bildungsverhalten von Jugendlichen und jungen Erwachsenen als auch auf die Reform der Lerninhalte der beruflichen Bildung.

Zunächst zum ersten Punkt – dem Trend zur Akademisierung auf der Seite der Bildungsnachfrage. Vor etwa zehn Jahren war die Zahl der Studienanfänger:innen zum ersten Mal höher als die Zahl derjenigen, die eine betriebliche Aus-

1 https://www.bmas.de/DE/Arbeit/Aus-und-Weiterbildung/Berufliche-Ausbildung/Ausbildungsgarantie/ausbildungsgarantie.html (Abruf am 20. September 2024)

bildung im dualen System anfingen (ebd.: 42), was sich voraussichtlich auf absehbare Zeit nicht mehr ändern wird. Das belegt einerseits das sich wandelnde ›Kräfteverhältnis‹ zwischen beruflicher und hochschulischer Bildung, andererseits aber auch die weiterhin hohe Attraktivität und Relevanz der dualen Ausbildung selbst im Zeitalter der Wissensökonomie und vor allen Dingen im internationalen Vergleich. Zu dieser Entwicklung passt auch die starke Wachstumsdynamik des dualen Studiums als Hybridform beruflicher und hochschulischer Ausbildung (siehe Graf 2018 und den Beitrag von Graf in diesem Band). Trotz dieser Anpassungsdynamiken bleibt der Erhalt der Attraktivität der beruflichen Bildung als Alternative zur hochschulischen Bildung eine zentrale Herausforderung für die duale Ausbildung.

Der zweite oben angesprochene Punkt betrifft die Anpassung der beruflichen Inhalte an die Anforderungen der digitalen Wissensökonomie (Bonoli/Emmenegger 2022). Bereits zu früheren Zeitpunkten wurde die Schwerfälligkeit der korporatistischen Verfahren zur Reform von Ausbildungsordnungen vor dem Hintergrund der dynamischen Anforderungen einer wissensbasierten Dienstleistungsökonomie kritisiert (Anderson/Hassel 2013; Herrigel/Sabel 1999). Alles in allem ist es den Sozialpartnern bislang jedoch weitestgehend gelungen, die beruflichen Inhalte zumindest hinreichend zügig anzupassen.

Die Herausforderung der kommenden Jahre wird sein, die zunehmende interne Heterogenität der dualen Ausbildungsgänge, die von einfachen Handwerksberufen bis hin zu anspruchsvollen IT- und Beratungsberufen reichen, im Griff zu behalten. Diese interne Differenzierung, zu der die Digitalisierung durch weitere Schärfung der Anspruchsprofile der Berufe am ›oberen Rand‹ weiter beitragen wird, geht einher mit einer eigentümlichen Segmentierung innerhalb des gesamten Berufsbildungssystems, insbesondere zwischen den betrieblichen Ausbildungsberufen und den ›vollzeitschulischen‹ Berufen in den sozialen Dienstleistungen. Gerade der letztgenannte Bereich ist in den letzten Jahren stark gewachsen (plus 31,3 Prozent zwischen 2005 und 2023, BMBF 2024: 42), was durchaus auf die gestiegene Attraktivität der sozialen Dienstleistungsberufe hinweist. Wenn es gelingen soll, die berufliche Bildung in Gänze (und nicht nur die duale Ausbildung als Herzstück dieses Systems) als Alternative zur akademisch-hochschulischen Bildung zu erhalten, sollte diese interne Zersplitterung und Segmentierung des Sektors überwunden werden, um klare Ausbildungswege, Anschlussmöglichkeiten und Übergänge zwischen den beruflichen, schulischen und hochschulischen Sektoren zu ermöglichen.

Fazit

Zusammenfassend gesprochen – und in Bezug auf den Anfang dieses Beitrags – möchte ich nochmals die teils paradoxe Situation der dualen Ausbildung als ein System zwischen Krise und Stabilität betonen. Auf der einen Seite scheint sich das System seit Jahren und Jahrzehnten in einer Dauerkrise zu befinden, sei es aufgrund der Passungsprobleme auf dem Ausbildungsmarkt oder seiner vermeintlich beschränkten Anpassungsfähigkeit an sich ändernde Rahmenbedingungen. Auf der anderen Seite erweist sich die duale Ausbildung als erstaunlich resilient und stabil. Trotz Akademisierung bleibt die duale Ausbildung eine relevante Alternative für viele Jugendliche. Die Beteiligung der Betriebe an der Ausbildung ist zwar in der langen Frist etwas zurückgegangen, aber trotz Corona-Pandemie und anderer Mega-Krisen nicht eingebrochen, ebenso wenig wie die Zahl der Neuzugänge in die duale Ausbildung. Auch von Seiten der Betriebe wird die duale Ausbildung somit weiterhin geschätzt. Inwiefern das System auch die oben skizzierten Herausforderungen erfolgreich bewältigen kann, hängt stark davon ab, ob die beteiligten Sozialpartner und Stakeholder (weiterhin) problem- und konsensorientiert an gemeinsamen Lösungsstrategien arbeiten statt partikuläre Eigeninteressen zu verfolgen.

Literatur

Anderson, K. M./Hassel, A. (2013): Pathways of change in CMEs: Training regimes in Germany and the Netherlands. In: Wren, A. (Hrsg.), The Political Economy of the Service Transition. Oxford/New York, 171–194.

Baethge, M./Solga, H./Wieck, M. (2007): Berufsbildung im Umbruch: Signale eines überfälligen Aufbruchs. Berlin: Friedrich-Ebert-Stiftung.

BMBF (2024): Berufsbildungsbericht 2024, Berlin, Bonn: Bundesministerium für Bildung und Forschung, https://www.bmbf.de/SharedDocs/Downloads/de/2024/240508-berufsbildungsbericht-24.pdf?__blob=publicationFile&v=1

Bonoli, G./Emmenegger, P. (Hrsg.) (2022): Collective Skill Formation in the Knowledge Economy. Oxford/New York.

Busemeyer, M. R./Carstensen, M. B./Emmenegger, P. (2022): Orchestrators of coordination: Towards a new role of the state in coordinated capitalism? In: European Journal of Industrial Relations 28, 231–250.

Busemeyer, M. R./Trampusch, C. (2012): Introduction: The Comparative Political Economy of Collective Skill Formation. In: Busemeyer, M. R./Trampusch, C. (Hrsg.), The Political Economy of Collective Skill Formation. Oxford/New York, 3–38.

Graf, L. (2018): Combined modes of gradual change: The case of academic upgrading and declining collectivism in German skill formation. In: Socio-Economic Review 16, 185–205.

Thelen, K./Busemeyer, M. R. (2012): Institutional Change in German Vocational Training: From Collectivism toward Segmentalism. In: Busemeyer, M. R./Trampusch, C. (Hrsg.), The Comparative Political Economy of Collective Skill Formation Systems. Oxford/New York, 68–100.

Akademisierung der dualen Ausbildung?

Lukas Graf

Deutschland ist international für sein umfassend ausgebautes System der dualen Ausbildung bekannt. Dies geht allerdings mit einer starken institutionellen Trennung zwischen der Berufsbildung und der Hochschulbildung einher – eine Trennung, die der Bildungssoziologe Martin Baethge (2006) als Bildungs-Schisma bezeichnet hat. Das Nebeneinander dieser getrennten Welten ist in der deutschen Sozialstruktur wie auch im wirtschaftlichen Produktionsmodell tief verwurzelt. Die beiden Bildungsbereiche zeichnen sich traditionell durch unterschiedliche curriculare Zielperspektiven, Instruktionsprinzipien, Steuerungsmechanismen und Finanzierungsstrukturen aus.

In den vergangen zwei Jahrzehnten ist das Bildungs-Schisma als Barriere für soziale und institutionelle Durchlässigkeit zunehmend in die Kritik geraten. Die Dienstleistungs- und Wissensgesellschaft stellt immer höhere Anforderungen an die Qualifikation der Beschäftigten, und junge Menschen haben vermehrt den Wunsch, eine akademische Ausbildung zu machen. Daher wurde der Ruf nach größerer Durchlässigkeit zwischen Berufs- und Hochschulbildung lauter.

Zwar existieren zum Teil Übergangsmöglichkeiten zwischen der Berufs- und Hochschulbildung, etwa in Form des zweiten und dritten Bildungswegs; die verschiedenen Bildungsstätten lassen sich aber in der Regel eindeutig einem der beiden Felder zuordnen. Mit einer grundsätzlichen Aufhebung der strikten Trennung ist nicht zu rechnen. Dafür sind die Partikularinteressen der jeweiligen Stakeholder zu stark. Im Berufsbildungssystem gibt es beispielsweise eine Reihe von Akteuren, denen nicht daran gelegen ist, den Anteil des allgemeinbildenden Unterrichts auf Kosten der betrieblichen Praxisanteile zu erhöhen. Das gilt insbesondere für jene Betriebe, die vornehmlich an Auszubildenden als kostengünstige Arbeitskräfte interessiert sind. Im Hochschulsystem bremsen etwa elitäre Ansprüche des Bildungsbürgertums eine bessere Anpassung des universitären Lehrbetriebs an die Bedürfnisse nichttraditioneller Studierender wie zum Beispiel Menschen mit Berufserfahrung, aber ohne Abitur.

Dennoch gibt es Entwicklungen, die einen Wandel andeuten, der zwar nicht die beiden Systeme als Ganzes in Frage stellt, aber doch eine gewisse Dynamik in die so lange festgefügte Situation gebracht hat. Ein wichtiges Element einer sich *bottom-up* entwickelnden Veränderung sind die sogenannten dualen Studiengänge. Diese kombinieren das Studium an einer Hochschule oder Berufsakademie mit einer Berufsausbildung bzw. Praxisphasen in einem Ausbildungsbetrieb. Das duale Studium zeichnet sich gegenüber dem traditionellen Studium durch die systematische Verknüpfung von akademischer Lehre und beruflicher Praxis und damit durch einen sehr hohen Praxisbezug aus. Das Bundesinstitut für Berufsbildung verzeichnet aktuell 1749 duale Studiengänge mit 120.517 Studierenden. Seit 2004, dem Zeitpunkt der ersten Auswertung der Daten im Bereich dualer Studiengänge, hat sich die Zahl der dualen Studiengänge, der Kooperationsunternehmen und der dual Studierenden in etwa verdreifacht (BIBB 2023, 11).

Duale Studiengänge sind insbesondere in den Wirtschafts- und Ingenieurwissenschaften und der Informatik, aber auch im Gesundheitswesen verbreitet – also in Fächern, die der Arbeitswelt nahestehen und häufig mit hochqualifizierten Tätigkeiten verbunden sind. Anbieter dualer Studiengänge sind in erster Linie Fachhochschulen, Berufsakademien, einige Universitäten sowie die Duale Hochschule Baden-Württemberg.

Wie konnte es angesichts der Stabilität des Bildungs-Schismas überhaupt zur Entstehung und Expansion solcher dualen Studiengänge kommen und was bedeutet deren Aufkommen für das zweigeteilte System insgesamt? Die ersten Vorläufer dualer Studiengänge wurden von Berufsakademien angeboten. Berufsakademien wurden seit Anfang der 1970er Jahre in Baden-Württemberg und sukzessive in weiteren Bundesländern eingeführt. Ihre Genese lässt sich zunächst auf die Eigeninitiative großer Industriebetriebe zurückführen. Schrittweise wurde das Konzept auch von vielen Fachhochschulen und einigen Universitäten übernommen. Darüber hinaus wurde eine Reihe von Berufsakademien in Hochschulen integriert oder in sogenannte Duale Hochschulen umgewandelt (zum Beispiel die Duale Hochschule Baden-Württemberg). Inzwischen werden duale Studiengänge in allen 16 Bundesländern angeboten.

Dezentraler Entstehungsprozess bringt Innovation – und neue Herausforderungen

Bei dualen Studiengängen handelt es sich nicht um von langer Hand geplante Bildungsprogramme – sie entstanden eher zufällig in einer Zeit größerer bildungspolitischer Umwälzungen. Dementsprechend wird die anhaltende Expansion der dualen Studiengänge weniger durch die Bildungspolitik von oben herab gesteuert. Vielmehr wird sie durch die Kooperation großer und mittelgroßer Betriebe mit an innovativen Studienprogrammen interessierten Hochschulen bzw. Akademien *bottom-up* vorangetrieben. Duale Studiengänge bieten Unternehmen im Hinblick auf den Fachkräftemangel eine attraktive Möglichkeit für die Rekrutierung von leistungsstarken Abiturient:innen. Weiterhin erfüllen duale Studiengänge die Erwartungen einer wachsenden Gruppe von Personen mit Hochschulzugangsberechtigung, die nach einer anspruchsvollen, schnellen, praktisch orientierten – sowie entlohnten – akademischen Ausbildung mit sehr guten Übernahmechancen in den Ausbildungsbetrieb streben.

Duale Studiengänge verbinden organisatorische und curriculare Elemente des Berufsbildungs- und des Hochschulsystems und verknüpfen dabei die Lernorte Betrieb und Hochschule bzw. Akademie. Sogenannte *ausbildungsintegrierende* duale Studiengänge – die in manchen Fällen eine Berufsschule mit einbinden – werden in der Regel mit einem anerkannten Abschluss aus dem Berufsbildungssystem sowie einem Bachelor abgeschlossen. Neben diesem ursprünglichen Typ gibt es *praxisintegrierende, berufsintegrierende* und *berufsbegleitende* duale Studiengänge. Diese funktionieren ebenfalls nach dem Grundprinzip einer systematischen inhaltlichen und organisatorischen Verknüpfung von Theorie- und Praxisphasen, führen aber mit dem Bachelor lediglich zu einem (d.h. dem akademischen) Abschluss. Während die ausbildungs- und praxisintegrierenden Studiengänge primär auf die berufliche Erstausbildung von Interessenten mit Hochschulzugangsberechtigung abzielen, sind die berufsintegrierenden und berufsbegleitenden Studiengänge vor allem auf die berufliche Weiterbildung von schon Berufstätigen ausgerichtet. Neben den grundständigen dualen Studiengängen wird mittlerweile eine Vielzahl von dualen Masterstudiengängen angeboten.

Die dualen Studiengänge verknüpfen zentrale Regeln, Normen und Leitbilder aus den beiden ansonsten größtenteils getrennten Welten der Berufs- und der Hochschulbildung, zum Beispiel bezüglich Curricula, Lehrpersonal oder Finanzierung. Sie sind also hybride Organisationsformen. Dieser hybride Charakter stellt gleichzeitig eine neue Form der institutionellen Durchlässigkeit zwischen Berufs- und Hochschulbildung dar.

Duale Studiengänge in der oben beschriebenen Form sind bislang ein vornehmlich deutsches Phänomen. Selbst in den – im internationalen Vergleich ähnlichen – schweizerischen und österreichischen Bildungssystemen sind sie bis zum heutigen Zeitpunkt noch kaum bekannt. Da sie in einer Nische zwischen traditioneller Berufsbildung und der Hochschulbildung entstanden sind, bleiben die beiden so lange getrennten Bildungsbereiche im Kern ihrer jeweiligen institutionellen Ordnung vorerst unberührt. Während Reformversuche in den beiden etablierten Feldern der Berufs- und Hochschulbildung meist auf den Widerstand einer oder mehrerer Interessensgruppen stoßen, bieten duale Studiengänge derzeit ein Experimentierfeld für organisatorische Innovation.

Die langfristigen Implikationen der Expansion dualer Studiengänge auf traditionelle Bildungsgänge sowie den Grad der sozialen Mobilität im deutschen Bildungssystem bleiben abzuwarten. Zwar haben duale Studiengänge die institutionelle Durchlässigkeit zwischen Berufs- und Hochschulbildung erhöht. Mit ihrem hybriden Aufbau belegen sie, dass die Unterschiede zwischen diesen beiden Feldern überwindbar sind. Zudem fördern duale Studiengänge das gegenseitige Kennenlernen der Akteure in der Berufs- und Hochschulbildung. Aber der Beitrag dualer Studiengänge zur Erhöhung der sozialen Durchlässigkeit des Systems insgesamt ist bisher weniger deutlich ausgeprägt. Die ausbildungs- und praxisintegrierenden dualen Studiengänge – und damit die mit Abstand am häufigsten frequentierten Typen dualer Studiengänge – richten sich üblicherweise an besonders leistungsstarke Schulabgänger:innen mit Hochschulzugangsberechtigung.

Die Entstehung hybrider Ausbildungsformen hat auch Nebenwirkungen auf die Berufsbildung, die ja in Deutschland traditionell stark korporatistisch geprägt ist. In der dualen Lehre ist der Einfluss der Arbeitgeber- und der Arbeitnehmerseite institutionell fest verankert. In den Aufbau und die Entwicklung dualer Studiengänge sind die Gewerkschaften hingegen kaum mit einbezogen; gewerkschaftliche Arbeit spielt im deutschen Hochschulsystem historisch eine geringere Rolle. Der strukturelle Einfluss der Arbeitgeberseite auf die Governance dualer Studiengänge ist somit größer und erleichtert es insbesondere großen Unternehmen, die Studiengänge nach ihren spezifischen Interessen zu gestalten.

Duale Studiengänge – eine Verhandlungssache

Im Rahmen der für die Akkreditierung von Hochschulabschlüssen allgemein vorgegebenen Kriterien wird die individuelle Ausgestaltung eines dualen Studiengangs maßgeblich vom jeweiligen Aushandlungsprozess zwischen der tertiären Bildungseinrichtung und den assoziierten Betrieben bestimmt. Dies spiegelt sich unter anderem in einer viel geringeren Standardisierung der Lernprozesse in den dualen Studienprogrammen im Vergleich zur klassischen dualen Lehre wider. So variiert beispielsweise die Organisation des Lernens im Betrieb wie auch die Bezahlung der Studierenden von Fall zu Fall. Lediglich in den ausbildungsintegrierenden dualen Studiengängen bestehen für den Abschluss, der zusätzlich in einem anerkannten Ausbildungsberuf erreicht wird, durchgängigere inner- und außerbetriebliche Standards.

Die Auswirkungen der geringeren Standardisierung dualer Studiengänge sind noch nicht umfassend erforscht. Es ist wahrscheinlich, dass die erhöhte Flexibilität in Bezug auf die Bedürfnisse der Firmen den Übergang der Absolvent:innen in den sich rasch wandelnden Arbeitsmarkt in gewissem Maße erleichtert. Andererseits kann der starke Einfluss der beteiligten Firmen auf die individuelle Gestaltung dualer Studiengänge die Ganzheitlichkeit der akademischen und beruflichen Ausbildung zugunsten betriebsspezifischer Inhalte gefährden. Auch im Hinblick auf Entlohnung, Arbeits- und Lernumfeld sowie betriebliche Interessensvertretung sind je nach lokaler Praxis mehr oder weniger wünschenswerte Studienbedingungen möglich. Zudem stellen duale Studiengänge die ohnehin schon fragile bildungspolitische Tradition der Zusammenarbeit großer, mittlerer und kleiner Betriebe in der Organisation beruflicher Ausbildung infrage. Gerade für kleinere Firmen ist die Aufnahme eines solchen Programms oft zu aufwendig.

Duale Studiengänge bedeuten also in mehrfacher Hinsicht eine beachtenswerte Entwicklung im deutschen Bildungsmodell. Duale Studiengänge zeigen den zunehmenden Bedarf an stärkerer institutioneller Durchlässigkeit an der Schnittstelle von Berufs- und Hochschulbildung auf – wobei ihr Potenzial zur Erhöhung sozialer Durchlässigkeit noch nicht ausgeschöpft wird. Gleichzeitig ist die politische Regulierung der dualen Studiengänge hinsichtlich transparenter Bildungsstandards noch weitgehend unterentwickelt. Angesichts des rasanten Wachstums dualer Studiengänge und des großen Einflusses der Unternehmen auf deren Ausgestaltung ist eine breitere gesellschaftliche Diskussion über den gesellschaftlichen Bildungsauftrag dieser hybriden Ausbildungsform notwendig. Bildungspolitische Akteure sollten das derzeit (noch) offene Zeitfenster zur aktiven Mitgestaltung dualer Studiengänge nutzen, um größere Transparenz in diesen wachsenden Bildungsbereich zu bringen und eine angemessene Beachtung der Chancengleichheit zu gewährleisten.

Literatur

Baethge, M. (2006): Das deutsche Bildungs-Schisma: Welche Probleme ein vorindustrielles Bildungssystem in einer nachindustriellen Gesellschaft hat. In: SOFI-Mitteilungen 34, 13–27.

Banscherus, U./Bernhard, N./Graf, L. (2016): Durchlässigkeit als mehrdimensionale Aufgabe. Bedingungen für flexible Bildungsübergänge, Berlin.

Bernhard, N./Graf, L. (2022): Enhancing Permeability through Cooperation: The Case of Vocational and Academic Worlds of Learning in the Knowledge Economy. In: Bonoli. G./

Emmenegger P. (Hrsg.): Collective skill formation systems in the knowledge economy, Oxford, 281–307.

BIBB. (2023): AusbildungPlus – Duales Studium in Zahlen 2022 (Bundesinstitut für Berufsbildung), Bonn.

Graf, L. (2016): The rise of work-based academic education in Austria, Germany and Switzerland. In: Journal of Vocational Education & Training 68, 1–16.

Graf, L. (2018): Combined modes of gradual change: the case of academic upgrading and declining collectivism in German skill formation. In: Socio-Economic Review 16, 185–205.

Graf, L./Lohse, A. P. (2021): Advanced Skill Formation between Vocationalization and Academization: The Governance of Professional Schools and Dual Study Programs in Germany. In: Bürgi, R./Gonon, P. (Hrsg.): Governance Revisited, Bern, 215–242.

Graf, L./Lohse, A. P./Bernhard, N. (2024): Varieties of work-based higher education: France, Germany and the United States compared. In: International Journal of Training and Development 28, 385–403.

Was ist das Besondere der grünen Arbeitsgesellschaft?

Gelingt der Übergang von fossilen zu grünen Arbeitsplätzen?

Anke Hassel und Kilian Weil

Die grüne Transformation hat unmittelbare Auswirkungen auf den Arbeitsmarkt.[1] Die angestrebte Entwicklung von fossilen hin zu grünen Arbeitsplätzen stellt Unternehmen und Beschäftigte in Deutschland vor große Herausforderungen. Lange beruhte der wirtschaftliche Erfolg Deutschlands nicht nur auf Exporten von energie- und fossilintensiven Gütern und zugleich auch der Energiemix hauptsächlich auf fossilen Brennstoffen. Für eine deutliche Reduzierung von Emissionen müssen bestimmte Industrien ab- und andere umgebaut werden. Im Bereich der erneuerbaren Energien entstehen neue Arbeitsplätze. Insgesamt geht es also um einen tiefgreifenden Strukturwandel von zuvor emissionsintensiven sogenannten braunen zu emissionsschwachen grünen Arbeitsplätzen.

Für die OECD-Länder wird erwartet, dass die Dekarbonisierung der Wirtschaft zu einem Nettogewinn an Arbeitsplätzen führt (Chateau und Mavroeidi 2020). Die Europäische Kommission rechnet mit einem Wachstum von über 1 Million neuer Arbeitsplätze bis 2030, wobei die europäische grüne Technologie zu einem Vorreiter für wachsende Exportmärkte werden soll (EC 2021). Aggregierte Trends geben jedoch keinen Aufschluss über das Ausmaß der Anpassungen, die für einzelne Arbeitnehmer:innen und Unternehmen erforderlich sind, und verdecken eine erhebliche Heterogenität zwischen Regionen und Sektoren. Konkret heißt dies, dass der Bedarf nach zusätzlichen Arbeitskräften in erneuerbaren Energien, z.B. in der Wind- oder Solarenergie oder bei Wärmepumpen, regional anders verteilt sind als die Arbeitsplätze, die im Kohlebergbau oder der Automobilindustrie abgebaut werden (Yim et al. 2023). Sie haben oftmals auch andere Qualifikationsprofile (Vona et al. 2018) und werden anders vergütet (Bluedorn et al. 2023). Braune Arbeitsplätze sind oft hoch bezahlt, und der Übergang kann zu Lohneinbußen und einer Verschlechterung der Arbeitsbedingungen führen (OECD 2024).

1 Der Beitrag beruht zu großen Teilen auf Hassel und Weil (2023) und Hassel et al. (2024).

Wer arbeitet in emissionsintensiven Berufen?

Nach den Berechnungen der OECD arbeiten rund 20 Prozent der Beschäftigten in den OECD-Ländern in »grün getriebenen« Berufen – also mit umweltfreundlichen Wertschöpfungsketten verbundene Tätigkeiten, deren Nachfrage durch Klimapolitik steigen dürfte oder die sich aufgrund regulatorischer Anforderungen wandeln werden. Im Vergleich dazu sind etwa 6–7 Prozent der Beschäftigten in emissionsintensiven Branchen beschäftigt (z. B. Energieerzeugung aus fossilen Quellen, Zement, Metall, Chemie), die langfristig schrumpfen oder sich radikal verändern müssen (OECD 2024).

In einer Studie für die Europäische Kommission haben wir das sozioökonomische Profil der Beschäftigten in emissionsintensiven Sektoren analysiert (Hassel et al. 2024). Deutschland hat einen Anteil von emissionsintensiven Arbeitsplätzen von knapp 5 Prozent. Die Region in Europa mit der höchsten Konzentration von emissionsintensiven Arbeitsplätzen ist rund um Braunschweig mit einem Anteil von über 15 Prozent (Hassel et al. 2024).

Dabei kann man in einem einfachen Vergleich von emissionsintensiven zu anderen Arbeitsplätzen die Herausforderung des grünen Strukturwandels gut beobachten. Die Beschäftigten in emissionsintensiven Sektoren sind im Vergleich zu der restlichen Beschäftigtenstruktur deutlich männlicher, mit einer mittleren Qualifikation und konzentriert in stärker ländlichen Gebieten (Abbildung 1). Regional sind emissionsintensive Arbeitsplätze überwiegend in den hochindustrialisierten Regionen in Süddeutschland und Niedersachsen konzentriert.

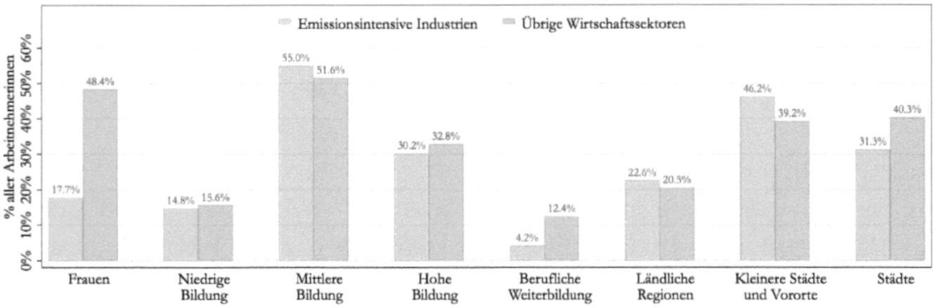

Abbildung 1: Sozioökonomisches Profil emissionsintensiver Arbeitsplätze in Deutschland
Quelle: Arbeitskräfteerhebung Eurostat 2022

In einer Vorgängerstudie basierend auf Daten der Verdienststrukturerhebung stellten wir fest, dass emissionsintensive Branchen mit hoher Produktivität höhere Profite, höhere Löhne und ein geringeres Maß an Lohnungleichheit aufweisen, und das alles unter dem starken Einfluss der Gewerkschaften (Hassel/Weil 2023).

Es besteht ein positiver Zusammenhang zwischen den Durchschnittslöhnen und den Treibhausgasemissionen pro Kopf in den verschiedenen Branchen. Branchen mit hohen Emissionen bieten tendenziell höhere Löhne, was auch mit einer höheren Profitabilität zusammenhängt. Im Wesentlichen zeigen Branchen mit hohen Emissionen eine stärkere wirtschaftliche Leistung, die sich in höheren Löhnen niederschlägt. In den EU-Mitgliedstaaten sind ressourcenintensive Tätigkeiten nach wie vor profitabler als andere Industrien. Zudem gibt es Gehaltsprämien für Beschäftigte in emissionsintensiven Industrien, die nicht durch Profitabilität und andere Wertschöpfungsfaktoren erklärt werden können. Beschäftigte in emissionsintensiven Industrien werden besser bezahlt, allein weil es Industrien sind, die auf fossilen Produktionsformen beruhen. Diese fossile Gehaltsprämie ist eine wichtige Barriere beim Übergang zur grünen Beschäftigung, weil sie potenziell zu deutlichen Lohneinbußen für Beschäftigte führt.

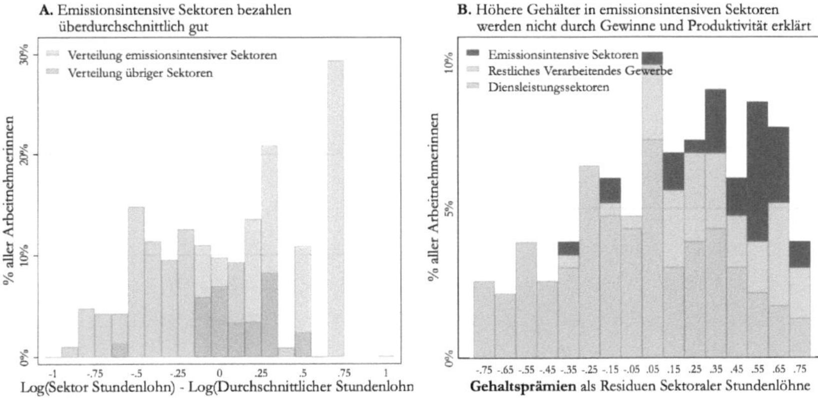

Abbildung 2: Gehaltsprämien in emissionsintensiven Sektoren in Deutschland
Quelle: Strukturelle Unternehmensstatistik Eurostat 2021

Darüber hinaus besteht ein negativer Zusammenhang zwischen der Einkommensungleichheit innerhalb des Sektors und den Treibhausgasemissionen pro Arbeitnehmer:in. Das bedeutet, dass in Sektoren mit hohen Emissionen die Einkommen oft gerechter verteilt sind. Außerdem ist der Anteil der Gewerkschaftsmitglieder in Branchen, die auf fossilen Brennstoffen basieren, höher, was zu einer positiven Korrelation zwischen dem gewerkschaftlichen Organisationsgrad und den Emissionen pro Arbeitnehmer:in führt (Hassel/Weil 2023).

Im Unterschied dazu ist das soziodemografische Profil in »grün getriebenen« Berufen deutlich heterogener. Im unteren Qualifikationssegment gibt es häufig geringere Löhne und schlechtere Beschäftigungsbedingungen im Vergleich zu anderen Sektoren, während im höheren Qualifikationsbereich (z. B. Ingenieurwesen, Energietechnologie) es tendenziell bessere Löhne gibt (OECD 2024, Kapitel 2).

Herausforderungen beim sektoralen Übergang von emissionsintensiven zu grünen Arbeitsplätzen

Der Übergang von hochbezahlten emissionsintensiven Arbeitsplätzen zu grünen Arbeitsplätzen birgt daher deutliche Herausforderungen sowohl im Hinblick auf die regionale Mobilität, aber auch für potenzielle Gehaltseinbußen für die betroffenen Beschäftigten und Regionen. Nach Berechnungen der OECD (2024) haben betroffene Beschäftigte mit deutlichen Lohneinbußen zu rechnen, wenn sie ihren Arbeitsplatz in einer emissionsintensiven Industrie verlieren. Dies bezieht sich zum Teil auf die Kosten der Wiedereingliederung in einer neuen Branche oder einem Berufswechsel sowie auf das zu erwartende Gehalt in einer anderen Branche.

Aufgrund der deutlichen Unterschiede in der Bezahlung ist es nicht überraschend, dass es Facharbeiterengpässe in grünen Sektoren und Berufen gibt, während gleichzeitig Beschäftigte in emissionsintensiven Sektoren ihre Gehaltsprämien schützen wollen. Dabei spielen die Sozialpartner und Tarifverhandlungen eine wichtige Rolle. Der Übergang von stark gewerkschaftlich organisierten emissionsintensiven Industrien zu weniger organisierten grünen Sektoren gefährdet die Tarifbindung insgesamt (siehe auch Kapitel von Hassel und Lee).

Die OECD empfiehlt daher die Stärkung von Tarifverhandlungen in grünen Sektoren, um die Attraktivität von grünen Arbeitsplätzen zu erhöhen (OECD 2024). Man könnte auch Lohneinbußen abfedern, indem Übergangsgelder staatlich finanziert werden, wenn Beschäftigte auf eine erheblich niedriger vergütete Stelle in einem grünen Sektor wechseln. Darüber hinaus gilt es eine umfassendere industrie- und regionalpolitische Strategie für die gerechte Transformation zu entwickeln.

Die gerechte Transformation muss organisiert werden

Deutschland kann auf eine lange politische Tradition der aktiven Gestaltung des Strukturwandels zurückblicken. Dazu gehören die Stilllegung des Steinkohlebergbaus in den 1970er Jahre wie auch die Transformation der ostdeutschen Industrie nach der deutschen Wiedervereinigung. In den letzten Jahren hat die Politik damit begonnen, Themen wie regionale Innovationscluster und Dekarbonisierung systematischer anzugehen.

Die Kohlekommission ist ein Beispiel für den Versuch der gerechten Transformation, die Strukturfonds für die betroffene Regionen über 20 Jahre in der Höhe von 40 Milliarden Euro aufgelegt hat. Davon gehen 14 Milliarden direkt in die Regionen für Investitionen. Darüber hinaus hat sich der Bund verpflichtet, die Braunkohleregionen durch weitere Maßnahmen in eigener Verantwortung, sogenannte Bundesmaßnahmen, mit bis zu 26 Milliarden Euro bis 2038 zu unterstützen, um das Wirtschaftswachstum zu stärken und Arbeitsplätze zu schaffen. Zu den Bundesmaßnahmen gehören zum Beispiel Forschungs- und Förderprogramme, der Ausbau der Verkehrsinfrastruktur oder die Ansiedlung von Bundeseinrichtungen. 18 Maßnahmen des BMBF mit einem geplanten Fördervolumen von ca. 3,9 Mrd. Euro sind im Revier bereits angelaufen oder werden in den nächsten Jahren beginnen (BMBF 2023).

In einer kürzlich durchgeführten Studie über Netzwerke für die Zukunft der Industrie (Lichtblau et al. 2022) wurden 39 Netzwerke für die Zukunft der Industrie oder für den Wandel kartiert, die in den letzten 20 Jahren entstanden sind. Diese Netzwerke bestehen aus lokalen Akteuren wie Kommunalverwaltungen, regionalen Universitäten, Unternehmen und Gewerkschaften, die sich zu stabilen Vereinigungen zusammengeschlossen haben, um sich mit der Planung des regionalen Wandels zu befassen. Diese regionalen Netzwerke sind in der Regel nicht in Regionen angesiedelt, die im Rahmen der EU-Strukturfonds oder der Regierungsfonds für Kohlebergbauregionen für die regionale Entwicklung vorgesehen sind, sondern in derzeit wohlhabenden Regionen, die entweder durch die Herausforderungen für die Automobilindustrie oder die Dekarbonisierung zunehmend unter Druck geraten. Sie zielen darauf ab, künftige Herausforderungen zu antizipieren und sich proaktiv darauf vorzubereiten, wie die Regionen ihre Wirtschaftsmodelle auf die Ansiedlung von Unternehmen ausrichten. Zugleich sind die Zulieferer der Automobilindustrie dabei, sich auf neue industrielle Entwicklungsansätze z. B. im Bereich der erneuerbaren Energien oder des öffentlichen Verkehrs umzustellen.

Der Ab- und Umbau emissionsintensiver Industrien und der Ausbau grüner Arbeitsplätze sind unmittelbar miteinander verknüpft. Derzeit blockieren die Unterschiede in Gehalt und Attraktivität der Sektoren eine gerechte Transformation. Die Profite emissionsintensiver Industrien erlauben hohe Gehälter, die in grünen Sektoren nicht erreicht werden können. Eine regional- und industriepolitische Flankierung der Übergänge der Beschäftigten wird auch in Zukunft eine große Rolle für die gerechte Transformation spielen.

Literatur

Bluedorn, J./Hansen, N. J./Noureldin, D./Shibata, I./Tavares, M. M. (2023): Transitioning to a greener labor market: Cross-country evidence from microdata. Energy Economics, 126, 106836.

BMBF (2023): https://www.bmbf.de/bmbf/de/forschung/zukunftsstrategie/innovation-strukturwandel/transformation-von-regionen_node.html

Chateau, J./Mavroeidi, E.: »The jobs potential of a transition towards a resource efficient and circular economy.« OECD Environment Working Papers 167 (2020): 0_1-77.

European Commission: Directorate-General for Communication, A socially fair transition, Publications Office of the European Union, 2021.

Hassel, A./Weil, K./Jansen, J./Gómez, S. (2024): Navigating emission-intensive sectors through the green transition. DG GROW Single Market Economics Papers. Working Paper 31.

Hassel, A./Weil, K. (2023): Social partners in the green transition of the EU. Vierteljahrshefte zur Wirtschaftsforschung, (4), 15–34.

Lichtblau, K./Schroeder, W./Buhr, D. (2022): Transformationsregionen und Netzwerke. Studie für N3tzwerk Zukunft der Industrie. Präsentation. iw consult. Berlin 29. November 2022

OECD (2024): OECD Employment Outlook 2024: The Net-Zero Transition and the Labour Market, OECD Publishing, Paris.

Vona, F./Marin, G./Consoli, D./Popp, D. (2018): Environmental regulation and green skills: an empirical exploration. Journal of the Association of Environmental and Resource Economists, 5 (4), 713–753.

Wie beeinflusst der Klimawandel die Arbeitswelt?

Nadja Dörflinger und Adrien Thomas

Regelmäßig werden weltweit neue Rekorde bei Hitzewellen, Extremwetterereignissen und Waldbränden verzeichnet. Es überrascht daher nicht, dass der Klimawandel bereits jetzt die menschliche Gesundheit beeinträchtigt (van Daalen u.a. 2024). Daher sollte nicht nur die Dekarbonisierung dringend weiter vorangetrieben, sondern auch Anpassungsmaßnahmen im Hinblick auf die Folgen des Klimawandels in die Wege geleitet werden. Der dafür notwendige gesamtgesellschaftliche Umbau wird sich auch auf die Arbeitswelt mit ihren verschiedenen Akteuren auswirken und die Art und Weise, wie und unter welchen Bedingungen Arbeit geleistet wird, verändern.

Klimawandel und Arbeitswelt

Der Klimawandel wirkt sich in zweierlei Hinsicht auf die Arbeitswelt aus. Zum einen verändert die Dekarbonisierung der Wirtschaft die Beschäftigungsstrukturen im Arbeitsmarkt. Energieintensive Industrien und das verarbeitende Gewerbe sind aufgrund hoher Emissionen besonders von Dekarbonisierungsmaßnahmen (zum Beispiel CO_2-Bepreisung, Emissionsnormen für Pkw und leichte Nutzfahrzeuge, EU-Emissionshandel) betroffen, was zu Einbußen führen könnte. Gleichzeitig werden andere Branchen (wie die Bereiche erneuerbare Energien, ökologisches Bauen) von den ergriffenen Maßnahmen profitieren, beispielsweise durch die steigende Nachfrage nach Photovoltaikanlagen durch die Solarpflicht sowie nach energetischen Gebäudesanierungen. Aufgrund der ungleichen Verteilung der erwartbaren Effekte von Klimaschutzmaßnahmen ergibt sich ein Spannungsfeld, das oftmals als Dilemma zwischen dem Schutz von Arbeitsplätzen und Umwelt- beziehungsweise Klimaschutz *(»Jobs versus Environment«-Dilemma)* beschrieben wird (Räthzel/Uzzell 2011). Die Forderung nach einer *Just Transition*, also einem gerechten Übergang, der sich mittlerweile neben den Gewerkschaften auch die Arbeitgeberverbände und viele politische Kräfte anschließen, adressiert dies.

Zum anderen hat der Klimawandel Auswirkungen auf Arbeitsprozesse, die Arbeitsbedingungen sowie die Qualität der Arbeit der Beschäftigten. Denn die Folgen des Klimawandels, wie zum Beispiel steigende Temperaturen oder eine stärkere UV-Belastung, beeinflussen die Gesundheit und das Wohlbefinden der Beschäftigten und erhöhen das Risiko von Arbeitsunfällen und Verletzungen (Bauer u.a. 2022). Auch psychische Belastungen spielen eine Rolle, beispielsweise im Hinblick auf den Verlust von Arbeitsplätzen oder die Notwendigkeit von Umschulungen im Zuge des Strukturwandels (Adger u.a. 2022). Beschäftigte im Freien, in geschlossenen Räumen ohne Kühlung und Interaktionsarbeitende sind als besonders gefährdet einzuschätzen (van Daalen u.a. 2024).

Implikationen für den Schutz der Beschäftigten

Eurofound (2024) geht davon aus, dass der Klimawandel die Arbeit vieler Beschäftigter erschwert und sich negativ auf deren Arbeitsplatzqualität auswirkt. Zudem verstärken sich bereits bekannte Risiken, denen Beschäftigte ausgesetzt sind und neue Risiken entstehen (Bauer u.a. 2022). Laut einer Befragung unter Betriebsärzte/-innen sowie Sicherheitsfachkräften (DGUV 2024) verursacht Hitze bereits gesundheitliche Probleme am Arbeitsplatz; ebenso sind psychische Stressreaktionen zu beobachten. Daher gilt es, Beschäftigte auch in Zeiten des Klimawandels bestmöglich zu schützen.

Laut EU-Direktiven (insbesondere der Framework Directive 89/391/EEC) sowie dem deutschen Arbeitsschutzgesetz trägt der Arbeitgeber die Hauptverantwortung für die Sicherheit und Gesundheit der Beschäftigten am Arbeitsplatz. Zudem ist er dazu verpflichtet, arbeitsplatzbezogene Gefährdungsbeurteilungen durchzuführen. Auch Arbeitnehmervertretungen wie Betriebs- und Personalräte spielen aufgrund ihrer Mitbestimmungsrechte eine Rolle bei der Regulierung von Risiken am Arbeitsplatz. Sie können im Rahmen des betrieblichen Sozialdialogs den Arbeitgeber beispielsweise auffordern, etwaige Gefahren zu verringern (zum Beispiel durch eine angepasste Pausengestaltung oder Arbeitskleidung mit UV-Schutz) sowie Beschäftigte über mögliche Risiken aufklären.

Laut Narocki (2021) treiben Arbeitgeber und Arbeitnehmervertretungen in der EU die Anpassung an den Klimawandel mit Hinblick auf den Arbeits- und Gesundheitsschutz nur langsam voran. Daten der ESENER-Befragung 2019 zeigen zudem auf, dass Gefährdungsbeurteilungen in den einzelnen EU-Ländern sowie in verschiedenen Branchen und in Unternehmen unterschiedlicher Größe oft uneinheitlich durchgeführt werden. Ein Hindernis ist der Glaube, dass mögliche Risiken bereits bekannt sind (EU-OSHA 2022). Im Hinblick auf klimabedingte Risiken kann dies problematisch sein, da die gegenwärtigen Veränderungen die Risiken im Laufe der Zeit weiter verstärken werden. Auch wenn Daten der bereits zitierten DGUV-Befragung (2024) darauf hinweisen, dass gut 46 Prozent der Betriebe bereits Anpassungsmaßnahmen an den Klimawandel ergreifen, so herrscht in anderen Betrieben ein »mangelndes Problembewusstsein« vor und es wird »keine Notwendigkeit« für Anpassungsstrategien gesehen.

Der Klimawandel als Handlungsfeld für den Arbeits- und Gesundheitsschutz

Um den sich aus dem Klimawandel ergebenden Herausforderungen zu begegnen, sind Anpassungsmaßnahmen in den Betrieben erforderlich. Dabei gilt es zu verhindern, dass sich bestehende Ungleichheiten zwischen Beschäftigtengruppen und Branchen in Bezug auf Arbeits- und Gesundheitsschutz, Arbeitsbedingungen und Qualität der Arbeit weiter verschärfen. Daher ist es auch essentiell, Entwicklungen kontinuierlich zu verfolgen und zu analysieren.

Was Anpassungsmaßnahmen betrifft, kann zum Teil auf vorhandenes Wissen zurückgegriffen werden, da im Hinblick auf physikalische Einflüsse sowie auf die Prävention von Berufskrankheiten gesicherte arbeitswissenschaftliche Erkenntnisse vorliegen (Bauer u.a. 2022). Zudem wurden bereits konkrete Gestaltungsempfehlungen zur Anpassung an die Folgen des Klimawandels erarbeitet (Narocki 2021; DGUV 2024; Bauer u.a. 2022). Beim Thema Hitze könnten auf Branchenebene Empfehlungen von den Sozialpartnern erarbeitet werden, die dann auf Betriebsebene aufgegriffen und im Rahmen von Hitzeschutz-Aktionsplänen – auch unter Einbeziehung der Belegschaften – weiter ausgearbeitet werden. Von öffentlicher Seite sind Maßnahmen zum Schutz besonders exponierter Beschäftigtengruppen denkbar. Weiterhin gilt es zu klären, ob geltende Bewertungsmaßstäbe angepasst werden müssen, inwiefern es Wechselwirkungen zwischen verschiedenen (physischen und psychischen) Belastungsfaktoren gibt und wie sich diese auf Beschäftigte auswirken.

Die bereits verfügbaren sowie zu generierenden Erkenntnisse müssen in den Arbeits- und Gesundheitsschutz in den Betrieben sowie in die Gefährdungsbeurteilung als zentrales Instrument dafür integriert werden. Dabei ist sicherzustellen, dass alle Beschäftigten – egal, aus welchem Berufsfeld und welcher Branche – Zugang dazu erhalten, beziehungsweise von derartigen Regelungen abgedeckt sind. Die bereits erwähnten Daten der letzten ESENER-Befragung verdeutlichen, dass es diesbezüglich Lücken in Europa gibt (EU-OSHA 2022). Werden diese nicht geschlossen, könnten Ungleichheiten zwischen verschiedenen Beschäftigtengruppen (zum Beispiel in Industrie- versus Dienstleistungssektoren oder in Groß- versus Klein- und Kleinstbetrieben) insbesondere (aber nicht nur) hinsichtlich des Zugangs zu Maßnahmen des Arbeits- und Gesundheitsschutzes zementiert werden. Bezugnehmend auf das vielbeachtete Konzept der *Just Transition* sollten Themen des Arbeits- und Gesundheitsschutzes daher keinesfalls ausgeklammert werden. Dies ist vor allem notwendig, um ein Kernziel des EU Green Deals, nämlich niemanden zurückzulassen, erreichen zu können.

Um Erkenntnisse bezüglich der Anpassungsstrategien und -maßnahmen zum Schutz der Beschäftigten auf betrieblicher Ebene zu sammeln und zu analysieren, ist ein gezieltes Monitoring nötig. Daten dazu ließen sich auf europäischer Ebene im Rahmen von (bereits durchgeführten) Betriebsbefragungen mit großen Stichproben erheben, die verschiedene Mitgliedstaaten und Sektoren einschließen. Beispielsweise könnte die ESENER-Befragung erweitert werden, um Informationen über die Anzahl von Betrieben zu sammeln, die klimabezogene Aspekte in die Gefährdungsbeurteilung einbeziehen. Auch Beschäftigtenbefragungen wie die Europäische Erhebung über die Arbeitsbedingungen (EWCS) könnten Daten darüber liefern, ob arbeitsplatzbezogene Gefährdungsbeurteilungen durchgeführt und spezifische Anpassungsmaßnahmen am Arbeitsplatz ergriffen werden.

Gesundheitsförderliche Arbeitsgestaltung

Um den Implikationen des Klimawandels für die Arbeitswelt zu begegnen, sollten Arbeitsmarktakteure, politische Entscheidungsträger/-innen, die Sozialpartner sowie Wissenschaftler/-innen den Schwerpunkt auf die Betriebs- bzw. Organisationsebene und damit verbundene Aspekte legen. Dies ist der Kontext, in dem wesentliche Entscheidungen hinsichtlich der Arbeitsgestaltung und dem Themenfeld Sicherheit und Gesundheit getroffen werden. Gleichzeitig gilt es, in diesem Kontext gewisse Herausforderungen zu überwinden. Dies betrifft nicht nur das verbreitet fehlende Problembewusstsein für die konkreten Risiken, die mit dem Klimawandel einhergehen (Narocki 2021, DGUV 2024), sondern auch die Tatsache, dass Risiken vielfach unterschätzt werden, da Belastungen oft kumulativ wirken (Bauer u.a. 2022). Zudem gibt es Lücken bei der Umsetzung von bestehendem Recht zum Schutz der Beschäftigten (insbesondere im Hinblick auf die Gefährdungsbeurteilung). Die Komplexität des Themenfeldes

Klimawandel und Arbeit fordert allerdings nicht nur betriebliche Akteure/-innen heraus, sondern auch die Sozialpartner. Die Entwicklung kohärenter Positionen gestaltet sich schwierig, da auf verschiedenen Handlungsebenen sowie zwischen verschiedenen Mitgliedsgruppen möglicherweise unterschiedliche Interessenslagen bestehen.

Eine menschengerechte und gesundheitsförderliche Gestaltung der Arbeit in Zeiten des Klimawandels ist jedoch in zweifacher Hinsicht unerlässlich. Einerseits sichert sie die Beschäftigung von Arbeitnehmer/-innen im Rahmen des Fachkräftemangels und wirkt sich so auf den gesellschaftlichen Wohlstand aus. Andererseits trägt sie dazu bei, Berufskrankheiten und anschließende Frühverrentungen zu verhindern, was sowohl der Gesundheit der Beschäftigten als auch den Sozialsystemen zugutekommt.

Literatur

Adger, W. Neill/Barnett, J./Heath, S./Jarillo, S. (2022): »Climate change affects multiple dimensions of well-being through impacts, information and policy responses«, Nature Human Behaviour, Jg. 6, H. 11, 1465–1473. https://doi.org/10.1038/s41562-022-01467-8.

Bauer, S./Bux, K./Dieterich, F./Gabriel, K./Kienast, C./Klar, S./Alexander, T. (2022): Klimawandel und Arbeitsschutz. Bundesanstalt für Arbeitsschutz und Arbeitsmedizin, Dortmund. https://doi.org/10.21934/BAUA:BERICHT20220601.

Deutsche Gesetzliche Unfallversicherung DGUV (2024): Auswirkungen des Klimawandels auf die Sicherheit und Gesundheit von Beschäftigten bei der Arbeit – Umfrage 2024. https://www.dguv.de/medien/inhalt/mediencenter/pm/pressearchiv/2024/quartal_3/umfrage_2024___auswirkungen_des_klimawandels_auf_die_sicherheit_und_gesundheit.pdf.

Eurofound (2024): Job quality side of climate change, Luxembourg. https://www.eurofound.europa.eu/en/publications/2024/job-quality-side-climate-change

European Agency for Safety and Health at Work EU-OSHA (2022): Third European survey of enterprises on new and emerging risks (ESENER 2019): How European workplaces manage safety and health: overview report, Luxembourg. https://data.europa.eu/doi/10.2802/881291.

Narocki, C. (2021): Heatwaves as an occupational hazard: The impact of heat and heatwaves on workers‹ health, safety and wellbeing and on social inequalities. Brüssel. https://www.etui.org/publications/heatwaves-occupational-hazard.

Räthzel, N./Uzzell, D. (2011): »Trade unions and climate change: The jobs versus environment dilemma«, Global Environmental Change, Jg. 21, H. 4, 1215–1223. https://doi.org/10.1016/j.gloenvcha.2011.07.010

Van Daalen, K./Tonne, C./Semenza, J./…/Lowe, R. (2024): »The 2024 Europe report of the Lancet Countdown on health and climate change: unprecedented warming demands unprecedented action«, The Lancet Public Health, Jg. 9 H. 7, e495–e522. https://doi.org/10.1016/s2468-2667(24)00055-0

Inwiefern hängen Arbeits- und Nachhaltigkeitspolitik zusammen?

Kerstin Jürgens

Aktuelle politische Diskurse und Strategiebildungen kreisen vielfach um die Frage, wie in den unterschiedlichen gesellschaftlichen Handlungsfeldern »Nachhaltigkeit« erreicht werden kann. Damit ist eine Chiffre aufgerufen, die bereits in zahlreichen internationalen Deklarationen definiert und hinsichtlich möglicher Maßnahmen ausbuchstabiert wurde. Im Zentrum steht dabei stets das Vorhaben, das Handeln von Menschen so zu beeinflussen, dass auch nachfolgende Generationen eine Chance auf existenzsichernde und befriedigende Lebensbedingungen auf dem Planeten vorfinden. Konkrete Ansatzpunkte hierfür lassen sich etwa in den von den Vereinten Nationen festgelegten Sustainable Development Goals (UNO 2015) oder dem kürzlich verhandelten Pact for the Future (UNO 2024) nachlesen. Für Deutschland geben die jährlichen Konferenzen des Rats für Nachhaltige Entwicklung oder die jüngst ausgerichtete Hamburg Sustainability Conference, die die Nationen in Dialog bringen will, einen Hinweis auf die Problemstellung. Nachhaltiges Leben und wachstumsorientiertes Wirtschaften werden in den Deklarationen nicht als grundsätzlich unvereinbar bewertet, jedoch in einem Konfliktverhältnis verortet, das nach moderierenden Akteur:innen verlangt. Hierfür sehen die verschiedenen Stellungnahmen die nationalen und supranationalen Leitungsorgane vor. Adressat:innen der Beschlüsse und Vereinbarungen sind insofern zwar auch Einzelpersonen, deren Lebensweisen und Konsumstile in der Kritik stehen, insbesondere aber nationale Regierungen und Staatenbündnisse, die über ihre jeweiligen Regelwerke Interventionen vornehmen sollen.

Der Faktor »Arbeit« wird in den genannten Aktivitäten und Publikationen bevorzugt unter der Perspektive und als Baustein *sozialer Nachhaltigkeit* verhandelt. Die zentrale Zielsetzung lautet, dass auch zukünftige Generationen noch Chancen auf eine Existenzsicherung über Erwerbsarbeit haben sollen. Die Deklarationen heben Ursachen und Effekte globaler Arbeitsteilung hervor und weisen auf Verteilungs(un)gerechtigkeiten und Einkommensscheren hin, die sich national ebenso wie weltweit zeigen. Thematisiert werden darüber hinaus auch Arbeitsbedingungen, die in Hinblick auf die Beteiligung und den Schutz von Beschäftigten überprüft werden sollen.

Ökologische Nachhaltigkeit wird demgegenüber auf jene Facetten von Arbeit bezogen, die mit *Eingriffen in die natürliche Mitwelt* einhergehen. Historisch betrachtet waren diese zunächst darauf beschränkt, das unmittelbare Überleben des Menschen oder die Zukunft eines Familienverbundes zu sichern. Inzwischen hat sich eine Orientierung an einem Wohlstandsmodell mit einem exponentiellen Verbrauch endlicher Ressourcen durchgesetzt. Produktionsprozesse, Wohnformen sowie Mobilitäts- und Konsumgewohnheiten sind mit Emissionen verbunden, die das Klima beeinflussen. Einzelne Rohstoffe, die ursprünglich zum Überleben dienten, Bodenschätze, Pflanzen oder Tierarten sind unwiederbringlich verloren. Dadurch wurden in vielen Regionen nicht nur die Lebensgrundlagen zukünftiger Generationen zerstört oder gefährdet, sondern bereits heute sind Millionen von Menschen zur Migration gezwungen, weil ihre bisherigen Lebensorte nicht mehr bewohnbar sind bzw. keinen Ertrag mehr für eine Existenzsicherung bieten. Bewohnbarkeit und Bewirtschaftung trotz veränderter Naturverhältnisse aufrechtzuerhalten, stellt inzwischen auch industrialisierte Länder vor eine kaum zu lösende Aufgabe, da die finanziellen Kosten aus dem Ruder laufen und partiell schlicht keine Lösungsansätze bereitstehen.

Vergleichsweise unterbelichtet bleibt in den verschiedenen Stellungnahmen zu ökologischer Nachhaltigkeit hingegen, dass Arbeit in einer weiteren Hinsicht in ein Naturverhältnis eingreift: in das Selbstverhältnis des *Menschen als Naturwesen*. Arbeit ist eine Auseinandersetzung mit der Mitwelt; Erwerbstätige verausgaben sich physisch und psychisch, um ein Produkt zu erzeugen oder eine Dienstleistung zu erbringen. Sie bieten sich als Arbeitskraft auf dem Arbeitsmarkt an und sind für ein festgelegtes Entgelt zu einer Leistungserbringung verpflichtet. Über die Ausgestaltung von Arbeitsinhalten, Leistungszielen und Arbeitsbedingungen entscheidet sich in der Folge, wie der Mensch ge- oder vernutzt wird. Fortgeschritten industrialisierte Länder zeichneten sich im globalen Vergleich lange Zeit durch eine deutliche Abmilderung solcher erwerbsbedingten Belastungen aus, weil vielerorts, so auch in Deutschland, Instrumente wie eine flankierende Sozialpolitik, Arbeitsrecht, Mitbestimmung oder ein weitreichender Gesundheitsschutz etabliert wurden, die der Breite der Erwerbsbevölkerung und indirekt auch ihren Familien zugutekamen. Forschungsbefunde weisen inzwischen jedoch darauf hin, dass physischer Verschleiß fortwirkt und sich lediglich die Erscheinungsformen verändert haben. Psychische Erschöpfung hat in etlichen Beschäftigungsfeldern an Verbreitung gewonnen und ist auf u.a. zu ›dünne‹ Personaldecken, entgrenztes Arbeiten, Arbeitsintensivierung, Leistungsdruck und fehlende Wertschätzung durch Vorgesetzte zurückzuführen (s. für einen Ländervergleich exemplarisch Rigó u.a. 2021).

Es ist wichtig, diese Phänomene ebenfalls als Eingriff in ein Naturverhältnis und als Gegenstand ökologischer Nachhaltigkeit zu begreifen, statt sie, wie weithin üblich, als Problem sozialer Nachhaltigkeit zu verhandeln. Dies gebietet sich aus inhaltlichen Gründen, vor allem aber weil die politischen Reaktionsweisen auf die Probleme variieren:

Die ökologische Frage, der Umgang mit der natürlichen Mitwelt, lässt sich eindeutig als ein Verhandlungsgegenstand erkennen, der seit geraumer Zeit eine gewachsene Aufmerksamkeit im Regierungshandeln erfährt. Die verschiedenen Bundesregierungen haben sich hierzulande ebenso wie in den supranationalen Gremien klar zu der Frage positioniert, inwiefern sie mit Problemstellungen wie Klimaveränderungen oder dem problematischen Verbrauch natürlicher Ressourcen umzugehen gedenken. Inhalt, Umfang und Verbindlichkeit der Interventionen sind erwartungsgemäß zwar umstritten und in der (partei-)politischen Auseinandersetzung umkämpft, doch sind z.B. mit den »Klimazielen« oder den Festlegungen zur Energienutzung und -erzeugung bereits umfassende, teils couragierte Eingriffe in das Feld der Arbeit erfolgt: Die getroffenen Regeln zu Ressourcenverbrauch und Emissionen induzieren in allen Wirtschaftssektoren Umstellungen, die teils so weit reichen, dass ganze Angebote auslaufen. Ein einschneidendes Beispiel hierfür ist die vorgegebene Neuausrichtung der Automobilindustrie auf Elektromobilität, die in Unternehmen sowie in den anhängigen Zulieferindustrien und Dienstleistungen einen erheblichen Anpassungsdruck erzeugt. Gegenwärtige Probleme im genannten Segment sind keinesfalls monokausal nur der Neuausrichtung am Ziel der Nachhaltigkeit geschuldet, gehen aber für die hier Erwerbstätigen mit der Erfahrung einher, mindestens umfängliche Reorganisationen betrieblicher Abläufe, teils aber auch den Verlust des eigenen Arbeitsplatzes bewältigen zu müssen. In der Summe zeigt sich: Im Regierungshandeln (und nahezu parteiübergreifend) wurde und wird Arbeit, hier verstanden als Nutzung der Mitwelt, ganz offensichtlich als ein ökologisches Problem identifiziert und anerkannt, und sie wird, auch um den Preis unzufriedener Wählerschaften, mittels regulierender Eingriffe auf das Ziel der Nachhaltigkeit hin umgestaltet.

Der *Schutz arbeitender Menschen* ist demgegenüber im Regierungshandeln deutlich schwächer konturiert. Zwar lassen sich in Vergangenheit und Gegenwart einige rechtliche Vorgaben und arbeitspolitische Instrumente identifizieren, die auf die Gesunderhaltung von Erwerbstätigen und die Absicherung ihrer sozialen Lage zielen, doch markieren weder die jeweiligen Promotor:innen und Befürworter:innen, noch die Gegner:innen ihren Konflikt als Auseinandersetzung um eine *ökologische* Problemstellung. Vielmehr wird die Gestaltung von Arbeitsbedingungen als *soziale* Frage, als Gegenstand eines Verteilungskampfes ausgedeutet, den entweder die eine politische Seite, »Arbeitgeber«, oder die andere, »Arbeitnehmer:innen« bzw. »Gewerkschaften«, sowie die ihnen je nahestehenden Parteien für sich entscheiden – also die einen ›verlieren‹, wenn die anderen ›gewinnen‹. Solche Kontroversen und das ihnen zugrunde liegende dualistische Denkmuster lassen sich ursächlich auf die Funktionsweise des Wirtschaftssystems und den hier inhärenten Gegensatz von Kapital und Arbeit zurückführen; sie sind in Deutschland auch durch das traditionsreiche Modell der Sozialpartnerschaft vorgeprägt, nach der die Konditionen des Arbeitens von den Sozialpartnern bzw. Tarifparteien ausgehandelt werden, während sich der Staat weitgehend zurückhält. Illustrieren lässt sich dies an den Arbeitszeiten von Erwerbstätigen. Diese werden über das Arbeitszeitgesetz vom Gesetzgeber ›gerahmt‹, doch ist die konkrete Ausgestaltung weitgehend den Tarif- und Betriebsparteien überlassen. Kamen in Zeiten hoher Tarifbindung und verhandlungsstarker Gewerkschaften viele Erwerbstätige in den Genuss kollektiv festgelegter Standards und Verlässlichkeit, sind inzwischen laut IAB-Betriebspanel 50 Prozent der Arbeitnehmer:innen in Bereichen tätig, in denen weder ein Branchen- oder Haustarifvertrag gilt; nur 41 Prozent werden durch Betriebs- oder Personalräte vertreten (Hohendanner/Kohaut 2024). Die eingangs skizzierten Missstände zum Verschleiß von Arbeitskraft stehen in Zusammenhang zu dieser Entwicklung.

Deutlich wird: Aktuelle politische Interventionen unterscheiden sich offensichtlich danach, ob eine Ausgangslage als ein soziales oder ein ökologisches Problem definiert wird. Da die arbeitenden Menschen jedoch, wie gezeigt wurde, der weiteren natürlichen Mitwelt, der Atmosphäre, dem Boden, den Pflanzen oder den Tieren, in nichts nachstehen, müssten sie folglich auch als nicht minder schutzbedürftige natürliche Ressource anerkannt werden. Ihr Schutz müsste ebenfalls als eine *conditio sine qua non der Gesellschaft gelten. Einer solchen Deutung und Aufgabenstellung zu folgen, dürfte für die Politik auch aus einem weiteren Grund alternativlos sein. Denn warum sollten sich Menschen, die sich in einer existenziellen Notlage wie erwerbsbedingter Erschöpfung oder dem Verlust des Arbeitsplatzes befinden, für die Belange von Insekten oder Gewässern aufgeschlossen zeigen und* für diese Mitwesen ihre Lebensweise ändern?

Literatur

Hohendanner, C./Kohaut, S. (2024): Tarifbindung und betriebliche Interessenvertretung: Ergebnisse aus dem IAB-Betriebspanel 2023. WSI-Mitteilungen 77(4): 289–295. DOI: 10.5771/0342-300X-2024-4-289

Rigó M./Dragano N./Wahrendorf M./Siegrist J./Lunau, T. (2021): Work stress on rise? Comparative analysis of trends in work stressors using the European working conditions survey. International Archives of Occupational and Environmental Health 94(3): 459–474. DOI: 10.1007/s00420-020-01593-8

UNO (2015): Transforming Our World. The 2023 Agenda for Sustainable Development, New York.

UNO (2024): The Pact for the Future. Resolution adopted by the General Assembly on 22 September 2024, New York (Zugriff: 24.03.2025: https://documents.un.org/doc/undoc/gen/n24/272/22/pdf/n2427222.pdf).

Wie gelingt die digitale Transformation?

Sind die Versprechen der Industrie 4.0-Strategie eingelöst worden?

Martin Krzywdzinski

Industrie 4.0 gehörte zu den großen technologischen Versprechen der 2010er Jahre. Das Konzept entstand im Kontext eines intensiver werdenden globalen Wettbewerbs und vor dem Hintergrund der Erfahrungen der weltweiten Finanzkrise 2007–2009. In den Kreisen der internationalen Politik und Wirtschaft reifte die Einsicht, dass ein leistungsfähiger Industriesektor für die Resilienz und Innovationsfähigkeit der Volkswirtschaften von großer Bedeutung ist.

Die Entwicklung des Konzepts Industrie 4.0 geht auf die Forschungsunion Wirtschaft-Wissenschaft zurück, die im Rahmen der High-Tech-Strategie der deutschen Regierung tätig war. Offiziell vorgestellt wurde das Konzept 2011 (Kagermann et al., 2013). In der digitalen Transformation der Industrie wurde eine zentrale Chance für die Entwicklung neuer Produkte und Geschäftsmodelle sowie für die Erhöhung der Produktivität gesehen, womit die Wettbewerbsfähigkeit eines Hochlohnstandorts wie Deutschland, der zudem mit steigenden Energiepreisen und Arbeitskräfteknappheiten aufgrund von demografischem Wandel konfrontiert ist, gesichert werden kann (Kagermann et al., 2013).

Die Entwicklung der Industrie 4.0 wird als ein gradueller Prozess mit sechs Reifegradstufen aufgefasst (Schuh et al., 2020):

- Computerisierung des Unternehmens und der Produktion
- Konnektivität, d.h. die Vernetzung der Systeme im Unternehmen
- Sichtbarkeit, d.h. Ausstattung der Anlagen und Prozesse mit Sensoren und die Erzeugung und Erfassung von Daten für Entscheidungsfindung
- Transparenz, d.h. die Big-Data-Analyse von Prozessen, Problemursachen und Optimierungsmöglichkeiten
- Prognosefähigkeit, d.h. Nutzung von Datenanalyse für die Vorhersage kommender Ereignisse (z.B. Maschinenstörungen, Änderungen in der Kundennachfrage etc.)
- Adaptierbarkeit, d.h. die automatische Anpassungsfähigkeit von Anlagen und Systemen an Veränderungen

In diesem Reifegradmodell wird der Fokus auf der Nutzung von Daten für Überwachung von Prozessen, Analyse und Vorhersage deutlich. Automatisierung ist erst die letzte Stufe der Entwicklung. Mit Industrie 4.0 wurden Hoffnungen auf erhebliche volkswirtschaftliche Effekte verbunden. Eine Studie des Fraunhofer IAO sowie der Bitkom von 2014 errechnete ein potentielles jährliches Wachstumsplus durch Industrie-40-Implementierung von 1,7 Prozent (Bauer et al., 2014). Diese Wachstumseffekte sollten auch positive Beschäftigungswirkungen haben.

Industrie 4.0 – Wo wir stehen

Das Konzept Industrie 4.0 wurde die Grundlage für eine Reihe von strategischen Projekten. Zur Koordination wurde die Plattform Industrie 4.0 unter der Leitung des Wirtschaftsministeriums und unter Beteiligung von Unternehmen, Verbänden (BDI, Bitkom, VDMA, ZVEI), Industrie- und Handelskammern und Forschungsinstitutionen geschaffen. In der Arbeit der Plattform stellte sich schnell heraus, dass die Verbreitung von Industrie-4.0-Lösungen zwei wichtige Grundlagen voraussetzt: globale technische und organisatorische Standards sowie die Etablierung so genannter Datenräume (Plattform Industrie 4.0, 2023). Standards sind eine Voraussetzung, um Hardware und Software unterschiedlicher Anbieter effizient einsetzen zu können. Datenräume sind Infrastrukturen, die den Datenaustausch in so genannten Datenökosystemen (z.B. Fertigungsunternehmen und ihre Kunden, ihre Lieferanten, ihre Ausrüster und Dienstleister) unterstützen. Datenräume bestehen aus Datenmodellen, Standards für Schnittstellen und Cloud-Dienste, sowie eben der materiellen Infrastruktur von Cloud-Diensten. Zentrale Beispiele sind der Manufacturing-X-Datenraum für die Industrie und der Catena-X-Datenraum speziell für die Automobilbranche.

Die Entwicklung der Standards und Datenräume und die Verbreitung von Anwendungen sind noch lange nicht abgeschlossen. Es handelt sich um langfristige Vorhaben der digitalen Transformation, deren Erfolg nach wenigen Jahren nicht leicht zu beurteilen ist. Die kontinuierliche Beteiligung von Unternehmen und Verbänden, der Fortschritt der Entwicklung von Standards und Infrastrukturen sind sicherlich ein Beleg für den Erfolg des Konzepts. Dies wird auch durch die internationale Ausstrahlung der Industrie 4.0 deutlich, die nicht nur Vorbild für Initiativen in Europa ist (etwa die französische Industrie du Futur), sondern auch eine Rolle im asiatischen Raum spielt.

Etwas ambivalenter fällt das Bild im Hinblick auf die ursprünglichen Versprechen von Wertschöpfungs- und Produktivitätspotentialen aus. Langfristige Datensätze über die Implementierung von Industrie-4.0-Konzepten liegen nicht vor, einige Studien bieten aber zumindest einen Blick auf die letzten Jahre. Basierend auf einer jährlichen Befragung von etwa 500 Industrieunternehmen in Deutschland berichtet die Bitkom, dass der Anteil von Unternehmen, die Industrie-4.0-Lösungen nutzen, von 53 Prozent im Jahr 2019 auf 65 Prozent im Jahr 2022 gestiegen war (Bitkom, 2022). Allerdings sagt dies noch nicht, welche Stufe im oben erwähnten Reifegradmodell implementiert wird. Das Institut der deutschen Wirtschaft (IW) erhebt seit 2020 den Digitalisierungsindex (Institut der deutschen Wirtschaft, 2024). Für den Zeitraum 2020–2023 zeigt der Index für die unternehmensinternen Indikatoren nur für die Digitalisierung der Prozesse einen Fortschritt, zugleich aber bemerkenswerterweise einen Rückgang der Digitalisierung der Produkte und einen Stillstand bei der Digitalisierung von Geschäftsmodellen, Qualifizierung und Forschungs- und Entwicklungsaktivitäten. Bei den unternehmensexternen Faktoren gibt es einen Fortschritt bei der Digitalisierung der technischen Infrastruktur sowie der digitalen Affinität der Bevölkerung, aber zugleich einen Stillstand bei den administrativ-rechtlichen Bedingungen und sogar einen Rückgang der Digitalisierung des Humankapitals.

Wenn wir die Entwicklung in Deutschland in den internationalen Kontext stellen, spricht manches für den Erfolg der Industrie 4.0. Zwischen 2011 und 2023 stieg die Arbeitsproduktivität pro Stunde im Verarbeitenden Gewerbe in Deutschland durchschnittlich 1,6 Prozent pro Jahr (Eurostat 2024), in Frankreich waren es 1,1 Prozent, in den USA stagnierte die Arbeitsproduktivität im Verarbeitenden Gewerbe im gleichen Zeitraum (Bureau of Labor Statistics, 2024).

Auch die positiven Wachstumsraten bei Investitionen des Verarbeitenden Gewerbes in Software und Datenbanken sprechen für einen Erfolg von Industrie 4.0, allerdings haben sie sich in den letzten Jahren abgeschwächt und sind seit Ende der 2020er Jahre hinter Wettbewerber wie USA, Frankreich oder Italien zurückgefallen.

Es ist auch anzumerken, dass die Investitionen in Software und Datenbanken nicht mit entsprechenden Investitionen in Anlagen und Maschinen einhergehen. In Deutschland fallen die Wachstumsraten der »Hardware«-Investitionen des Verarbeitenden Gewerbes seit der Zeit vor der globalen Finanzkrise und liegen trotz der Industrie-4.0-Initiative niedriger als beispielsweise in Italien und Frankreich.

Die seit einiger Zeit anhaltende Wachstumsschwäche des Verarbeitenden Gewerbes in Deutschland wirkt sich auch auf Bildungsaktivitäten aus. Seit 2020 sinken in Deutschland Studierendenzahlen in Ingenieurswissenschaften. Besonders stark ist der Rückgang im Studienbereich Maschinenbau/Verfahrenstechnik, in dem die Studierendenzahlen zwischen 2013 und 2023 um 45 Prozent eingebrochen sind (Ilina, 2024). Der Fachkräftemangel erschwert zusätzlich die Digitalisierung der deutschen Industrie.

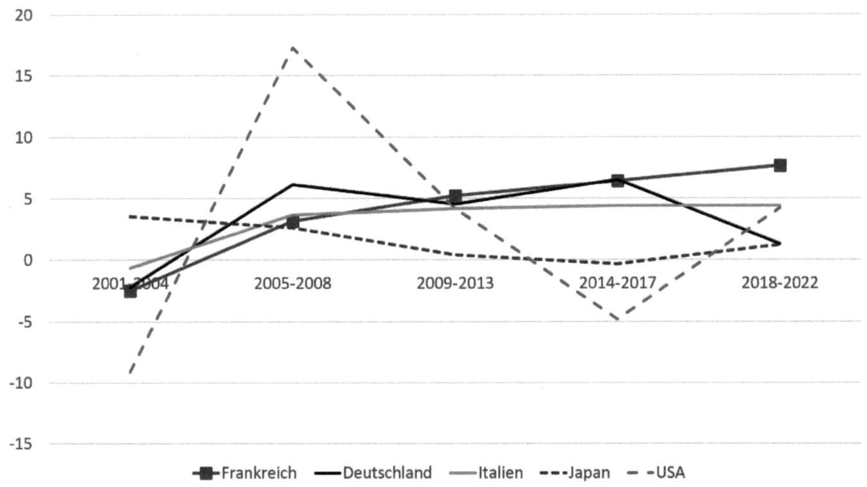

Abbildung 1: Durchschnittliches jährliches Wachstum der Investitionen in Software und Datenbanken im Verarbeitenden Gewerbe in Prozentpunkten (2001–2022)
Anmerkung: Das Jahr 2009 wurde wegen des krisenbedingten außergewöhnlichen Einbruchs während der Finanzkrise ausgeschlossen.
Quelle: OECD 2024

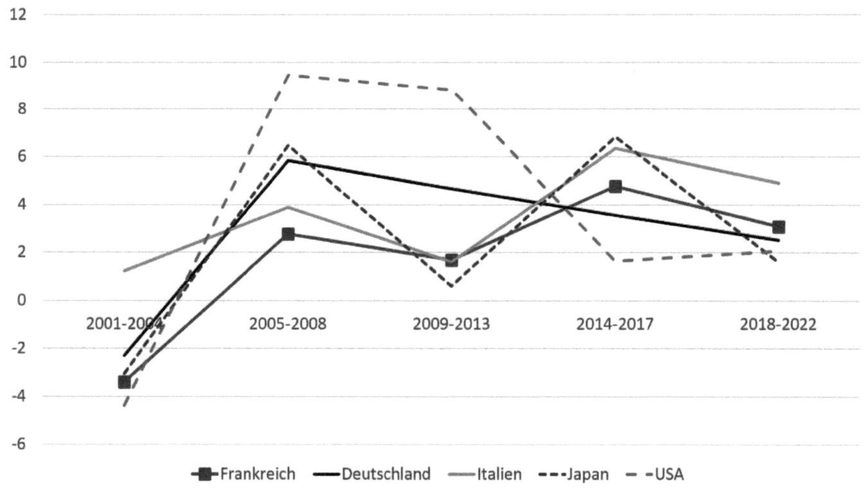

Abbildung 2: Durchschnittliches jährliches Wachstum der Investitionen in Maschinen und Anlagen im Verarbeitenden Gewerbe in Prozentpunkten (2001–2022)
Anmerkung: Das Jahr 2009 wurde wegen des krisenbedingten außergewöhnlichen Einbruchs während der Finanzkrise ausgeschlossen.
Quelle: OECD 2024

Was für einen Erfolg der Industrie 4.0 nötig ist

Das Projekt Industrie 4.0 ist für die digitale Transformation der deutschen Wirtschaft zentral. Ein Hochlohnstandort wie Deutschland ist darauf angewiesen, technologisch führend zu sein. Insbesondere im industriellen Bereich hat die deutsche Wirtschaft allerdings weiterhin große Stärken, hier kann sie bei der Entwicklung digitaler Technologien führend sein.

Für die seit längerem anhaltende Investitionsschwäche und damit auch eine langsame Entwicklung von Industrie 4.0 gibt es eine Reihe bekannter Ursachen. Das stark exportbasierte Wachstumsmodell der deutschen Industrie ist durch zunehmende Handelskonflikte, den Aufstieg von Wettbewerbern und den damit einhergehenden Verlust von Marktanteilen in China (bzw. Asien), hohe Energiepreise, fehlende öffentliche Infrastrukturinvestitionen und Fachkräftemangel unter Druck geraten. Auch die Zukunft der Industrie 4.0 hängt davon ab, inwieweit es durch eine aktive Industriepolitik gelingt, die existierenden Probleme zu lösen und Zukunftstechnologien zu fördern.

Neben einer solchen Industriepolitik sind mit Blick auf die Industrie 4.0 vor allem zwei Punkte anzugehen. Der erste ist eine Lösung des Fachkräftemangels, wozu die Modernisierung des Bildungssystems einen wichtigen Beitrag leisten kann. Das beginnt mit der Stärkung der Digital Literacy in der Schulbildung und reicht bis zu einer Stärkung der Attraktivität von Studiengängen in den Ingenieurswissenschaften, auch durch die Entwicklung innovativer Kombinationen zwischen klassischen Maschinenbaustudium und der Informatik und Data Science. Zur Lösung der Fachkräfteproblematik gehören aber pragmatische Lösungen für Fachkräfte aus dem Ausland.

Der zweite Punkt ist die Fortsetzung der Investitionen in Standards und Datenräume für die Industrie 4.0. Der Datenaustausch zwischen Unternehmen ist weiterhin die größte Herausforderung die Entwicklung digitaler Geschäftsmodelle und die Digitalisierung der Prozesse. Hier müssen Projekte zur Entwicklung der Infrastrukturen, Stärkung der Sicherheit, aber auch zur Entwicklung von Vertrauen durch Vermittlung von Anwendungsfällen unterstützt werden.

Literatur

Bauer, W./Schlund, S./Ganschar, O. (2014): Industrie 4.0 – Volkswirtschaftliches Potenzial für Deutschland. Berlin.

Bitkom (2022): Industrie 4.0 – so digital sind Deutschlands Fabriken. Berlin.

Bureau of Labor Statistics (2024): Labor productivity by major sectors. Washington, DC.

Eurostat (2024): Labour productivity and unit labour costs at industry level. Luxemburg.

Ilina, A. (2024): Immer weniger Ingenieurnachwuchs in Deutschland, https://www.vdi-nachrichten.com/karriere/studium/der-ingenieurnachwuchs-in-deutschland-auf-der-kippe/#:~:text=Im%20Wintersemester%202023%2F24%20waren,%2C%20Elektrotechnik%2C%20Architektur%20und%20Informatik

Institut der deutschen Wirtschaft (2024): Digitalisierung der Wirtschaft in Deutschland. Digitalisierungsindex 2023. Berlin.

Kagermann, H./Wahlster, W./Helbig, J. (2013): Recommendations for implementing the strategic initiative INDUSTRIE 4.0. München. https://en.acatech.de/publication/recommendations-for-implementing-the-strategic-initiative-industrie-4-0-final-report-of-the-industrie-4-0-working-group/download-pdf?lang=en

OECD (2024): Capital formation by activity. Paris.

Plattform Industrie 4.0. (2023): Industrie 4.0: Auf dem Weg zur intelligent vernetzten Industrie. Fortschrittsbericht 2023. Berlin.

Schuh, G./Anderl, R./Dumitrescu, R./Krüger, A./ten Hompel, M. (2020): Using the Industrie 4.0 Maturity Index in Industry [Acatech Cooperation Report]. München. https://www.acatech.de/publikation/der-industrie-4-0-maturity-index-in-der-betrieblichen-anwendung/download-pdf?lang=en

Wem gehören die Daten der Beschäftigten und wer schützt sie?

Samuel Greef

In einer zunehmend datengetriebenen Digitalökonomie wird das Verhältnis zwischen Datenschutz und Innovation von der Wirtschaft sowie aus wirtschaftsliberaler politischer Perspektive als ein Gegensatz dargestellt: Datenschutz würde Innovation behindern, sodass das Spannungsverhältnis zur Sicherung von Wirtschaftswachstum und Wohlstand einseitig zulasten des Datenschutzes aufgelöst werden müsste. Kurzum: Datennutzung statt Datenschutz.

Der Hintergrund dieses Framings ist die Position Deutschlands im Systemwettbewerb mit den USA (marktgetrieben) und China (staatsgetrieben) – gerade in den für neue Geschäftsmodelle in der Digitalwirtschaft relevanten Bereichen der Analyse von Big Data und auf umfangreiche Lerndaten angewiesenen Verfahren maschinellen Lernens im Kontext Künstlicher Intelligenz (KI). Eine vermeintlich deutsche Datenschutzkultur wird von einigen Akteuren als Stolperstein auf dem Weg zu technologischen Innovationen gesehen. Dies erweckt schon deshalb einen falschen Eindruck, weil der Datenschutz bereits seit 2018 durch die Datenschutz-Grundverordnung (DSGVO) umfassend auf europäischer Ebene reguliert ist. Gleichwohl spielte das deutsche Datenschutzregime als Blaupause durchaus eine Rolle (Büttner et al. 2018: 28). Während zum damaligen Zeitpunkt der Datenschutz allerdings – insbesondere aufgrund des ubiquitär werdenden Cloud-Computing – als möglicher Wettbewerbsvorteil und unique selling point von deutschen (bzw. europäischen) Webanwendungen und Cloud-Datenspeichern im Systemwettbewerb verstanden wurde, hat sich diese Wahrnehmung in der data-driven Economy in ihr Gegenteil verkehrt.

Debatten um das Verhältnis von Datenschutz und Innovation beziehen sich maßgeblich auf den grundsätzlichen Umgang mit personenbezogenen Daten (wie Gesundheitsdaten in der elektronischen Patientenakte). Dazu gehören auch Fragen des Besitzes und Zugriffs auf Daten, die in der alltäglichen Nutzung des Internets, von Smart Devices und anderen Gegenständen mit automatischer Datenerfassung (etwa im Auto) quasi nebenher anfallen und den Umgang mit dem vom Bundesverfassungsgericht (BVerfG) im Volkszählungsurteil von 1983 institutionalisierten Grundrecht auf informationelle Selbstbestimmung. Im

Fokus stehen vor allem die Daten von Bürger:innen als Nutzer:innen und Verbraucher:innen. So hat sich der Verbraucherdatenschutz als Querschnittsbereich von Datenschutz und Verbraucherschutz als eigenständiges Feld rechtlicher Ausgestaltung, staatlicher und zivilgesellschaftlicher Bearbeitung und Interessenvertretung sowie wissenschaftlicher Analyse etabliert. Obwohl Bürger:innen in einer Arbeitsgesellschaft einen erheblichen Teil ihres Lebens mit Erwerbstätigkeit zubringen und die digitale Transformation auch vor der Arbeitswelt nicht Halt macht, gilt dies nur bedingt für den Bereich des Arbeitnehmer- bzw. Beschäftigtendatenschutzes.

Sichtbarstes Zeichen dieser Leerstelle ist die Geschichte des Scheiterns der gesetzlichen Regelung des Beschäftigtendatenschutzes. Bereits 1984 forderten die Datenschutzbeauftragten des Bundes und der Länder erstmals bereichsspezifische Datenschutzregelungen für Arbeitnehmer:innen und fassten acht Jahre später einen Entschluss über Grundsätze für ein Arbeitnehmerdatenschutzgesetz (Datenschutzbeauftragten des Bundes und der Länder 1992). Aufforderungen für einen entsprechenden Gesetzesentwurf wurden jedoch nicht aufgegriffen. Erst über ein Jahrzehnt später gab es entsprechende Bemühungen. Ein durch das Bundeskabinett von Union und FDP 2010 bereits beschlossener Gesetzesentwurf (Bundesregierung 2010) versandete allerdings in den anschließenden Anhörungen und Debatten. Danach dauerte es wieder länger als ein Jahrzehnt bis unter der Ampelregierung Ende 2024 ein neuer Referentenentwurf für ein Beschäftigtendatengesetz (BeschDG) vorlegt wurde (BMAS/BMI 2024). Wie es unter einer neuen Regierung damit weitergehen wird, ist offen. Die Notwendigkeit einer Regelung ist aber heute auch dadurch gegeben, dass die bisherige Praxis der Verarbeitung von Beschäftigtendaten nach dem Bundesdatenschutzgesetz (§ 26 BDSG) bzw. Landesdatenschutzgesetzen durch den Europäischen Gerichtshof (EuGH) im März 2023 für europarechtswidrig erklärte wurde, weil diese nicht den Anforderungen der DSGVO genüge (EuGH 2023).

Datenschutz und Persönlichkeitsrecht

Der Begriff Datenschutz ist mitunter missverständlich, weil es – im Gegensatz etwa zur Datensicherheit – dabei nicht um den rechtlichen, organisatorischen oder technischen Schutz von *Daten*, sondern um den von *Personen* geht. Im Sinne der bereits erwähnten informationellen Selbstbestimmung soll verhindert werden, dass durch die Verarbeitung von personenbezogenen oder -beziehbaren Daten die dahinterstehende Person (im-)materiellen Schaden erleidet, weil ihr allgemeines Persönlichkeitsrecht oder das Recht auf Privatsphäre verletzt wird.

»Schutzobjekt sind [dabei] nicht nur die Individuen, sondern auch generell die gesellschaftlichen Freiheitsrechte sowie die demokratische Ordnung« (Weichert 2018: 1376.). An vielen Stellen erlaubt die DSGVO durch Öffnungsklauseln eine Abweichung von grundlegenden Datenschutzregeln (wobei deren Schutzniveau weder abgesenkt noch unangemessen überschritten werden darf) durch die Schaffung (nationalstaatlicher) Rechtsgrundlagen. Dadurch besteht die Möglichkeit, bereichsspezifische Regelungen – wie etwa für den Arbeitnehmerdatenschutz, für den es in der DSGVO keine konkreten Regelungen gibt – zu erlassen, um die Verarbeitung personenbezogener Daten im Beschäftigtenkontext zu regeln (DSK 2020; Krause 2017).

Da unter personenbezogenen Daten »alle Informationen, die sich auf eine identifizierte oder identifizierbare natürliche Person [...] beziehen« fallen (Art. 4 Nr. 1 DSGVO), »unterliegen eine Vielzahl vernetzter Produktionsprozesse dem Datenschutzrecht« (Ricken 2020: 15). Dabei soll ein Ausgleich zwischen den Persönlichkeitsrechten der Beschäftigten und dem Informationsinteresse des Arbeitgebers stattfinden. Daher sieht das BDSG bislang vor, dass personenbezogene Daten von Beschäftigten »für Zwecke des Beschäftigungsverhältnisses verarbeitet werden [dürfen], wenn dies für die Entscheidung über die Begründung eines Beschäftigungsverhältnisses oder nach Begründung des Beschäftigungsverhältnisses für dessen Durchführung oder Beendigung oder zur Ausübung oder Erfüllung der sich aus einem Gesetz oder einem Tarifvertrag, einer Betriebs- oder Dienstvereinbarung (Kollektivvereinbarung) ergebenden Rechte und Pflichten der Interessenvertretung der Beschäftigten erforderlich ist« (§ 26 Abs. 1 BDSG). Bislang waren die Anforderungen an die Erforderlichkeit der Datenverarbeitung dabei »nicht hoch angesetzt« (ebd.). Nach dem oben genannten Urteil des EuGH genügen die Regelung im BDSG allerdings den Voraussetzungen der Öffnungsklauseln in der DSGVO nicht, sodass eine Verarbeitung nur rechtskonform möglich wäre, wenn diese im öffentlichen Interesse liegt oder in Ausübung öffentlicher Gewalt erfolgt (Landesbeauftragter für Datenschutz und Informationsfreiheit Baden-Württemberg o. J.). Da eine Datenverarbeitung durchaus im legitimen Interesse des Arbeitgebers liegen kann, muss diese neu geregelt werden, was durch die Verabschiedung eines Arbeitnehmerdatenschutzgesetzes passieren würde.

(Arbeitnehmer-)Datenschutz und Innovation gemeinsam denken

Einen Zusammenhang zwischen Arbeitnehmerdatenschutz und Innovation skizzieren BMAS und BMI (2024: 31) direkte in die Begründung ihres Referentenentwurfs für das BeschDG: durch das Gesetz würden »die Vorteile neuer Technologien sowie deren positive Wahrnehmung gefördert und innovationshemmende Rechtsunsicherheit sowie Misstrauen in technologische Entwicklung verhindert bzw. abgebaut.« Interessant ist an dieser Formulierung, dass durch die Nutzung der Begriffe Unsicherheit und Wahrnehmung keine direkte, zwingende innovationshemmende Wirkung von Datenschutz impliziert wird.

(Arbeitnehmer-)Datenschutz und Innovation müssen sich nicht ausschließen. Ein grundlegendes Problem liegt in der reflexartigen Gegenüberstellung beider Aspekte als sich scheinbar wechselseitig ausschließende Ziele. Der erste Schlüssel zur Lösung liegt daher darin, Datenschutz *und* Innovation statt Datenschutz *oder* Innovation zu denken. Arbeitnehmerdatenschutz als Schutz der personenbezogenen Daten der Beschäftigten u.a. vor unerlaubter Leistungsmessung oder Verhaltenskontrolle steht nicht zur Disposition. Gleichzeitig ist es sinnvoll, auf Grundlage der (oftmals ohnehin im Arbeitsprozess anfallenden) Daten Arbeitsabläufe effektiver und effizienter zu gestalten oder aus ihrer Auswertung Hinweise auf Innovationspotenziale zu generieren. Beides sind zentrale Aspekt und legitime Ansprüche. Eine gesetzliche Regelung kann und muss beiden Perspektiven Rechnung tragen.

Bei der Umsetzung kommt, wie auch bereits jetzt, den Betriebsräten eine wichtige Rolle zu. Nicht nur weil sie kontrollieren können, dass Regelungen auch eingehalten werden. Untersuchungen aus anderen Kontexten zeigen, dass sich Mitbestimmung und Innovation nicht ausschließen. Das Gegenteil ist der Fall. Betriebsräte können »einen wichtigen Beitrag in Innovationsprozessen leisten« – sofern sie vom Management einbezogen werden (Gerlach 2013: 69). Sie können nicht nur vertrauensbildend in Innovationsprozessen wirken und Widerstände in der Belegschaft verringern, sondern auch betriebliche Innovationspotenziale auf Basis von Wissen und Ideen der Beschäftigten heben (Stracke/Nerdinger 2010: 49 f.).

Der zweite Schlüssel zur Zerschlagung des gordischen Knotens aus Datenschutz und Innovation liegt in einer Verschiebung des Fokus: es geht um qualitativ bessere Daten, statt immer nur mehr Daten; und um Wettbewerb um das innovativere Datenanalyseverfahren, statt um die größte Datenmenge. Auch mit einem weniger strikten Datenschutzregime würden Deutschland und Europa bei der Menge an Daten weiterhin abgeschlagen hinter US-Unternehmen oder dem chinesischen Staat zurückliegen. Eine von Anfang an konsequent datenschutzfreundliche Gestaltung der Systeme – etwa eine dem Stand der Technik entsprechende Implementierung von Datenbanken, bei denen Bürger:innen feingliedrige Zugriffsrechte auf ihre Daten vergeben können – kombiniert mit der freien Zurverfügungstellung aller (sicher) anonymisierbaren Datenbestände, sind dabei zentrale Bausteine. Zugang zu Daten nicht nur für wenige datenbesitzende Konzerne, sondern ein breiter Zugang für alle – insbesondere auch kleine und mittlere Unternehmen und Startups sowie die Wissenschaft – ist notwendig, um ein Umfeld zu schaffen, das nicht von vorneherein die Innovationsmöglichkeiten für den Mittelstand als Rückgrat der deutschen Wirtschaft beschränkt.

Literatur

BMAS/BMI (2024): Entwurf eines Gesetzes zur Stärkung eines fairen Umgangs mit Beschäftigtendaten und für mehr Rechtssicherheit für Arbeitgeber und Beschäftigte in der digitalen Arbeitswelt (Beschäftigtendatengesetz – BeschDG), Referentenentwurf, Berlin: Bundesministeriums für Arbeit und Soziales/Bundesministeriums des Innern und für Heimat, https://www.itm.nrw/wp-content/uploads/2024/10/bdsg-beschdg.pdf (abgerufen am 9.3.2025).

Bundesregierung (2010): Entwurf eines Gesetzes zur Regelung des Beschäftigtendatenschutzes, Drucksache 17/4230, Bundesanzeiger: Köln, https://rsw.beck.de/docs/librariesprovider5/rsw-dokumente/bt-drs1704230.pdf?sfvrsn=581fe75c_2 (abgerufen am 9.3.2025).

BVerfG, 15.12.1983 – Az. 1 BvR 209, 269, 362, 420, 440, 484/83. https://www.bundesverfassungsgericht.de/SharedDocs/Entscheidungen/DE/1983/12/rs19831215_1bvr020983.html

EuGH, 30.03.2023 – Az. C-34/21. https://curia.europa.eu/juris/document/document.jsf?text=&docid=272066&pageIndex=0&doclang=DE&mode=req&dir=&occ=first&part=1

Datenschutzbeauftragten des Bundes und der Länder (1992): Arbeitnehmerdatenschutz, Entschließung der 43. Konferenz der Datenschutzbeauftragten des Bundes und der Länder am 23./24. März 1992 in Baden-Württemberg, https://datenschutz.sachsen-anhalt.de/konferenzen/nationale-datenschutzkonferenz/entschliessungen/entschliessung-der-43-konferenz-am-2324-maerz-1992-in-baden-wuerttemberg/arbeitnehmerdatenschutz (abgerufen am 9.3.2025).

DSK (2020): Beschäftigtendatenschutz, Kurzpapier 14, Konferenz der unabhängigen Datenschutzbehörden des Bundes und der Länder (Datenschutzkonferenz), https://www.datenschutzzentrum.de/uploads/dsgvo/kurzpapiere/DSK_KPNr_14_Beschaeftigtendatenschutz.pdf (abgerufen am 9.3.2025).

Gerlach, F. (2013): Innovation und Mitbestimmung. Empirische Untersuchungen und Literaturstudien, Düsseldorf: Hans-Böckler-Stiftung, https://www.boeckler.de/pdf/p_fofoe_Inno_u_Mitb.pdf (abgerufen am 4.2.2025).

Krause, R. (2017): Digitalisierung und Beschäftigtendatenschutz, Forschungsbericht 482, Berlin: BMAS, https://www.bmas.de/SharedDocs/Downloads/DE/Publikationen/Forschungsberichte/fb482-digitalisierung-und-beschaeftigtendatenschutz.pdf?__blob=publicationFile&v=2 (abgerufen am 9.3.2025).

Landesbeauftragter für Datenschutz und Informationsfreiheit Baden-Württemberg (o. J.): Rechtsgrundlagen bei Beschäftigtendaten – FAQ zum EuGH-Urteil vom 30. März 2023 – C-34/21, https://www.baden-wuerttemberg.datenschutz.de/faq-rechtsgrundlagen-bei-beschaeftigtendaten/(abgerufen am 9.3.2025).

Ricken, O. (2020): Digitalisierte Arbeit: Arbeitsrechtliche Aspekte. In: Maier, Günter W./Engels, Gregor/Steffen, Eckhard (Hrsg.): Handbuch Gestaltung digitaler und vernetzter Arbeitswelten, Online First, Springer, 1–26.

Stracke, S./Nerdinger, F. (2010): Mitbestimmung und Innovation aus Betriebsratsperspektive. Ergebnisse qualitativer Studien. In: Industrielle Beziehungen, 17 (1), 30–53.

Weichert, T. (2018): Datenschutz. In: Voigt, Rüdiger (Hrsg.): Handbuch Staat, Wiesbaden, 1375–1385.

Führt KI zu menschenleeren Büros, Fabriken und Verwaltungen?

Anke Hassel und Kilian Weil

Der digitale Wandel ist ein zentraler Treiber für Veränderungen auf dem Arbeitsmarkt, da digitale Technologien zu neuen Tätigkeiten, Berufsprofilen und veränderten Arbeitsorganisationen führen. Er löst oftmals Sorge um die Sicherheit des eigenen Arbeitsplatzes aus. Frühere Publikationen haben teilweise nahezu apokalyptische Automatisierungspotenziale von Digitalisierung berechnet und so dystopische Szenarien befeuert. Die Arbeitsökonomen Carl Frey und Michael Osborne haben auf der Grundlage von 702 Berufen vor mehr als 10 Jahren berechnet, dass 47 Prozent der Beschäftigung in den USA im Prinzip automatisierbar ist (Frey und Osborne 2014).

Allerdings haben sich diese negativen Szenarien bislang nicht bestätigt. Vielmehr haben zunächst die OECD und danach auch deutsche Arbeitsökonom:innen die Automatisierungspotenziale deutlich nach unten reduziert. Eine Studie von Arntz et al geht auf der Basis von Tätigkeiten (nicht Berufen) von einem Automatisierungspotenzial von 9 Prozent für die USA und 12 Prozent für Deutschland aus (Arntz et al. 2016). Aber auch diese Berechnungen haben nicht zu einer technologisch induzierten Arbeitslosigkeit geführt.

Hochindustrialisierte Länder haben eine langjährige Erfahrung mit dem Einsatz von Informationstechnologien, Robotern und neuerdings künstlicher Intelligenz. Insgesamt finden empirische Studien, dass technologisch erzeugte Produktivitätsgewinne regelmäßig zu einer höheren Nachfrage nach Arbeitskräften führen. Unternehmen, die stark in neue Technologien investieren, haben zudem bessere Beschäftigungsentwicklungen als andere (Arntz et al. 2023). Daher gehen viele Studien davon aus, dass der Nettoeffekt von technologischem Wandel für den Arbeitsmarkt positiv ist.

Dennoch gibt es einen Strukturwandel auf dem Arbeitsmarkt, der durch die Diffusion von Technologien angetrieben wird und der sich für verschiedene Beschäftigtengruppen unterschiedlich auswirkt. Die Effekte von Technologieeinsatz sind daher berufs- und tätigkeitsspezifisch sehr unterschiedlich.

Automatisierung betrifft Routinetätigkeiten

Im Unterschied zu früheren Annahmen der Arbeitsmarktökonomie geht man heute nicht mehr davon aus, dass der technologische Wandel primär zu Lasten niedrig qualifizierter Arbeitnehmer:innen geht (skill-biased technological change). Vielmehr hat sich in den letzten 20 Jahren die Erkenntnis durchgesetzt, dass die Automatisierungspotenziale neuer Technologien sich dort durchsetzen, wo Tätigkeiten routiniert sind (routine-biased technological change) (Autor et al. 2003). Routinetätigkeiten finden sich jedoch häufig in Berufen, die eine mittlere Qualifikation erfordern. Dazu gehören Verwaltungsfachangestellte und Sachbearbeiter:innen, aber auch Facharbeiter:innen in der Industrie.

Im Unterschied dazu haben viele niedrigqualifizierte Arbeitsplätze einen geringeren Anteil an Routinetätigkeiten. Zum Beispiel sind die Fahrer:innen in der Logistik, Reinigungskräfte, Verkaufsmitarbeiter:innen oder Wachleute nicht einfach durch Technologie zu ersetzen. Als eine Folge findet man die größten Verluste von Arbeitsplätzen durch den technologischen Wandel bei Arbeitnehmer:innen mit Facharbeiterqualifikation. Sowohl die Beschäftigenzahlen in hochqualifizierten und niedrigqualifizierten Segmenten sind im Vergleich dazu relativ stabil bzw. positiv (Goos et al. 2009).

In einer Metastudie haben wir 197 empirische Studien aus den Jahren 2002 bis 2021 daraufhin ausgewertet, welche Ergebnisse die Effekte der Automatisierung auf Beschäftigung und Gehälter für unterschiedliche Qualifikationsniveaus von Arbeitnehmer:innen haben (Hassel et al. 2022) (Abbildung 1).

Die Studie bestätigt frühere Ergebnisse, dass die Arbeitnehmer:innen mit mittleren Qualifikationen am stärksten negativ von Automatisierung betroffen sind (Goos et al. 2009). 86 Prozent der Studien haben negative Beschäftigungseffekte für Beschäftigte mit mittleren Qualifikationen gefunden. Im Unterschied dazu werden in 43 Prozent der Studien ein negativer Effekt für Geringqualifizierte gefunden. Für Hochqualifizierte gehen 80 Prozent der Studien von positiven Beschäftigungseffekten aus (Hassel et al. 2022). Ein ähnliches Bild ergibt sich für die Auswirkungen auf Gehälter.

Die Verschiebung von mittleren zu höher qualifzierten Arbeitsplätzen erfolgt über die Tätigkeiten innerhalb der Berufe. Technologien können menschliche Arbeit ersetzen (replacement) oder unterstützen (augmentation). Eine ersetzende Funktion findet sich zum Beispiel im Bereich von Banken, wo Bargeldautomaten die Auszahlung von Bargeld durch Bankangestellte ersetzt haben. Diese Tätigkeit fiel damit komplett weg. Gleichzeitig haben Banken neue Geschäftsfelder entwickelt und Bankangestellte haben stattdessen andere Funktionen übernommen, wie z.B. im Kreditgeschäft oder in der Anlageberatung. Diese Tätigkeiten waren in der Regel höher qualifiziert.

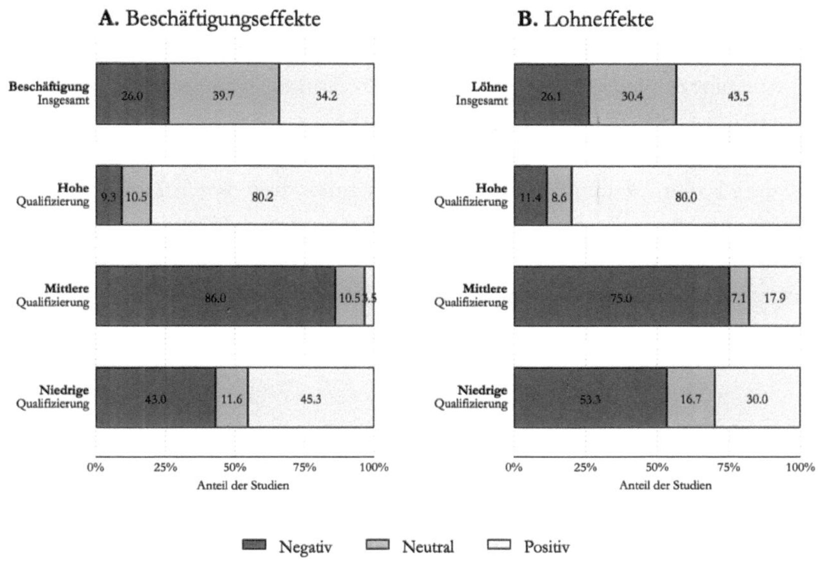

Abbildung 1: Heterogene Automatisierungseffekte in der Literatur
Quelle: Hassel et al. 2022

Häufiger sind jedoch unterstützende Funktionen. Zum Beispiel werden im Bereich von Call-Center Routineanfragen mittlerweile von einer KI übernommen und müssen nicht mehr von Menschen beantwortet werden. Erst wenn schwierigere Fragen oder Konflikte auftauchen, wird das Gespräch von Mitarbeiter:innen übernommen. Eine unterstützende Funktion von digitalen Technologien findet man auch in der Bürosoftware, wo Textverarbeitungsprogramme und Formulare Daten automatisch in Datenbanken einpflegen und verarbeiten können und somit Fachkräfte von Verwaltungsarbeiten entlastet werden. Ein weiteres Beispiel ist die automatisierte Auswertung zum Beispiel von medizinischen Befunden in Gesundheitsberufen.

Insofern gibt es einen Interaktionseffekt zwischen dem Verlust von Arbeitsplätzen für bestimmte Qualifikationsniveaus auf der einen Seite und den veränderten Tätigkeiten im Rahmen einzelner Berufe auf der anderen. Durch den Wegfall von Routinetätigkeiten verändern sich die Tätigkeiten einzelner Berufe. Sie können sich sowohl in Richtung höherer als auch niedrigerer Qualifikationsprofile entwickeln. So hat der Wandel von Büroarbeit von klassischen Sekretariatstätigkeiten wie Diktaten oder Ablagen zu Assistenztätigkeiten das Profil eher auf- als abgewertet. Heute haben viele Führungskräfte Assistent:innen, die hochqualifiziert sind und zugleich Teile von Sekretariatsarbeiten übernommen haben.

Ein weiteres Beispiel dafür ist die Höherqualifizierung von KFZ Mechaniker:innen zu Mechatroniker:innen aufgrund der hochwertigen Softwareausstattung von Fahrzeugen. Meistens geht mit dem Verlust einer bestimmten Qualifikation (Diktate, Ablage oder Terminorganisation) ein Erwerb neuer Qualifikationen und Tätigkeiten (Terminvorbereitung, Protokollführung) einher. In anderen Bereichen haben neue Technologien Arbeit entwertet. Vormals anspruchsvolle Arbeiten, wie das Übersetzen von Texten kann nun von Textprogrammen vollständig übernommen werden. Selbst Dolmetscher oder Kundenservice können automatisiert werden.

Künstliche Intelligenz betrifft hochqualifizierte Berufe mehr

Die Auswirkungen von Künstlicher Intelligenz (KI) auf den Arbeitsmarkt sind derzeit noch schwer absehbar. Einerseits entwickeln sich die Modelle generativer KI und großer Sprachmodelle in einem rasanten Tempo. Andererseits sind Anwendungsfelder noch immer schwer zu identifizieren und die Umsetzung ist unklar. Es gibt allerdings erste Hinweise, dass KI hochqualifizierte Berufe, die häufig auf dem Verarbeiten von schriftlichen Dokumenten beruhen, stärker betroffen sein könnten als andere. In der Metastudie zeigt sich, dass die Studien für KI von größeren Beschäftigungsverlusten ausgehen als im Bereich der Informationstechnologie und Roboter (Abbildung 2).

Ein Beispiel dafür ist die Nutzung von KI im Bereich juristischer Berufe. Hier kommt es sehr stark auf Fachwissen an, das auf Gerichtsurteilen, Gesetzen und Kommentierungen beruht. Generative KI kann den juristischen Wissensbestand eines Landes oder im internationalen Raum in kürzester Zeit zusammenfassen und analysieren. Die Rolle von juristischen Fachangestellten, aber auch Juristen selbst (Anwälte, Richter, Staatsanwälte) könnte sich durch die Nutzung von KI radikal verändern (McGinnis 2014).

Ähnliche Entwicklungen gibt es generell im Bereich der Wissenschaft und Forschung oder in der Softwareentwicklung. Hier kann die KI Wissensbestände sehr effizient analysieren, kategorisieren und Codes überprüfen und optimieren. Dies verspricht hohe Produktivitätszuwächse in diesen Gebieten und eventuell auch den Verlust von Beschäftigungsfeldern und Berufen. Auch hier wird es darauf ankommen, ob die KI Tätigkeiten eher ersetzt oder ergänzt und ob durch die Produktivitätsfortschritte neue Geschäftsfelder entwickelt werden können.

Ein risikobehafteter Bereich der KI ist die Automatisierung der Personalabteilungen von Unternehmen durch automatisierte Bewerberverfahren oder Leistungsbewertung (algorithmic management). Automatisierte Kündigungen

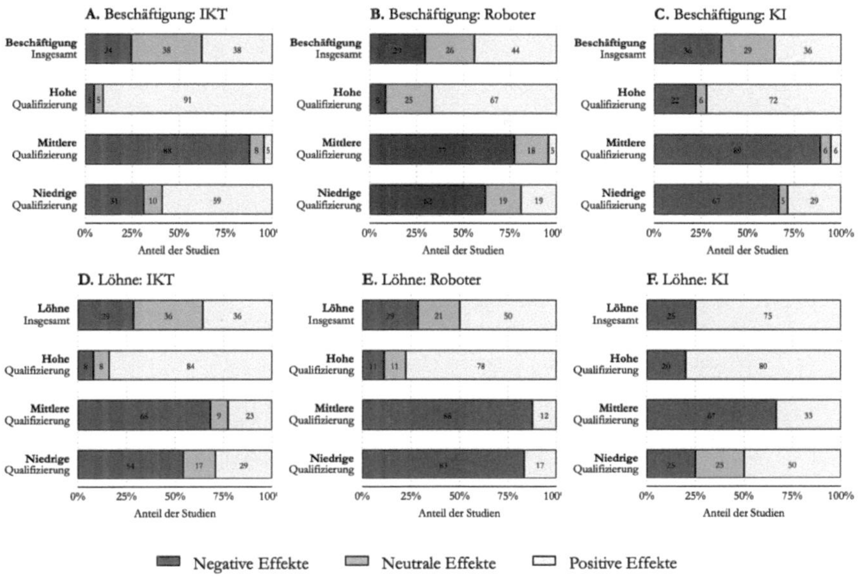

Abbildung 2: Arbeitsmarkteffekte nach Technologien
Quelle: eigene Berechnungen

und Bewertungen von Arbeitsleistungen bergen große Gefahren der Diskriminierung. Aus diesem Grund wurde KI im Bereich Arbeit und Personal zurecht als eine Hochrisikokategorie in der Direktive zur KI der EU eingestuft.

Künstliche Intelligenz verschärft bestehende Automatisierungstrends und weitet sie auf Berufe aus, die bislang nicht oder vorwiegend positiv von neuen Technologien betroffen sind. Es gibt jedoch keine Hinweise auf eine neue Welle technologisch induzierter Arbeitslosigkeit. Vielmehr besteht zu hoffen, dass sie Routinetätigkeiten noch weiter übernehmen kann und dadurch Arbeit stärker durch kreative und zwischenmenschliche Tätigkeiten bereichert wird.

Auch in der Zukunft wird Technologie einen Teil der menschlichen Arbeit ersetzen und einen weiteren Teil stark verändern. Die Gefahr, die von Automatisierung und KI ausgeht, ist weniger eine Gefahr, dass Arbeit verloren geht, sondern besteht in der zunehmenden Konzentration der Technologieentwicklung in wenigen Unternehmen mit hoher ökonomischer Macht. Sie können die technologische Infrastruktur determinieren und haben bereits heute großen politischen Einfluss, der sich auch auf die Regulierung von Arbeitsmärkten und die Qualität von Arbeit auswirkt.

Literatur

Arntz, M./Gregory, T./Zierahn, U. (2016): The risk of automation for jobs in OECD countries: A comparative analysis. OECD Social, Employment and Migration Working Papers, No. 189. https://doi.org/10.1787/5jlz9h56dvq7-en.

Arntz, M./Donner, F./Evans, M./Friedrich, A./Horvat, S./Kaiser, A./Mallmann, L./Möreke, M./Pfeiffer, S./Rothe, I./Schroeder, W./Stowasser, S./Walwei, U. (2023): Transformation in bewegten Zeiten: Nachhaltige Arbeit als wichtigste Ressource, Arbeitswelt-Bericht 2023, Rat der Arbeitswelt, Berlin: Rat der Arbeitswelt, https://www.arbeitswelt-portal.de/fileadmin/user_upload/awb_2023/Arbeitsweltbericht_2023.pdf.

Autor, D. H./Levy, F./Murnane, R. J. (2003): »The Skill Content of Recent Technological Change: An Empirical Exploration«. In: Quarterly Journal of Economics, 118(4), 1279–1333. https://doi.org/10.1162/003355303322552801.

Frey, C. B./Osborne, M. A. (2014): The future of employment: How susceptible are jobs to computerisation? Oxford Martin School, University of Oxford. Retrieved from https://www.oxfordmartin.ox.ac.uk/downloads/academic/The_Future_of_Employment.pdf.

Goos, M./Manning, A./Salomons, A. (2009): Job polarization in Europe. American Economic Review, 99(2), 58–63. https://doi.org/10.1257/aer.99.2.58.

Hassel, A./Özkiziltan, D./Weil, K. (2022): Labor market effects of automation: A scoping review. Unveröffentlichtes Manuskript.

McGinnis, J. O./Pearce, R. G. (2014): The great disruption: How machine intelligence will transform the role of lawyers in the delivery of legal services. Fordham Law Review, 82(6), 3041–3066. https://ir.lawnet.fordham.edu/flr/vol82/iss6/5.

Können Betriebsräte KI?

Samuel Greef

In unregelmäßigen Abständen gelangen für die Arbeitswelt relevante (Digital-)Themen zu gesamtgesellschaftlicher Aufmerksamkeit. Dies ist vor allem dann der Fall, wenn die damit verbundenen Auswirkungen transformativen Charakter zu haben scheinen – wie bei den Themen Industrie 4.0 (Modernisierung des Industriesektor) und Blockchain (Banken). Aktuell dreht sich alles um Künstliche Intelligenz (KI) (Artificial Intelligence; AI), wobei es sich eigentlich nicht um ein neues Thema handelt. Erinnert sei etwa an die KI-Euphorie in den 1950er und 1970er Jahren.

Das Einsatzrepertoire von KI reicht weit in Arbeitswelt, Betriebe und Arbeitsprozesse hinein, mit vielfältigen Aus- und Nebenwirkungen für die Arbeitsbedingungen. Während die einen fürchten, durch KI ersetzt zu werden, arbeiten andere bereits kollaborativ mit autonomen Robotern zusammen oder nutzen Smart Devices und KI-unterstützte Software. Entsprechend vielschichtig zeigen sich die Anforderungen an eine menschengerechte Gestaltung der Einführung und Umsetzung von KI (Adolph/Tausch 2022) in ihren unterschiedlichen arbeitsbezogenen Einsatzfeldern (Klebe/Wenckebach 2020: 335 f.) – bisher insbesondere in den Funktionsbereichen IT, Verwaltung, Vertrieb und Marketing (Krzywdzinski 2024: 3, 11) und ganz konkret bei Entscheidungsprozessen zu Personaleinsatz, Schichtplänen, bei Krankheitsdiagnosen oder Routenplanung (Meyer et al. 2022: 315). Für die Gestaltung des Einsatzes solcher KI-Systeme spielen im deutschen Modell der Arbeitsbeziehungen Betriebs- und Personalräte (BR/PR) – aufgrund der ihnen zugestandenen Informations-, Mitwirkungs- und Mitbestimmungsrechte sowie ihrer Möglichkeit, Betriebsvereinbarungen abzuschließen – eine entscheidende Rolle. Allein aufgrund der ihnen zugeschriebenen Rolle steht allerdings keinesfalls fest, dass Betriebsräte diese auch automatisch entsprechend ausfüllen können. Daher stellt sich auch mit Blick auf den zunehmenden Einsatz von KI-Systemen die Frage, ob und wie Betriebsräte den Einsatz von KI gestalten *können*?

Müssen Betriebsräte KI gestalten?

Grundsätzlich nimmt der Stellenwert von KI in der Arbeitsrealität bereits seit einigen Jahren kontinuierlich zu – wenngleich nicht in allen Branchen und nicht überall im gleichen Umfang (Rammer et al. 2020: 3 f.). 2024 spielte aber erstmals für mehr als die Hälfte der deutschen Unternehmen KI eine Rolle (bitkom 2024). Dabei setzten 20 Prozent bereits KI-Systeme ein und weitere 37 Prozent planten einen Einsatz oder diskutierten diesen. Damit halbierte sich der Anteil derjenigen Unternehmen, für die KI kein Thema war, zwischen 2018 und 2024 von 87 auf 41 Prozent.

Bezogen auf den konkreten Einsatz von bspw. generativer KI (wie ChatGPT) gaben sich die Unternehmen zurückhaltender. Nur 9 Prozent setzten diese bereits ein. Weitere 18 Prozent planten einen Einsatz und 19 Prozent konnten sich diesen grundsätzlich vorstellen. Allerdings hatten sich auch 23 Prozent gegen den Einsatz generativer KI entschieden. Ähnlich sahen die Zahlen bei den Beschäftigten aus. 13 Prozent nutzten bereits generative KI bei ihrer Tätigkeit. Während sich 24 Prozent der Beschäftigten Unterstützung durch KI wünschten und weitere 33 Prozent dem eher offen gegenüberstanden, lehnten 40 Prozent diese eher ab oder wollten auf keinen Fall KI-Unterstützung (ebd.).

Grundsätzliche Herausforderungen liegen in der Komplexität des Themas und einer noch unzureichenden Transparenz (Verständlich- und Nachvollziehbarkeit), wie Algorithmen des maschinellen Lernens (bei in der generativen KI eingesetzten Transformer-Modellen) zu Ergebnissen kommen. Konkrete Gefahren für den Einsatz von KI in Arbeitskontexten bestehen auf unterschiedlichen Ebenen. Aus Beschäftigtenperspektive kann dabei zwischen der 1. Betroffenheit durch den Einsatz von KI-gestützten Systemen und 2. der eigenen Nutzung von KI in Arbeitsprozessen unterschieden werden. Bei autonom agierenden (Produktions-)Robotern oder Transportfahrzeugen mit direktem Kontakt zu Beschäftigten stellen sich, wie auch bei anderen KI-unterstützten (physischen) Assistenzsystemen, Fragen des Gesundheits- und Arbeitsschutzes (Hartwig et al. 2020). Der Einsatz von KI in der Personalabteilung birgt Herausforderungen für den Beschäftigtendatenschutz (Wedde 2020) sowie die Gefahr, dass durch den Einsatz von lernenden Algorithmen in Entscheidungssystemen bestehende Diskriminierungen und Ungleichheiten reproduziert werden (Kolleck/Orwat 2020).

Wenn die Beschäftigten selbst bei ihrer Tätigkeit KI-unterstützte-Software nutzen oder mit Smart Devices und anderen KI-unterstützten Arbeitsmitteln ausgestattet sind, die eine automatische Datenerfassung und (autonome) -auswertung ermöglichen, gehen mit diesen häufig zugleich Potenziale für Überwachung, Verhaltenskontrolle und Leistungsmessung einher. Sie kann aber auch zu erhöhter Arbeitsintensität und damit »Techno«-Stress und psychischen Problemen führen (Meyer et al. 2022: 327 f.). Gleichzeitig bietet KI aber auch Chancen, von eintönigen Arbeitsaufgaben zu entlasten, durch Unterstützung die Ausübung höherwertiger Tätigkeiten zu ermöglichen oder zu einer erhöhten Arbeitsautonomie beizutragen. Mitbestimmung durch Betriebsräte ist daher auf unterschiedlichen Ebenen notwendig, aber *dürfen* diese KI auch gestalten?

Dürfen Betriebsräte KI mitbestimmen? Rechtliche Grundlagen

Haben Betriebsräte die Möglichkeit, bei KI mitzubestimmen? Hierfür ist im Betriebsverfassungsgesetz (BetrVG) zum einen das grundsätzliche Mitbestimmungsrecht bei der Einführung und Anwendung von technischen Einrichtungen relevant. Dieses Recht greift, sobald solche Einrichtungen »dazu bestimmt sind, das Verhalten oder die Leistung der Arbeitnehmer zu überwachen« (§ 87 Abs. 1 Nr. 6). Dieser Tatbestand kann auch auf KI zutreffen, je nachdem, wie bzw. wo sie eingesetzt werden soll. Ein allgemeines Mitbestimmungsrecht kann sich ferner über gesundheits- und arbeitsschutzrelevante Aspekte bei der Einführung ergeben (§ 87 Abs. 1 Nr. 7).

Darüber hinaus reagierte der Gesetzgeber 2021 mit der Reform des BetrVG durch das Betriebsrätemodernisierungsgesetz auf Änderungen in der Arbeitswelt im Kontext der zunehmenden digitalen Durchdringung und besserte nach. Dazu gehörte nicht nur die Ausweitung der Mitbestimmung bei der Gestaltung von mobiler Arbeit, sondern auch eine klare Einbindung der Betriebsräte beim Einsatz von KI. Diese bezieht sich zum einen auf die Erstellung von (Personal-)Auswahlrichtlinien für Einstellung, Kündigung, Versetzung oder Umgruppierung. Es wurde klargestellt, dass die hier bestehende Mitbestimmungspflicht auch dann gilt, wenn die Aufstellung entsprechender Richtlinien *durch oder mit Unterstützung* von KI erfolgt (§ 95 Abs. 2a). Zum anderen wurde präzisiert, dass Unterrichtungs- und Beratungsrechte von Betriebsräten bei der Planung von Arbeitsverfahren und -abläufen auch für den geplanten Einsatz von KI gelten (§ 90 Abs. 1 Nr. 3) (Niedenhoff 2024: 62).

Damit der Betriebsrat seinen Mitwirkungs- und Mitbestimmungsrechten auch nachkommen kann, sieht das BetrVG zwar vor, dass dieser externen Sachverstand hinzuziehen kann, »soweit dies zur ordnungsgemäßen Erfüllung seiner Aufgaben erforderlich ist« (§ 80 Abs. 3 Satz 1). Konkret beim Thema KI sah die Bundesregierung jedoch Unterstützungsbedarf für die Betriebsräte, weshalb mit der BetrVG-Reform der Betriebsrat insofern gestärkt wurde, dass er beim Hinzuziehen von Sachverständigen die Erforderlichkeit nicht mehr begründen (und ggf. gegen den Arbeitgeber durchsetzen) muss, sondern diese automatisch besteht: »Muss der Betriebsrat zur Durchführung seiner Aufgaben die Einführung oder Anwendung von Künstlicher Intelligenz beurteilen, gilt insoweit die Hinzuziehung eines Sachverständigen als erforderlich« (§ 80 Abs. 3 Satz 2). Allerdings müssen sich Arbeitgeber und Betriebsrat weiterhin »auf den Sachverständigen sowie dessen Vergütung verständigen«, sobald dies erfolgt ist, kann der Betriebsrat diesen aber »ohne weitere Absprache abrufen und so beim Einsatz von KI schneller reagieren« (Arbeitnehmerkammer Bremen o. J.).

Betriebsräten obliegt allerdings nicht nur die Prozessbegleitung bei der Einführung von KI, sondern auch grundsätzlich die Überwachung der Einhaltung relevanter Verordnungen und Gesetze – im digitalen Kontext neben der Datenschutz-Grundverordnung (DSGVO) daher auch die europäische KI-Verordnung (AI Act). In der Folge sind auch Datenschutzfragen genauso wie Transparenz- und Informationspflichten mögliche weitere Ansatzpunkte für Betriebsräte, um Einfluss auf den Einsatz von KI zu nehmen.

Wie können Betriebsräte KI gestalten?

Betriebsräte sind in einer immer komplexeren Arbeitswelt und sich wandelnden Arbeitsbeziehungen mit vielfältigen Aufgaben und Herausforderungen konfrontiert. Sie stehen damit vor der Gefahr einer Überforderung, die nicht ausschließlich auf fehlendes Wissen und Informationen zurückzuführen ist. Etwas tun zu *können*, bedarf auch des Vorhandenseins der notwendigen zeitlichen und personellen Ressourcen. Betriebsräte müssen sich Erfahrungswissen und Routinen aneignen, um den Einsatz von KI erkennen zu können. Hierfür sind neben Schulungen auch Austausch und Vernetzung hilfreich (Köhne et al. 2023).

Zugleich zeigt sich, dass Betriebsräte durchaus über KI-Kenntnisse verfügen und vielfach in die Implementierung sowie Überwachung eingebunden sind. Wobei Krzywdzinski (2024: 11 f.) nur für etwa die Hälfte der von ihm untersuchten Fälle eine regelmäßige Einbeziehung des Betriebsrats bei der Einführung neuer Technologien sowie der kontinuierlichen Überprüfung der Anwendung feststellt. Die Stärkung der Betriebsräte, damit sie angesichts ihrer vielfältigen Aufgaben auch bezogen auf das KI-Thema handlungsfähig sind, ist deshalb eine wesentliche Herausforderung. Angesichts dessen, dass der Einsatz von KI in Unternehmen immer mehr zur Normalität wird, stellt sich die Frage, was mit den Betrieben ist, in denen überhaupt kein Betriebsrat existiert.

Literatur

Adolph, L./Tausch, A. (2022): Künstliche Intelligenz in der Arbeitswelt. In: Bamberg, E./Ducki, A./Janneck, M. (Hrsg.): Digitale Arbeit gestalten. Herausforderungen der Digitalisierung für die Gestaltung gesunder Arbeit, Wiesbaden, 33–47.

Arbeitnehmerkammer Bremen (o. J.): KI – eine (betriebsverfassungs-)rechtliche Betrachtung, https://www.arbeitnehmerkammer.de/betriebs-personalraete/digitalisierung/kuenstliche-intelligenz/eine-betriebsverfassungs-rechtliche-betrachtung-von-ki.html (abgerufen am 15.1.2025).

bitkom (2024): Erstmals beschäftigt sich mehr als die Hälfte der Unternehmen mit KI, https://www.bitkom.org/Presse/Presseinformation/Erstmals-beschaeftigt-Haelfte-Unternehmen-KI (abgerufen am 14.1.2025).

Hartwig, M./Bénédicte, M./Schumacher, O. (2020): Rechtliche Rahmenbedingungen für den Einsatz von autonomen Robotern in Assistenzfunktionen. Studie im Rahmen des BMBF-Begleitprojekts ARAIG Teilvorhaben »Ethische und rechtliche Aspekte der Service-Robotik«, Berlin/Greifswald/Stuttgart: IKEM, https://www.ikem.de/wp-content/uploads/2021/03/20200211_Gutachten_Rechtliche-Rahmenbedingungen_Assistenzroboter.pdf (abgerufen am 8.3.2025).

Klebe, T./Wenckebach, J. (2020): Künstliche Intelligenz – Handlungsfeld für betriebliche Mitbestimmung und Arbeitsrechtsregulierung. In: Bader, V./Kaiser, S. (Hrsg.): Arbeit in der Data Society. Zukunftsvisionen für Mitbestimmung und Personalmanagement, Wiesbaden, 331–350.

Köhne, S./Richthofen, G. von/Send, H. (2023): Künstliche Intelligenz und betriebliche Mitbestimmung. Herausforderungen und Handlungsmöglichkeiten für Arbeitnehmer*innenvertretungen, HIIG Discussion Paper Series 2023-01, Berlin: HIIG, https://www.hiig.de/wp-content/uploads/2023/02/HIIG_DP_-2023-1_KOEHNEetal.pdf (abgerufen am 2.10.2024).

Kolleck, A./Orwat, C. (2020): Mögliche Diskriminierung durch algorithmische Entscheidungssysteme und maschinelles Lernen – ein Überblick, Hintergrundpapier 24, Berlin: Büro für Technikfolgen-Abschätzung beim Deutschen Bundestag.

Krzywdzinski, M. (2024): Zwei Welten der KI in der Arbeitswelt. Wie Management und Betriebsräte die Einführung und Nutzung von KI-Anwendungen gestalten, Weizenbaum Discussion Paper 39, Berlin: Weizenbaum Institut, https://www.weizenbaum-institut.de/media/Publikationen/Weizenbaum_Discussion_Paper/Weizenbaum_Series_39.pdf (abgerufen am 2.10.2024).

Meyer, S.-C./Hartwig, M./Tisch, A./Wischniewski, S. (2022): Künstliche Intelligenz am Arbeitsplatz: Verbreitung und Hinweise auf Zusammenhänge mit Arbeitsqualität. In: Tisch, A./Wischniewski, S. (Hrsg.): Sicherheit und Gesundheit in der digitalisierten Arbeitswelt. Kriterien für eine menschengerechte Gestaltung, Baden-Baden, 313–333.

Niedenhoff, H.-U. (2024): Betriebsräte in Deutschland. Vom Arbeiterausschuss zum Mitgestalter des Arbeitslebens, Wiesbaden.

Rammer, C./Bertschek, I./Schuck, B./Demary, V./Goecke, H. (2020): Einsatz von Künstlicher Intelligenz in der Deutschen Wirtschaft. Stand der KI-Nutzung im Jahr 2019, Berlin: BMWi, https://www.bmwk.de/Redaktion/DE/Publikationen/Wirtschaft/einsatz-von-ki-deutsche-wirtschaft.pdf?__blob=publicationFile&v=8 (abgerufen am 18.6.2022).

Wedde, P. (2020): Automatisierung im Personalmanagement – arbeitsrechtliche Aspekte und Beschäftigtendatenschutz, Berlin: AlgorithmWatch, https://algorithmwatch.org/de/wp-content/uploads/2020/03/AlgorithmWatch_AutoHR_Gutachten_Arbeitsrecht_Datenschutz_Wedde_2020.pdf (abgerufen am 8.3.2025).

Was ist der Rahmen und was sind die
Bedingungen für die Gestaltung der Arbeit?

Was ist tatsächlich neu an New Work – und für wen?

Julia Borggräfe

Kaum ein Begriff hat die Diskussion über die Zukunft der Arbeit in den letzten Jahren so stark geprägt wie »New Work«. Unternehmen werben mit flexiblen Arbeitsmodellen, Selbstorganisation und sinnstiftender Tätigkeit, während Berater:innen und Wissenschaftler:innen die damit einhergehenden Veränderungen der Arbeitswelt analysieren. Doch hinter dem schillernden Label »New Work« verbirgt sich oft eine Mischung aus Wunschdenken, Management-Moden und echten strukturellen Veränderungen.

»New Work« ist ein Sammelbegriff für unterschiedliche Konzepte und Praktiken, die Arbeit flexibler, autonomer und sinnstiftender gestalten sollen. Dabei reicht das Spektrum von agilen Methoden und flachen Hierarchien über Homeoffice-Regelungen bis hin zu Purpose-orientierten Unternehmensstrategien. Doch was davon ist wirklich neu – und für wen?

Viele Elemente, die heute unter dem Label »New Work« diskutiert werden, haben historische Wurzeln. So sind selbstbestimmtes Arbeiten und partizipative Entscheidungsprozesse keine Erfindung des 21. Jahrhunderts. Bereits in den 1970er Jahren entwickelte der Sozialphilosoph Frithjof Bergmann seine Vorstellung von »New Work« als Antwort auf die Entfremdung der Menschen in klassischen Erwerbsstrukturen (Bergmann 2020). Sein Konzept zielte darauf ab, Menschen dazu zu befähigen, das zu tun, »was sie wirklich, wirklich wollen«. Er sah in einer Mischung aus sinnstiftender Erwerbsarbeit, technologischer Selbstversorgung und Gemeinschaftsprojekten die Zukunft der Arbeit.

Die Vorstellung, dass Arbeit anders organisiert werden kann und muss, wurde bereits durch den Taylorismus zu Beginn des 20. Jahrhunderts adressiert. Mit dem Ziel, Arbeit maximal effizient zu gestalten, wurde sie in kleine, standardisierte Einheiten zerlegt. Der Fordismus, der auf Massenproduktion und feste Arbeitszeiten setzte, prägte die Arbeitswelt des 20. Jahrhunderts, bis sich in den 1970er Jahren mit dem sogenannten Post-Fordismus flexiblere Arbeitsmodelle entwickelten. Unternehmen reagierten auf Marktunsicherheiten mit dezentraleren Strukturen, flacheren Hierarchien und einer stärkeren Betonung von Wissensarbeit. In den letzten Jahrzehnten führte diese Entwicklung schließlich zu Konzepten wie agilen Methoden und selbstorganisierten Teams, die heute oft als Kernbestandteil von New Work gesehen werden.

Als »neu« lassen sich dabei die enge Verknüpfung dieser bekannten Organisationsprinzipien mit den technologischen Möglichkeiten der Digitalisierung bezeichnen. Während früher strukturelle Veränderungen vor allem von wirtschaftlichen Zwängen getrieben wurden, spielen heute auch veränderte gesellschaftliche Erwartungen eine zentrale Rolle. Arbeit soll nicht mehr nur ein Mittel zum Zweck sein, sondern Sinn stiften. Gleichzeitig ermöglichen digitale Tools eine neue Art der Zusammenarbeit, die nicht mehr an physische Orte oder feste Arbeitszeiten gebunden ist. Durch digitale Tools für Kommunikation und Projektmanagement entstehen neue Möglichkeiten für asynchrone Zusammenarbeit über Abteilungs- und Standortgrenzen hinweg. Agile Methoden wie Scrum oder Kanban fördern eine iterative, anpassungsfähige Arbeitsweise. Dabei zeigt sich immer wieder, dass Agilität nicht nur bedeutet, Arbeitsprozesse flexibler zu gestalten, sondern auch strukturelle Veränderungen erfordert: Entscheidungswege müssen neu definiert und Verantwortung muss dezentralisiert werden.

Die mit agilem Arbeiten intendierte Auflösung von Organisationssilos zielt darauf ab, funktionsübergreifende Zusammenarbeit zu ermöglichen und damit dem in vielen traditionellen Organisationen noch vorherrschenden isolierten Arbeiten entgegenzuwirken. In agilen Organisationen wird dieses Problem durch interdisziplinäre Teams adressiert, die verschiedene Perspektiven von Beginn an in den Arbeitsprozess integrieren. So entsteht ein besseres Verständnis für die Anforderungen anderer Abteilungen, strategische Zielkonflikte und unterschiedliche Interessenlagen werden so früher sichtbar und lösbar. Gleichzeitig fördern gemeinsame Entscheidungsprozesse eine stärkere Selbstverpflichtung aller Beteiligten und verhindern ineffiziente Reibungsverluste zwischen isolierten Abteilungen. New Work ist also nicht nur eine Frage von Arbeitszeitmodellen oder digitalen Tools, sondern verändert die organisatorischen Strukturen.

Für Arbeitnehmende kann New Work mehr Freiheit, aber auch eine größere Verantwortung bedeuten – nicht selten in Kombination mit der Herausforderung, sich in weniger klar strukturierten Umfeldern zurechtzufinden. Wer wirklich von New Work profitiert, hängt daher stark von der Perspektive ab: Während einige Angestellte die Flexibilität und Selbstbestimmung schätzen, empfinden andere die Entgrenzung von Arbeit und Privatleben als Belastung.

Festhalten lässt sich allerdings, dass die zunehmende Komplexität unserer Arbeits- und Wirtschaftswelt nach einer Anpassung klassischer Arbeitsformen und Zuständigkeitslogiken verlangt. Doch die steigende Komplexität betrifft nicht alle Beschäftigten gleichermaßen. Während einige Berufsgruppen weiterhin in klar strukturierten, prozessgesteuerten Umfeldern arbeiten – etwa in der industriellen Fertigung oder bestimmten Verwaltungsbereichen –, nimmt die Unvorhersehbarkeit und Vieldeutigkeit der Anforderungen in anderen Bereichen zu. Besonders betroffen sind Wissensarbeiter:innen, deren Aufgaben weniger standardisiert und stärker von dynamischen Märkten, interdisziplinärer Zusammenarbeit und technologischen Entwicklungen geprägt sind. Für sie bedeutet die zunehmende Komplexität nicht nur neue Freiheitsgrade, sondern auch höhere Anforderungen an Selbstorganisation, Entscheidungsfähigkeit und den Umgang mit Unsicherheit.

Gleichzeitig führt die Digitalisierung zu einer Verschiebung der Arbeitsanforderungen. Routinetätigkeiten werden automatisiert, während neue Schnittstellen zwischen Mensch und Technologie entstehen. Wer mit diesen Veränderungen umgehen muss – und wer weitgehend in bewährten Strukturen verbleibt –, ist somit eine Frage der jeweiligen Tätigkeit und Branche. Während sich für hochqualifizierte Wissensarbeiter:innen neue Möglichkeiten eröffnen – von Homeoffice über Co-Leadership bis hin zu agilen Organisationsstrukturen –, bleibt ein Großteil der Beschäftigten in klassischen Arbeitsverhältnissen verhaftet. Die Kassiererin im Supermarkt, der Paketbote oder die Pflegekraft haben wenig von Konzepten wie Selbstorganisation oder Purpose. Stattdessen erleben viele Beschäftigte einen anderen Trend: eine Zunahme prekärer Beschäftigung, Plattformarbeit ohne Absicherung und eine Verwischung der Grenzen zwischen Arbeit und Freizeit.

Das Versprechen von New Work – mehr Selbstbestimmung, mehr Sinn in der Arbeit, mehr Freiheit – ist also nicht per se falsch, sondern selektiv. Es bleibt oft ein Privileg für bestimmte Berufsgruppen und vernachlässigt die strukturellen Bedingungen, die echte Veränderungen ermöglichen oder verhindern. Wie können die Prinzipien von New Work – Flexibilität, Selbstbestimmung und Sinnhaftigkeit – so gestaltet werden, dass sie nicht nur einer verhältnismäßig kleinen Gruppe zugutekommen, sondern für breite Gesellschaftsschichten realisierbar werden? Welche Reformen im Arbeitsrecht, der Sozialpolitik und in den Organisationsstrukturen sind nötig, um den Wandel der Arbeit so zu begleiten, dass New Work mehr ist als eine Wohlfühlrhetorik?

Die selektive Wirkung von New Work stellt nicht nur eine unternehmerische oder arbeitssoziologische Frage dar, sondern auch eine politische. Denn wenn die Prinzipien von Flexibilität, Selbstbestimmung und Sinnhaftigkeit vor allem jenen zugutekommen, die ohnehin über hohe Qualifikationen und Privilegien verfügen, dann entsteht eine zunehmende Spaltung des Arbeitsmarktes. Diese Ungleichheit birgt sowohl gesellschaftliche als auch wirtschaftliche Risiken: Während einige Beschäftigte von mehr Freiheit profitieren, kämpfen andere mit wachsendem Druck, unsicheren Arbeitsverhältnissen und einer Erosion traditioneller Schutzmechanismen. Denn auch Plattformarbeit, Freelancer-Tätigkeiten und hybride Beschäftigungsmodelle können als Ausprägungen von New Work betrachtet werden, stehen sie doch auch für mehr Flexibilität, Selbstbestimmung und projektbasierte Zusammenarbeit. Freelancer und Plattformbeschäftigte entscheiden oft selbst, wann, wo und für wen sie arbeiten, während hybride Modelle feste Anstellungen mit unternehmerischer Freiheit kombinieren. Im besten Fall fördert dies nicht nur die Vereinbarkeit von Beruf und Privatleben, sondern ermöglicht auch eine kompetenzorientierte, netzwerkbasierte Arbeitsweise. Unternehmen profitieren von einem flexiblen Zugang zu Fachkräften, während Beschäftigte gezielt Projekte wählen können, die ihren Interessen und Werten entsprechen. Die Kehrseite ist jedoch oftmals eine mangelnde soziale Absicherung und die algorithmische Steuerung kann die viel gepriesene Autonomie durchaus einschränken.

Das deutsche und europäische Arbeitsrecht basiert noch immer stark auf klassischen Erwerbsmodellen mit festen Arbeitgeber-Arbeitnehmer-Verhältnissen. Um die Transformation der Arbeitswelt gerecht zu gestalten, sind hier Anpassungen notwendig. So könnte die Einführung neuer sozialer Sicherungsmodelle, etwa ein Sozialversicherungssystem für Solo-Selbstständige, prekäre Arbeitsbedingungen abfedern. Eine Möglichkeit wäre auch ein Einbezug Solo-Selbstständiger in die Rentenversicherung oder eine Reform des Arbeitslosenversicherungssystems hin zu einer Erwerbstätigenversicherung. Solo-Selbstständigen sollte allerdings die Wahl gelassen werden, ihre Absicherung individuell nachzuweisen – sei es durch private Vorsorge oder eben durch die Teilhabe an sozialen Sicherungssystemen.

Dabei stellt sich jedoch die Frage, wie man sicherstellt, dass auch jene Solo-Selbstständigen abgesichert sind, die finanziell nicht in der Lage sind, in ein solches Sicherungssystem einzuzahlen. Ein Ansatz könnte eine einkommensabhängige Beitragsgestaltung sein, die geringe Einkommen entlastet oder durch staatliche Zuschüsse ergänzt wird.

Auch in der Sozialpartnerschaft besteht Anpassungsbedarf: Klassische Tarifverträge und Betriebsvereinbarungen sind oft nicht auf digitale und agile Arbeitsmodelle ausgelegt. Modelle der betrieblichen Mitbestimmung, die stärker auf selbstorganisierte Teams und projektbasierte Arbeit eingehen, könnten eine Antwort auf diese Herausforderung sein.

Die Digitalisierung und der Wandel der Arbeitswelt führen außerdem dazu, dass lebenslanges Lernen zur Voraussetzung für berufliche Entwicklung wird. Doch während hochqualifizierte Arbeitnehmer:innen oft Zugang zu Weiterbildungsprogrammen haben, bleiben viele Beschäftigte in traditionellen Branchen außen vor. Politische Lösungen könnten in der Förderung individueller Weiterbildungsbudgets oder staatlich (teil)finanzierter Qualifizierungsangebote für Beschäftigte in Branchen mit hohem Automatisierungsrisiko liegen.

Außerdem sollten die klassischen Bildungsformate überarbeitet werden – denn diese stoßen zunehmend an ihre Grenzen. Betriebliches Lernen wird dagegen immer wichtiger. Der schnelle Wandel von Wissen, die hohe Spezialisierung von Unternehmen und die situative Natur vieler Arbeitsaufgaben machen es schwer, Mitarbeitende durch Ausbildung oder externe Seminare optimal auf den Arbeitsalltag vorzubereiten. Viel entscheidender ist das Lernen direkt im Unternehmen: Hier lässt sich Wissen praxisnah und kontextbezogen aufbauen – eine Voraussetzung für kontextualisiertes Verständnis. Um diesen Ansatz politisch zu fördern, könnten gezielte Anreize für Unternehmen geschaffen werden, die betriebliche Lernprozesse systematisch integrieren. Dazu zählen steuerliche Erleichterungen für Betriebe, die in interne Weiterbildungsstrukturen investieren, oder Förderprogramme, die innovative Lernformate wie Learning-on-the-Job, Mentoring oder arbeitsplatzintegrierte Qualifizierungsmaßnahmen unterstützen. Ebenso könnte die öffentliche Hand durch branchenspezifische Kooperationen zwischen Unternehmen und Bildungsinstitutionen den Wissenstransfer stärken. Ein weiterer Hebel wäre die Anerkennung informellen Lernens, etwa durch Zertifizierungen oder Mikroabschlüsse, um betriebliche Weiterbildung sichtbarer und attraktiver zu machen. Schließlich könnte eine Modernisierung des rechtlichen Rahmens – etwa durch flexiblere Arbeitszeitmodelle für Lernphasen – dazu beitragen, dass Unternehmen und Mitarbeitende betriebliche Lernangebote effektiver nutzen können.

Während manche Unternehmen bereits mit Vier-Tage-Wochen oder anderen flexiblen Modellen experimentieren, sind gesetzliche Arbeitszeitregelungen noch stark an traditionelle Vollzeitstrukturen gebunden. Eine Reform des Arbeitszeitgesetzes, die mehr Flexibilität ermöglicht, aber gleichzeitig Überlastung verhindert, könnte ein wichtiger Hebel sein, um New Work gerechter zu gestalten.

New Work ist in der Summe also mehr als ein Trend für privilegierte Wissensarbeiter:innen – oder sollte es zumindest sein. Damit die Transformation der Arbeitswelt nicht nur für Wenige Vorteile bringt, müssen politische Rahmenbedingungen angepasst werden. Nur so kann es gelingen, die Chancen der neuen Arbeitswelt für möglichst viele Menschen nutzbar zu machen und gleichzeitig einen zukunftsorientierten Umgang mit den Herausforderungen zu finden.

Literatur

Bergmann, F. (2020): *Neue Arbeit, Neue Kultur*, Freiburg.

Knop, M. (2023): Arbeitsrechtliche Fragen der Plattformarbeit, Berlin.

Kühl, S. (2020): Organisationen. Eine sehr kurze Einführung, Wiesbaden.

Laloux, F. (2. Auflage 2024): *Reinventing Organizations, München.*

Zirkler, M. (2023): Die Versprechungen »neuer Arbeit« – eine kritische Betrachtung. Organisationsberat Superv Coach 30, 167–180. https://doi.org/10.1007/s11613-023-00816-4

Wie kann man Arbeit demokratischer organisieren?

Lisa Herzog

Wie sollte das Verhältnis von Demokratie und Arbeit verstanden werden? Einerseits liegen diese laut einer weitverbreiteten Ansicht in verschiedenen sozialen Sphären: der politischen hier, und der wirtschaftlichen und (insofern es um unbezahlte Sorgearbeit geht) der privaten dort. Andererseits – und diese Position soll hier vertreten werden – sind es die gleichen Menschen, die als Arbeitende und als Bürger:innen in unterschiedlichen gesellschaftlichen Teilbereichen aktiv sind. Wie Arbeit organisiert ist, wie sie erlebt wird, und wie sie Menschen formt, kann deshalb aus demokratietheoretischer Sicht nicht gleichgültig sein (siehe auch Honneth 2023). Trotz der Rede von einem angeblichen »Ende der Arbeit« durch künstliche Intelligenz dürfte Arbeit auch in Zukunft weiterhin eine zentrale Rolle in der Gesellschaft spielen. Arbeit beschreibt die menschlichen Anstrengungen, die nötig sind, um menschliche Bedürfnisse zu befriedigen und gesellschaftliche Lebensformen aufrechtzuerhalten (Deranty 2024). Als solche ist Arbeit nicht »abschaffbar,« aber sehr unterschiedlich verteil- und ausgestaltbar.

Arbeit aus der Perspektive der Demokratie zu betrachten, kann angesichts zahlreicher Transformationsprozess – technischer Wandel (vor allem der verstärkte Einsatz von künstlicher Intelligenz und anderen digitalen Arbeitsformen), demografische Veränderungen (Alterung und Migration), und Dekarbonisierung, Biodiversitätsschutz und Anpassung an den Klimawandel – eine normative Richtschnur für die Gestaltung von Arbeit bereitstellen. Damit ist gleichzeitig gesagt, dass Arbeit aus mehr als einer rein ökonomischen Perspektive betrachtet werden muss, die »Human Resources« letztlich nur als Kostenfaktor betrachtet.

Stattdessen muss ihre Rolle für die soziale Integration, für die Entstehung sozialer Netzwerke und politischer Haltungen, und für die Verteilung von Ressourcen und Lebenschancen ernstgenommen werden. Dies spricht dagegen, die Gestaltung von Arbeit allein den Kräften des Marktes zu überlassen. In Arbeitsmärkten« sind es schließlich arbeitende Menschen selbst, die ihre Arbeitskraft zur Verfügung stellen und deren Leben dadurch tiefgreifend geprägt wird. Es wäre auch intellektuell unehrlich, auf die angebliche Naturnotwendigkeit von Marktgesetzen zu verweisen, weil Arbeitsmärkte« selbst wiederum durch zahlreiche Gesetze und Regulierungen, aber manchmal auch durch soziale Normen und individuelle Moralvorstellungen, geprägt sind. Deswegen ist der sinnvollere Ansatz, die Regulierung der Arbeitsbeziehungen selbst aus einer demokratischen Perspektive heraus zu betrachten.

Arbeit in Einklang mit demokratischen Grundwerten bringen

Der erste Teil einer Antwort, wie Arbeit und Demokratie zusammenhängen, bzw. zusammenhängen sollten, ist dementsprechend: alle Formen von Arbeit müssen bestimmte Mindestkriterien erfüllen, die sie in den Einklang mit demokratischen Grundwerten bringt. Die Herausforderung hierbei ist *nicht* das Fehlen normativer Grundlagen, für die mit breiter Zustimmung über Weltanschauungsgrenzen hinweg gerechnet werden kann. Der Katalog der Menschenrechte der Vereinten Nationen etwa bietet einen guten Ausgangspunkt. Dort sind das »Recht auf Arbeit, auf freie Berufswahl, auf gerechte und befriedigende Arbeitsbedingungen sowie auf Schutz vor Arbeitslosigkeit,« das »Recht auf gleichen Lohn für gleiche Arbeit«, das »Recht auf gerechte und befriedigende Entlohnung« für eine würdevolle Existenz der eigenen Familie, das Recht, »Gewerkschaften zu bilden und solchen beizutreten« (Art. 23), das »Recht auf Erholung und Freizeit und insbesondere auf eine vernünftige Begrenzung der Arbeitszeit und regelmäßigen bezahlten Urlaub« (Art. 24), sowie das Recht auf grundsätzlichen Lebensstandard, auch im Fall von Arbeitslosigkeit und anderen Lebensumständen (Art. 25), festgeschrieben.[1] Das Problem ist vielmehr, diese Prinzipien in der Praxis umzusetzen, und zwar für *alle* Arbeitenden. Viele der sozio-ökonomischen Dimensionen von Privilegien und Benachteiligungen – anhand von Geschlecht, Ausbildungsform, Migrationsstatus, etc. – spiegeln sich auch darin wider, wie unterschiedlich diese Gruppen in den Arbeitsmarkt integriert sind und wie gut ihre Arbeitsverhältnisse sind.

Eine Gefahr des verstärkten Einsatzes künstlicher Intelligenz ist, dass bestehende Ungleichheiten weiter verstärkt werden. Je stärker Information über die Arbeitsprozesse durch KI gespeichert und weitergegeben werden kann, desto weniger ist soziale Integration über Kolleg:innen nötig. Wenn z.B. eine KI das »Onboarding« neuer Kolleg:innen übernehmen kann (Altmayer 2024), stellt sich die Frage, welche Arbeitenden in Zukunft von Menschen, und welche nur von KIs

1 https://unric.org/de/allgemeine-erklaerung-menschenrechte/.

eingearbeitet werden. Zwar wird betont, dass »KI keine Authenzitität und Emphathie« (ebd.) hat und deswegen nur als Ergänzung zu persönlichem Kontakt funktionieren kann. Doch wenn der Kostendruck hoch ist, steht zu befürchten, dass trotzdem in Zukunft die Qualität menschlicher Kontakte am Arbeitsplatz sinken könnte – gerade für niedrig qualifizierte Arbeitskräfte.

Empirisch gibt es zahlreiche Hinweise darauf, dass positive oder negative Erfahrungen in der Arbeitswelt, z.B. die Reaktionen von Vorgesetzten, politisches Verhalten beeinflussen können (z.B. Geurkink et al. 2022). Wie die 2020er Ausgabe der Leipziger Autoritarismus-Studie zeigte (Decker/Brähler 2020), ist das Konstrukt der »Industriebürgerschaft«, das Meinungsfreiheit, sozialen Zusammenhalt und Autonomie am Arbeitsplatz erfasst, positiv mit prodemokratischen Einstellungen korreliert. Menschen in prekären Arbeitsverhältnissen, gerade im Dienstleistungssektor, nehmen dagegen oft überhaupt nicht an demokratischen Prozessen, z.B. Wahlen, teil (z.B. Häusermann 2020).

Politische Demokratie stärken durch Demokratie in der Arbeitswelt

Angesichts dieser empirischen Befunde liegt es nahe, die Frage nach dem Verhältnis von Demokratie und Arbeit noch auf eine zweite, ehrgeizigere Weise zu stellen: Kann Arbeit so gestaltet sein, dass sie die politische Demokratie *stärkt*? Dies beschreibt die sogenannte »Spill over«-These, derzufolge demokratische Praktiken in der Arbeitswelt auch verstärkte demokratische Beteiligung erzeugen würden (Pateman 1970). Hier fällt der Blick auf das deutsche Mitbestimmungssystem, das im Prinzip – wenn auch für einen inzwischen stark geschrumpften Anteil der Arbeitnehmer:innen – demokratische Vertretung in den Entscheidungsgremien von Betrieben sicherstellen soll. Bei aller Kritik, die man im Detail anbringen kann: aus demokratietheoretischer Sicht ist dieses System eine wichtige Ressource, die gestärkt und weiterentwickelt werden sollte, gerade auch in neuen Formen der Dienstleistungsarbeit.

Allerdings setzt die deutsche Mitbestimmung auf das Prinzip der *repräsentativen Demokratie*: gewählte Vertreter:innen sprechen in Betriebsräten oder Aufsichtsräten für die Arbeitenden. Um »spillover« wirklich zu befördern, wäre wahrscheinlich nötig, stärker auf das Prinzip *partizipativer Demokratie,* also der direkten Beteiligung zu setzen. Diese kann zum Beispiel, wie in Genossenschaften üblich, in regelmäßigen Mitgliederversammlungen stattfinden, in denen über strategische Fragen diskutiert und abgestimmt wird, sie kann aber auch auf Ebene einzelner Teams stattfinden, in denen die Kolleg:innen gleichberechtigt zusammenarbeiten, wie das in demokratisch geführten Firmen (oder auch Abteilungen innerhalb von Konzernen) derzeit an vielen Stellen ausprobiert wird. In vielen Arbeitskontexten ist sowieso Abstimmung und Teamarbeit nötig – die Frage ist aber, ob diese in einem demokratischen Geist und in demokratischen Strukturen stattfinden, und ob die Einzelnen somit demokratische Aushandlungsprozesse oder reine Top-down-Entscheidungen erleben.

Demokratie am Arbeitsplatz könnte auch dazu beitragen, die Repräsentationslücke zu schließen, die durch die sogenannte »Diplom-Demokratie« (Bovens und Wille 2017) entsteht, der Tatsache, dass in vielen Parlamenten Menschen ohne Hochschulabschluss unterrepräsentiert sind. Durch demokratische Praktiken am Arbeitsplatz können Individuen aus unterschiedlichen Berufsgruppen für politische Laufbahnen rekrutiert werden und über gewerkschaftliche Netzwerke Mentoring und Unterstützung erfahren (siehe auch Streek und Hassel 2003).

Teure demokratische Arbeit?

Zum Schluss sei kurz auf einen besonders in den Wirtschaftswissenschaften oft vorgebrachten Einwand eingegangen, der oft gegen das Prinzip demokratischer Arbeit – wie auch »guter Arbeit« allgemein – angeführt wird: nämlich, dass diese zu teuer sei, und nicht nur einzelne Firmen, sondern letztlich ganze Länder im globalen Wettbewerb zu stark unter Druck setzen würde. Man könnte erwidern, dass es hier um grundsätzliche Wertefragen geht, die nicht nach ihrem Preis bewertet werden sollen. Zusätzlich stellt sich allerdings die Frage, was alles in die Berechnung eingebracht wird – und ob demokratische Arbeit sich nicht sogar »lohnt«, wenn man all ihre potenziellen gesellschaftlichen Folgen mitrechnet. So zeigt z.B. Forschung zu den sozialen Determinanten von Gesundheit, dass niedriger sozialer Status mit größeren Gesundheitsproblemen einhergeht (Marmot 2004), was wiederum Kosten verursacht – die aber an anderer Stelle in den öffentlichen Budgets aufschlagen. Hier ist noch mehr Forschung, und auch praktisches Experimentieren gefragt, um besser zu verstehen, wie Arbeit durch unterschiedliche Formen demokratischer Gestaltung verbessert werden könnte. Vieles deutet daraufhin, dass dies nicht nur politisch, sondern auch ökonomisch, eine gute Wahl sein könnte.

Literatur

Altmayer, C. (2024): Von Künstlicher Intelligenz im neuen Unternehmen einarbeiten lassen? SWR Wissen, 15.11.2024, https://www.swr.de/wissen/einarbeiten-im-neuen-unternehmen-mithilfe-von-ki-100.html.

Bovens, M./Wille, A. (2017): Diploma Democracy. The Rise of Political Meritocracy, Oxford.

Decker, O./Brähler, E. (Hrsg.) (2020): Autoritäre Dynamiken: Alte Ressentiments – neue Radikalität, Gießen.

Deranty, J. (2024): The Case for Work, Oxford.

Geurkink, B./Akkerman, A./Sluiter, R (2022): Political Participation and Workplace Voice: The Spillover of Suppression by Supervisors. In: *Political Studies* 70 (2), 327–347. https://doi.org/10.1177/0032321720960969.

Häusermann, S. (2020): Dualization and Electoral Realignment. In: *Political Science Research and Methods* 8, 380–385.

Honneth, A. (2023): Der arbeitende Souverän: Eine normative Theorie der Arbeit, Berlin.

Marmot, M. (2004): The Status Syndrome. How Social Standing Affects Our Health and Longevity, New York.

Pateman, C. (1970): Participation and Democratic Theory, Cambridge.

Streeck, W./Hassel, A. (2003): »Trade Unions as Political Actors«. In: International Handbook of Trade Unions, eds. John T. Addison and Claus Schnabel. London et al., 335–365.

Was machen Emotionen in der rationalen Arbeitswelt?

Ute Frevert

Spätestens seit Daniel Golemans Bestseller »*Emotional Intelligence*« (1995) pfeifen es die Spatzen von den Dächern: Gefühle sind in der Arbeitswelt ein wichtiger Faktor.[1] Ihre passgenaue Entzifferung und Bearbeitung könne helfen, so der studierte Psychologe und Wissenschaftsjournalist, ökonomisches Wachstum und Wettbewerbsvorteile zu realisieren. Was in den Marketing-Abteilungen großer Unternehmen schon länger bekannt ist, wird seitdem auch in den Personalabteilungen zum Erfolgsrezept: Die Gefühle der Mitarbeitenden kennen heißt siegen lernen. Kenntnis allein aber reicht nicht aus; es gilt zudem, negative Gefühle in positive und gute Gefühle in noch bessere zu verwandeln. Dafür sind Feelgood-Manager zuständig, die den Beschäftigten die Arbeit so angenehm wie möglich machen sollen. Gerade die Millennials, also die zwischen 1980 und 1996 Geborenen, legen darauf großen Wert. Laut Umfragen wünschen sie sich, neben einem angemessenen Gehalt, am Arbeitsplatz vor allem Freude und Spaß, Sinnerfüllung und Identifikation, Anerkennung und Selbstverwirklichung.

Was die jungen, gut ausgebildeten Männer und Frauen der Generation Y als Freiheits- und Individualitätsgewinn verbuchen, deuten Kulturwissenschaftler als postfordistische Entwicklung, die in die foucaultianisch inspirierte Vorstellung einer ständig optimierten Selbstregierung der Subjekte eingepasst wird: Die Techniken des Selbst seien endlich dort angekommen, wo sie den größten Profit versprechen, in den Geschäftsetagen kapitalistischer Großbetriebe. Der »emotionale Kapitalismus« habe, nach der Konsumsphäre, auch die Welt der Arbeit entdeckt und mache sie sich gefügig (Illouz 2007; Boltanski/Chiapello 2003).

Unklarheit herrscht über *push* und *pull*. Sind es die Wünsche der Beschäftigten, die eine neue, emotional intelligente Unternehmenskultur fordern und sie in Zeiten akuten Arbeitskräftemangels auch erfolgreich durchsetzen? Oder ist der Kapitalismus einer neuen Ressource, nämlich Emotionen, auf der Spur, mit de-

---

1 Aus dem Buch entwickelte sich ein EI-Imperium mit Online-Kursen und einer Goleman Consulting Group, die Unternehmen berät, wie sie die EI ihrer Führungskräfte – und damit Leistungsbilanz und Umsatz – verbessern können.

ren Hilfe sich Motivations-, Loyalitäts- und Effizienzprobleme besser lösen lassen? Oder, dritte Variante, greifen Sehnsüchte, Bedürfnisse und Kapitalverwertungslogik ineinander und verstärken sich wechselseitig?

Methodisch sauber sind diese Fragen kaum zu beantworten. Hilfreich ist ein Blick in die Geschichte. Denn der »emotionale Kapitalismus« ist nicht so jung, wie es scheint. Die Sorge um das emotionale Wohlbefinden von Mitarbeitenden ist so alt wie der Industriekapitalismus selber und steht seit der vorletzten Jahrhundertwende auf der betriebswirtschaftlichen Agenda. Es war allerdings nicht immer die gleiche Sorge, und auch ihre Adressaten haben sich gewandelt. Konzentriert sie sich heute auf den Dienstleistungssektor, standen vor hundert Jahren Industriearbeiter im Mittelpunkt des Interesses.

Die Firma Siemens etwa richtete bereits 1919 ein Arbeitsbüro ein und beschäftigte zahlreiche Industriepsychologen. Vierzehn Jahre zuvor hatte Heinrich Herkner über die Bedeutung der Arbeitsfreude in Theorie und Praxis der Volkswirtschaft vorgetragen; 1912 erschien Adolf Levensteins auf über 5.000 ausgefüllten Fragebögen gestützte Studie, die eine verbreitete Unzufriedenheit der Industriearbeiter mit ihren Arbeitsbedingungen und Löhnen diagnostizierte. Ihr folgten Max Webers Arbeiten zur »Psychophysik« der Industriearbeit und zahllose Artikel in eigens gegründeten Zeitschriften. In Harvard entwickelte der Wundt-Schüler Hugo Münsterberg Methoden der »Psychotechnik«, die in den effizienzbewussten und auf Rationalisierung geeichten 1920er Jahren schnell Anklang fanden. Der Nationalsozialismus trug den »Kampf um die Arbeitsfreude« mithilfe des Amtes »Schönheit der Arbeit« in die Fläche. Zugeordnet war es der Organisation »Kraft durch Freude«, deren Name die Erkenntnisse der angewandten Psychologie treffend zusammenfasste (Frevert 2011).

Dass Menschen sich an ihrer Tätigkeit freuen sollten, weil sie dann besser, schneller, produktiver arbeiten würden, war folglich seit Beginn des 20. Jahrhunderts ein Gemeinplatz. Woraus die Freude resultierte und wie man sie optimieren konnte, darüber gab es jedoch unterschiedliche Meinungen. Deuteten die Diskurse der 1920er Jahre Arbeitsunlust als Folge physiologischer Erschöpfung, bewegten sich spätere Theorien und Praktiken immer weiter weg vom Körper. Der in den 1950er Jahren aus den USA importierte *human relations*-Ansatz hob den Nutzen sozialer Beziehungen und ein partnerschaftliches Betriebsklima hervor. Abgelöst wurde er ein Jahrzehnt später vom *Human Resource Management*, mit dem amerikanische und skandinavische Unternehmen bereits gute Erfahrungen gemacht hatten. Hier ging es darum, Arbeit als Ort der Selbstverwirklichung zu betonen und in die Motivation der Beschäftigten zu investieren, ihr Potenzial in und durch Arbeit zu aktivieren. Schon die Berufsschulen prägten die neue Logik der Selbstverantwortung und Selbstentfaltung ein und wiesen der Arbeit einen Wert zu, der sie zur Quelle individuellen Glücks erhob (Donauer 2015).

Meinungsumfragen und Erhebungen bezeugen, wie die Subjektivierungsbemühungen der HR-Politik seit den 1970er Jahren in die Selbstwahrnehmungen und Selbstdeutungen von Beschäftigten eingingen. Auch die empirischen Untersuchungen zum Wertewandel in westlichen Gesellschaften belegen die emotionale Wertschätzung von Arbeit, vor allem unter gut ausgebildeten und hochmotivierten Beschäftigten. Ihrerseits warben Unternehmen in Stellenanzeigen um Mitarbeitende, die an persönlicher Weiterentwicklung und eigenverantwortlichem Lernen interessiert waren. Zugleich verlagerte sich, parallel zum Umbau von der Industrie- zur Dienstleistungsgesellschaft, die Aufmerksamkeit von HR-Experten und Personalabteilungen auf die Gruppe der Angestellten.

Beratungsfirmen schossen wie Pilze aus dem Boden und versorgten ihre Klienten mit Informationen, wie sie Arbeitskräfte mittel- und langfristig an sich binden und zu Höchstleistungen motivieren könnten. Dazu gehörten nicht nur betriebsinterne *wellness*- und Sportangebote, sondern vor allem eine *emotional culture*, die auf Anerkennung und aktive Sorge (*care*) setzte. Als vorbildlich gelten Führungskräfte, die ihren Mitarbeitenden handschriftlich Dank abstatten, ihnen mit Empathie und Demut begegnen und negative Gefühle wie Ärger oder Enttäuschung kontrollieren.

Schaut man über einen längeren Zeitraum auf die Modellierung und Beeinflussung von Arbeitsgefühlen, wird, unter Einbeziehung zahlreicher Akteure (Unternehmen, Gewerkschaften, Berater, Wissenschaftler), das Wechselspiel von Problemwahrnehmung und Problembearbeitung deutlich: Emotionale Bedürfnisse der Arbeitenden ziehen psychologische Interventionen nach sich, die wiederum neue Erwartungen schaffen und Anpassungen der Betriebspolitik erfordern. Dieser Push-Pull-Mechanismus lässt sich bis heute beobachten und beginnt lange vor den 1970er Jahren.

Zugleich macht die aktuelle Entwicklung darauf aufmerksam, dass Arbeitsgefühle keineswegs nur in Werkhallen und Büros entstehen. Sie werden in hohem Maße auch von allgemeineren gesellschaftlichen Erwartungen und Deutungsmustern geprägt. Dazu gehören Vorstellungen von »früher«, als angeblich alles besser, lustvoller, bekömmlicher war; entsprechenden Narrativen begegnet man bereits bei Marx und Engels, die in den 1840er Jahren eine idealisierte, emotional warme Vormoderne mit einem kalten, Gefühle abtötenden Kapitalismus kontrastierten. Dazu gehören des Weiteren Diskurse über die sinnhafte Priorisierung von Lebensinhalten, befördert durch Erfahrungen beim Aushandeln von Paarbeziehungen und Familienzeiten; das Schlagwort von der *work-life-balance*, seit der letzten Jahrhundertwende in aller Munde, steht dafür ein. Zwar bezeichnen sich 2024 immerhin noch 38 Prozent der Millennials als *workaholics*, die im Beruf aufgehen und hart dafür arbeiten; lediglich 25 Prozent geben der Familie den Vorzug (IfD Allensbach 2024). Dennoch wünschen sich junge Väter immer häufiger, mehr Zeit mit ihren Kindern zu verbringen. Die Aussage, man würde auch dann arbeiten gehen, wenn man das Geld nicht brauchte, findet 2023 erheblich weniger Zustimmung als 2015 (Die Zeit u.a. 2023).

Allerdings sehen sich die meisten Männer nach wie vor im Gehäuse traditioneller Rollenerwartungen gefangen. Lediglich 13 Prozent arbeiten nicht in Vollzeit, bei Frauen sind es 50 Prozent. In Familien mit Kindern, deren Eltern erwerbstätig sind, gehen 67 Prozent der Mütter, aber nur 9 Prozent der Väter einer Teilzeitbeschäftigung nach (Destatis 2024). Das wirkt sich auf ihre Arbeitsgefühle aus; emotionale Identifikation und die Lust, sich am Arbeitsplatz zu verwirklichen, sind bei Teilzeitbeschäftigten eher selten. Lohnnachteile und geringe Karriereaussichten tun das Ihrige, um eine stärkere Berufsorientierung zu verhindern. Für Unternehmen, die von ihren Mitarbeitenden viel Engagement erwarten und in deren emotionale Bindung investieren wollen, ist das ein Problem. Wer Arbeit hingegen unter einem gesamtgesellschaftlichen Blickwinkel perspektiviert, mag in der Wertschätzung von ehrenamtlicher und Care-Arbeit zu Lasten der Erwerbsarbeit das Modell der Zukunft erblicken.

Literatur

Boltanski, L./Chiapello, È. (2003): Der neue Geist des Kapitalismus, Konstanz.

Destatis (2024): Pressemitteilung vom 26. April 2024. https://www.destatis.de/DE/Presse/Pressemitteilungen/2024/04/PD24_N017_13.html, abgerufen am 25.03.2025.

Die Zeit/infas/WZB (2023): Ergebnisse aus der Vermächtnisstudie 2023. https://www.zeit-verlagsgruppe.de/wp-content/uploads/2023/05/Ergebnisse-aus-der-Vermaechtnisstudie-2023_Presse_Langversion-1.pdf, abgerufen am 25.03.2025.

Donauer, S. (2015): Faktor Freude. Wie die Wirtschaft Arbeitsgefühle erzeugt, Hamburg.

Frevert, U. (2011): Gefühle und Kapitalismus. In: Gunilla Budde (Hrsg.): Kapitalismus, Göttingen, 50–72.

Goleman, D. (1996): Emotionale Intelligenz, München.

IfD Allensbach (2024): Anteil der Personen in Deutschland, die sich selbst als Workaholic bzw. als Familienorientierte einordnen nach Generationen im Jahr 2024. Statista. https://de.statista.com/statistik/daten/studie/1143189/umfrage/generationen-in-deutschland-zu-orientierungen-hinsichtlich-beruf-und-familie/, abgerufen am 25.03.2025.

Illouz, E. (2007): Gefühle in Zeiten des Kapitalismus, Frankfurt am Main.

Gehört dem Home-Office die Zukunft?

Wolfgang Schroeder

Seit Beginn der Corona-Krise hat das Homeoffice eine dynamische Konjunktur erfahren. Diese Form des mobilen Arbeitens, die es zwar auch vorher schon in begrenztem Umfang gab, wurde erst mit der Pandemie für viele Menschen Realität und ist mittlerweile Alltag für viele Beschäftigte in Deutschland. Die aktuellen Debatten zum Homeoffice drehen sich um eine Entwicklung, die vielfach als arbeitskulturelle Revolution bezeichnet wird. Arbeitsorte werden dezentralisiert, Arbeitsprozesse werden entgrenzt; können potenziell von den Beschäftigten selbst bestimmt werden, und Arbeitsbeziehungen werden enthierarchisiert. Für die Beschäftigten fallen damit Fahrtzeiten weg, die Möglichkeiten, Familie und Beruf zu vereinbaren, verbessern sich, die selbstbestimmte und flexible Arbeit wird zur Normalität. Die Unternehmen sparen Kosten durch weniger Büromieten und Dienstreisen. Diese neue Arbeitswelt könnte dadurch gleichzeitig einen wichtigen Beitrag zu einer ökologisch ausgerichteten Volkswirtschaft leisten.

Soweit der positive Teil des Diskurses. Was bei diesem Narrativ allerdings nicht ignoriert werden darf, ist – neben dem Risiko einer Entgrenzung von Arbeit in das Privatleben hinein – die gefährdete soziale Dimension von Arbeit. Persönliche Interaktionen und Zusammenarbeit sowie Begegnungsorte werden reduziert oder drohen ganz zu verschwinden. Dass Arbeit nicht nur lästiges Pendeln, Bildschirmarbeit und Ärger mit dem Chef bedeutet, durften viele Beschäftigte seit der Corona-Pandemie selbst kennenlernen. Auch Betriebsrat und Gewerkschaften, die auf den direkten Kontakt mit den Beschäftigten besonders angewiesen sind, könnten in der neuen Homeoffice-Arbeitswelt außen vor bleiben. Insbesondere der soziale Faktor der Arbeit leidet unter dem Homeoffice. Das merken auch die Gewerkschaften in ihrer Arbeit. Auch hat nicht jede:r ideale Bedingungen zuhause, um gut von dort arbeiten zu können.

Befunde

Schon vor Beginn der Corona-Krise kam es zu einer stetigen Zunahme von Homeoffice und mobilem Arbeiten. Die Pandemie wirkte dann wie ein Brandbeschleuniger. Arbeiteten 2019 noch 12,9 Prozent der Erwerbstätigen gelegentlich oder immer von zuhause, waren es 2023 23,5 Prozent (Destatis o.J.). Unterschiede gibt es bei der Art der Beschäftigung. So arbeiten Selbstständige mit oder ohne weitere Beschäftigte sehr viel häufiger von zuhause (39,4 Prozent bzw. 53,4 Prozent) als Arbeitnehmer:innen (21,4 Prozent). Deutlichere Unterschiede zeigen sich bei den Berufsklassen. Besonders Führungskräfte (40,5 Prozent) und Wissenschaftler:innen (48,9 Prozent), aber auch Techniker/gleichrangige nichttechnische Berufe (26,3 Prozent) sowie Bürokräfte/kaufmännische Angestellte (26,2 Prozent) arbeiten verstärkt von zuhause aus, während Dienstleistungsberufe, Handwerker:innen, Montierer:innen und Hilfskräfte fast nie von zuhause aus arbeiten.

Der Blick auf die Wünsche der Erwerbstätigen zeigt, dass die meisten (73 Prozent) eine hybride Form des Arbeitens, also eine Kombination aus mobilem und präsentem Arbeiten präferieren Nur 18 Prozent favorisieren das vollständige Homeoffice und 9 Prozent möchten nur im Büro arbeiten. Dabei wünschen sich die Beschäftigten im Durchschnitt, an 2,64 Tagen pro Woche im Homeoffice zu arbeiten. Auffallend ist, dass Führungskräfte dem Homeoffice etwas skeptischer gegenüber eingestellt sind. Ein Drittel von ihnen befürwortet eine stärkere Präsenzpflicht, aber nur 19 Prozent der Beschäftigten ohne Führungsverantwortung. Nach Ansicht der Führungskräfte leidet vor allem die Kommunikation im Team unter dem Homeoffice. (Kunze/Hampel 2024).

Die Vorteile des mobilen Arbeitens sehen die Beschäftigten vor allem beim Wegfall des Pendelns zur Arbeit (87 Prozent), flexibler Zeiteinteilung (72 Prozent) und mehr Ruhe zum Arbeiten (56 Prozent) (Kunze/Zimmermann 2022). Es werden aber auch Vorteile der Präsenzarbeit gesehen, nämlich sozialer Austausch und Begegnung (88 Prozent), direkte Zusammenarbeit mit Kolleg:innen (78 Prozent) und bessere Abgrenzung von Arbeit und Privatleben (54 Prozent). Die Beschäftigten sehen also Vor- und Nachteile bei beiden Formen, was die hohe Zustimmung zum hybriden Modell erklärt.

Es besteht die Gefahr, dass das vermehrte Arbeiten im Homeoffice zur Re-Traditionalisierung von Geschlechterrollen beiträgt. So zeigen die Daten, dass Menschen, die im Homeoffice arbeiten, mehr Sorgearbeit leisten (Hans-Böckler-Stiftung 2020). Dies trifft aber auf Frauen stärker zu als auf Männer: Während Frauen im Homeoffice 1,7 Stunden wöchentlich zusätzliche Sorgearbeit leisten, sind es bei den Männern nur 0,6 Stunden. Letztere investieren ihre zusätzliche Zeit verstärkt für Überstunden. Der Effekt vergrößert sich sogar noch, wenn beide Partner gleichzeitig ins Homeoffice wechseln: Frauen leisten dann 2,6 Stunden zusätzliche Sorgearbeit wöchentlich. Das Homeoffice kann zwar einen Beitrag zu einer besseren Vereinbarkeit von Familie und Beruf leisten, es führt aber offensichtlich auch dazu, dass Geschlechterrollen zementiert werden.

Auswirkungen auf Arbeitgeber, Beschäftigte und Gewerkschaften

Zunächst einmal bietet Homeoffice bzw. (zeit- und ortsflexibles) mobiles Arbeiten Gewinne an Flexibilität und Zeit. So entfällt der Arbeitsweg und die Beschäftigten entscheiden selbst, wo sie arbeiten. Es ist inzwischen nicht unüblich, dass Beschäftigte sogar mehrere Wochen oder gar Monate an anderen Orten der Welt verbringen und dem Wetter in Deutschland entfliehen. »Workation« (aus »work« und »vacation« gebildet) nennt sich diese neue Form der völligen Flexibilität für eine neue Klasse von Beschäftigten, die lediglich Laptop und Internet benötigen und von überall aus arbeiten können.

Viele erleben durch das mobile Arbeiten eine höhere Produktivität und Arbeitszufriedenheit. Doch es finden sich auch negative Erfahrungen. So besteht die Gefahr der Entgrenzung von Arbeit und Privatleben oder es entsteht das Gefühl der ständigen Erreichbarkeit, was teilweise von Arbeitgeberseite sogar eingefordert wird. Es führt nicht selten zu Stress und Leistungsdruck. Auch der soziale Faktor der Arbeit leidet mitunter – Arbeit ist schließlich nicht nur Last und Bürde, sondern auch soziale Interaktion mit Kolleginnen und Kollegen, oder auch Kundinnen und Kunden. Dieser Teil entfällt bei ausschließlich von zuhause getätigter Arbeit. Darüber hinaus kann das Homeoffice zu einer verbesserten Vereinbarkeit von Beruf und Familie beitragen, es kann aber auch Tendenzen der Re-Traditionalisierung bestärken, ganz nach dem Motto: wenn die Frau von zuhause aus arbeitet, dann kann sie ja auch die Kinder betreuen.

Zudem spielen auch Ungleichheitsaspekte eine Rolle: einerseits ist es Beschäftigten aus dem Niedriglohnbereich selten möglich, von zuhause aus zu arbeiten, und das obwohl gerade sie besonders häufig lange Arbeitswege in Kauf nehmen müssen. Andererseits haben auch die Wohnverhältnisse einen erheblichen Einfluss darauf, ob Homeoffice überhaupt möglich ist und ob es eher positiv oder negativ wahrgenommen wird. Wer in beengten Wohnungen ohne eigenes Arbeitszimmer wohnt, wird dem Homeoffice mit höherer Wahrscheinlichkeit ablehnend gegenüberstehen.

Aus Arbeitgebersicht ist eine höhere Produktivität und Arbeitszufriedenheit der Beschäftigten natürlich wünschenswert. Zugleich kann sich für den Arbeitgeber die Kontrolle gegenüber dem Beschäftigten reduzieren. Nicht wenige sind daher skeptisch gegenüber dem mobilen Arbeiten und fordern zumindest tageweise Präsenz im Büro ein. In jüngster Zeit machten bekannte, große Firmen (z.B. Sap, Amazon) sogar damit Schlagzeilen, dass sie eine vollständige Rückkehr ihrer Beschäftigten ins Büro anordneten – nicht ohne damit den Protest dieser zu provozieren oder deren Kündigung.

Es bieten sich aber auch andere Vorteile für Arbeitgeber. Sie sparen etwa teure Büroräume, wenn ihre Beschäftigten teilweise oder vollständig von zuhause aus arbeiten. Es existieren inzwischen durchaus Unternehmen, insbesondere im Start-up-Bereich, die gar nicht erst über Büroräume verfügen und deren Mitarbeiter:innen verteilt in Deutschland, Europa- oder der ganzen Welt leben und arbeiten.

Mobiles Arbeiten bringt nicht nur Konsequenzen für jede:n einzelne:n Beschäftigten und Arbeitgeber mit sich; es stellt sich auch die Frage nach den arbeits- und sozialpolitischen Implikationen. Es gibt keinen gesetzlichen Anspruch auf Homeoffice. Es ist auch offen, ob und wie eine digitale Zeiterfassung zur Verhinderung überbordender Überstunden etabliert werden kann. Hinzu kommen weitere Fragen zur Unfallversicherung, zu guter Arbeit oder einem Steuerbonus. Dass die dafür notwendigen Regelungen nicht einfach den Unternehmen und dem Gesetzgeber überlassen werden dürfen, ist den Tarifparteien bewusst. So haben einige Unternehmen längst mit ihren Betriebsräten Betriebsvereinbarungen dazu abgeschlossen. Die Betriebsvereinbarung zur Mobilarbeit bei der BMW Group, die bereits 2014 verabschiedet wurde, bildet so etwas wie ein Best-Practice-Modell. Die bei VW eingeführte Nicht-Erreichbarkeit, die rigoros durch ein Abschalten der Mailserver am Abend umgesetzt wird, wird ebenfalls häufig als Vorbild genannt. Im Zuge von Tarifverhandlungen hat das Thema zunehmend an Gewicht gewonnen. So wurden etwa beim »Tarifvertrag zum Mobilen Arbeiten« der Metall- und Elektroindustrie 2018 Rahmenbedingungen festgelegt, Ruhezeiten, Freiwilligkeit oder das Aussetzen von Regeln zu Nacht- und Wochenendzuschlägen bestimmt.

Für die Gewerkschaften ist die neue Welt des mobilen Arbeitens eine Herausforderung. Das Fehlen eines gemeinsamen Arbeitsplatzes und der damit einhergehende Schwund der Sozialität von Arbeit könnte ein weiterer Sargnagel für die Gewerkschaften sein. Unwahrscheinlich ist es jedenfalls nicht: Denn sowohl die Rekrutierung von Mitgliedern wie auch die Aktivierung von Beschäftigten ist an gemeinsame Erfahrungen und Orte gebunden; Regelungsbedarfe, etwa beim Arbeitsschutz, wandern aus der Vor-Ort-Sphäre des Betriebs in die Unsichtbarkeit. Die Gewerkschaften stecken allerdings auch in einem Dilemma: Mobilisieren sie gegen Homeoffice, fühlen sich die Beschäftigten unverstanden und das Image der Gewerkschaften als »Dinosaurier des Industriezeitalters« erwacht wieder. Wirken die Interessenvertretungen lediglich daraufhin, die Arbeits- und Versicherungsbedingungen zu optimieren, dann bleiben sie Antworten auf die fundamentale Transformation der Erwerbsarbeit schuldig. Sie müssen daher beides tun.

Perspektiven

Rund ein Viertel der Beschäftigten arbeiten mittlerweile regelmäßig im Homeoffice. Damit ist Homeoffice inzwischen zur Normalität geworden und zugleich weiter umstritten. Mit der flächendeckenden Nutzung von Homeoffice verbindet sich ein tiefgreifender Wandel der Arbeitswelt, den wir in seinem ganzen Umfang noch kaum ganz erfassen können. Zugleich sind die Wahrnehmungen hinsichtlich der sozialen Interaktion von Kolleg:innen, der Produktivität und der nicht intendierten Folgen weiterhin Gegenstand von Kontroversen und damit von Verhandlungen. Immer wieder machen große, moderne Unternehmen Schlagzeilen, indem sie ankündigen, dass der Rückzug aus dem Homeoffice anstehe. Die Auswirkungen auf Beschäftigte, Arbeitgeber und Gewerkschaften sind ambivalent. Viel hängt dabei von der konkreten Ausgestaltung ab. Deshalb sind sowohl Unternehmen, Tarifparteien als auch die Politik gefragt, durch Anreize den Ausbau der digitalen Infrastruktur oder durch gezielte Schulungsangebote für Führungskräfte und Mitarbeitende dazu beizutragen, die Option des Homeoffice weiter zu verbreiten. Das gilt insbesondere für kleinere und mittlere Betriebe.

Homeoffice steht sinnbildlich für die Welt des »New Work«, also der individualisierten, selbstbestimmten und enthierarchisierten Arbeit. Doch nicht alle Menschen kommen in den Genuss des selbstbestimmten mobilen Arbeitens. Naturgemäß können handwerkliche und Fabrikarbeiten, medizinische/pflegerische sowie viele Dienstleistungsberufe nicht im Homeoffice ausgeführt werden. So verschärfen sich soziale Ungleichheiten, denn es sind zumeist die schlechterbezahlten Berufe sowie un- und angelernte Beschäftigte, die nicht zuhause arbeiten können. Und auch Geschlechterunterschiede können zementiert werden.

Klar ist: Das Homeoffice ist gekommen, um zu bleiben. Es ist inzwischen fester Bestandteil der Arbeitswelt und für viele Menschen zur selbstverständlichen Normalität geworden. Klar ist auch, dass damit ein tiefgreifender Wandel der Arbeitskultur – insbesondere dessen Raum- und Zeit-Dimension – verbunden ist, der zwar viele Chancen, aber auch Risiken birgt – sowohl für die Beschäftigten als auch für die Arbeitgeber. Aber auch die Betriebsräte und Gewerkschaften sind mit veränderten Realitäten konfrontiert und müssen einen Umgang mit dieser neuen Arbeitswelt finden. Insofern ist die Ausgestaltung der Homeoffice-Welt Gegenstand von Kontroversen und Verhandlungen.

Literatur

Destatis. Statistisches Bundesamt (o.J.): Erwerbstätige, die von zu Hause aus arbeiten. https://www.destatis.de/DE/Themen/Arbeit/Arbeitsmarkt/Qualitaet-Arbeit/Dimension-3/home-office.html, zuletzt abgerufen am 27.03.2025.

Hans-Böckler-Stiftung (2020): Homeoffice stärkt tradierte Arbeitsteilung. Böckler-Impuls 09/2020. https://www.boeckler.de/de/boeckler-impuls-homeoffice-starkt-tradierte-arbeitsteilung-23878.htm, zuletzt abgerufen am 27.03.2025.

Kunze, F./Hampel, K. (2024): Konstanzer Homeoffice-Studie. Datenauswertung vom Mai 2024. https://www.polver.uni-konstanz.de/kunze/konstanzer-homeoffice-studie/, zuletzt abgerufen am 27.03.2025.

Kunze, F./Zimmermann, S. (2022): Konstanzer Homeoffice-Studie. Datenauswertung von März 2022. https://www.polver.uni-konstanz.de/kunze/konstanzer-homeoffice-studie/, zuletzt abgerufen am 27.03.2025.

Gibt es generationenspezifsche Einstellungsmuster zur Arbeit?

Martin Schröder

Begriffe wie »Generation Z«, »Generation Y« und »Babyboomer« suggerieren, dass Geburtenkohorten unterschiedliche Einstellungen zu Selbstverwirklichung, Arbeit und Lebensführung haben. Doch dieses Kapitel zeigt mit Längsschnittdaten, wie vermeintliche Generationenunterschiede in Wirklichkeit Periodeneffekte und Alterseffekte widerspiegeln. Das bedeutet: Alle Mitglieder der Gesellschaft verändern ihre Einstellungen mit der Zeit. Ebenso unterscheiden sich alte und junge Menschen. Doch während der gesellschaftliche Zeitgeist ebenso wie das individuelle Lebensalter die Einstellungen von Menschen erklären, kann das Geburtsjahr und die Generationenzugehörigkeit Einstellungen kaum erklären. Wann wir geboren wurden, und entsprechend zu welcher Generation wir gehören, sagt insofern kaum etwas über Einstellungen aus, im Gegensatz zu dem, was öffentliche Diskurse und mediale Berichterstattung uns immer wieder suggerieren.

Theoretischer Hintergrund

Was ist eine Generation? Unser heutiges Verständnis von Generationen geht auf Karl Mannheim (1928) zurück. Dieser vermutete, dass wenn Jugendliche dieselben prägenden Erfahrungen gemacht haben, sie basierend darauf ähnliche Einstellungen entwickeln. Damit aus gemeinsamen Erfahrungen jedoch eine abgrenzbare Generation entsteht, müssen diese Erfahrungen die Einstellung einer Geburtenkohorte im Gegensatz zu allen anderen prägen. Machen dahingegen alle Gesellschaftsmitglieder, also beispielsweise alle Deutschen, eine Erfahrung gemeinsam durch, und sind alle gleichermaßen davon geprägt, so handelt es sich vielmehr um einen sogenannten Periodeneffekt, der alle beeinflusst, statt nur jene, die zu ähnlichen Zeiten jugendlich waren. Zudem dürfen die Einstellungen dieser einen Kohorte sich nicht nur temporär von allen anderen unterscheiden;

ansonsten handelt es sich nur um einen sogenannten Alterseffekt, welcher sich mit zunehmendem Lebensalter verflüchtigt.

Mannheim dachte dabei an die Kriegserfahrungen, die manche Kohorten lebenslang traumatisierten und diese damit dauerhaft von allen Kohorten unterschieden, welche diese schrecklichen Kriegserfahrungen nicht durchmachen mussten. Doch während unmittelbar einsichtig ist, dass gemeinsame Kriegserfahrungen die betroffenen Geburtenkohorten lebenslang zeichnen, ist fraglich, ob es heute ebenso tiefgreifende Erfahrungen gibt, welche einzelne Kohorten dermaßen prägen, dass sie sich dauerhaft von allen anderen Kohorten unterscheiden, so dass man von einer Generation sprechen kann. Dieser Skepsis soll im Folgenden nachgegangen werden, indem Einstellungsdaten des SOEP auf Generationenunterschiede hin untersucht werden.

Daten und Methode

Die folgende Analyse basiert auf Daten des Sozio-oekonomischen Panels (SOEP v38), für welches im Zeitraum von 1984 bis 2021 insgesamt 80 000 Befragte über 600 000-mal interviewt wurden. Um herauszufinden, ob Generationen unterschiedliche Einstellungen zu Arbeit, Sozialstaat und Gesellschaft haben, unterscheide ich Individuen, wie in der Literatur üblich, je nach 5-Jahres- Geburtskohorten und assoziiere dabei diese Geburtenkohorten mit den gängigen Generationenbezeichnungen, um zu sehen, ob sich Einstellungen durch vermeintliche Generationenzugehörigkeit erklären lassen. Ich wende dabei ein ähnliches Vorgehen an, wie ich es in begutachten Fachzeitschriftenartikeln angewandt habe (bspw. Schröder 2019; Schröder u.a. 2024).

In einem ersten Schritt untersuche ich dabei, ob vermeintliche Generationen sich in ihren Einstellungen selbst dann noch unterscheiden, nachdem man ihr jeweiliges Lebensalter mit einem linearen und quadratischen Term herausgerechnet hat, wenn man Menschen also im selben Lebensalter vergleicht. In einem zweiten Schritt untersuche ich jeweils, ob dabei eventuell erkennbare Generationenunterschiede auch dann noch bestehen bleiben, wenn man den gesellschaftlichen Zeitgeist in Form eines linearen Terms für das Befragungsjahr herausrechnet. In diesem zweiten Schritt untersuche ich somit, ob vermeintliche Generationen sich auch dann noch unterscheiden, wenn man sie nicht nur im selben Alter, sondern auch zum selben Zeitpunkt befragt. Ich mache dies hier nur exemplarisch für einige wenige Eigenschaften. Umfangreichere Analysen findet man in von mir regelmäßig veröffentlichten Blogposts auf meiner Webseite, sowie in begutachteten Fachzeitschriftenartikeln. Dort habe ich auch den Code veröffentlicht, der hinter den hier präsentierten Ergebnissen steht, so dass diese Ergebnisse replizierbar sind.

Ergebnisse

Eine der häufigsten Meinungen über verschiedene Generationen lautet, dass die später geborenen Generationen Z und Y weniger an beruflichem Erfolg interessiert seien. Wenn dem so wäre, und dieses geringere Interesse an beruflichem Erfolg tatsächlich durch einen Generationeneffekte erklärbar sein sollte, müsste erkennbar sein, dass diese Geburtenkohorten beruflichen Erfolg auch tatsächlich als weniger wichtig einschätzen, und zwar unabhängig davon, wie alt sie gerade sind und in welchem Kalenderjahr sie gefragt werden. Ob dies so ist, zeigt Abbildung 1.

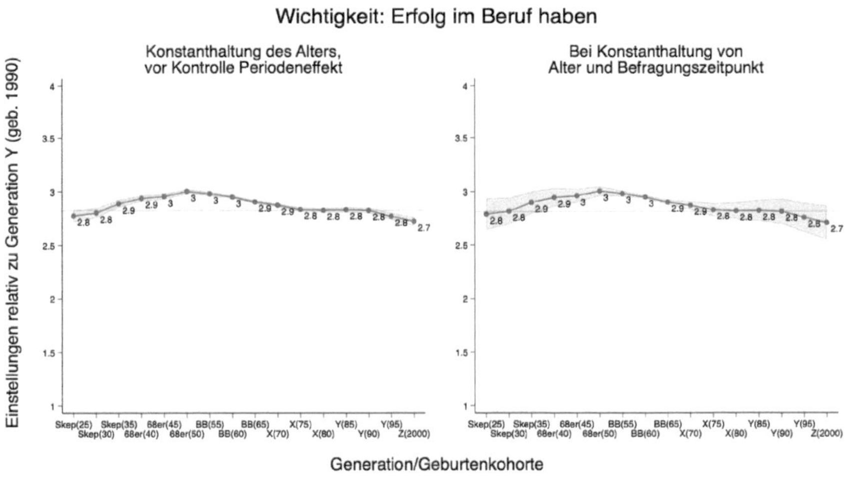

Abbildung 1: Wichtigkeit von Berufserfolg je nach Geburtenkohorte
Quelle: SOEP-Daten

Der linke Teil von Abbildung 1 zeigt, dass Geburtenkohorten im selben Alter recht ähnliche Antworten auf die Frage geben, für wie wichtig sie beruflichen Erfolg halten (1 »ganz unwichtig«, 2 »weniger wichtig«, 3 »wichtig«, 4 »sehr wichtig«). Kontrolliert man zusätzlich den Befragungszeitpunkt (rechts) ändert sich daran kaum etwas. Die größten vermeintlichen Generationeneffekte, bestehen darin, dass die sogenannten Babyboomer beruflichen Erfolg mit einem Wert von

3,01 für minimal wichtiger halten als die zuletzt geborene Generation Z (mit einem Wert von 2,71). Anders als oft vermutet, bewerten unterschiedliche Generationen also beruflichen Erfolg als fast identisch wichtig, wenn man sie im selben Alter (links) und zum selben Zeitpunkt (rechts) befragt.

Politisches Engagement

Insbesondere der Generation Y wird oft politische Apathie unterstellt, wohingegen der vermeintlichen Generation Z wieder ein stärkeres politisches Engagement unterstellt wird, insbesondere aufgrund der Fridays for Future Bewegung, welche zu mehr Maßnahmen gegenüber dem Klimawandel auffordert. Abbildung 2 zeigt, für wie wichtig unterschiedliche Geburtenkohorten politisches und gesellschaftliches Engagement halten.

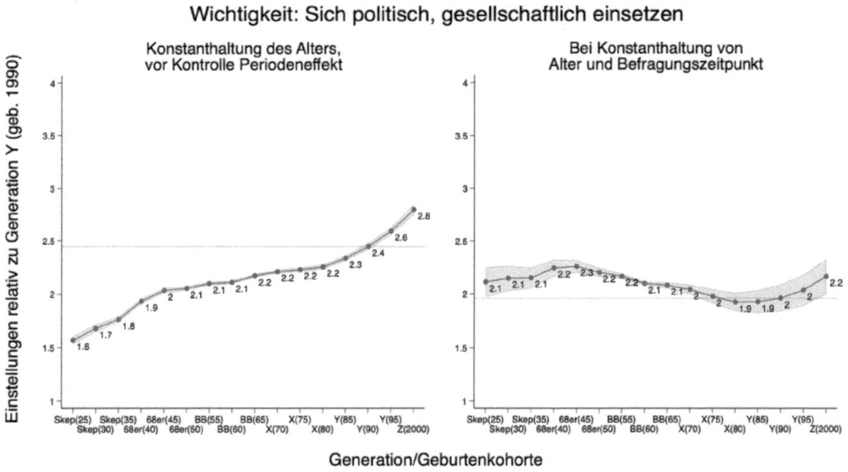

Abbildung 2: Wichtigkeit von Engagement je nach Geburtenkohorte
Quelle: SOEP-Daten

Hält man nur das Alter konstant, wie es der linke Teil der Abbildung 2 tut, könnte man vermuten, dass eine Geburtenkohorte nach der anderen es für wichtiger hält, sich politisch und gesellschaftlich einzusetzen. Doch dies unterschlägt den Periodeneffekt, welcher ebenfalls erklären kann, warum eine Generation nach der anderen Engagement vermeintlich für wichtiger hält. Denn es könnte ja auch sein, dass später geborene Generationen später befragt wurden und es zu diesen späteren Zeitpunkten alle Menschen für wichtiger hielten, sich politisch und gesellschaftlich einzusetzen. Der rechte Teil der Abbildung zeigt deswegen, wie wichtig vermeintliche Generationen Engagement finden, wenn sie zum selben Zeitpunkt befragt wurden. Unter diesen Bedingungen verschwinden fast alle vermeintlichen Generationenunterschiede.

Dies bedeutet, dass alle Deutschen es im Verlauf der Jahre und Jahrzehnte für wichtiger halten, sich gesellschaftlich zu engagieren. Nur weil spätere Generationen auch später gefragt wurden, wirkt es, als würden sich Einstellungen aufgrund des Geburtsjahres unterscheiden. Hinter dem vermeintlichen Generationeneffekt versteckt sich also in Wirklichkeit ein Periodeneffekt, man könnte auch sagen, ein sich wandelnder Zeitgeist, der alle Gesellschaftsmitglieder und damit auch alle Generationen gleichermaßen erfasst.

Dies wird besonders drastisch deutlich an Sorgen über den Klimawandel. Immer wieder hört man, die vermeintliche Generation Z mache sich große Sorgen wegen des Klimawandels, während dieser allen anderen vermeintlichen Generationen relativ gleichgültig sei. Die folgende Abbildung 3 stellt diese Sorgen über den Klimawandel deswegen zuerst unter Kontrolle von Alterseffekten (links) und daraufhin unter Kontrolle von Periodeneffekten (rechts) je nach Generation aufgeschlüsselt dar.

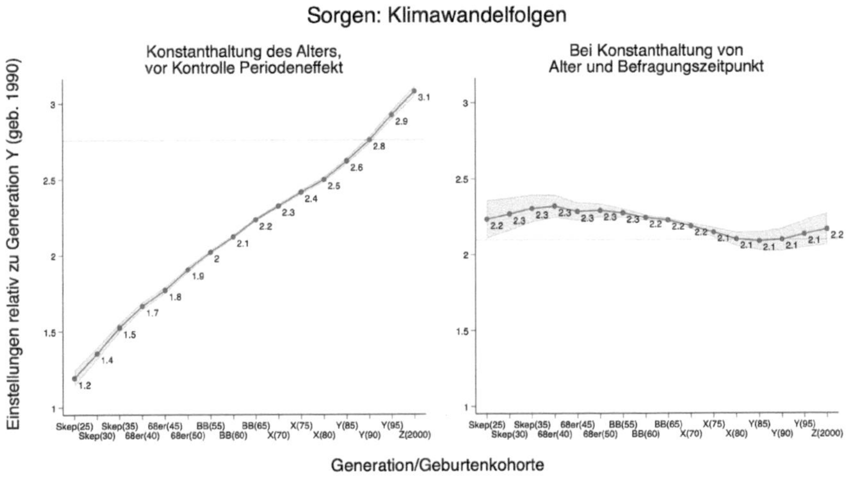

Abbildung 3: Sorgen vor Klimawandel je nach Geburtenkohorte
Quelle: SOEP-Daten

Wieder zeigt sich das bekannte Muster. Der linke Teil von Abbildung 3 legt nahe, dass später geborene Generationen sich – unabhängig von ihrem Alter – wietaus größere Sorgen über den Klimawandel machen als früher geborene Generationen. Doch dies unterschlägt, dass später geborene Generationen auch später befragt wurden, während sich möglicherweise alle Gesellschaftsmitglieder mehr Sorgen über den Klimawandel machten. Der rechte Teil von Abbildung 3 zeigt, dass genau solche Periodeneffekte die vermeintlichen Generationeneffekte erklären. Denn sobald man die Sorgen um den Klimawandel unterschiedlicher vermeintlicher Generationen nicht nur im selben Lebensalter, sondern auch zum selben Befragungszeitpunkt vergleicht, lassen sich Unterschiede kaum noch auf das Geburtsjahr zurückführen. Die inhaltliche Interpretation dieser Ergebnisse lautet, dass alle Menschen sich zunehmend Sorgen um den Klimawandel machen und es nur so erscheint, als ob diese Sorgen über den Klimawandel durch die Generationenzugehörigkeit erklärbar wären, da später geborene Generationen im Schnitt später befragt wurden.

Immer wieder zeigt sich insofern, wie vermeintliche Generationeneffekte entweder schon bei Konstanthaltung des Alters nicht erkennbar sind oder durch Periodeneffekte erklärbar sind. Hinter dem, was wir für Generationen halten, steckt insofern vielmehr die einfache Einsicht, dass Alte schon immer anders gedacht haben als Junge, und dass fast alle Menschen heute anders denken als früher, gleichgültig wann sie geboren wurden.

Diskussion

Die oben gezeigten Ergebnisse stellen die Validität und Nützlichkeit von Generationenkonzepten als Erklärungsansatz für Einstellungsunterschiede in Frage. Denn hinter dem, was wir zumeist als Generationeneffekte verstehen, verstecken sich in Wirklichkeit meist Alterseffekte (Alte denken anders als Junge) und Periodeneffekte (Alle denken heute anders als früher). Wer Einstellungen zu Arbeit oder gesellschaftlichen und politischen Themen verstehen will, tut insofern gut daran, sich von der Idee zu verabschieden, Einstellungen seien mit dem Geburtsjahr und entsprechend mit der Generationenzugehörigkeit erklärbar.

Eine Limitation dieser Studie ist, dass die jüngste untersuchte Kohorte (Generation Z) zum Zeitpunkt der letzten Datenerhebung maximal 21 Jahre alt war. Um gesichert etwas über diese Kohorte sagen zu können (geschweige denn über derzeit noch jüngere Menschen, wie eine vermeintliche »Generation Alpha«), sind derzeit noch nicht vorhandene Längsschnittdaten nötig. Entsprechend ist beispielsweise nicht auszuschließen, dass starke Smartphone-Nutzung innerhalb der vulnerablen Jugendphase damit einhergeht, dass zukünftig erforschbare Generationen unterschiedliche Einstellungsmuster entwickeln, welche nicht durch ihr jeweiliges Alter oder gesamtgesellschaftliche Veränderungen erklärt werden können.

Die derzeitig besten Daten legen jedoch nahe, dass Forschung und Politik eher davon ausgehen sollten, dass hinter vermeintlichen Generationenunterschieden Alters- und Periodeneffekten stehen. Vereinfacht gesagt kann man daraus zwei Lektionen ziehen. Erstens, dass Alterseffekte Einstellungen erklären: Jüngere waren schon immer anders als Ältere und wer heute jung ist, wird sich in Zukunft selbst ein Stück weit an die Einstellung der heute Älteren anpassen. Zweitens erklären Periodeneffekte Einstellungen: Alle Gesellschaftsmitglieder verändern gemeinsam ihre Einstellungen, statt dass wir unsere Einstellungen lebenslang nur mit unserer Generation teilen und uns dadurch von allen anderen Generationen unterscheiden.

Literatur

Mannheim, K. (1928): Das Problem der Generationen. In: Kölner Vierteljahreshefte für Soziologie 7, 157–185, 309–330.

Schröder, M. (2019): Generationen gibt es, sie sind nur unsichtbar. In: KZfSS Kölner Zeitschrift für Soziologie und Sozialpsychologie 71, 471–480.

Schröder, M./Braun, D./Grimm, K. L./Ulrich, M./Wenzelburger, G. (2024): A Matter of Time, Not Generations: Rising Emotional Attachment to the European Union 1991–2023. An Age Period Cohort Analysis. In: Journal of European Public Policy, 1–29.

Welches Bild von der Arbeitsgesellschaft hat die deutsche Rechte?

Bettina Kohlrausch

Regelmäßig zeigt sich nach Parlamentswahlen, dass sich Beschäftigte in Deutschland – insbesondere solche, die sich selbst als »Arbeiter:innen« definieren – vom Angebot der AfD angesprochen fühlen. Bei der Bundestagswahl 2025 wurde sie von 38 Prozent der Arbeiter:innen gewählt. Vielen gilt die AfD daher als die neue Arbeiterpartei. Die Ursachen hierfür werden in der wissenschaftlichen Literatur durchaus kontrovers diskutiert (vgl. Kohlrausch/Höcker 2020). Zahlreiche empirische Untersuchungen belegen jedoch, dass das Erleben von Erwerbsarbeit Einfluss auf die Wahlentscheidung hat. In Deutschland zeigt sich ein Zusammenhang zwischen Demütigungserfahrungen am Arbeitsplatz und der Wahl der AfD (Schwuchow 2023). Auch Einkommen und finanzielle Sorgen und Belastungen stehen im Zusammenhang mit der Wahl der AfD (Hövermann 2024). Europaweit lässt sich feststellen, dass Arbeitsbedingungen, demokratische Mitbestimmung im Arbeitskontext, Selbstwirksamkeitserfahrungen und Transformationsängste mit der Wahl extrem rechter Parteien zusammenhängen (Hövermann et al. 2025).

Diese Befunde lassen sich so interpretieren, dass Erwerbsarbeit das Integrationsversprechen, das lange mit ihr verbunden war, für einen Teil der Erwerbstätigen nicht mehr einlöst. Erwerbsarbeit wird damit zunehmend zu einem Feld, auf dem Kränkungen bis hin zur Entwürdigung, biografische Abwertung und individuelle Unsicherheit erlebt werden. Dies betrifft nicht nur die entsicherten Teile des Arbeitsmarktes wie den Niedriglohnsektor, sondern auch solche, die von massiven Transformationsprozessen und damit einhergehenden Veränderungen betroffen sind. Vor dem Hintergrund dieser Befunde stellt sich die Frage, welchen Blick die AfD auf Erwerbsarbeit hat und mit welchen politischen Angeboten sie diese Erfahrungen adressiert. Exemplarisch wird dies im Folgenden am Beispiel der korporatistischen Regulierung von Arbeit und der Absicherung von Arbeitslosen analysiert. Beides sind Bausteine der sozialen Absicherung von Erwerbsarbeit und galten lange Zeit als Garanten dafür, dass sich mit dem Zugang zu Erwerbsarbeit gesellschaftliche Teilhabe verband.

Markt statt kollektives Arbeitsrecht: Arbeit als Produkt eines entfesselten Marktes

Hinsichtlich des kollektiven Arbeitsrechts, also der Fragen von Interessensvertretung von Beschäftigten, gibt es von der AfD bisher kein geschlossenes Konzept. Auch das Wahlprogramm zur Bundestagswahl 2025 enthält hierzu keine Aussagen. Auf Basis der Auswertung von Redebeiträgen von AfD-Abgeordneten und anderen Formen der Positionierung kommt Barthel (2024, 36) jedoch zu der Einschätzung, »dass eine Umsetzung der kollektivarbeitsrechtlichen Vorschläge der AfD die Machtressourcen der Lohnabhängigen insbesondere auf überbetrieblicher Ebene angreifen und schwächen würde«. So laufen die Vorschläge der AfD auf eine *Schwächung der Gewerkschaften* hinaus. Ein Beispiel dafür ist die Forderung, den Tarifvorbehalt abzuschaffen, der regelt, dass Tarifverträge gegenüber Betriebsvereinbarungen grundsätzlich vorrangig sind. Dies würde eine Schwächung des Flächentarifvertrags, eine Verbetrieblichung der Tarifpolitik und einen Eingriff in die Institution der Tarifautonomie darstellen. Darüber hinaus werden Gewerkschaften in den Redebeiträgen und Stellungnahmen der AfD häufig angegriffen und einerseits als Co-Manager:innen dargestellt, die die schlechte Situation der Beschäftigten mitverantworten, andererseits als radikale Akteur:innen, die Beschäftigte mit Klassenkampfrhetorik gegen Arbeitgeber:innen aufhetzen. Trotz dieser Widersprüchlichkeit zeigt sich hier die argumentative Linie, die darauf zielt, Gewerkschaften als Vertreterinnen der Interessensansprüche der Beschäftigten zu delegitimieren (vgl. Barthel 2024).

Generell zielt die Politik der AfD auf einen *Abbau der Tarifbindung*. In einem Antrag, den die AfD im Oktober 2023 in den Bundestag eingebracht hat, forderte sie beispielsweise, »den Regierungsentwurf zu einem Bundestariftreuegesetz zu verwerfen« (BT 20/8875, 3). Der DGB verweist darauf, dass die AfD Gesetzentwürfe in die Landtage Baden-Württembergs und Sachsen-Anhalts eingebracht hat, um das Landestariftreue- bzw. Vergabegesetz abzuschaffen (vgl. DGB 2025). Die Forderung nach Abschaffung der Gesetze zum Schutz der Tarifbindung wird meist mit dem Ziel einer Entbürokratisierung begründet. Tarifpolitik wird somit in erster Linie als ein Instrument verstanden, das Marktmechanismen behindert. Dies wiederum steht dem in der AfD dominanten Staatsverständnis entgegen, welches »dem Staat lediglich zugesteht, die Rahmenbedingungen für eine effiziente, wettbewerbsorientierte Marktwirtschaft zu schaffen, dabei aber keine eigenständige wirtschafts- und sozialpolitische Agenda zu verfolgen« (Pühringer et al. 2021, 57).

Auch im Hinblick auf den Mindestlohn betont die AfD die große Bedeutung von Marktmechanismen. Während sie sich 2021 in ihrem Wahlprogramm noch für den Mindestlohn ausgesprochen hatte (vgl. ebenda, 30), findet sich im Wahlprogramm von 2025 keine solche Forderung. Zudem hat die AfD im Bundestag *gegen die Erhöhung des Mindestlohns* gestimmt und argumentiert, dass diese Marktmechanismen außer Kraft setzen würde (DGB 2025).

Zusammenfassend stellt die AfD die Notwendigkeit, Arbeit vor allem über den Markt zu regulieren, in den Vordergrund ihrer Forderungen und Politik, was im Ergebnis zu einem Abbau kollektivrechtlicher Regelungen und einer Schwächung von Schutzrechten führt. Hier zeigen sich die Linien hin zu den Ursprüngen der AfD, deren Gründungsväter in einer strikt ordo- bzw. neoliberalen Tradition standen. Ursprünglich als Anti-Euro-Partei gegründet, verband sie eine wettbewerbsorientierte und marktorientierte Logik mit nationalistisch-chauvinistischen Elementen (vgl. Bebnowski/Förster 2014). Generell spielen im Wahlprogramm der AfD die Idee und der Anspruch eine wichtige Rolle, die individuelle Wettbewerbsfähigkeit auf dem Arbeitsmarkt, aber auch zum Beispiel im Bildungssystem, zu erhöhen (AfD 2025).

Exklusive Solidarität und solidarischer Patriotismus: Arbeit als Feld neuer gesellschaftlicher Grenzziehungen

Im Hinblick auf die Absicherung von Arbeitslosigkeit wird im aktuellen Wahlprogramm für die Bundestagswahl 2025 ein exkludierender Solidaritätsgedanke sichtbar, der die sozialpolitischen Positionen der AfD generell prägt. So soll der Bürgergeldbezug für ausländische Staatsangehörige auf ein Jahr begrenzt werden und zudem nur dann möglich sein, wenn zuvor eine sozialversicherungspflichtige Erwerbstätigkeit »ohne aufstockende« Sozialleistungen von mindestens zehn Jahren in Deutschland erbracht wurde. Damit wären ausländische Bürgergeldbezieher:innen gegenüber deutschen Bezieher:innen deutlich schlechter gestellt. Solidarität gilt nicht als universelles Prinzip, sondern ist an die Staatsbürgerschaft gekoppelt. Hier wird das Konzept eines »solidarischen Patriotismus« deutlich, der sozialpolitische Instrumente mit einem völkischen Nationalismus verknüpft. Diese exklusive Definition der Solidargemeinschaft schließt darüber hinaus auch jene aus, die sich nicht durch Leistungserbringung als »leistungsfähige« Mitglieder der Solidargemeinschaft erweisen. So wird die Notwendigkeit betont, vermeintlich im Bürgergeld enthaltene Anreize, nicht erwerbstätig zu sein, abzubauen und nach sechs Monaten Bürgergeldbezug eine Arbeitspflicht für Bürgergeldempfänger:innen einzuführen. Zudem soll der Bezug von Arbeitslosengeld nicht wie bisher nach einem, sondern erst nach drei Jahren Erwerbstätigkeit möglich sein. Erwerbsarbeit ist in dieser Logik ein

Feld, auf dem in vielerlei Hinsicht Grenzziehungen vorgenommen werden, die letztlich die Zugehörigkeit zur oder den Ausschluss von der Solidargemeinschaft definieren. Eine dieser Grenzen verläuft zwischen Deutschen und Ausländer:innen, eine weitere zwischen den vermeintlich Faulen und den Leistungsbereiten.

Fazit: Arbeit als Feld patriotischer Solidarität und neuer Grenzziehungen nach außen und unten

Die relativ hohe Zustimmung von Erwerbspersonen mit unterem Einkommen und Personen, die in entsicherten Teilen des Arbeitsmarktes arbeiten, erscheint paradox. Weder im Hinblick auf den Mindestlohn und die Tarifbindung noch im Hinblick auf das Bürgergeld zielt die AfD mit ihrem politischen Programm auf den sozialen Schutz dieser Erwerbspersonen. Im Gegenteil haben zahlreiche Untersuchungen auch der wirtschaftspolitischen Programme der AfD gezeigt, dass sich die soziale Situation der unteren Einkommensgruppe mit der Umsetzung des Wahlprogramms der AfD verschlechtern würde (vgl. Diermeier et al. 2025).

Diese Widersprüchlichkeit löst die AfD auf, indem sie radikal marktförmige (vgl. Groß et al. 2023) Denkmuster mit dem Konzept des sozialen Patriotismus und einer exklusiven Solidarität kombiniert. Erwerbsarbeit soll von vermeintlichen bürokratischen Fesseln befreit werden, damit Beschäftigte ihre Leistungsbereitschaft und -fähigkeit unter Beweis stellen können. Diese Politik ist für die unteren Einkommensgruppen zwangsläufig mit sozialen Risiken und Frustrationen verbunden, die jedoch nicht als Verteilungskonflikte, sondern als »Innen-Außen-Konflikte« (Mau et al. 2023) zwischen Deutschen und Ausländer:innen sowie Fleißigen und Faulen gedeutet werden. Arbeit wird so zu einem Feld, auf dem soziale Schließungen und Grenzziehungen praktiziert und damit Frustrationen, die sich aus dieser Politik gerade für die unteren Beschäftigtengruppen zwangsläufig ergeben müssen, kanalisiert werden können.

Literatur

AfD (Alternative für Deutschland) (2025): Zeit für Deutschland. Programm der Alternative für Deutschland für die Wahl zum 21. Bundestag, Berlin.

Barthel, M. (2024): Die AFD und das kollektive Arbeitsrecht. Hugo Sinzheimer Institut für Arbeits- und Sozialrecht der Hans-Böckler-Stiftung: HSI-Working Paper Nr. 20, Düsseldorf.

Bebnowski, D./Förster, J. (2014): Wettbewerbspopulismus. Die Alternative für Deutschland und die Rolle der Ökonomen. Otto Brenner Stiftung: OBS-Arbeitspapier 14, Frankfurt am Main.

DGB (Deutscher Gewerkschaftsbund) (2025): AfD: Der Feind der Beschäftigten. https://www.dgb.de/gerechtigkeit/demokratie/afd-der-feind-der-beschaeftigten/ (letzter Zugriff: 8.3.2025).

Diermeier, M./Bergmann, K./Zink, B./Päßler, N. (2025): Rechtsaußen-Erstarken in Deutschland: Implikationen für den Wirtschaftsstandort. Gutachten im Auftrag von Vielfalt ist Zukunft, Köln/Berlin.

Groß, E./Hövermann, A./Nickel, A. (2023): Entsicherte Marktförmigkeit als Treiber eines libertären Autoritarismus. In: Zick, A./Küpper, B./Mokros, N. (Hrsg.): Die distanzierte Mitte. Rechtsextreme und demokratiegefährdende Einstellungen in Deutschland 2022/23, Bonn, 243–257.

Hövermann, A. (2024): Das Umfragehoch der AFD – Aktuelle Erkenntnisse über die AfD-Wahlbereitschaft aus dem WSI-Erwerbspersonenpanel. Wirtschafts- und Sozialwissenschaftliches Institut der Hans-Böckler-Stiftung: WSI Report Nr. 92, Düsseldorf.

Hövermann, A./Kohlrausch, B./Langer, A./Meulemann, B. (2025): How Work Shapes Democracy. Political preferences, populist attitudes and far-right voting intentions among the European labour force – a cross-country survey project in the face of the 2024 EU elections. Wirtschafts- und Sozialwissenschaftliches Institut der Hans-Böckler-Stiftung: WSI Study Nr. 40, Düsseldorf.

Kohlrausch, B./Höcker, L. M. (2020): Ursachen für rechtspopulistische Einstellungen. Ein Überblick über den Forschungsstand. Hans-Böckler-Stiftung: Forschungsförderung Working Paper Nr. 178, Düsseldorf.

Mau, S./Lux, T./Westheuser, L. (2023): Triggerpunkte. Konsens und Konflikt in der Gegenwartsgesellschaft, Berlin.

Pühringer, S./Beyer, K. M./Kronberger, D. (2021): Soziale Rhetorik, neoliberale Praxis. Eine Analyse der Wirtschafts- und Sozialpolitik der AfD. Otto Brenner Stiftung: OBS-Arbeitspapier 52, Frankfurt am Main.

Schwuchow, T. (2023): Kampf um Würde in der Arbeit. Rechtspopulismus als Ausdruck eines moralischen Unrechtsempfindens, Baden-Baden.

Gibt es noch Unterschiede zwischen dem ost- und dem westdeutschen Arbeitsmarkt?

Joachim Ragnitz

Lange Zeit war Ostdeutschland durch einen heute kaum mehr vorstellbaren Mangel an Arbeitsplätzen geprägt. Vor 20 Jahren gab es für beinahe ein Viertel aller Arbeitssuchenden keine Beschäftigungsmöglichkeiten, während es in Westdeutschland zu diesem Zeitpunkt gerade mal ein Zehntel war. Derzeit (2023) liegt die Unterbeschäftigungsquote[1] im Osten hingegen nur noch bei 8,9 Prozent, und lässt man Berlin außer Betracht, sind es sogar lediglich 8,4 Prozent. Das ist nur noch wenig mehr als in Westdeutschland (6,9 Prozent). Dies heißt nicht, dass man sich um diese Personen nicht kümmern müsste, aber für eine *regionalspezifische* Politik zur Verbesserung der Beschäftigungschancen von Problemgruppen am Arbeitsmarkt gibt es ganz offenkundig keinen Grund mehr.

Der deutliche Rückgang der Unterbeschäftigung (um 1,5 Mio. Personen seit 2005) geht zu gut zwei Dritteln auf eine höhere Arbeitskräftenachfrage zurück. Dies reflektiert die in weiten Landesteilen positive wirtschaftliche Entwicklung, die nicht nur durch Produktivitätssteigerungen getragen war, sondern auch durch Neuansiedlungen und Expansion bestehender Betriebe. Zu einem Drittel ist aber auch eine Verringerung des Arbeitskräfteangebots für den Rückgang der Unterbeschäftigung verantwortlich. Hierin spiegelt sich vor allem die Alterung der Gesellschaft wider: Da die neu in das Erwerbsleben eintretenden Geburtsjahrgänge der 1990er Jahre wegen des damaligen Einbruchs der Geburtenraten deutlich schwächer besetzt sind als die sukzessive aus dem Erwerbsleben ausscheidenden geburtenstarken Jahrgänge der 1950er und 1960er Jahre, schrumpfte das Erwerbspersonenpotential allein in den vergangenen 20 Jahren um rund eine halbe Mio. Personen. Damit fanden auch Personen wieder in Arbeit, die zuvor nur geringe Beschäftigungschancen hatten. Und gleichzeitig hat die Alterung auch vermehrt Arbeitskräftenachfrage geschaffen, so insbesondere im Gesundheits- und Sozialwesen. Mehr als ein Drittel des gesamten Beschäftigungszuwach-

1 In der Definition der Bundesagentur für Arbeit: Arbeitslosigkeit und Unterbeschäftigung ohne Kurzarbeit.

ses in den ostdeutschen Ländern ist allein auf die Expansion dieses Sektors zurückzuführen.

Rein quantitativ scheint die Arbeitsmarktsituation somit in Ost- und Westdeutschland annähernd gleich zu sein. Deutliche Unterschiede gibt es aber noch immer bei den Löhnen, also dem Preis für Arbeit. Auch wenn die Bruttolöhne und Gehälter je Arbeitsstunde sich seit 2005 immer weiter an das westdeutsche Niveau angenähert haben, erreichen Beschäftigte in Ostdeutschland auch heute im Schnitt nur ein Lohnniveau von rund 83 Prozent des Westniveaus. Dies reflektiert zum einen die nach wie vor geringe Leistungskraft vieler Betriebe, die höhere Arbeitskosten angesichts einer niedrigen Produktivität nicht verkraften können, zum anderen aber auch institutionelle Faktoren wie die geringe Tarifbindung in Ostdeutschland, die Betriebsgrößen- und die Branchenstruktur (Ragnitz 2023). Hinzu kommt die in manchen Regionen immer noch vorhandene Marktmacht der Arbeitgeber, die die nach wie vor bestehenden Ängste der Beschäftigten vor einem Verlust ihres Arbeitsplatzes zu ihren Gunsten ausnutzen. Auch wenn es dergleichen auch in Westdeutschland geben mag – bei Berücksichtigung all dieser Faktoren fällt die Ost-West-Lohnlücke deutlich kleiner aus (Nauerth/Pflanz 2023) –, spielen diese Faktoren für die ostdeutschen Arbeitsmärkte eine weitaus größere Rolle.

Das im Ganzen niedrige Lohnniveau im Osten reflektiert in gewisser Weise noch immer die Folgen des transformationsbedingten Umbruchs nach 1990. Weil wegen des Mangels an Arbeitsplätzen viele Menschen Bereitschaft zeigten, auch zu ungünstigen Konditionen einen Job anzunehmen, waren die Arbeitgeber in der stärkeren Marktposition. Das drückte die Löhne und führte dazu, dass viele Unternehmen eher arbeitsintensive Produktionstechnologien wählten. Gleichzeitig prägte dies die Geschäftsmodelle vieler ostdeutscher Unternehmen, denn wegen des Lohnkostenvorteils konnten sie sich auf eine Niedrigpreisstrategie einlassen und waren nicht gezwungen, mit innovativen Produkten oder kostensparenden Technologien am Markt zu bestehen. Dies hat Pfadabhängigkeiten geschaffen, die sich nur allmählich wieder korrigieren lassen. Überdies trugen die niedrigen Löhne dazu bei, dass insbesondere jüngere Menschen häufig ihre ostdeutsche Heimat verließen, was wiederum zu einem ausgeprägten Mangel an gut qualifizierten Arbeitskräften gerade in den eher peripher gelegenen ostdeutschen Regionen führte. Dies wiederum beförderte es, dass sich auch die Unternehmen dort häufig auf eher »einfache« Produktionen mit einem geringen Einsatz höherqualifizierter Arbeit konzentrierten. Natürlich gilt dies nicht überall (insbesondere in den urbanen Zentren Ostdeutschlands wie Berlin, Leipzig, Dresden und Jena haben sich auch höherwertige Produktionen angesiedelt), wohl aber für den Großteil der zumeist ländlich geprägten Räume abseits der größeren Städte. Beides hat im Ergebnis eine dynamischere Entwicklung in vielen Teilen

Ostdeutschlands verhindert, die zum Teil bis heute nachwirkt. Insbesondere hat dies auch zu einer Zunahme der regionalen Disparitäten zwischen den größeren Städten und den ländlichen Räumen beigetragen, die sich inzwischen auch in einer politischen Polarisierung zwischen Stadt und Land niederschlägt. Die transformationsbedingten Besonderheiten des ostdeutschen Arbeitsmarktes in den 1990er Jahren wirken insoweit nicht nur bis heute nach, sondern auch in viele andere Bereiche hinein.

Schon seit einiger Zeit befindet sich der ostdeutsche Arbeitsmarkt allerdings in einem tiefgreifenden Umbruchsprozess, der sich in einer Verschiebung der Marktmacht von den Arbeitgebern zu den Arbeitnehmern äußert. Grund hierfür ist der bereits angesprochene demografische Wandel und der daraus resultierende Arbeitskräftemangel in vielen Bereichen. Dieser betrifft auch nicht nur sogenannte »Fachkräfte«, sondern zieht sich durch alle Anforderungsniveaus und Tätigkeitsbereiche hindurch. Von Arbeitskräftemangel sind dabei – wenn auch in unterschiedlicher Intensität – fast alle Regionen Ostdeutschlands betroffen. Und alles deutet darauf hin, dass sich dieses Problem in Zukunft nochmals deutlich verschärfen wird, weil stark besetzte Kohorten aus dem Arbeitsmarkt ausscheiden, die durch die nachwachsenden Jahrgänge nur unzureichend ersetzt werden können.

Nach Berechnungen von BIBB und IAB (2024) wird das Arbeitskräfteangebot in den ostdeutschen Ländern (inklusive Berlin) bis zum Jahr 2040 um rund 12 Prozent sinken (in den Flächenländern allein sogar um fast 17 Prozent). In einzelnen Regionen dürften bis dahin sogar mehr als ein Viertel aller heutigen Arbeitskräfte fehlen. Zwar wird sich tendenziell auch die Arbeitskräftenachfrage verringern, so insbesondere weil bei alternder und schrumpfender Bevölkerung die Nachfrage nach nur regional gehandelten Gütern (in erster Linie Dienstleistungen) zurückgehen wird. Dieser Effekt wird aber aller Voraussicht nach nicht so stark sein, dass damit der Arbeitskräftebedarf ebenso stark sinkt wie das Arbeitskräfteangebot. Dann aber wird der Rückgang der Zahl der Erwerbspersonen auch die wirtschaftliche Dynamik dämpfen, denn es ist die »kürzere« Marktseite (also das Angebot an Arbeitskräften), die die wirtschaftlichen Aktivitäten determiniert. Die genannte Projektionsrechnung von BIBB und IAB rechnet deswegen damit, dass die Zahl der Erwerbstätigen in Ostdeutschland um 10 Prozent (einschließlich Berlin) bzw. 14 Prozent (ohne Berlin) zurückgehen wird. Bei gegebener Produktivitätsentwicklung hat dies dann auch ein entsprechend geringeres Wachstum des Bruttoinlandsprodukts zur Folge. Ganz besonders gilt dies für solche Regionen, die überproportional stark vom Rückgang des Arbeitskräftepotenzials betroffen sind, wie zum Beispiel die Lausitz, der Westen Sachsen-Anhalts oder Ostthüringen.

Auch wenn für einige westdeutsche Regionen zumindest qualitativ ähnliche Entwicklungen zu erwarten sind, fällt der Rückgang des Arbeitsangebots hier im Ganzen nicht so stark aus. Nach den Projektionsrechnungen von BIBB und IAB reduziert sich das Arbeitskräfteangebot hier bis 2040 lediglich um 1,5 Prozent. Grund hierfür ist vor allem, dass in Westdeutschland in stärkerem Maße als in Ostdeutschland mit Zuwanderung von Erwerbspersonen aus dem Ausland gerechnet werden kann. Hinzu kommt, dass der Anteil der Personen im Rentenalter im Westen niedriger ist als im Osten, so dass auch die Verschiebung der Beschäftigungsstrukturen hin zu altenspezifischen Dienstleistungen (insbesondere Gesundheits- und Sozialwesen) hier weniger stark ausfallen dürfte als in den ostdeutschen Bundesländern. Damit ist dann auch der Anteil der Erwerbspersonen höher, die für produktivere (und das heißt vor allem: industrielle) Tätigkeiten zur Verfügung stehen.

Die Möglichkeiten, »endogene« Erwerbspotenziale zu heben (also zum Beispiel durch einen Abbau von Teilzeitarbeit, durch eine Erhöhung der Erwerbsbeteiligung von Frauen und Älteren), sind in Ostdeutschland quantitativ beschränkt. Und wenn es auch nicht gelingt, »exogenes« Erwerbspotenzial (also Zuwanderer) zu mobilisieren, lassen sich negative Auswirkungen auf die wirtschaftliche Entwicklung nur durch forcierte Produktivitätssteigerungen vermeiden. Zum Teil wird sich dies quasi automatisch durch das Wirken der Marktkräfte einstellen: Der zunehmende Mangel an Arbeitskräften wird dazu führen, dass die Löhne in Zukunft stärker steigen als in der Vergangenheit. Dies erhöht den Druck zu produktivitätssteigernden Maßnahmen in bestehenden Betrieben. Gleichzeitig werden damit aber auch Geschäftsmodelle obsolet, die ausschließlich auf Niedriglöhnen fußen. Solche Unternehmen werden wohl aus dem Markt ausscheiden. Gesamtwirtschaftlich führt dies aber zu Wohlstandssteigerungen, denn die dort freigesetzten Arbeitskräfte können dann anderswo (in rentableren Verwendungen) Arbeitskräftelücken schließen.

Gleiches gilt natürlich auch für Westdeutschland, wo die Bedingungen für einen produktivitätserhöhenden Strukturwandel aber aus verschiedenen Gründen besser sind als im Osten mit seiner kleinteiligen Unternehmensstruktur.[2] An dieser Frage entscheidet sich daher, ob der Osten weiter aufholen kann oder ob es zu einer Verhärtung der Ost-West-Unterschiede auch bei der Wirtschaftskraft kommt: Ein weiteres Aufholen setzt voraus, dass die ostdeutsche Wirtschaft diesen Strukturwandel meistern kann; die Gefahr besteht aber, dass dies aufgrund von fehlender Anpassungsbereitschaft (zum Beispiel infolge der Alterung auch

2 Kleinere Unternehmen können weniger gut als größere Unternehmen produktivitätssteigernde Skaleneffekte ausnutzen, die in dynamischer Betrachtung für höhere Produktivitätssteigerungen genutzt werden können.

der Unternehmerschaft), fehlendem Anpassungsvermögen (unter anderem wegen unzureichender finanzieller Mittel) oder fehlendem Anpassungsdruck (wegen einer Neigung der Politik zur Konservierung bestehender Strukturmuster) die erforderlichen Anpassungen verzögert oder gar ganz unterlassen werden.

Literatur

BIBB/IAB (2024): Das Projekt QuBe – Qualifikation und Beruf in der Zukunft, https://www.bibb.de/de/11727.php (letzter Zugriff: 26.3.2025).

Nauerth, J./Pflanz, J. (2023): Lohnlücke Ost-West – Ewige Disparität oder schiefer Vergleich?. In: ifo Dresden berichtet, Heft 5, 8–13.

Ragnitz, J. (2023): Stärkere Tarifbindung als Instrument zur Erhöhung der Löhne in Ostdeutschland?. In: ifo Dresden berichtet, Heft 5, 3–7.

Wie sieht die zeithistorische Perspektive auf die Zukunft der Arbeit aus?

Winfried Süß

Seit einigen Jahren boomt die Geschichte der Arbeit.[1] Historiker:innen haben sie als Feld tiefgreifenden Wandels (wieder-)entdeckt. Dieser Wandel strahlte auf viele Lebensbereiche aus: auf die Geschichte von Familienformen und Reproduktionsweisen, auf die Geschichte sozialer Ungleichheiten, aber auch auf die Demokratiegeschichte. Die Konjunktur der *labour history* resultiert zu einem guten Stück aus der Gegenwartserfahrung fundamentaler, oft von Deindustrialisierung begleiteter Veränderungen in der Arbeitswelt, aber auch aus einem verstärkten Interesse an der Geschichte des Kapitalismus und den von ihm hervorgebrachten Ungleichheitsmustern. In diesem Kontext tritt die Bedeutung von Arbeit als gesellschaftlicher Strukturierungskern deutlich hervor und man kann die These vertreten, dass ihre gesellschaftliche Prägekraft seit 1945 eher zu- als abgenommen hat. Denn Arbeit war (und ist) immer mehr als nur Erwerbsarbeit. Ob und wie Menschen arbeiten, entscheidet über ihre soziale Positionierung, ihre soziale Sicherung, ihre Zugehörigkeiten und ihre sozialen Beziehungen. Über weite Strecken männlich geprägte »Normalarbeitsverhältnisse« abhängig Beschäftigter definierten bis ins 21. Jahrhundert hinein die gesellschaftliche Normallage und damit auch die Geschlechterverhältnisse in der bundesdeutschen Gesellschaft.

Drei fundamentale Prozesse prägten den Wandel von Arbeitswelten seit den 1950er Jahren: Erstens veränderte sich die Wirtschaftsstruktur. Die Bundesrepublik ist bis heute eine stark durch industrielle Produktion geprägte Gesellschaft. Der Zustrom von Arbeitskräften in den industriellen Sektor erreichte um 1970 seinen Höhepunkt, als knapp die Hälfte der westdeutschen Erwerbstätigen dort beschäftigt war. Seither entwickelt sich die Bundesrepublik (später als viele ihrer europäischen Nachbarn) zunehmend von einer Industrie- zu einer Dienstleistungsgesellschaft. Im Jahr 1990 waren etwa zwei Drittel der Beschäftigten in

1 Eine Langfassung des Textes mit Belegen erscheint in: Gatzka, C./Levsen, S. (Hrsg.): Neue Wege zu einer Geschichte der Bundesrepublik, Berlin 2025.

einem überwiegend durch wissensbasierte, organisatorische und interpersonale Tätigkeiten geprägten Arbeitsumfeld tätig. Eine wichtige Rolle spielte dabei der expandierende öffentliche Dienst. Hier entstanden in der Verwaltung sowie in den Bildungs-, Gesundheits- und Care-Berufen zahlreiche sozialrechtlich gut abgesicherte Arbeitsplätze, von denen besonders Frauen profitierten, die seit Ende der 1960er Jahre vermehrt außerhäusliche Beschäftigungen aufnahmen.

Zweitens haben sich Arbeitswelten und Arbeitspraktiken durch technische Prozesse wie die Automatisierung und Digitalisierung tiefgreifend verändert. Kooperative Formen der Arbeitsorganisation und die Zunahme überwachender und wartender Tätigkeiten nahmen der Produktion einiges von ihrer physischen Härte. Während die Arbeit im produzierenden Sektor emissionsärmer, entkörperlichter und weniger anstrengend wurde, haben sich die Arbeitsintensität und die Qualifikationsanforderungen verdichtet. Gleichzeitig stieg in der *skill based economy* der Druck auf Beschäftigte, durch permanente Weiterbildung an der eigenen beruflichen Selbstoptimierung mitzuwirken. Im expandierenden Dienstleistungssektor entstanden neben gut bezahlten, vergleichsweise selbstbestimmten Tätigkeiten für hoch qualifizierte Arbeitnehmer:innen in vielen Berufsfeldern prekäre und/oder schlecht bezahlte Jobs: etwa in der Logistikbranche, der Systemgastronomie und in anderen stützenden Dienstleistungsberufen – Tätigkeitsfeldern, die durch körperliche Einfacharbeit sowie zunehmend auch durch digital unterstützte neo-tayloristische Formen der Arbeitsorganisation geprägt sind.

Ein dritter Typ von Veränderungen bezieht sich auf die Muster sozialer Ungleichheit und die wohlfahrtsstaatliche Integration von Arbeitnehmer:innen. Getragen von einem kräftigen Produktivitätswachstum und weitgehender Vollbeschäftigung bis Mitte der 1970er Jahre, erhöhte sich die Kaufkraft der Löhne zwischen 1950 und 1990 um mehr als das Dreieinhalbfache. Zu der daraus resultierenden Revolution des Lebensstandards gehörte auch, dass immer höhere Einkommen mit immer kürzeren Arbeitszeiten erzielt werden konnten, so dass Arbeit und Freizeit, Erwerbstätigkeit und Ruhestand für die Mehrzahl der abhängig Beschäftigten zu deutlich voneinander geschiedenen Sphären wurden. Parallel dazu ergaben sich in der prosperierenden Wirtschaft der Nachkriegsjahrzehnte zahlreiche Gelegenheiten zum beruflichen Aufstieg. Der expandierende Wohlfahrtsstaat sicherte diese Aufwärtsbewegungen ab. Im bundesdeutschen Sozialversicherungsstaat hieß das: Beschäftigte erwarben aus eigenen Beiträgen Leistungs-Anwartschaften, die ein Gegengewicht zur anhaltend hohen Ungleichheit der Vermögen darstellten, die aus selbstständiger und unternehmerischer Tätigkeit erwirtschaftet wurden.

Die hier nur mit groben Strichen skizzierten Wandlungsprozesse führten seit den 1960er Jahren zur Herausbildung einer wohlfahrtsstaatlich formierten Arbeitnehmergesellschaft, deren Erfahrungswelt sich deutlich von der materiellen Kargheit, Unsicherheit und Fremdbestimmtheit unterschied, die das Arbeiter:innendasein in der ersten Hälfte des 20. Jahrhunderts bestimmt hatten. Der Wohlfahrtsstaat dämpft durch den Arbeitsmarkt hervorgebrachte Ungleichheiten. Allerdings überträgt das Prinzip der Äquivalenz von Beitrag und Leistung in der Sozialversicherung viele Verteilungsergebnisse des Arbeitsmarkts auf die soziale Sicherung. Dies begünstigt Beschäftigte mit starken Erwerbspositionen und benachteiligt jene, die außerhalb des Erwerbslebens stehen oder schwache Arbeitsmarktpositionen innehaben: etwa migrantische Arbeitnehmer:innen mit diskontinuierlichen Arbeitsbiografien und besonders Frauen, denen der Sozialstaat in Deutschland traditionell die Hauptlast der familiären Care-Arbeit zuweist.

Gerade in jüngerer Zeit lassen sich indes auch starke Gegenbewegungen zur Herausbildung einer homogenen Arbeitnehmergesellschaft identifizieren: Seit den 1990er Jahren wurden Arbeitsverhältnisse flexibler und im Hinblick auf die Einkommenschancen und das Arbeitsplatzrisiko stärker differenziert. Besonders in den vulnerablen Zonen der Arbeitsgesellschaft, etwa bei Berufseinsteiger:innen, Geringqualifizierten und Migrant:innen wurden sie unsicherer und durch den Bedeutungsgewinn sogenannter »atypischer« Beschäftigungsformen wie Leiharbeit, Teilzeitarbeit, geringfügigen und befristeten Arbeitsverhältnissen sozialrechtlich stärker fragmentiert. Ein zentrales Problem entstand durch die immer schwerer einzuhegende Arbeitslosigkeit. Nach zwei Dekaden der Vollbeschäftigung stieg die Arbeitslosenquote seit Mitte der 1970er Jahre auf zeitweise über zehn Prozent, seit 1990 mit deutlich höheren Werten in den ostdeutschen Ländern. Erst seit 2006 sank die Arbeitslosenquote nachhaltig. Nach einer rund dreißigjährigen Phase der Einebnung nahm die vom Arbeitsmarkt ausgehende Einkommenungleichheit seit den 1990er Jahren spürbar zu. Parallel dazu stieg das Risiko sozialer Abwärtsbewegungen für abhängig Beschäftigte, während soziale Aufstiege durch Arbeit schwieriger wurden. Ähnlich wie in den Jahren des Nachkriegsbooms steht die Arbeitswelt damit im Zentrum gesellschaftlicher Stratifizierungsprozesse, jetzt allerdings unter anderen, teilweise negativen Vorzeichen.

Dies gilt umso mehr für die Entwicklung in Ostdeutschland. Gestaltete sich der Niedergang der alten Industrien in der Bonner Republik oft als jahrzehntelanger, sozialstaatlich abgefederter Prozess, erlebten ostdeutsche Arbeitnehmer:innen den zeitlich verdichteten Übergang in die Marktwirtschaft als »gesellschaftlichen Tsunami« (Mau 2019), der oft mit Arbeitslosigkeit, beruflichen Abstiegen, dem Zwang, sich rasch an neue Arbeitsweisen anzupassen, und einer als entwürdigend empfundenen Entwertung von Berufsqualifikationen einherging. Die Deindustrialisierung Ostdeutschlands war für Menschen, die sich zuvor als Angehörige einer stark durch Arbeit geprägten Gesellschaft gesehen hatten, weit mehr als nur eine wirtschaftliche Katastrophe, weil mit den Betrieben lebensweltliche Ankerpunkte und Orte der sozialen Integration verlorengingen. Während die positiven legitimatorischen Bezüge auf die Wirtschaftswunderjahre im Westen schwinden, tritt die Transformation der Arbeitswelt als konflikthaltiger Erfahrungsraum seither zunehmend in das kollektive Gedächtnis der Bundesrepublik.

Die hier umrissenen Veränderungen vollzogen sich vor dem Hintergrund einer über fünf Jahrzehnte erstaunlich stabilen Bindung von Arbeitnehmer:innen an sozialstaatsfreundliche Volksparteien, die allerdings seit der Bundestagswahl 2009 zunehmend erodiert. Die Geschichte der Agenda-Reformen zeigt, dass es entscheidend ist, die Frage nach sozialer Gerechtigkeit auf eine Weise zu stellen, die an die veränderte Arbeitswelt einer postindustriellen Gesellschaft anknüpft; gelingt dies nicht, ist die Legitimation des politischen Systems gefährdet. Der Konflikt um die Hartz-Reformen war nicht nur ein Ungleichheits-, sondern auch ein Anerkennungskonflikt, der entstand, nachdem die rot-grüne Bundesregierung die Arbeitsmarktpolitik im Kontext eines europaweiten neoliberalen Trends neu ausgerichtet und von den Bürger:innen mehr Eigeninitiative und Anpassung an die Erfordernisse des Arbeitsmarkts gefordert hatte. Um dies zu erreichen, ersetzte sie das bisher prägende sozialpolitische Gestaltungsprinzip der Lebensstandardsicherung durch eine egalisierende Grundsicherung bei Arbeitslosigkeit. Damit wurde gerade die berufliche Lebensleistung von abhängig beschäftigten Angehörigen der Mittelschicht sozialrechtlich abgewertet. In Ostdeutschland stellten die Arbeitsmarktreformen zum zweiten Mal nach 1990 den Wert von Arbeitsbiografien in Frage, indem sie die daran geknüpften Sicherungsversprechen zurücknahmen. Dies verletzte Gerechtigkeitsvorstellungen, die in beiden deutschen Teilgesellschaften tief verankert waren, und schwächte die Legitimation der politischen Ordnung. Sowohl in der Bonner Republik als auch in der DDR war Arbeit ein zentraler Faktor sozialer und politischer Integration gewesen. Nun wurde sie zunehmend zu einem Faktor gesellschaftlicher Desintegration und politischer Polarisierung. Durch die Teil-Rücknahme des sozialen Sicherungsversprechens und die politisch gewollte Liberalisierung des Arbeitsmarkts verloren die demokratischen Institutionen einen Teil ihrer politischen Integrationsfähigkeit. Das bekam besonders die Sozialdemokratie zu spüren, deren Wähler:innen der einstigen Kleine-Leute-Partei in Scharen den Rücken kehrten. Zwar führt von den Protesten gegen die Agenda-Reformen kein direkter Weg zur Unterstützung der AfD, doch entstand hier eine politische Repräsentationslücke, die Protagonisten populistischer Positionen an beiden Rändern des politischen Spektrums für sich nutzen konnten. Aus dieser Perspektive lassen sich die gegenwärtig zu beobachtenden Veränderungen im Parteiensystem zumindest teilweise als Resultat verlorengegangenen Vertrauens in das wohlfahrtsstaatliche Sicherheitsversprechen deuten, das in einer veränderten Arbeitswelt schwerer zu gewährleisten ist, aber eben auch durch die politisch Verantwortlichen leichtfertig beschnitten wurde.

Literatur

Mau, S. (2019): Lütten Klein. Leben in der ostdeutschen Transformationsgesellschaft, Berlin.

Nachtwey, O. (2017): Die Abstiegsgesellschaft – Über das Aufbegehren in der regressiven Moderne, Berlin.

Raphael, L. (2019): Jenseits von Kohle und Stahl – Eine Gesellschaftsgeschichte Westeuropas nach dem Boom, Berlin.

Schmidt, J. (2015): Arbeiter in der Moderne. Arbeitsbedingungen, Lebenswelten, Organisationen, Frankfurt am Main/ New York.

Süß, W. (2015): »Soziale Sicherheit und soziale Lagen in wohlfahrtsstaatlich formierten Gesellschaften«. In: Bösch, F. (Hrsg.): Geteilte Geschichte. Ost- und Westdeutschland 1970–2000, Göttingen, 153–194.

Süß, W./Süß, D. (2011): »Zeitgeschichte der Arbeit: Beobachtungen und Perspektiven«. In: K. Andresen u. a. (Hrsg.): »Nach dem Strukturbruch«? Kontinuität und Wandel von Arbeitsbeziehungen und Arbeitswelt(en) seit den 1970er Jahren, Bonn, 345–365.

Autorinnen und Autoren

Prof. Annatina Aerne, Ph.D
Assistant Professor in Economic and Organizational Sociology am Trinity College, Universität Dublin

Dörte Ahrens
Vorstand, Hessische Agentur für berufsqualifizierende Sprache

Prof. Dr. h.c. Jutta Allmendinger, Ph.D.
Prof. em. für Soziologie, Präsidentin a.D. des Wissenschaftszentrum Berlin für Sozialforschung (WZB)

Dr. Stefan Bach
Wissenschaftlicher Mitarbeiter der Abteilung Staat beim Deutschen Institut für Wirtschaftsforschung (DIW), Berlin

Dr. Arne Baumann
Fachgruppenleiter in der Bundesanstalt für Arbeitsschutz und Arbeitsmedizin in Berlin

Prof. Dr. Miriam Beblo
Professorin der Volkswirtschaftslehre am Fachbereich Sozialökonomie der Universität Hamburg

Dr. Mattis Beckmannshagen
Wissenschaftlicher Mitarbeiter in der Infrastruktureinrichtung Sozio-oekonomisches Panel am Deutschen Institut für Wirtschaftsforschung (DIW), Berlin

Dr. Maximilian Blömer
Leiter Ex-ante Politikevaluation am ifo Zentrum für Makroökonomik und Befragungen, München

Michelle Boden
Wissenschaftliche Referentin am Wissenschaftszentrum Berlin für Sozialforschung (WZB)

PD Dr. habil. Christina Boll
Leiterin der Abteilung »Familie und Familienpolitik« am Deutsches Jugendinstitut (DJI), München

Dr. Julia Borggräfe
Associate Partner bei Metaplan – Gesellschaft für Planung und Organisation, Quickborn

Mara Buchstab
Junior Projektmanagerin im Schwerpunktereich Green New Deal, Das Progressive Zentrum, Berlin

Alexander Busch
Doktorand am MIT Sloan School of Management und assoziierter Forscher am Exzellenzcluster »The Politics of Inequality« an der Universität Konstanz

Prof. Dr. Marius R. Busemeyer
Professor für Politikwissenschaft mit dem Schwerpunkt Vergleichende Politische Ökonomie und Sprecher des Exzellenzclusters »The Politics of Inequality«, Universität Konstanz

Hermann Buslei
Wissenschaftlicher Mitarbeiter der Abteilung Staat beim Deutschen Institut für Wirtschaftsforschung (DIW), Berlin

Dr. Nadja Dörflinger
Senior Researcher und Projektleiterin an der Bundesanstalt für Arbeitsschutz und Arbeitsmedizin, Dortmund

Prof. Dr. Werner Eichhorst
Senior Researcher am Forschungsinstitut zur Zukunft der Arbeit, Bonn und Honorarprofessor an der Universität Bremen

Prof. Marcel Fratzscher, Ph.D.
Präsident des Deutschen Instituts für Wirtschaftsforschung (DIW), Berlin und Professor für Makroökonomie an der Humboldt-Universität zu Berlin

Prof. Dr. Dr. h.c. Ute Frevert
Direktorin em. des Forschungsbereichs Geschichte der Gefühle, Max-Planck-Institut für Bildungsforschung, Berlin und Präsidentin der Max Weber Stiftung, Bonn

Dr. Johannes Geyer
Stellvertretender Abteilungsleiter in der Abteilung Staat beim Deutschen Institut für Wirtschaftsforschung (DIW), Berlin

Prof. Dr. Lukas Graf
Leiter des Schweizerischen Observatoriums für die Berufsbildung, Eidgenössische Hochschule für Berufsbildung (EHB), Zollikofen

PD Dr. Samuel Greef
Wissenschaftlicher Mitarbeiter im Fachgebiet Politisches System der BRD – Staatlichkeit im Wandel, Universität Kassel

Prof. Dr. Peter Haan
Professor für empirische Wirtschaftsforschung an der Freien Universität Berlin und Leiter der Abteilung Staat am Deutschen Institut für Wirtschaftsforschung (DIW), Berlin

Prof. Dr. Anke Hassel
Professorin für Public Policy an der Hertie School, Berlin

Prof. Dr. Markus Helfen
Professor für Strategy & Leadership mit Schwerpunkt Non-Profit-Organisationen und Gewerkschaften an der University of Labour, Frankfurt am Main

Prof. Dr. Lisa Herzog
Professorin für Politische Philosophie an der Universität Groningen

Prof. Lena Hipp, Ph.D.
Professorin für "Soziale Ungleichheit und Sozialpolitik" an der Universität Potsdam und Forschungsprofessorin für "Arbeit, Familie und soziale Ungleichheit" am Wissenschaftszentrum Berlin für Sozialforschung (WZB)

Saara Inkinen
Wissenschaftliche Mitarbeiterin im Fachgebiet Politisches System der BRD – Staatlichkeit im Wandel, Universität Kassel und Gastwissenschaftlerin am Wissenschaftszentrum Berlin für Sozialforschung (WZB)

Prof. Dr. Kerstin Jürgens
Professorin für Mikrosoziologie an der Universität Kassel

Prof. Dr. Jürgen Kädtler
Präsident des Soziologischen Forschungsinstitut Göttingen

Prof. Dr. Bettina Kohlrausch
Direktorin des Wirtschafts- und Sozialwissenschaftlichen Instituts der Hans-Böckler-Stiftung und Professorin für gesellschaftliche Transformation und Digitalisierung an der Universität Paderborn

Prof. Dr. Michaela Kreyenfeld
Professorin für Soziologie an der Hertie School, Berlin

Prof. Dr. Thomas Kruppe
Außerplanmäßiger Professor für Soziologie an der Friedrich-Alexander-Universität Erlangen-Nürnberg

Prof. Dr. Martin Krzywdzinski
Leiter der Forschungsgruppe Globalisierung, Arbeit und Produktion am Wissenschaftszentrum Berlin für Sozialforschung, Direktor am Weizenbaum-Institut für die vernetzte Gesellschaft und Professor für Internationale Arbeitsbeziehungen an der Helmut-Schmidt-Universität Hamburg

Agnes von Laffert
Studentische Hilfskraft der Forschungsprofessur »Arbeit, Familie und soziale Ungleichheit«, Wissenschaftszentrum Berlin für Sozialforschung (WZB)

Pit Jasper Lee
Research Associate an der Hertie School, Berlin

Dr. Lukas Lehner
Assistant Professor an der Universität Edinburgh

Prof. Dr. Simone Leiber
Professorin für Politikwissenschaften mit Schwerpunkt Sozialpolitik am Institut für Soziale Arbeit und Sozialpolitik der Universität Duisburg-Essen

Anja Meierkord
Labour Market Economist bei der OECD, Paris

Dr. Eileen Peters
Wissenschaftliche Referentin im Wirtschafts- und Sozialwissenschaftliches Institut der Hans-Böckler-Stiftung, Düsseldorf

Prof. Dr. Andreas Peichl
Professor für Volkswirtschaftslehre, insb. Makroökonomie und Finanzwissenschaft an der Ludwig-Maximilians-Universität München und Leiter des ifo Zentrum für Makroökonomik und Befragungen

Dr. Marie-Fleur Philipp
Wissenschaftliche Mitarbeiterin am Institut für Soziologie, Eberhard Karls Universität Tübingen

Prof. Dr. Joachim Ragnitz
Stellvertretender Leiter der ifo Niederlassung Dresden

Florian Ranft
Mitglied der Geschäftsleitung und Leiter des Schwerpunkts Green New Deal, Das Progressive Zentrum, Berlin

Prof. Dr. Jörg-Matthias Roche
Professor em. für Deutsch als Fremdsprache an der Ludwig-Maximilians-Universität München, Assoziierter Professor an der Deutsch-Jordanischen Hochschule Amman und Vorstand des Deutschen Instituts für Berufsqualifizierende Sprache e.V

Prof. Pia S. Schober, Ph.D.
Professorin für Soziologie mit Schwerpunkt Mikrosoziologie, Eberhard Karls Universität Tübingen

Prof. Dr. Wolfgang Schroeder
Professor für Politisches System der BRD – Staatlichkeit im Wandel, Universität Kassel und Fellow am Wissenschaftszentrum Berlin für Sozialforschung (WZB)

Prof. Dr. Martin Schröder
Professor für Soziologie mit Schwerpunkt Europa, Universität des Saarlandes, Saarbrücken

Dr. Susanne U. Schultz
Senior Expert Demokratie und Zusammenhalt bei Bertelsmann Stiftung, Gütersloh

PD Dr. Karin Schulze Buschoff
Leiterin des Referats Arbeitsmarktpolitik im Wirtschafts- und Sozialwissenschaftlichen Institut der Hans-Böckler-Stiftung, Düsseldorf

Johanna Siebert
Senior Projektmanagerin im Schwerpunkt Green New Deal, Das Progressive Zentrum, Berlin

Annika Sperling
Studentische Hilfskraft in der Infrastruktureinrichtung Sozio-oekonomisches Panel am Deutschen Institut für Wirtschaftsforschung (DIW), Berlin

PD Dr. Winfried Süß
Leiter der Abteilung IV »Regime des Sozialen« am Leibniz-Zentrum für Zeithistorische Forschung, Potsdam

Dr. Adrien Thomas
Research Scientist am Luxembourg Institute of Socio-Economic Research

Prof. Dr. Anita Tisch
Vizepräsidentin Bundesanstalt für Arbeitsschutz und Arbeitsmedizin, Dortmund und Professorin für »Digitaler Wandel und Ethik«, Hochschule Bonn-Rhein-Sieg, Sankt Augustin

Bettina Wagner
Referentin im Arbeitsstab der Beauftragten der Bundesregierung für Migration, Flüchtlinge und Integration, Berlin

Kilian Weil
Research Associate an der Hertie School, Berlin